医疗机构法务管理

实用手册

廖家智　主编

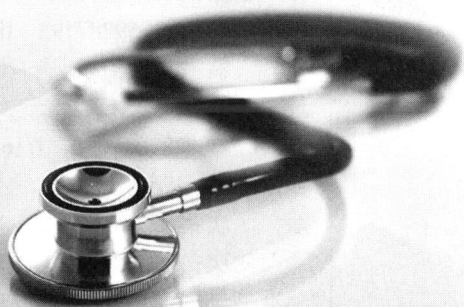

人民卫生出版社

·北京·

图书在版编目（CIP）数据

医疗机构法务管理实用手册 / 廖家智主编 . —北京：
人民卫生出版社，2023.11
ISBN 978-7-117-35682-4

Ⅰ.①医… Ⅱ.①廖… Ⅲ.①医药卫生管理 – 法规 –
中国 – 手册 Ⅳ.①D922.16-62

中国国家版本馆 CIP 数据核字（2023）第 231588 号

人卫智网	www.ipmph.com	医学教育、学术、考试、健康，购书智慧智能综合服务平台
人卫官网	www.pmph.com	人卫官方资讯发布平台

医疗机构法务管理实用手册

Yiliao Jigou Fawu Guanli Shiyong Shouce

主　　编：廖家智
出版发行：人民卫生出版社（中继线 010-59780011）
地　　址：北京市朝阳区潘家园南里 19 号
邮　　编：100021
E - mail：pmph @ pmph.com
购书热线：010-59787592　010-59787584　010-65264830
印　　刷：北京铭成印刷有限公司
经　　销：新华书店
开　　本：787 × 1092　1/16　　印张：22
字　　数：426 千字
版　　次：2023 年 11 月第 1 版
印　　次：2023 年 12 月第 1 次印刷
标准书号：ISBN 978-7-117-35682-4
定　　价：79.00 元

打击盗版举报电话：010-59787491　E-mail：WQ @ pmph.com
质量问题联系电话：010-59787234　E-mail：zhiliang @ pmph.com
数字融合服务电话：4001118166　E-mail：zengzhi @ pmph.com

编委会

顾　问　刘晓光　郑雪倩　陈　政　王　婧

主　编　廖家智

副主编　李　刚　乐　虹　赵　敏　翁雨雄
　　　　沈　波　李　锟

编　委（按姓氏笔画排序）
　　　　万　玲　王　飞　乐　虹　吕宜灵　杜金凤
　　　　李　刚　李　锟　李丽平　杨柳林　杨家宏
　　　　沈　波　张　清　张凌杰　罗　强　周　伟
　　　　赵　敏　翁雨雄　彭　博　廖家智　潘　睿

编写人员（按姓氏笔画排序）
　　　　王建强　占义军　许文貌　孙　熹　李屹同
　　　　李晓艳　杨家伟　张　浩　张宇清　陈灏珠
　　　　邵　天　郑　玲　洪清勇　秦紫嫣　葛　帅
　　　　蔡　威　潘家歆　戴　蕾　魏　威

秘　书　葛　帅（兼）

医疗机构法务管理
实用手册

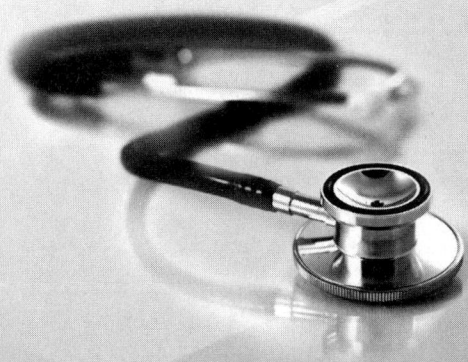

序 言

欣闻廖家智教授主编的《医疗机构法务管理实用手册》即将付梓面世,并请我作序。

党的二十大报告强调:坚持全面依法治国,推进法治中国建设,要坚持走中国特色社会主义法治道路,建设中国特色社会主义法治体系、建设社会主义法治国家。党的十八大以来,国家立法机关在卫生健康领域作了相当的努力,成就巨大:先后制定修改《中华人民共和国基本医疗卫生与健康促进法》(以下简称"《基本医疗卫生与健康促进法》")、《中华人民共和国中医药法》(以下简称"《中医药法》")、《中华人民共和国药品管理法》(以下简称"《药品管理法》")、《中华人民共和国医师法》(以下简称"《医师法》")等,大大强化了卫生健康法治保障。

国家医疗卫生体制改革正处在加快转型的重要时期,医疗行业的发展发生着深刻变化,特别是随着公立医院高质量试点工作的全面铺开,医院服务、运营和管理与法律的关系越来越密切。无论是医改政策的落实、医院管理模式的转变,还是医患权利与义务的平衡,都需要我们在法治的基础上,通过运用法治手段,规范医疗管理活动、营造和谐医疗环境、塑造新型医患关系,引领全行业的健康发展。

但是由于医疗行业自身特点,目前医疗法务管理专业书籍较少。湖北省医院协会医疗法制专业委员会编委们花费大量心血,从医疗机构法务概述、医疗机构法律地位与设置、医疗法务管理、医疗机构知识产权法务管理、医疗机构教学与科研法务管理、医疗机构人力资源法务管理、医疗机构合同管理等方面,结合医疗法治理论与实践经验进行汇编成册,这给医疗行业的法治建设提供了很好的参考,值得赞许。

我也非常期待,《医疗机构法务管理实用手册》能不断推陈出新,为医疗行业法治建设作出更大的贡献。

刘晓光

中国医院协会医疗法制专业委员会主任委员

2023 年 10 月

专家点评

在依法治国、依法治院、医院法治建设亟待推进的新时期、新时代、新挑战、新形势下,湖北省医院协会医疗法制专委会编辑的《医疗机构法务管理实用手册》即将问世,非常及时,非常需要,非常应景,值得祝贺。

本书体例框架完善,涵盖了医疗机构法律实务工作的所涉范围。设有概述、目标要求、管理要点、实操要素及案例展示,体例指引清晰明了。条理清晰,重点突出,观点明确,法律依据精准对应,体现了编写团队丰厚的法务管理底蕴和精心策划、反复研讨、认真撰写、艰苦付出。图书内容简洁实用,是帮助和指导医院管理者、法务人员、医务人员的实用工作手册。

本书的出版,将进一步助力医院现代化管理和医院法治建设的进程,为医院法律事务管理高质量发展提供重要保障。

郑雪倩

中国医院协会医疗法制专业委员会名誉主任委员

随着依法治国理念的全面推进,医疗卫生领域的法律法规亦不断完善,《基本医疗卫生与健康促进法》《医师法》《医疗机构管理条例》等构建完善了医疗法律规范体系,对我国的医疗机构管理与医疗服务影响深远。如何将法律条文与医疗机构实务工作有效衔接,深刻落实各项制度,一直是管理者和法务人员研究的"课题"。在全面依法治国的背景下,《医疗机构法务管理实用手册》顺应"依法治院"的要求,提供了科学的指引。湖北省医疗法制专业委员会在医院法务管理模式的探索和法务人才的教学培养方面起到了引领作用,各位编者专家的经验总结也为医院的法务管理工作树立了典范。

该手册聚焦"实用性",将法律规范与医疗机构实践的经验荟萃结合,既可以为初次接触医院法务工作的读者勾勒出清晰的工作框架,也可以成为医院法务工作者的工具书,置于身边随时查阅。值得欣喜的是案例展示部分,与前面的内容紧密结合、相互呼应,便于对知识点的理解和举一反三。

陈 政

北京协和医院法务部

提前拜读了《医疗机构法务管理实用手册》。总体感受有二。第一,本书涉及医疗机构法务管理的各个方面、全部流程,将会是医疗机构法务人员工作中的"百科全书"和工具书,也可以作为新入职法务人员的必学书籍。第二,各部分内容层次递进、详略得当,专业性和实操性兼具,既从宏观层面明确目标要求和管理要点,以便于处理具体事项前了解处理思路和要素,又有详细的实操要素、分析及案例,使得法律法规、实操与案例相互结合、相得益彰,详略得当,重点突出。

王 婧

北京清华长庚医院法务部

前 言

党的十八届四中全会以来，依法治国的全面推进推动各行各业在法治轨道上稳步前行。作为为人民群众提供疾病诊断、治疗服务的主体，医疗机构服务人群数量巨大，服务内容关乎生命健康；同时，医疗机构内部管理与外部合作相关工作亦纷繁复杂。除传统的医患纠纷外，形式多样、内容繁杂的日常法律管理需求亦不断产生。加之办医主体的多样化、政府监管方式转变及市场经济的深入发展等趋势，均为公立医院的法务管理提出许多具有挑战性的新课题。

随着我国医疗体制改革的不断深化，大力推动了我国医疗机构的整体发展。党的二十大报告提出坚持全面依法治国，推进法治中国建设，全面推进科学立法、严格执法、公正司法、全民守法，全面推进国家各方面工作法治化，这对医疗机构的法治建设提出了更高的要求，在种种因素影响下，医疗机构内部的法务管理水平滞后，成为医疗机构乃至行业的"短板"，结果导致许多医疗机构在开展依法执业管理、解决民事纠纷以及应对行政监管等方面捉襟见肘。传统着重依靠"事后补救"的法务工作模式与实现医疗机构高质量发展这一需求之间的矛盾日益凸显。

医疗机构对此并未消极对待。近年来，医疗行业开始在法务管理方面采取多种举措，包括重视管理者法治思维能力和职工法治意识的提升，不断完善依法决策、合法性审核和依法执业管理等制度建设，大中型医院普遍聘任了法律顾问，越来越多的医院设置了法务管理部门，配备了专（兼）职的法务工作人员等机构人事设置；法务工作模式也由"事后补救"向"事前预防""事中处置""事后补救"并重处置模式转化。

医疗机构"救死扶伤，防病治病，为公民的健康服务"的宗旨决定了其法务管理工作公益性、人民性的突出特点，将企业法务管理的工作内容照搬挪用无异于"削足适履"，非但难以满足医疗机构的实际工作需要，亦很难达到良好的工作效果。医疗机构法务管理的工作目标、工作范围、工作内容、工作程序以及与医疗机构其他部门的衔接配合等都是需要医院管理学、法学专家结合医疗机构法务管理实践与需求进行更加明确精细的界定与阐释。

2022 年,全国卫生健康工作会议在强化事业改革发展的保障支撑中明确提出"加强法治建设"。但目前国内关于医疗机构法务管理相关的研究成果数量较少,难以满足医疗机构法务工作从业人员提升自身专业管理水平、充分开展医疗机构法务工作的实际需要。基于此,在中国医院协会医疗法制专业委员会指导下,依托湖北省医院协会医疗法制专业委员会,编者编写了《医疗机构法务管理实用手册》一书,以期为医疗机构法务工作人员实践操作提供指南,为医疗机构法务人才培养提供参考,亦可作为医疗机构管理人员提升法治意识及依法从业能力的工具书。

突出"实用性"是本书最为鲜明的特点。本书编委为湖北省内委省属医院和各地区龙头医院专职法务人员、在鄂高校从事相关专业研究教师、从事相关业务方向的律师,均具有丰富的医疗机构法务工作实践经验。参编图书的各位编委均以高度认真负责的态度,结合自身长期的医疗机构法务工作从业经历,紧紧围绕法务实践开展本书编写工作。

本书的编写工作得到了中国医院协会医疗法制专业委员会、湖北省医院协会的大力支持,在此向相关领导和专家一并表示感谢!

鉴于编者水平有限,不足之处在所难免,望广大读者不吝指教。

廖家智

2023 年 10 月

医疗机构法务管理
实用手册

目　录

第一章
医疗机构法务概述

第一节　医疗机构法务的基本内涵与定位

一、医疗机构法务的定义与特点

随着医疗机构法治建设的推进,医疗机构内部法律事务与日俱增。通过设置医疗机构法务部门、配备工作人员,以预判法律风险,实现"依法治院"成为越来越多医疗机构的选择。参考企业法务的定义,本书将医疗机构法务界定为:医疗机构内设置的管理法律事务,对其各种医疗、科研、教学及其他管理行为进行法律审查、预防法律风险、处理法律纠纷的职位,以及受雇于该职位的人员和这些人员构成的执业群体。该定义从不同角度阐释了医疗机构法务这一术语的两层含义:从职业角度而言,医疗机构法务是指医疗机构内的一个岗位;从从业人员角度而言,医疗机构法务也可指在医疗机构内部从事法律事务工作的从业群体。

作为在医疗机构内部从事法律事务的岗位和群体,医疗机构法务具有以下特点。

第一,专业性。随着医疗卫生改革的不断深化和法治社会建设的稳步推进,医疗机构身处的外部环境发生着革新变化。同时社会公众的维权意识也逐步增强,通过法律途径进行维权的案例越来越普遍。对此,医疗机构无论是在其内部的日常行政管理还是在医患纠纷的调停处理上,都需要具备法律专业知识的工作人员,他们熟悉现行法律法规和法律实务,能够以专业化的角度应对医疗机构法务工作,维护医疗机构的合法权益,甚至为医疗机构创造价值。

第二,规范性。医疗机构法务是受雇于医疗机构,并与其签订劳动合同的专门人员。无论是遵照劳动合同还是医疗机构内部章程,医疗机构法务人员都必须受所在医疗机构自身规章制度的约束,其工作应当按照医疗机构明定的程序和方法进行,其工作内容纪律性和规范性较强。另外,对于取得律师职业资格的医疗机构法务当然还要受《中华人民共和国律师法》(以下简称"《律师法》")及律师执业道德和执业纪律规范等有关律师执业相关规定的约束。

第三,复合性。医疗机构法务的工作围绕医院的日常管理展开,较之于社会律师其业务种类较为单一,但并不表示对医疗机构法务的专业性要求有所降低。医疗机构特殊的专业背景除要求其法务人员在熟悉民事、商事、医事活动的法律规范之外,还需要具备相当的医学背景。可以说,医疗机构法务是一种复合型的专业人员,他们不只是精通法律的群体,同时还具备医疗机构管理者的相关知识和技能,在规范医疗机构决策制定、执行的合法性及后续权益保障的过程中,能更加全面、专业地为医疗机构服务。

二、医疗机构法务与其他法律职业的区别

(一) 医疗机构法务与医疗机构法律顾问的区别

医疗机构法律顾问,一般是指医疗机构为维护其合法权益、实现其依法开展医疗活动及其他医疗机构相关管理活动、预防法律风险、寻求法律救济而聘请的具有专业法律知识及技能,且通晓医疗机构运营管理的复合型人才。主要有两种模式:外部律师事务所持证执业律师,与医疗机构采取委托合同的形式,在双方之间形成委托代理法律关系,专门提供法律服务工作的人员,即社会律师;受聘于医疗机构,在医疗机构内部专职从事法律事务工作的人员。医疗机构法律顾问涵摄的范围比医疗机构法务更广,如图 1-1 所示。医院法务一般指后者。

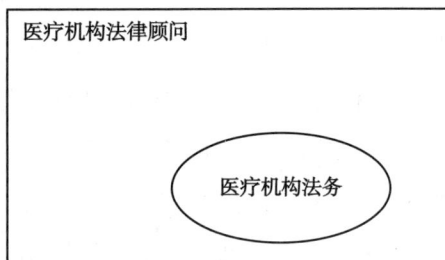

图 1-1 医疗机构法务与医疗机构法律顾问的区别

(二) 医疗机构法务与社会律师的区别

医疗机构法务与社会律师均可不同程度地参与和处理法律事务,但两者之间存在明显区别,如表 1-1 所示。

1. **从业身份不同** 社会律师为已经取得从事律师工作的执业证书、受雇于律师事务所并向社会提供有偿服务的法律工作者。医疗机构法务是由医疗机构聘任,专门从事医疗机构相关法律事务的内部工作人员,接受医疗机构的管理。

2. **管理体系不同** 社会律师由司法行政机关和律师协会对其进行工作的监督和指导。医疗机构法务人员主要受卫生健康行政部门及其他相关政府行政部门的监督和指导。

3. **执业条件不同** 社会律师需要通过国家统一法律职业资格考试取得法律职业资格后,依据《律师法》取得执业证书。医疗机构法务人员没有取得法律执业证书的硬性条件。

4. **知识结构存在差异** 社会律师知识结构以法律知识为主。医疗机构法务除具备相

关法律专业知识外,还需要具备医疗机构管理知识和经验。

5. **承办法律事务的依据不同**　社会律师承办医疗机构法律事务的依据是医疗机构与律师事务所签订的委托代理合同,承办法律事务具有被动性。医疗机构法务承办医疗机构法律事务是源于自身职责,在参与医疗机构管理的全过程中发挥作用,具有主动性。

表1-1　医疗机构法务与社会律师的区别

区别	医疗机构法务	社会律师
从业身份	受雇于医疗机构	受雇于律师事务所
管理体系	卫生健康行政部门及其他相关政府部门	司法行政机关和律师协会
执业条件	无取得法律执业证书硬性条件	须取得律师执业证书
知识结构	法律知识和医疗机构管理知识和经验	以法律知识为主
承办法律事务的依据	岗位职责	委托代理合同

(三) 医疗机构法务与公职律师的区别

公职律师是指具有律师资格或法律执业资格,在政府部门或具有社会公共管理、服务职能的事业单位、社会团体中从事法律服务,并依法取得公职律师执业证书的人员。医疗机构法务与公职律师的主要区别如下,如表1-2所示。

1. **身份不同**　医疗机构法务是受雇于医疗机构的内部职工,公职律师是政府机关的公务员或者参照公务员法管理的事业单位工作人员。

2. **设置目的不同**　医疗机构法务的设置是为协助医疗机构日常管理并提供法律建议,以及妥善处理医患纠纷等。公职律师为政府宏观决策提供法律分析和服务是履职行为,为社会提供法律援助是政府赋予的一种义务。

3. **执业条件不同**　医疗机构法务人员没有取得法律执业证书的硬性条件。公职律师应符合《律师法》中关于律师执业应取得律师资格和律师执业证书的条件。

表1-2　医疗机构法务与公职律师的区别

区别	医疗机构法务	公职律师
所属身份	受雇于医疗机构的内部职工	政府部门的公务员或事业单位人员
设置目的	协助医疗机构日常管理,处理医患纠纷等	为政府宏观决策提供法律分析和服务
执业条件	无取得法律执业证书硬性条件	须取得公职律师执业资格

三、设置医疗机构法务的必要性

(一) 适应法治社会建设形势的客观需要

党的十八届四中全会通过了《中共中央关于全面推进依法治国若干重大问题的决定》

（以下简称"《决定》"），《决定》坚持法治国家、法治政府、法治社会一体建设，推进多层次多领域依法治理，深化基层组织和部门、行业依法治理，支持各类社会主体自我约束、自我管理。在依法治国的大背景下，"法治"应当进入医院管理的场域，并成为现代化医院管理制度的重要组成部分。医疗行业事关民生，贴近群众，是矛盾纠纷较多发的领域之一，迫切需要同时具备法律专业知识和医院内部管理及医学知识的专业人才参与医院法律事务的处理。设置专职法务机构，是提高医疗卫生事业单位依法决策、依法管理、依法运行的能力和水平，增强风险防范化解能力的客观需求。

（二）妥善处理法律事务的现实需求

国家大力推进"落实公立医院运营管理自主权""完善公立医院法人治理结构"等，医疗机构独立法人地位不断增强，已成为独立承担权利与义务的民事主体。医疗机构决策涉及合法性评估、医疗活动开展、医患纠纷处理、医疗保险、科研教学、合同管理、知识产权、人力资源等工作，面对纷繁复杂的法律实务，医疗机构需要一个专业的法务机构统筹协调、妥善处理，需要专业法务人员提供工作支撑。在这个层面上，医疗机构法务能及时有效地为医院提供全方位的法律保障，负责医院各项合同的起草、审核和管理等事务、制定医院的管理制度和法律风险防控机制、加强医务人员的法律意识等。

（三）建立现代医院管理制度、实现高质量发展的必然要求

2017 年 7 月，国务院办公厅发布了《关于建立现代医院管理制度的指导意见》（国办发〔2017〕67 号），强调推动医疗机构实行民主管理和科学决策，实现医院治理体系和管理能力现代化，制定医院章程、健全医院决策机制、健全民主管理制度等；2022 年 6 月，国务院办公厅发布了《关于推动公立医院高质量发展的意见》（国办发〔2021〕18 号），指出提升公立医院高质量发展新效能，全面落实《基本医疗卫生与健康促进法》等法律法规，为提升医院治理能力和水平提供法治保障。设置医疗机构法务，对于推动医疗机构依法执业、依法运营，加快建立现代医院管理制度、实现高质量发展具有重要的推动作用。

（四）应对传统外聘社会律师的弊端与不足

公立医院经常采用外聘社会律师的模式，医院内部没有专门的法务部门，所有涉及医疗纠纷、合同审查、法律培训等工作均由外聘律师完成。虽然这种模式法律专业性强，医院所涉及的风险均由律师把关，合法性得到很大的保障，但是医院全部法务事务工作量大，成本高，且所聘律师专业性有限，不能涵盖所有的法律专业，医疗机构的法律事务涉及的专业领域除医疗外，还涉及民事、商事、行政、经济等多个法律领域，单一的外聘法律顾问显然无法满足以上条件，往往还需要咨询或聘请其他的律师。另外，外聘律师一般对医院的医疗管理制度和实际运作不够了解，其法律意见难以完全适合医疗机构的实际情况。在此背景下，医

疗机构内部通过设置独立的法务岗位和人员,凭借自身的特点和优势来弥补外部法律顾问上述种种缺陷。

第二节　医疗机构法务的工作定位与模式

一、医疗机构法务的工作定位

(一)从医疗机构逻辑出发考虑法律问题

与社会律师单纯从法律的逻辑出发思考医疗机构问题相区别,医疗机构法务需要从医疗机构的逻辑出发思考法律问题,使医疗机构法务工作定位于如何最大程度规避法律风险,运用法律为医疗机构创造价值。借鉴国际上一些企业的经验,其法务部门所提供的支持早已由单纯的法律服务扩展到战略方面和运营方面的服务支持,法务部门与业务部门共同构想业务上可行的方案,并为公司的战略决策实施提供法律支撑。

(二)防范医疗机构法律风险

公立医院作为兼具公益性的特殊主体,在运营发展过程中所积累的深层次问题和面临的法律风险愈加繁杂,涉及人事聘用、物资采购、项目谈判、合同管理等多个方面,远超医疗业务的范畴。从近年来出现的案例来看,如果这些活动开展不当都可能造成潜在的法律风险。防范法律风险是医疗机构法务工作的基础和立足点,医疗机构法务需要有效进行风险识别、风险分析、风险控制,以实现医疗机构运行的稳定性。

据业内在全国范围内统计,2021年医疗损害责任纠纷案件总计为 10 746 件,比 2020 年案件数量减少了 7 924 件。整体趋势是在 2018 年案件数量较 2017 年略微下降后,2019 年、2020 年呈现反弹,2021 年出现大幅下降,案件数量下降与各地法院因疫情原因新收案件数量下降相一致。2017 年案件数量为 12 734 件,2018 年案件数量为 12 249 件,2019 年案件数量为 18 112 件,2020 年案件数量为 18 670 件。

2021 年医方承担次要责任的案件占比为 34%,反超同等责任成为首位(2019 年次要责任占比 29%,2020 年占比 26%);2021 年医方主要责任占比 29%,较 2020 年增加 5%;医方被二审法院判决承担全部责任的案件有 122 件,占比 8%,较 2020 年的 6% 略有上升。

2021 年医方因未尽注意义务、延误治疗而败诉的案件依然处于第一位,占比 42%;其次是未尽告知义务,占比 22%,与 2020 年相比占比变化较大,增加了 3%,究其原因,一方面与患者的法律意识提升有关;另一方面,医疗机构对告知义务的履行仍存在"形式主义"。病历问题仍然是医方败诉的第三大原因,占比 10%。

（三）实现法律专业与管理融合

传统的医疗机构法务工作主要职责在医疗纠纷与诉讼的应对、合同的审查上，法务人员大多充当"合同审核专家"和"救火队员"的角色。但是，随着医疗机构需求的变化，法务部门应当由提供专业性服务的部门转变为提供法律专业服务的管理部门。医疗机构法务部门不应仅局限于专业视角和被动提供法律服务，还应当站在医院业务全局的角度综合考虑平衡各种因素，承担管理和决策支持的角色。

（四）创造价值

通过法务管理创造价值，对于以医药卫生为重的医疗机构而言看似影响微乎其微，但是从法务实践案例来看，法务人员从自身机构角度出发，运用法律专业知识支撑和协助所在机构实现战略目标，已成为创造效益的重要力量。

2015 年 2 月，上海某医院组建法务部并开始工作。运行半年期间，该医院法务部参与设备采购的合同沟通 23 例，涉及同行会谈 60 余次，参与亿元重大项目合作 3 项，共审阅合同 483 件，涉及金额 4.3 亿元，间接避免经济损失 600 万元。参与医患调解 12 例，回复患者来信来访 30 次，代表医院出具 9 封法律意见函，从制度上化解医患双方不信任感。在医疗纠纷案件的处理中，医生与患者沟通后由医院法务律师介入调解，协助医生拟写科室报告并参与讨论，由医院法务律师拟写答辩状，取代了由医生拟写答辩状的传统方式，极大规避了法律风险，同时减轻了医务人员负担。

二、法务人员所需具备的品质和能力

（一）伦理素质

1. 恪守信用　诚实守信是中华民族的传统美德，更是所有法律职业要求的必备品质。医疗机构在招聘法务工作人员时，应当注重对应聘人员既往诚信情况的考察，特别是信用记录；对于面向社会招聘法律顾问或者外聘律师，应注意考察应聘者的同行评价情况。

2. 坚强意志　意志力包括坚持原则和达成既定工作目标的执着精神。法律职业从业人员，面对不符合所在机构制度流程、涉嫌违法乃至犯罪的事项，应坚持原则，这就需要考验法务工作者的意志力。

（二）专业能力

1. 管理能力　作为医疗机构的职能部门之一，法务部门是领导层做好管理工作的助手，也是大量法务管理工作的承接部门，这就要求法务人员具备管理学及医院管理的知识与技能，具备较强的计划、组织和协调能力。

2. 沟通能力　有效的沟通是解决问题的最优路径之一。通过沟通使得工作对象心甘情愿按照法务人员的要求与目标行事,效果往往较好。法务人员应该具备以下沟通能力:与医疗机构管理层的良好沟通,保证将法务部门的专业判断及时传递到医疗机构管理层;与其他职能部门沟通,减少法务与其他管理工作之间壁垒,形成管理合力;与临床一线沟通,以保证临床行为合法、合规开展;与司法部门、行政部门及外部单位沟通,保持良好的合作关系,以最大限度维护医疗机构利益;与患者、家属及其委托代理人沟通,帮助患者及其家属在法治的轨道内维护自身的合法权益。

3. **领导能力** 法务管理工作的性质决定法务人员往往处于系统设计、风险评估与预警及业务指导与建议的位置,法务人员应具备对医疗机构的运营、业务开展风险点及可能带来法律后果的预见能力。这就要求法务人员在处理具体某一法律事务或进行某项系统性法律风险管理时,能够对具体环节的放权和收权处理自如,进而保证重大风险的有效监控和各项业务的顺利开展。

4. **创新能力** 随着经济社会的不断发展,越来越多新的法律事务、法律关系出现,政府对医院的管理理念与监管方式革新,人民群众依法维权意识的普及,都给医疗机构的法务管理机构带来新的挑战。新环境、新事物和新挑战需要医疗机构法务部门不断创新工作方式、工作内容以做好应对。另外,从为医疗机构创造价值的角度出发,创新能力亦是法务部门工作人员的必备能力之一。

三、目前医疗机构法务的主要工作模式

目前我国医疗机构中,设置法务的主要形式有以下三类,即外部聘请律师主导型、专职法务人员主导型和挂靠其他职能部门型。

(一) 外部聘请律师主导型

此类型是目前国内医疗机构采取的主要形式。该种形式下,医疗机构主要通过与律师事务所签订服务合同或者委托代理合同,建立服务与被服务的关系。通常医疗机构会要求律师事务所固定或者由医疗机构指定律师为其提供法律服务。外聘律师的主要职责是应医疗机构请求做好定期或者临时的法律事务处理,包括诉讼与非诉案件管理、法律危机应对以及法律顾问工作等,参与重要合同审核、合作关系审核等,基本不涉及系统风险防控、内控与流程管理及其他医疗机构管理内容等。此种模式中,医疗机构属于外聘律师的客户,外聘律师通过履行合同约定义务为范围参与医院法务管理,外聘律师仅对合同约定的法律事务负责,并依据合同对法律事务处理后果承担责任,通常以法律风险发生后的"事后救济"为主。

该模式的优点在于:①外聘律师更具法律职业专业性、权威性和丰富的纠纷处理经验,

以及在法律专业领域建立的社会关系,有助于法律事务的处理;②外聘律师能够依照合同集中处理具体法律事务,效率高;③外聘律师与医疗机构是合同关系,在处理法律事务时具有良好的独立性,能够独立判断和处理法律事务,有利于保障企业法务工作合法、高效开展。

该模式的缺点在于:①外聘律师管理医疗机构法律事务具有临时性与事后性的特征,缺少系统性的医疗机构法务管理规划,无法在医疗机构内部建立整体性、系统性、前瞻性和统筹性的法务管理体系,不利于现代医院管理制度建立;②外聘律师缺乏对医疗机构内部流程及运营状况的了解,在进行法律事务处理时,存在沟通成本,提出的法律意见针对性往往不够,而且未能提前介入和全程参与医疗机构各项实务,难以将法务同医疗机构管理深入融合,无法最有效预防和管理法律风险,不利于医疗机构法务战略价值的实现;③外聘律师不是医疗机构工作人员,缺乏与医疗机构员工的互动,融入医疗机构运营活动程度不高,在处理法律事务时无法有效合理利用医疗机构的资源与能力,可能影响法律事务最终处理结果;④外聘律师依据合同对处理结果仅承担有限责任,处理法律事务时仅以合同目标来确定工作内容,追求的是自身利益的最大化,而不是与医疗机构员工一样完全站在医疗机构角度看待和处理问题,在全面有效维护医疗机构利益上可能存在不足。

(二)专职法务人员主导型

在这种模式中,医疗机构在内部设置法务部,作为专门的法务机构,属于医疗机构职能部门之一,由专职的法务人员组成,外聘律师或法律顾问只是起到协助与辅助的作用。法务人员作为处理法律事务的专职人员,通过人事关系或者劳动雇佣关系成为医疗机构的员工。法务人员不仅需要承担对法律事务处理的责任,而且处理结果还与自身的业绩与绩效密切相关。在这种模式中,法务部门的职责比外聘律师宽泛得多,特别是将法务管理渗透到医疗行为、科研与教学、合同、知识产权、财务、后勤及外部律师管理等方方面面。其职责不仅具有法律专业性,还体现了一般管理的计划、组织、领导、控制等特征,具有鲜明的管理性。

该模式使得医疗机构法务人员成为法务管理的主体,并对医疗机构法务进行主动管理,其管理贯穿建立事前预防、事中处置、事后处置的全过程。医疗机构法务完全依赖于本单位专职法务人员,按照自身工作需要外聘律师进行辅助管理,对外聘律师具有决定权和管理权,外聘律师作为法务部门的补充和支持性资源,就重大疑难法律问题进行专门性咨询解答,对有明文规定或者按惯例必须由具有法律专业机构或律师主体资格才能承担的法律事项进行论证,并出具相应文件或承担相应的法律事务,如出具律师函与法律意见书、代理诉讼仲裁等。目前国内的大中型企业多采取此种形式。

该种模式的优点如下。

一是内部法务人员属于医疗机构工作人员,法务管理效果与自身绩效直接相关,其目标与医疗机构目标具有内在一致性,能够站在本单位的角度全面维护医疗机构的合法利益,还能有效顾及医疗机构的形象和声誉。

二是内部法务人员对医疗机构运行模式及业务较熟悉,能够有效将法务工作融入医疗机构的日常业务和流程,通过有效预防和管控风险,降低医疗机构运营过程中的风险,并通过与临床一线及其他职能部门的良性互动,促进各自职能的实现,有助于建立系统的、全局的、前瞻性的法务系统,做好法务管理规划,对法务进行系统管理,提高法务管理绩效。

三是内设法务与医疗机构是管理与被管理的关系,管理层能够有效控制法务部门,不像对外聘律师的控制权较弱,内部法务人员属于医疗机构工作人员,对医疗机构具有依赖性。

四是有助于将医疗机构目标和战略融入法务工作,促进法务管理价值的实现。

五是内部法务人员与医疗机构其他工作人员的沟通比外聘主导型更通畅和便捷,不需要中转机构,有效降低了沟通成本和风险。

六是相较于外部律师,内部法务人员通过开展系统的法务管理,有助于法务工作信息以及经验的总结及工作的优化,促进法务管理成本的降低。

在实践推行中,该种模式同样存在缺点。

一是内部法务人员存在专业性和权威性不足的缺陷,在司法领域中社会资源的数量可能不及外聘律师,法律事务处理的效率和效果有可能不及外聘律师。

二是内部法务人员受医疗机构规章制度以及管理层的约束,财务上也无法独立,其法务管理决策容易受到管理层和其他业务人员的影响,决策缺乏独立性和自主性,有可能影响法务作用的有效发挥。

三是法务部门与其他部门的分工与协作可能会因为目标的不一致产生分歧与纠纷。如何协调法务部门与其他部门的关系,将影响法务管理目标的实现以及法务部门在企业中的声誉与威望。

四是内部法务人员要求既懂法律又懂管理和医院运营的复合型人才,但在实践中,很多法务人员来源于法学专业毕业生,缺乏医学、管理学与经济学的相关知识,难以运用医学、管理学思维处理法律事务,不利于实现法务管理的战略价值。

(三) 挂靠其他职能部门型

在这种模式中,医疗机构的法务部挂靠在其他职能部门,如院长办公室、纪委办公室或者医务处等,法务部一般由医疗机构的专职员工担任。通常情况下,这种模式可以视为医疗机构法务管理从外部聘请律师主导型向专职法务人员主导型过渡的一种中间模式。

同以上两种模式相比,该模式具有以下特点。

（1）法务部门为医疗机构内设职能部门的二级部门,往往专职工作人员数量少,并可兼顾该职能部门其他工作,能够为医疗机构节约法务管理成本支出,但其法务管理能力往往弱于专职法务人员主导型,不利于法务管理价值的实现。

（2）法务部门作为医疗机构同外聘律师沟通的媒介和桥梁,有利于外聘律师更好发挥专业特长,维护医疗机构利益与名誉,但是这种模式下医疗机构法务部门对外聘律师的控制及管理能力往往较弱,甚至会处于配合的地位,而不是主动管理。

第三节　医疗机构法务管理基本内容

一、医疗机构法务的工作原则

（一）遵守相关职业道德及行为规范原则

医疗机构法务首先是医疗机构工作人员,必然需要遵守医疗机构从业人员相关职业道德及行为规范。主要包括坚持以人为本,践行救死扶伤,全心全意为人民健康服务;尊重患者合法权益,提供优质服务,促进医患和谐;廉洁自律,恪守医德,恪尽职守,勤勉高效等;在遵守医疗机构从业人员相关规范外,医疗机构法务还应当遵守法律从业者相关行为规范及行业要求。

（二）依法办事原则

医疗机构法务作为法律工作者,模范地遵守宪法和法律法规,是对这一职业最基本的要求。法务人员虽然是医疗机构员工,但其绝不应该是单位意志的"执行机器",对于医疗机构拟进行的非法行为,法务人员应该保持相对独立性,自觉予以抵制。法务人员为医疗机构提供的各项法律服务应该做到以事实为依据、以法律为准绳,在符合法律规定情况下,充分维护医疗机构各项合法权益。如果法务人员不能坚持依法办事的原则,则有可能会充当单位不法行为的附庸,偏离了医疗机构法务设立的初衷与法律工作者的价值追求。

（三）服务对象特定原则

作为医疗机构的正式职工,法务人员提供法律服务的对象只能是所在单位,而不应该向其他对象提供有偿法律服务。考虑原因有二:①从人力成本考虑,医疗机构法务是按照医疗机构全职员工计算工作量并给付年薪,如果医疗机构法务人员同时在其他单位兼职,不能全力投入本单位的工作,对于医疗机构来说多付出了人力成本;②考虑服务对象的利益冲突,如果医疗机构法务人员身兼社会律师或者其他职业,在处理有关本单位权益的事务时,医疗机构权益可能存在受损风险。

（四）预防为主原则

与聘任社会律师处理法律纠纷的"事后补救"模式不同,医疗机构法务在"事前预防"环节的优势十分明显。通过对医疗机构运营管理工作的介入,可以在本单位日常工作决策中控制甚至消除潜在的法律风险。防范风险的成本比解决纠纷的成本要低得多,故医疗机构法务在工作中应坚持预防为主的原则。

二、医疗机构法务管理基本内容

在《国家卫生健康委办公厅关于进一步加强医疗卫生事业单位法治建设的通知(试行)》(国卫办法规函〔2019〕914号)中规定,"医疗卫生事业单位法治工作部门的主要职责是:组织开展合法性审核;负责本单位依法管理(依法执业)自查日常管理,开展案件评析,梳理法律风险点,组织制定预防及处理措施;参与本单位重大突发事件、涉法纠纷、医疗纠纷等处置;制订年度法治宣传培训计划并组织实施;组织协调本单位涉法涉诉案件和仲裁;联系、协调和管理外聘法律顾问等。"

结合医疗机构法务管理实践,经过本书编写人员讨论,将在本书第2~10章,着重就以下9方面内容展开讨论:①医疗机构法律地位与设置;②医疗法务管理;③医疗机构知识产权法务管理;④医疗机构科研与教学法务管理;⑤医疗机构人力资源法务管理;⑥医疗机构合同管理;⑦医疗机构民事诉讼应对与管理;⑧医疗机构行政法相关法务管理;⑨医疗机构法务部与外聘律师管理。

第四节　医疗机构法务发展现状

一、目前全国医疗机构法务发展情况

目前,全国部分医疗机构设有专门处理院方法律事务的岗位,虽名称不一,但业务趋同。相较于医院内部的其他业务岗位,法务岗位经常处于边缘地位。目前,我国医疗机构法务呈现出如下趋势。

（一）员工法治化意识薄弱，参与度较低

医疗机构管理层对法治化管理重视度不高，导致每年院内划拨的普法教育经费紧张、法律人员配备不足。在法治化管理建设中临床工作人员参与度低，误认为医疗机构法务属于院方管理层的工作，自己的职责是做好本职工作，导致临床工作人员不愿投入时间参与普法讲座，员工参与度低，经常不能取得满意的效果。

（二）独立的法务部门在医疗机构尚未普及

中国医院协会医疗法制专业委员会 2017 年通过对全国 25 个省、自治区、直辖市 192 所医院的有效调查问卷显示，62 所（34.07%）医院设置专门的法务部门，此调查中有三级医院 128 所（70.33%）。以山东省为例，2018 年对 558 份有效问卷医院的调查显示，130 所三级医院中有 48 所（36.92%）医院设置专门的法务部门，428 所二级医院中有 132 所（30.84%）医院设置专门的法务部门。

（三）法律事务增多，法律专业人才配比不足

随着社会的进步、医疗机构的改革、医学技术的发展，医疗机构需解决的法律事务数量增多、种类增加、情况复杂。医院面临的法律事务包括但不限于医疗纠纷、合作经营、合同审核、人事劳动纠纷、知识产权保护、成果转化、医疗广告发布、行政处罚等。以医疗机构所涉医疗损害纠纷及医疗服务合同为例，在中国裁判文书网检索出 2017—2021 年纠纷裁判案件数量如表 1-3 所示。

表 1-3　2017—2021 年医疗机构损害赔偿纠纷及医疗服务合同纠纷数量

年份/年	医疗机构损害赔偿纠纷/件	医疗服务合同纠纷/件
2017	12 734	617
2018	12 249	631
2019	18 112	746
2020	18 670	710
2021	10 746	503

与医疗纠纷案件数量变化不协调的是医疗机构法务人员的配比极少，工作开展较为困难。同时法律事务的特殊性决定法务人员需要经常外出处理及协调各类事件，例如出庭、提交证据材料等。然而法务部门又必须保证至少有法务人员留守处理日常器械药品采购、合同审查等工作，若这类工作较多，则无法在构建医院法治化管理体系方面投入更多的精力。

二、湖北省医疗机构法务发展情况调研

2021 年，湖北省医院协会医疗法制专业委员会在全省范围内 40 家医疗机构（其中三级

医院 34 家)开展法律事务建设基线调研,调研结果显示:①仅有 13 家医疗机构设置了法务部门,其中有 2 家医疗机构法务部门作为独立的一级科室设置,其余 11 家医疗机构法务部门则隶属于院长办公室、医务处等职能部门;②15 家医疗机构配备了专职法务人员,25 家医疗机构未配备专职法务人员,39 家医疗机构聘请了社会律师作为法律顾问;③在经费投入方面,仅有 4 家医疗机构每年的法务建设经费投入超过 100 万元,其中 1 家超过 200 万元,余下 36 家医院每年投入均在 100 万元以下;④被调查医疗机构均认为应当加强法治建设和专职法治人才队伍建设,但建设法务体系存在一些困难,影响医院法务体系建设的障碍主要是增加成本支出、编制不足以及无专项经费来源等;⑤参与调查医疗机构的法务部门处理的法律纠纷以医疗损害责任纠纷和非医疗损害引起的医患纠纷为主,职工人事劳动争议次之,采购合同纠纷再次之。

(廖家智　李　刚　葛　帅　孙　熹　魏　威)

第二章
医疗机构法律地位与设置

第一节　医疗机构法律地位

医疗机构的法律地位,是指医疗机构在法律上所处的位置,也是指在不同法律关系中享有的权利和承担的义务。作为卫生与健康领域第一部综合性、基础性法律,《基本医疗卫生与健康促进法》对医疗机构在法律上享有的权利和承担的义务进行了详细地阐述,其享有如开展医疗卫生服务、健康教育、医疗卫生人员培训、医学科学研究等权利,以及医疗机构执业场所秩序不容扰乱的权利;应当承担如遵守法律、法规、规章,建立健全内部质量管理和控制制度,按照临床诊疗指南、临床技术操作规范和行业标准以及医学伦理规范等有关要求,合理进行检查、用药、诊疗,加强医疗卫生安全风险防范,优化服务流程,持续改进医疗卫生服务质量等义务。各级各类医疗卫生机构应当分工合作,为公民提供预防、保健、治疗、护理、康复、安宁疗护等全方位全周期的医疗卫生服务。

根据医疗机构性质分类,可将医疗机构分为非营利性和营利性两类,其中政府办非营利性医疗机构占据主导地位。根据1998年国务院发布的规定,政府办非营利性医疗机构,即"公立医疗机构""公立医院",应为法律规定拥有法人资格的事业单位,应当具有民事权利能力和民事行为能力,依法独立享有民事权利和承担民事义务。而非营利性医疗机构指为社会公众利益服务而设立运营的医疗机构,不以营利为目的,其收入用于弥补医疗服务成本。

医疗机构应当依法设置、登记后,开展医疗服务。1994年发布的《医疗机构管理条例》明确医疗机构的准入程序为规划审批—执业登记,当前随着"放管服"政策深入推进,医疗机构设置的准入程序逐渐简化,2020年《国家卫生健康委办公厅关于取消部分医疗机构〈设置医疗机构批准书〉核发加强事中事后监管工作的通知》(国卫办医函〔2020〕902号)明确指出除三级医院、三级妇幼保健院、急救中心、急救站、临床检验中心、中外合资合作医疗机构、港澳台独资医疗机构外,举办其他医疗机构的,卫生健康部门不再核发《设置医疗机构批准书》,在执业登记时发放医疗机构执业许可证,简化了部分医疗机构,尤其是社会办医疗机构的准入程序,实现设置医疗机构批准书和医疗机构执业许可证"两证合一"审核发放。

医疗机构应当制定章程。医疗机构章程是医疗机构的基本纲领和行为准则,是制定内部各项规章制度的基础、依据和前提,章程内容应包括医院性质、办医宗旨、功能定位、办医方向、管理体制、经费来源、组织结构、决策机制、管理制度、监督机制、文化建设、党的建设、群团建设及举办主体、医院和职工的权利义务等。医疗机构应当以章程为依据,制定内部管理制度及规范性文件、提供医疗卫生服务、建立管理机制,落实公立医院综合改革的各项政策,不断满足人民群众的健康需求。

医疗机构享有对外合作的权利。医疗机构享有开展医疗卫生与健康促进对外交流合作活动的权利,学习国外先进的医疗技术、前沿科学和管理经验,不断提高医疗机构自身医疗技术、科研实力和管理能力。但在对外合作过程中,应当遵守法律、法规,维护国家主权、安全和社会公共利益。

医疗机构享有接受公益事业捐赠的权利。医疗机构在接受捐赠时,应当按照国家相关法律法规以及《卫生计生单位接受公益事业捐赠管理办法(试行)》等规章制度,依法依规接受捐赠,保障受赠的公益性、公平性、公开性和效益性。

下面章节将从以下几个方面对医疗机构法律地位与设置中涉及的相关法律、法规、典型案例进行阐述。

第二节 医疗机构设置管理

一、医疗机构设置要求

(一)医疗机构概念及类别

1. **医疗机构概念** 医疗机构或医疗卫生机构目前并无统一的概念。参照《医疗机构管理条例》和《医疗机构管理条例实施细则》,医疗机构是指依据《医疗机构管理条例》和《医疗机构管理条例实施细则》的规定,经登记取得医疗机构执业许可证的机构,包括从事疾病诊断、治疗活动的医院、卫生院、疗养院、门诊部、诊所、卫生所(室)以及急救站等。参照国家统计局在统计工作中对医疗卫生机构的指标解释,医疗卫生机构是指从卫生健康行政部门取得医疗机构执业许可证、中医诊所备案证、计划生育技术服务许可证,或从民政、工商行政、机构编制管理部门取得法人单位登记证书,为社会提供医疗服务、公共卫生服务或从事医学科研和医学在职培训等工作的单位。《2020中国卫生健康统计年鉴》指出医疗卫生机构指从卫生健康行政部门取得医疗机构执业许可证,或从民政、工商行政、机构编制管理部门取得法人单位登记证书,为社会提供医疗保健、疾病控制、卫生监督服务或从事医学科研和医学在职培训等工作的单位。医疗卫生机构包括医院、基层医疗卫生机构、专业公共卫生机构、其他医疗卫生机构。

2. **医疗机构的类别**　依据《医疗机构管理条例实施细则》,我国医疗机构通常分为以下几类:①综合医院、中医医院、中西医结合医院、民族医医院、专科医院、康复医院;②妇幼保健院、妇幼保健计划生育服务中心;③社区卫生服务中心、社区卫生服务站;④中心卫生院、乡(镇)卫生院、街道卫生院;⑤疗养院;⑥综合门诊部、专科门诊部、中医门诊部、中西医结合门诊部、民族医门诊部;⑦诊所、中医诊所、民族医诊所、卫生所、医务室、卫生保健所、卫生站;⑧村卫生室(所);⑨急救中心、急救站;⑩临床检验中心;⑪专科疾病防治院、专科疾病防治所、专科疾病防治站;⑫护理院、护理站;⑬医学检验实验室、病理诊断中心、医学影像诊断中心、血液透析中心、安宁疗护中心;⑭其他诊疗机构。根据《基本医疗卫生与健康促进法》的分类,医疗卫生机构应当包括医院、基层医疗卫生机构、专业公共卫生机构和其他医疗卫生机构。其中医院包括综合医院、中医医院、中西医结合医院、专科医院等,基层医疗卫生机构包括社区卫生服务中心(站)、乡镇卫生院、村卫生室、门诊部(所)等;专业公共卫生机构包括疾病预防控制中心、专科疾病防治院(所、站)、妇幼保健院(所、站)、卫生监督所(中心)等。2020 年末,我国共有医疗卫生机构 103.1 万个,其中医院 3.7 万个,基层医疗卫生机构 97.7 万个,专业公共卫生机构 1.3 万个。

(二) 医疗机构设置管理要求

医疗机构的法律地位,从其依法成立时产生。党的十八大以来,我国医疗卫生服务体系日益完善,医疗卫生资源不断丰富,医疗机构设置规划应当秉承区域均衡、统筹规划、科学布局、协同创新和中西医并重的方向。设置医疗机构应当符合当地《医疗机构设置规划》,促进医疗资源的合理配置和合理利用。医疗机构设置管理工作通常由医务(医政)管理部门主管,院办、基建、财务、设备等其他部门共同参与。

【目标要求】

医疗机构设置,应当符合当地医疗机构设置规划和医疗机构基本标准,依法进行设置审批、执业登记,并按照批准的诊疗科目开展医疗服务,按时完成变更校验;公立医院设置分院区,应当充分评估医院建设发展阶段、医院发展条件,合理确定分院区规模等问题。

【管理要点】

• 医疗机构应当建立健全医疗机构设置管理相关规章制度,明确各职能部门职责范围。

• 医疗机构设置管理应当涵盖医疗机构办理设置审批、执业登记、变更校验、评审、监督管理的全过程。其中医疗机构设置审批和执业登记为开展医疗活动的前提,同时医疗机构应当重视医院评审,积极做好等级医院评审工作;此外按时变更校验医疗机构执业许可证也是做好医疗机构设置管理的必要工作。

● 医疗机构应当加强医疗机构资质及执业管理,定期开展自查工作,发现关于医疗机构设置管理方面的问题要及时整改,严格依法执业。

【实操要素】

1. **医疗机构设置管理要素** 一是做好设置医疗机构的设置审批、执业登记工作,这是开展医疗服务的前提;二是加强医疗机构设置日常管理工作,确保医疗机构严格依照相关法律、法规开展医疗服务;三是定期开展依法执业自查,从制度建设、医疗服务开展、违法违规行为及隐患排查等方面着手进行自查。

2. **医疗机构设置审批** 根据《基本医疗卫生与健康促进法》,县级以上人民政府应当制定并落实医疗卫生服务体系规划,科学配置医疗卫生资源,举办医疗卫生机构,为公民获得基本医疗卫生服务提供保障。医疗机构不分类别、所有制形式、隶属关系、服务对象,其设置必须符合当地《医疗机构设置规划》;设置三级医院、三级妇幼保健院、急救中心、急救站、临床检验中心、中外合资合作医疗机构、港澳台独资医疗机构时,需要先进行设置审批,取得《设置医疗机构批准书》,再申请执业登记;其他医疗机构可直接申请执业登记,但在申请执业登记前,举办人应当对设置医疗机构的可行性和对周边的影响进行研究,合理设计医疗机构的选址布局、功能定位、服务方式、诊疗科目、人员配备、床位数量、设备设施等。

在拟设置医疗机构时,应当注意以下问题。

(1)在拟设置新医疗机构前,应当充分解读当地《医疗机构设置规划》内容,做好人群健康状况、医疗服务需求、医疗机构选址等各方面的调查评估。

(2)严格遵照医疗机构设置审批各项要求,准备各项材料,如设置可行性研究报告、选址报告、申请人资信证明等材料。

(3)变更《设置医疗机构批准书》中核准的医疗机构的类别、规模、选址和诊疗科目,必须按照《医疗机构管理条例》及其实施细则的规定,重新申请办理设置审批手续。

(4)公立医院拟设置分院区的,须严格把握申请设置分院区的基本条件,利用"医院建设发展阶段测算模型"科学测算医院所处发展阶段,合理确定分院区规模。医院建设发展阶段测算模型参照《医疗机构设置规划指导原则(2021—2025年)》。

3. **医疗机构基本标准** 2022年国家卫生健康委发布了《关于印发医疗机构设置规划指导原则(2021—2025年)的通知》(国卫医发〔2022〕3号),规定了各级各类医疗机构执业必须达到的最低标准,包括床位、科室设置、卫生技术人员、房屋建筑、设备、规章制度和注册资金等多个方面,如表2-1所示。

表 2-1　各级各类医院的床位及人员标准(试行)

医院类别	医院等级	床位标准/张	卫生技术人员标准
综合医院	一级综合医院	20~99	每床至少配备 0.7 名卫生技术人员; 至少有 3 名医师、5 名护士和相应的药剂、检验、放射等卫生技术人员; 有 1 名主治医师职称或以上职称的医师
	二级综合医院	100~499	每床至少配备 0.88 名卫生技术人员; 每床至少配备 0.4 名护士; 有 3 名副主任医师职称或以上职称的医师; 各专业科室有 1 名主治医师职称或以上职称的医师
	三级综合医院	≥500	每床至少配备 1.03 名卫生技术人员; 每床至少配备 0.4 名护士; 各专业科室的主任应具有副主任医师以上职称; 临床营养师不少于 2 人; 工程技术人员(技师、助理工程师及以上人员)占卫生技术人员总数的比例不低于 1%
中医医院	一级中医医院	20~79	每床至少配有 0.7 名卫生技术人员; 中医药人员占医药人员总数的比例不低于 60%; 至少有 3 名中医师,1 名中药士,4 名护士及相应的放射、检验人员; 有 1 名主治医师职称或以上职称的中医师
	二级中医医院	80~299	每床至少配有 0.88 名卫生技术人员; 中医药人员占医药人员总数的比例不低于 60%; 有 4 名主治医师职称或以上职称的中医师、1 名中药师和相应的药剂、检验、放射等技术人员,各临床科室至少有 1 名中医师; 每床至少配备 0.3 名护士
	三级中医医院	≥300	每床至少配有 1.0 名卫生技术人员; 中医药人员占医药人员总数的比例不低于 60%; 临床科室主任必须是具有副主任医师以上职称的中医师,有 1 名副主任药师或以上职称的中药师和相应的检验、放射等技术人员; 工程技术人员(技师、助理工程师及以上人员)占卫生技术人员总数的比例不低于 1%; 临床营养师不少于 1 人; 每床至少配有 0.3 名护士

续表

医院类别	医院等级	床位标准/张	卫生技术人员标准
中西医结合医院	一级中西医结合医院	20~99	每床至少配有 0.7 名卫生技术人员; 中西医结合人员占医药人员总数的比例不低于 50%; 至少有 3 名医师,5 名护士,1 名药剂士,1 名中药剂士及相应的检验、放射人员; 有 1 名主治医师以上职称的中西医结合医师
	二级中西医结合医院	100~349	每床至少配有 0.98 名卫生技术人员; 每床至少配有 0.35 名护士; 中西医结合人员占医药护技人员总数的比例不低于 50%; 有 3 名副主任医师以上职称的医师,其中有 1 名副主任医师以上职称的中西医结合医师; 各专业科室有 1 名主治医师以上职称的医师; 至少有 1 名主管药师和 1 名中药师及相应的检验、放射等技术人员
	三级中西医结合医院	≥350	每床至少配有 1.1 名卫生技术人员; 每床至少配有 0.4 名护士; 中西医结合人员占医药护技管人员总数的比例不低于 60%; 各临床科室的主任必须是具有副主任医师以上职称的医师,其中至少有 40% 为中西医结合医师或中医师; 有 1 名副主任药师以上职称的药师、具有主管药师以上职称的药师和中药师各 1 人和相应的检验、放射等技术人员; 至少有 1 名临床营养师; 工程技术人员(技师、助理工程师及以上人员)占卫生技术人员的比例不低于 1%
口腔医院	二级口腔医院	牙科治疗椅 20~59 台;床位 15~49 张	每牙椅(床)至少配备 1.03 名卫生技术人员; 有 2 名副主任医师以上职称的医师; 各专业科室(组)至少有 1 名医师; 医生与护理人员之比不低于 1:1.5; 修复医师与技工之比为 1:1
	三级口腔医院	牙科治疗椅≥60 台;床位≥50 张	每牙椅(床)至少配备 1.03 名卫生技术人员; 医师与护士之比不低于 1:1.5; 各专业科室主任应具有副主任医师以上职称; 临床营养师 1 人; 修复医师与技工之比为 1:1; 工程技术人员(技师、助理工程师以上职称的人员)占卫生技术人员总数的比例不低于 1%

续表

医院类别	医院等级	床位标准/张	卫生技术人员标准
肿瘤医院	二级肿瘤医院	100~399	每床至少配备 1.06 名卫生技术人员； 每床至少配备 0.4 名护士,医护之比为 1∶1.6； 副主任医师以上职称的医师占医师总数 10% 以上； 至少配备 1 名营养师
	三级肿瘤医院	≥400	每床至少配备 1.1 名卫生技术人员； 每床至少配备 0.4 名护士,医护之比为 1∶1.6； 副主任医师以上职称的医师不少于医师总数的 15%； 护师以上职称的护士不少于护理人员总数的 30%； 有 1 名营养师以上职称的临床营养专业技术人员； 工程技术人员(技师、助理工程师以上)不少于卫生技术人员总数的 1%
儿童医院	一级儿童医院	20~49	每床至少配备 0.7 名卫生技术人员； 每床至少配备 0.25 名护理人员； 至少有 3 名医师,其中有 1 名主治医师以上职称的医师； 至少有 4 名护士和相应的放射、药剂、检验人员
	二级儿童医院	50~199	每床至少配备 0.95 名卫生技术人员； 有 3 名副主任医师以上职称的医师,各专业科室有 1 名主治医师以上职称的医师,有 2 名主管药师以上职称的药剂人员和相应的检验、放射等卫生技术人员； 每床至少配备 0.4 名护理人员
	三级儿童医院	≥200	每床至少配备 1.15 名卫生技术人员； 有 10 名副主任医师以上职称的医师,各专业科室的主任必须具有副主任医师以上职称； 有 5 名主管药师以上职称的药剂人员和相应的检验、放射、药剂等技术人员； 每床至少配备 0.4 名护理人员；无陪护病房每床至少配备 0.5 名护理人员
精神病医院	一级精神病医院	20~69	每床至少配备 0.4 名卫生技术人员； 至少有 3 名精神科医师,其中有 1 名主治医师以上职称的精神科医师； 至少有 6 名护士
	二级精神病医院	70~299	每床至少配备 0.44 名卫生技术人员； 有 1 名副主任医师以上职称的精神科医师； 每临床科室有 1 名主治医师以上职称的医师； 有 1 名主管护师以上职称的护士； 平均每床至少有 0.3 名护士
	三级精神病医院	≥300	每床至少配备 0.55 名卫生技术人员； 每临床科室有 1 名副主任医师以上职称的精神科医师； 有 1 名副主任护师以上职称的精神科护士； 平均每床至少有 0.35 名护士

续表

医院类别	医院等级	床位标准/张	卫生技术人员标准
传染病医院	二级传染病医院	150~349	每床至少配备 0.84 名卫技术人员; 每床至少配备 0.4 名护士; 每临床科室有 1 名具有副主任医师以上职称医师
	三级传染病医院	≥350	每床至少配备 1 名卫生技术人员; 每床至少配备 0.4 名护士; 每临床科室有 1 名具有副主任医师以上职称的医师
心血管病医院	三级心血管病医院	≥150	每床至少配备 1.03 名卫生技术人员; 每床至少配备 0.4 名护士; 有 15 名具有副高级以上职称的卫生技术人员; 每临床科室有 2 名具有副主任医师以上职称的医师; 每医技科室有 1 名副高级以上职称的卫生技术人员
血液病医院	三级血液病医院	总床位 ≥200 张;专科床位 ≥120 张	每床至少配备 1.03 名卫生技术人员; 每床至少配备 0.4 名护士; 每临床科室有 2 名具有副主任医师以上职称的医师
皮肤病医院	三级皮肤病医院	≥100	每床至少配备 1.03 名卫生技术人员; 每床至少配备 0.4 名护士; 每临床科室有 2 名具有副主任医师以上职称的医师
整形外科医院	三级整形外科医院	≥120	每床至少配备 1.03 名卫生技术人员; 每床至少配备 0.4 名护士; 有 12 名具有副主任医师以上职称的医师
美容医院	—	总床位 ≥50 张;美容床 ≥20 张;牙科治疗椅 ≥10 台	每床(椅)至少配备 1.03 名卫生技术人员; 每床(椅)至少配备 0.4 名护士; 有 8 名具有副主任医师以上职称的医师
康复医院	—	≥20	每床至少配备 0.7 名卫生技术人员; 每床至少配备 0.25 名护士; 有 1 名具有主治医师以上职称的医师

在参照基本标准设置医疗机构时,应当注意以下问题。

一是此标准为医疗机构执业必须达到的最低标准,在设置医疗机构时,各方面配置应当高于该标准进行。

一是三级医院、三级妇幼保健院、急救中心、急救站、临床检验中心、中外合资合作医疗机构、港澳台独资医疗机构在卫生健康行政部门核发《设置医疗机构批准书》或《设置医疗机构备案回执》后,应当及时进行房屋建设,并按照医疗机构基本标准做好卫生技术人员招聘及培训、设备设施采购安装、规章制度制定等各项工作,为申请执业登记奠定基础。

4. 医疗机构执业登记 医疗机构执业,必须进行登记,领取医疗机构执业许可证;诊所按照国务院卫生健康行政部门的规定向所在地的县级人民政府卫生健康行政部门备案后,可以执业。医疗机构执业许可证上登记了医疗机构的名称、地址、主要负责人、所有制形式、诊疗科目、床位、注册资金、医疗机构代码等内容,是医疗机构的"身份证",领取到医疗机构执业许可证后才具有执业资格(诊所除外)。

在执业登记管理中,应当注意以下问题。

(1)取得《设置医疗机构批准书》的医疗机构,执业登记事项应当与《设置医疗机构批准书》核准事项一致,若不符合核准事项,则无法进行执业登记。

(2)因分立或者合并而保留的医疗机构应当申请变更登记;因分立或者合并而新设置的医疗机构应当申请设置许可和执业登记;因合并而终止的医疗机构应当申请注销登记。

(3)申请医疗机构执业登记后,卫生健康行政部门会组织专家现场验收,若存在问题则需及时整改,再次验收合格后,卫生健康行政部门方才批准并发放医疗机构执业许可证,因此医疗机构要重视现场验收环节,积极配合专家进行验收检查及问题整改,不带着问题执业。

(4)装配有放射设备、大型医疗设备等设备的医疗机构,需要到卫生健康行政部门办理放射设备检测和竣工验收、放射许可、大型医用设备配置许可等,到环保行政部门办理辐射安全许可。

(5)领取医疗机构执业许可证后,应当及时办理医护人员注册、变更、多机构备案等工作;做好一切开业准备后方可正式开业,但应注意的是,在开业三个月后,应当到环保部门办理环保验收工作。

(6)依法做好医疗机构执业许可证的使用管理,禁止伪造、变造、买卖、出租、出借医疗机构执业许可证的行为发生;若医疗机构执业许可证遗失,及时公开申明,并向原登记机关申请补发。

5. 医疗机构变更校验　医疗机构需要定期进行校验,床位在 100 张以上的综合医院、中医医院、中西医结合医院、民族医院以及专科医院、疗养院、康复医院、妇幼保健院、急救中心、临床检验中心和专科疾病防治机构的校验期为 3 年,其他医疗机构的校验期为 1 年。医疗机构在运行过程中,因工作需要、人事调动、业务发展等各方面原因,需要改变名称、场所、主要负责人、诊疗科目、床位,应当到原登记机关及时办理变更登记。医疗机构因故需要办理歇业的,应当提前向原登记机关办理注销登记或向原备案机关备案,经核准后方可歇业。

【案例展示】

　　2020 年 7 月,某卫生监督执法人员在巡查时发现:某门面内查见牙床一张,牙床上卧有一老年女性,一老年男性正在为其口腔进行检查。在牙床旁边的一长方形小桌上查见有一方盘内放有口腔操作所使用医疗器械。当事人现场未能出示医疗机构执业许可证正副本、医师资格证书、医师执业证书。当日分别对患者吴某某和当事人张某某进行询问调查确认:张某某在未取得医疗机构执业许可证及个人行医资质的前提下,在自家门面内擅自设置无证行医场所开展口腔诊疗活动,其间当事人一共收取了人民币1 500余元(包含当日收取患者吴某某400元)。

张某某未取得医疗机构执业许可证擅自设置无证行医场所开展口腔诊疗活动的行为,违反了《基本医疗卫生与健康促进法》第三十八条:"举办医疗机构,应当具备下列条件,按照国家有关规定办理审批或者备案手续:(一)有符合规定的名称、组织机构和场所;(二)有与其开展的业务相适应的经费、设施、设备和医疗卫生人员;(三)有相应的规章制度;(四)能够独立承担民事责任;(五)法律、行政法规规定的其他条件。医疗机构依法取得执业许可证。禁止伪造、变造、买卖、出租、出借医疗机构执业许可证"的规定,依据《基本医疗卫生与健康促进法》第九十九条:"违反本法规定,未取得医疗机构执业许可证擅自执业的,由县级以上人民政府卫生健康主管部门责令停止执业活动,没收违法所得和药品、医疗器械,并处违法所得五倍以上二十倍以下的罚款,违法所得不足一万元的,按一万元计算",给予当事人张某某没收非法所得、没收其擅自开展诊疗活动的药品及医疗器械、罚款等行政处罚。

二、医疗机构资质及执业管理

(一)医疗机构资质分类及评审要求

医疗机构评审是指医院按照《医院评审暂行办法》的要求,根据医疗机构基本标准和医院评审标准,开展自我评价,持续改进医院工作,并接受卫生健康行政部门对其规划级别的功能任务完成情况进行评价,以确定医院等级的过程。各级各类医院均应当参加评审。

【目标要求】

医院要高度重视医院评审工作,利用医院评审工作审视医院落实相关法律法规制度要求的现状、审视医院运行中各方面存在的漏洞,积极整改落实,实现"以评促改、以评促建、以评促管、评建结合",发挥医院自我管理的主观能动性,加强医院内涵建设,促进医院可持续发展。

【管理要点】

- 建立医院周期性评审和不定期重点检查的工作机制,各部门分工合作相互配合。
- 做好医疗机构依法设置和依法执业管理,严禁在评审周期内出现"一票否决"的违法违规问题,导致延期一年评审。

- 做好医疗机构医疗服务能力和质量安全管理。

【实操要素】

医院评审是评价、监督、保障和提高医疗服务质量的重要举措,是促进医疗质量持续改进的有效手段。各医院应当高度重视医院评审工作,充分利用医院等级评审的机会,以评审为抓手,推动医院管理向规范化、精细化、科学化发展。建立健全医院等级评审工作机制,制定医院评审工作规章制度,全院各部门应当共同参与,按照医院评审要求进行自查、整改,不断规范医院执业行为。2020—2021年,在总结前期工作经验的基础上,按照"继承、发展、创新,兼顾普遍适用与专科特点"的原则,国家卫生健康委制定并发布《三级医院评审标准(2022年版)》及其实施细则。其主要标准如下。

1. **医院评审前置要求**　共设3节25条评审前置条款,主要包括依法设置与执业、公益性责任和行风诚信、安全管理与重大事件3类。医院在评审周期内发生一项及以上情形的,延期一年评审。延期期间原等次取消,按照"未定等"管理。在实践中,前置要求规定的各项条款应当是不能逾越的红线,各医院均应牢固树立红线意识,坚持底线思维,贯彻落实各项法律法规、规章制度。

2. **医院评审医疗服务能力与质量安全数据检测**　共设74节240条监测指标。内容包括医院资源配置、质量、安全、服务、绩效等指标监测、DRG评价、单病种和重点医疗技术质控等日常监测数据,数据统计周期为全评审周期,通过系统采集、医院填报等方式进行统计。

现场检查时,评审专家会对医疗机构上报数据的20%及以上进行复核,若医院提供值与核查真实值差距在10%以上(含正负)、无法提供原始数据或被评审专家组认定为虚假数据的均视为错误数据,错误数据达现场核查数据总数的10%及以上,则此次评审不予通过。该部分条款和指标重点审查医院医疗服务能力和质量安全管理工作,是日常管理成效的定量体现,客观上要求医院毫不松懈做好日常医疗质量与安全管理,突击迎检、伪造数据是不可行的。

3. **医院现场评审**　卫生健康行政部门会组织评审专家现场评审,通过文件查阅、记录查看、现场检查、员工访谈、病历检查、数据核查等多种方式,对照《三级医院评审标准(2020年版)》及其实施细则相关条款进行审查。因为现场评审的条款多、内容广,医院在现场评审前应当提前做好工作方案,明确各项检查的资料、数据、现场评审负责人员等内容,以最好的准备迎接现场评审。

在进行医院评审管理,应当注意以下两点。

（1）新建医院在取得医疗机构执业许可证,执业满3年后方可申请首次评审。医院设置级别发生变更的,应当在变更后执业满3年方可按照变更后级别申请首次评审。

（2）医院评审周期为4年。医院在等级证书有效期满前3个月可以向有评审权的卫生健康行政部门提出评审申请,提交评审申请材料(医院在提交评审申请材料前,应当开展不少于6个月的自评工作,发现问题及时整改)。

【案例展示】

> 某省卫生健康行政部门撤销某医院三级医院设置规划,按照二级综合医院执业登记。该医院在"十二五"期间被纳入三级医院设置规划,但床位和专业技术人员数量不足、科室设置不全,长期达不到三级综合医院基本标准,未达到国家卫生健康委要求的电子病历系统应用水平分级评价4级水平,也未按照该省要求建设三级医院胸痛中心、卒中中心、创伤中心,难以承担三级综合医院功能职责。因此,受到降级处理。
>
> 根据《医院评审暂行办法》第四十九条的规定,医院存在如下行为,卫生健康行政部门应当撤销原评审结论,取消评审等次,并收回证书和标识:医院在医德医风、医疗质量和医疗安全等方面存在重大缺陷的;经查实在接受评审过程中弄虚作假的;拒不配合评审工作的;拒绝参加对口支援工作或者未按照要求完成对口支援任务的;未按照第四十二条的规定,提前申请评审的;省级卫生健康行政部门规定的其他情形。

(二)执业管理

我国大部分医疗机构是法人,依法享有民事权利,如名称权、名誉权、荣誉权、财产权、债权、知识产权等;依法承担民事义务。医疗机构具有特殊性,在执业过程中,还应当履行不同法律规定的义务,同时享有法律赋予的权利,如具有开展诊疗活动的权利。

【目标要求】

医疗机构应当依法履行自身职责义务,将法律法规的各项要求落到实处;积极维护自身权利,善于利用法律手段保护自身。

【管理要点】

• 医疗机构应当熟悉自身需要履行的义务;熟悉法律赋予的各项权利,善于利用法律维护自身权益。

• 医疗机构执业过程中,应当遵守法律法规、规章制度、医疗技术规范。

• 医疗机构应做好执业管理,完善内部规章制度,各职能部门积极履行职责范围内的义务,共同推进医疗机构依法执业管理。

【实操要素】

《中华人民共和国民法典》(以下简称"《民法典》")规定,医疗机构执业过程中的法律义务有:①按照法律、行政法规、规章以及其他有关诊疗规范的规定开展诊疗活动;②向患者说明病情和医疗措施,并取得其明确同意;③开展与当时医疗水平相应的诊疗;④按照规定填写并妥善保管病历资料,患者要求查阅、复制前款规定的病历资料的,医疗机构应当及时提供;⑤对患者的隐私和个人信息保密;⑥不得违反诊疗规范实施不必要的检查。

《基本医疗卫生与健康促进法》规定法律义务有:①医疗卫生机构应当遵守法律、法规、规章,建立健全内部质量管理和控制制度,对医疗卫生服务质量负责;②医疗卫生机构应当按照临床诊疗指南、临床技术操作规范和行业标准以及医学伦理规范等有关要求,合理进行检查、用药、诊疗,加强医疗卫生安全风险防范,优化服务流程,持续改进医疗卫生服务质量;③发生自然灾害、事故灾难、公共卫生事件和社会安全事件等严重威胁人民群众生命健康的突发事件时,医疗卫生机构、医疗卫生人员应当服从政府部门的调遣,参与卫生应急处置和医疗救治;④医疗卫生机构开展医疗卫生技术临床应用,应当与其功能任务相适应,遵循科学、安全、规范、有效、经济的原则,并符合伦理;⑤医院应当制定章程,建立和完善法人治理结构,提高医疗卫生服务能力和运行效率;⑥医疗卫生机构不得对外出租、承包医疗科室。非营利性医疗卫生机构不得向出资人、举办者分配或者变相分配收益。

《医疗机构管理条例》中规定,医疗机构执业过程中的义务有:①遵守有关法律、法规和医疗技术规范的规定开展执业;②将医疗机构执业许可证、诊疗科目、诊疗时间和收费标准悬挂于明显处所;③按照核准登记或者备案的诊疗科目开展诊疗活动;④不得使用非卫生技术人员从事医疗卫生技术工作;⑤加强对医务人员的医德教育;⑥对危重病人应当立即抢救,对限于设备或者技术条件不能诊治的病人,应当及时转诊;⑦未经医师(士)亲自诊查病人,医疗机构不得出具疾病诊断书、健康证明书或者死亡证明书等证明文件,未经医师(士)、助产人员亲自接产,医疗机构不得出具出生证明书或者死产报告书;⑧发生医疗事故,应当按照规定向所在地卫生健康行政部门报告;⑨对传染病、精神病、职业病等患者的特殊诊治和处理,应当按照国家有关法律、法规的规定办理;⑩按照有关药品管理的法律、法规,加强药品管理;⑪按照人民政府或者物价部门的有关规定收取医疗费用,详列细项,并出具收据;⑫承担相应的预防保健工作,承担县级以上人民政府卫生健康行政部门委托的支援农村、指导基层医疗卫生工作等任务;⑬发生重大灾害、事故、疾病流行或者其他意外情况时,医疗机构及其卫生技术人员必须服从县级以上人民政府卫生健康行政部门的调遣。

医疗机构执业管理工作涉及面广,执业过程中应承担的义务十分细化,《中华人民共和国传染病防治法》《医疗纠纷预防和处理条例》《医疗机构投诉管理办法》等各类卫生相关法律法规均对医疗机构开展特定工作中应承担义务进行了详细规定,医疗机构法务部门应当定期组织全院负责医疗机构执业管理的人员学习医疗卫生相关法律法规,提高法律知识水平。

按照《民法典》相关规定,医疗机构执业过程中的法律权利有:①医疗机构合法权益受法律保护,不得干扰医疗秩序,妨碍医务人员工作、生活,侵害医务人员合法权益;②患者在诊疗活动中受到损害,若有"患者或者其近亲属不配合医疗机构进行符合诊疗规范的诊疗、医务人员在抢救生命垂危的患者等紧急情况下已经尽到合理诊疗义务、限于当时的医疗水平难以诊疗"情况,医疗机构无过错的,可以免责;③因抢救生命垂危的患者等紧急情况,不能取得患者或者其近亲属意见的,经医疗机构负责人或者授权的负责人批准,可以立即实施相应的医疗措施。《基本医疗卫生与健康促进法》中规定享有的权利如开展医疗卫生服务、健康教育、医疗卫生人员培训、医学科学研究等权利,以及医疗机构执业场所秩序不容扰乱的权利。

医疗机构执业管理涉及全院各部门,需要各部门相互配合、共同参与,医疗机构法务部门应当通过定期评估、不定期抽查、重点环节管理、重大事件分析等方式,对医疗机构在执业管理中履行义务的情况进行评估,查缺补漏,由法律专业提供整改建议,配合其他部门共同加强医疗机构执业管理。

【案例展示】

2021年3月,邢某某因"腰部胀痛伴恶心呕吐5天"入某医院肾内科门诊就诊,经肾功能检查提示有急性肾衰竭和代谢性酸中毒。泌尿系CT诊断意见:双侧输尿管上段结石,并以上尿路轻度扩张积水;左肾囊状低密度灶;左肾小结石,两侧肾周感染。立即请泌尿外科医生口头会诊后,遂以"急性肾衰竭"收住入院。入院后予护肾、改善循环、抗炎、解痉止痛、降血钾等对症支持治疗,随后邢某某一般情况差,直至突然出现心跳呼吸骤停,呼之不应,抢救治疗无效死亡。

某司法鉴定中心认为:该医院在对邢某某诊疗过程中,未及时完善动脉血气分析及动脉血pH值等相关实验室检查,以快速评估其是否存在需要紧急处理的并发症,不符合诊疗原则,存在过错;有进行血液透析指征,并发高钾血症、心电图示Q波异常,未及时行血液透析治疗存在过错;存在高钾血症、低血钙,采取降血钾的处理措施,不符合诊疗规范,存在过错;存在双侧输尿管结石、上尿路扩张、积水等肾前性急性肾损伤的病因,未针对病因进行及时引流尿液治疗,存在过错;存在无尿等呋塞米使用禁忌证,且肾功能严重损害、尿路梗阻的情况下,应用呋塞米利尿,不符合用药须知,存在过错。建议医疗过错参与度为次要原因。

法院认定医院过错参与度为30%,赔偿原告邢某某家属死亡赔偿金、丧葬费、精神损害抚慰金、鉴定费合计二十余万元。

第三节 医院章程管理

一、医院章程要求

(一) 医院章程的概念和意义

医院章程是医疗机构依法自主办院,实施管理,履行公益性的基本纲领和行为准则,医院的"根本大法"。制定医院章程是建立现代医院管理制度的重点工作之一,是医院的法定义务。医院章程应明确医院运行和治理机制,充分体现办院宗旨、价值追求与功能定位,以章程引领医院发展,努力实现医院社会效益与运行效率的有机统一,充分调动医务人员积极性,实行民主管理和科学决策,提高医院现代化管理和服务水平。

2017年,《国务院办公厅关于建立现代医院管理制度的指导意见》(国办发〔2017〕67号)要求各级各类医院应制定章程,并将其作为建立现代医院管理制度重要内容。2018年,《国家卫生健康委办公厅 国家中医药管理局办公室关于开展制定医院章程试点工作的指导意见》(国卫办医发〔2018〕12号)明确将开展制定医院章程试点工作纳入深化医改、建立现代医院管理制度的重点工作,要求到2020年,全国所有医院完成章程制定工作。

【目标要求】

医疗机构要充分认识到制定章程工作的重要性,应按照国家相关政策要求,根据本机构类别等实际情况,制定本机构章程,进一步建立完善现代管理制度。

【管理要点】

- 明确章程制定的指导思想。
- 明确章程制定的基本原则。
- 明确章程应当包含的有关事项。
- 章程应当明确医院内部管理的组织结构。
- 章程应当明确医院自主管理的议事规则和办事程序。

【实操要素】

章程制定的指导思想:全面贯彻党的二十大和全国卫生与健康大会精神,以习近平新时代中国特色社会主义思想为指导,坚持新时期卫生与健康工作方针,按照深化医药卫生体制改革和建立现代医院管理制度的总体部署,推动医疗服务供给侧结构性改革,以章程引领医院发展,努力实现医院社会效益与运行效率的有机统一,充分调动医务人员积极性,实行民主管理和科学决策,提高我国医院现代化管理和服务水平,着力解决人民日益增长的美好生活需要和不平衡不充分的发展之间的矛盾。

1. 各级各类医院在制定章程时应当遵守的原则 一是因地制宜、分类指导。各级各类医院依据相关法律法规,按照本指导意见规定,从历史、现状和本地政策实际出发,结合医院功能定位、等次、规模等不同情况,科学制定章程,完善医院管理制度。二是坚持社会效益优先。公立医院章程要强调落实党委和政府对公立医院责任,明确办医主体与医院的权利义务,坚持以人民健康为中心,把社会效益放在首位,注重健康公平,满足人民群众多样化、差异化、个性化的健康需求,保证医疗质量和安全,进一步强化引领带动作用。社会力量举办的医院,也应当坚持社会效益优先原则,保障医疗质量安全。三是明确公立医院自主运营管理权限。合理界定政府作为公立医院出资人的举办和监督职责,明确公立医院作为事业单位的自主运营管理权限。充分发挥公立医院党委的领导作用。

2. 章程应当包含的有关事项 医院的举办主体、登记名称、简称、英文译名等,医院的地址;医院性质(包括所有制形式和经营目的)、办医宗旨、功能定位、办医方向、创新发展目标;党建工作要求、管理体制、组织结构、决策机制、管理制度、监督机制、文化建设、群团建设;经费来源、资产属性、使用原则和管理制度,药品、高值医用耗材采购管理制度,接受捐赠的规则与办法;医院领导人员的选拔任用、聘任管理、考核评价和退出等机制;医院的分立、合并、终止及所有制变更事由,终止后资产的处理办法;办医主体、医院、职工的权利义务;医院与相关社会组织关系;章程修改的启动、审议程序,章程解释权归属,以及需要在章程中规定的其他事项。公立医院章程应当明确其履行公益性的具体要求。对于建立法人治理结构的医院,章程中应当明确法人治理结构的相关内容。

3. 章程应当明确医院内部管理的组织结构 医院应当通过章程科学设计内部管理结构和组织框架,明确党组织在医院内部管理结构中的地位和作用,其中公立医院应当充分发挥党委的领导作用。规范院长办公会议、党委会等会议程序和内容,落实医院人事管理、内部分配、运行管理等自主权,保证医院宗旨和医院发展规划顺利实施。公立医院要发挥好纪律检查部门、群团组织的重要作用。医院应当充分发挥专家作用,根据发展需要设置医疗质量与安全管理委员会、药事管理与药物治疗学委员会、医疗器械临床使用安全管理委员会、医学装备管理委员会、伦理委员会等,并根据业务发展视情况设立临床试验部门。明确规定医院职工代表大会的地位作用、职责权限、组成与负责人产生规则,以及议事程序等。

4. 章程应当明确医院自主管理的议事规则和办事程序 通过章程明确医院事业发展和建设总体规划的制定和组织实施。规范开展医疗服务、经营与财务管理、医学技术开发、科研与教学、人力资源管理、信息化建设和公益服务,保障医疗质量和医疗安全。确定岗位设置、绩效考核、收入分配的原则与方案。制定员工招聘、使用和管理方案,科学合理配置人员的数量及结构比例,确定选拔医学人才的条件、标准、办法和程序。加强财产、经费、知识产权的使用与管理。规定医院内部违反章程处罚机制、责任制度。明确医院开展社会服务、获得社会支持、接受社会监督的规则与程序,以及其他可以自主决定的重大事项。

(二)医院章程产生程序

公立医院、社会力量举办的非营利性医院、社会力量举办的营利性医院在制定和修订章程时适用法律不同、程序不同。公立医院按照《关于开展制定医院章程试点工作的指导意见》中规定的产生程序进行制定。社会力量举办的非营利性医院按照其法人登记管理法律法规规定的程序制修订章程,社会力量举办的营利性医院按照《中华人民共和国公司法》等有关法律法规规定修订章程。

【目标要求】

按照法律规定的章程产生程序,制定或修订章程,确保医院章程修订程序合法合规。

【管理要点】

● 明确医院章程产生程序。

【实操要素】

公立医院章程制定和修订程序主要包含以下步骤。

1. 已经执业的公立医院

(1)成立起草组:按照民主、公开的原则,成立由医院党委、行政领导、医院各类专业委员会负责人、医务人员代表、相关医院管理专家、办医主体和上级主管部门代表组成的起草组,开展起草或修订工作。

(2)起草、修订与废止:深入研究、分析医院的特色与需求,总结实践经验,广泛听取各方需求与意见,形成章程草案或章程修订案,经院长办公会讨论并提交党委会审议后,由职工代表大会通过。章程起草或修订组织负责人,应当就章程起草或修订情况与主要问题,向职工代表大会作出说明。章程草案或修订案经讨论审议后,应当形成章程送审稿,经举办主体和上级主管部门同意后,以医院名义发布,报送登记管理机关备案。医院发生分立、合并、终止、所有制变更,或者名称、类别、级别、办医宗旨、办医方向、管理体制变化等重大事项的,应当依据章程规定的程序,对章程进行修订、废止。

2. 新设置的公立医院 新设置的医院申请执业登记时,应当按照《医疗机构管理条例》及其实施细则,向执业登记机关提交包括章程在内的规章制度材料;章程送审稿审核不合格的,医院应限期修改重新送审;经审核合格的章程正式生效,以医院名义发布,报送登记管理机关备案。

3. **其他情况**　公立医院章程制定试点工作开始前已经制定章程的公立医院,应当将章程报送登记管理机关备案,并抄送同级各相关单位。社会力量举办的医院,应当将其生效的章程报送执业登记的卫生健康行政部门。

二、医院章程内容

《国家卫生健康委办公厅　国家中医药管理局办公室关于开展制定医院章程试点工作的指导意见》(国卫办医发〔2018〕12号)明确提出:医院章程应包括医院性质、办医宗旨、功能定位、办医方向、管理体制、经费来源、组织结构、决策机制、管理制度、监督机制、文化建设、党的建设、群团建设,以及举办主体、医院、职工的权利义务等内容。

2019年,《国家卫生健康委办公厅关于印发公立医院章程范本的通知》(国卫办医函〔2019〕871号),请各试点医疗机构在制修订章程时,从历史、现状和本地政策出发,结合医院功能定位、等次、规模和发展等实际情况,兼顾相关规定的有效衔接和内在逻辑,因地制宜地科学使用《公立医院章程范本》,完善医院管理制度。

2020年,《国家中医药管理局办公室关于印发公立中医医院章程范本的通知》,各级各类中医医院在制修订章程时,从历史、现状和本地政策出发,结合中医医院功能定位、等次、规模和发展等实际情况,兼顾相关规定的有效衔接和内在逻辑,因地制宜地科学使用《公立中医医院章程范本》,科学有序推进章程制定工作,建立健全体现中医药特点的现代医院管理制度。

【目标要求】

各级各类医院应结合医院功能定位、等次、规模和发展等实际情况,科学制修订具有可操作性的医院章程。

【管理要点】

● 明确医院章程结构和内容。

【实操要素】

医院章程应包括医院性质、办医宗旨、功能定位、办医方向、管理体制、经费来源、组织结构、决策机制、管理制度、监督机制、文化建设、党的建设、群团建设,以及举办主体、医院、职工的权利义务等内容。医院要以章程为统领,建立健全内部管理机构、管理制度、议事规则、办事程序等,规范内部治理结构和权力运行规则,提高医院运行效率。制定公立医院章程时,要明确党组织在医院内部治理结构中的地位和作用。

根据《国家卫生健康委办公厅关于印发公立医院章程范本的通知》(国卫办医函〔2019〕871号),制定的医院章程时应当包含以下结构和内容。

1. **序言** 主要介绍医院基本情况,如历史沿革、发展历程和目前现状等。

2. **总则** 包括医院举办主体、医院名称、医院地址、医院性质、领导体制、功能定位、医院宗旨、医院核心理念和发展目标等。

3. **医院外部治理体系** 包括举办主体的权利与义务、医院的权利和义务等。

4. **医院内部治理体系** 包括医院党委、纪委构成、任期考核、工作职责等;医院领导班子构成、选拔任用、院长主要职责、任期考核;医院内部机构基本构成、职责分工、功能定位等。

5. **医院员工** 包括员工范围界定、享有的权利和应当履行的义务,医院招聘用人制度等。

6. **运行管理** 包含运行基本原则、决策机制、激励机制、监督机制、医疗质量安全管理、财务资产管理、后勤管理、设备管理、物资管理、信息管理、文化建设等。

7. **附则** 包括应当修订章程的事项、修订章程的程序、章程执行要求、解释归属权及实施生效的日期等。

第四节　公立医院对外合作

一、公立医院对外合作概述

2009年"新医改"以来,政府多次发文支持社会办医。特别提到了社会力量与公立医院合作办医的两种形式:一是共同举办新的非营利性医疗机构;二是社会力量参与公立医院改制重组,并支持发展专业性医院管理集团。

经过深入医疗改革实践,自2013年以来,党中央、国务院出台了若干政策文件,明确提出鼓励、提倡包括社会力量参与办医等多种形式的使用办医形式。体现了国家快速发展社会力量办医的决心。2014年起,公立医院与社会力量合作办医的趋势明显加强。尤其是举办混合所有制医疗机构的探索在各地兴起,包括广州大学附属中山医院、徐州市第三人民医院、海南省肿瘤医院等。这种合作主要是实现优质医疗资源和市场化运营管理的优势互补。另外一种合作形式即社会力量直接参与公立医院改制重组。

在地方,北京市2014年10月出台的《关于促进健康服务业发展的实施意见》提出允许公立医院以特许经营方式开展与社会资本合作;浙江省2015年初由7部门联合制定了《关于发展混合所有制医疗机构的试点意见(公开征求意见稿)》。

2015年1月19日,国务院总理李克强主持召开国务院常务会议,推进深化医药卫生体制改革。指导我国未来五年(2015—2020年)医疗资源配置的纲领性文件《全国医疗卫生服务体系规划纲要》获得通过。会议特别指出,继续深化改革,要坚持政府主导与市场机制相结合。会议还提出放宽中外合资、合作办医条件。

2015年6月,国务院办公厅印发的《关于促进社会办医加快发展的若干政策措施》规定,"支持社会力量"通过特许经营、公建民营、民办公助等模式,举办非营利性医疗机构,未明令禁止社会资本与公立医疗机构合作举办营利性机构。

2017年《国务院办公厅关于支持社会力量提供多层次多样化医疗服务的意见》(国办发〔2017〕44号)提出,随着我国经济社会发展和人民生活水平提高,多样化、差异化、个性化健康需求持续增长,在切实落实政府责任、保障人民群众基本医疗卫生需求的基础上,要进一步激发医疗领域社会投资活力,调动社会办医积极性,支持社会力量提供多层次多样化医疗服务。力争到2020年,社会力量办医能力明显增强,医疗技术、服务品质、品牌美誉度显著提高,打造一大批有较强服务竞争力的社会办医疗机构,服务供给基本满足国内需求。该意见明确了今后一个时期发展社会办医的主要任务和政策措施。

一是支持社会办医拓展多层次多样化服务,鼓励发展全科医疗服务,加快发展专业化服务,全面发展中医药服务,有序发展前沿医疗服务,积极发展个性化就医服务,推动发展多业态融合服务,探索发展特色健康服务产业集聚区。

二是进一步扩大市场开放,放宽市场准入,简化优化审批服务,促进投资与合作,提升对外开放水平。

三是强化对社会办医的政策支持,加强人力资源保障,落实完善保险支持政策,推进医药新技术新产品应用,加强财税和投融资支持,合理加强用地保障。

医疗体制改革近20年来,公立医院与社会资本合作开发合作项目,将整个科室承包出去,或者冠公立医院之名开设实际上是私人医院,都已经是非常普遍的现象。然而,2016年,魏则西事件引发了对此类行为的极大争议,政府叫停了所有公立医院合作项目。

2019年12月,我国卫生健康领域首部基础性法律——《基本医疗卫生与健康促进法》于十三届全国人大常委会第十五次会议上表决通过,并于2020年6月1日起施行。作为我国卫生健康领域第一部基础性法律,不仅首次以法律形式明确国家建立基本医疗卫生制度,更在基本医疗卫生服务、医疗卫生机构、医疗卫生人员、监督管理、法律责任等方面作出了综合性规定。

《基本医疗卫生与健康促进法》着重强调公民依法享有健康权。第三十条第二款规定：县级以上地方人民政府根据本行政区域医疗卫生需求，整合区域内政府举办的医疗卫生资源，因地制宜建立医疗联合体等协同联动的医疗服务合作机制。鼓励社会力量举办的医疗卫生机构参与医疗服务合作机制。

严控公立医院对外投资，禁止公立医疗机构与社会资本合作举办营利机构。还规定政府举办的医疗机构不得与其他组织投资设立非独立法人资格的机构。医疗机构对外合作的内容在医疗卫生领域的基础法律被确定下来，一些社会资本或需重新考量与公立医院的合作方向和模式。2010—2019 年鼓励社会力量参与办医的配套政策情况如表 2-2 所示。

表 2-2　2010—2019 年鼓励社会力量参与办医的配套政策情况

时间	发布部门	政策文件
2010 年 11 月	国务院办公厅	《关于进一步鼓励和引导社会资本举办医疗机构意见的通知》
2012 年 6 月	卫生部	《卫生部关于做好区域卫生规划和医疗机构设置规划促进非公机构发展的通知》
2012 年 9 月	北京市政府	《关于进一步鼓励和引导社会资本举办医疗机构若干政策的通知》
2013 年 9 月	国务院	《关于促进健康服务业发展的若干意见》
2013 年 12 月	国家卫生计生委	《关于加快发展社会办医的若干意见》
2014 年 3 月	国家发改委	《关于非公立医疗机构医疗服务实行市场调节价有关问题的通知》
2014 年 10 月	北京市政府	《关于促进健康服务业发展的实施意见》
2015 年 3 月	北京市政府	《北京市人民政府关于创新重点领域投融资机制鼓励社会投资的实施意见》
2015 年 6 月	国务院办公厅	《关于促进社会办医加快发展若干政策措施的通知》
2016 年 3 月	北京市卫生计生委、北京市财政局	《北京市公立医院特许经营管理指南（试行）》
2017 年 3 月	北京市政府	《关于促进卫生与健康事业改革发展的意见》
2017 年 5 月	国务院办公厅	《关于支持社会力量提供多层次多样化医疗服务的意见》
2019 年 12 月	全国人大常委会	《基本医疗卫生与健康促进法》

二、公立医院对外合作的法律禁止

【目标要求】

对公立医院对外合作的部分情况作出了禁止性法律规定。

【管理要点】

• 公立医院不得与社会资本合作举办营利性医疗卫生机构。

• 医疗卫生机构不得对外出租、承包医疗科室。

【实操要素】

1. 公立医院不得与社会资本合作举办营利性医疗卫生机构 《基本医疗卫生与健康促进法》第三十九条第二款规定:"以政府资金、捐赠资产举办或者参与举办的医疗卫生机构不得设立为营利性医疗卫生机构。"第四十条第三款规定:"政府举办的医疗卫生机构不得与其他组织投资设立非独立法人资格的医疗卫生机构,不得与社会资本合作举办营利性医疗卫生机构。"这是我国首次用法律的形式对公立医院与社会资本合作举办营利性医疗卫生机构作出了明确禁止性规定。

《基本医疗卫生与健康促进法》第一百零七条规定"医疗卫生机构"包括基层医疗卫生机构、医院和专业公共卫生机构等。基层医疗卫生机构包括乡镇卫生院、社区卫生服务中心(站)、村卫生室、医务室、门诊部和诊所等。专业公共卫生机构包括疾病预防控制中心、专科疾病防治机构、健康教育机构、急救中心(站)和血站等。该条款关于"医疗卫生机构"的定义与《医疗机构管理条例实施细则》第三条规定的医疗机构类别并不一致。

在《医疗机构管理条例实施细则》第三条中规定的疗养院、护理院(站)、临床检验中心、医学检验实验室、病理诊断中心、医学影像诊断中心、血液透析中心、安宁疗护中心以及其他诊疗机构[例如健康体检中心,《国家卫生健康委员会关于印发医疗消毒供应中心等三类医疗机构基本标准和管理规范(试行)的通知》(国卫医发〔2018〕11号)中规定,健康体检中心属于独立设置的医疗机构],是否属于《基本医疗卫生与健康促进法》中的"医疗卫生机构",不无疑问。因此,对公立医院与社会资本合作举办营利性健康体检中心、或影像诊断中心、血液透析中心等情况,是否适用于《基本医疗卫生与健康促进法》第四十条所禁止的情况,并不明确。

此外,虽然目前在《基本医疗卫生与健康促进法》第九章"法律责任"部分,并未规定公立医院与社会资本合作举办营利性医疗卫生机构所应承担的法律责任,但不排除后续出台的配套法规作出补充性规定。

即使目前没有设定相应的行政法律责任,从民事法律风险角度看,《民法典》第一百五十三条规定:"违反法律、行政法规的强制性规定的民事法律行为无效。"如果合作行为违反《基本医疗卫生与健康促进法》第四十条第三款的行为,有可能会导致双方合作协议效力引发民事争议纠纷。

2. 医疗卫生机构不得对外出租、承包医疗科室 《基本医疗卫生与健康促进法》第三十九条第三款规定："医疗卫生机构不得对外出租、承包医疗科室。非营利性医疗机构不得向出资人、举办者分配或者变相分配收益。"医疗机构出租、承包诊疗科室常伴有商业欺诈、过度医疗等不规范的医疗行为,国家政策早已明令,这次以法律形式作出禁止性规定。

需要注意的是,此前对外出租、承包医疗科室的行为,对于出租方、发包方定性为出卖、转让、出借医疗机构执业许可证,按照《医疗机构管理条例》第四十六条规定处罚。行政处罚为没收非法所得,并可以处以5 000元以下的罚款;情节严重的,吊销其医疗机构执业许可证。而《基本医疗卫生与健康促进法》第九十九条和第一百条分别区分了伪造、变造、买卖、出租、出借医疗机构执业许可证与医疗卫生机构对外出租、承包医疗科室两种情况。并在第一百条中规定对于对外出租、承包医疗科室的行为,由县级以上人民政府卫生健康主管部门责令改正,没收违法所得,并处违法所得二倍以上十倍以下的罚款,违法所得不足一万元的,按一万元计算;对直接负责的主管人员和其他直接责任人员依法给予处分。提高了罚款数额,且处罚到人。

【案例展示】

魏某是某大学学生,经体检后得知罹患"滑膜肉瘤"晚期。该疾病为一种软组织肿瘤,魏某发病时无有效的治疗手段。得知病情后,魏某父母先后带着魏某前往多地进行求诊,但最后均被告知希望不大。但其父母并未就此放弃,通过网站搜索了解到,某医院能够通过一种"DC-CIK生物免疫疗法"手段治愈滑膜肉瘤。魏某在该医院治疗,花光东拼西凑的20多万元后,仍不幸离世。该事件发酵之后,发现该医院的域名(ICP)备案是个人,并非正规医院,存在承包科室现象。这与卫生部早在2004年发出的要求各地医疗机构严禁出租承包科室通知是相悖的。随后,国家相关部门成立联合调查组对此事件进行调查。

三、医疗机构对外合作的模式

【目标要求】

依据法律规定,规范开展医疗机构的对外合作。

【管理要点】

• 公立医院与社会资本合作举办独立法人资格的非营利性医疗卫生机构。

• 公立医院与社会资本先共同设立营利法人,由营利法人再设立营利性医疗卫生机构。

【实操要素】

《基本医疗卫生与健康促进法》总则部分第三条规定："医疗卫生与健康事业应当坚持以人民为中心,为人民健康服务。医疗卫生事业应当坚持公益性原则。"该条款着重强调了我国公立医院的公益性原则,指出了公立医院的性质,明确了公立医院作为基本医疗卫生服务提供主体发展方向。因此,在《基本医疗卫生与健康促进法》第三十九条和第四十条中对公立医院对外合作作出了明确的禁止性规定的同时,也鼓励公立医院与社会力量的合作,从而大力发展我国的医疗卫生事业。

(一) 公立医院与社会资本合作举办独立法人资格的非营利性医疗卫生机构

《基本医疗卫生与健康促进法》第四十条第二款明确规定："国家鼓励政府举办的医疗卫生机构与社会力量合作举办非营利性医疗卫生机构。"非营利性医疗机构的基本属性在于不以营利为目的,为社会提供服务,以社会公众的利益最大化为目标,即非营利性医疗机构具有公益性。这种合作模式合规性毋庸置疑。

但值得注意的是该法第三十九条第三款的规定："非营利性医疗卫生机构不得向出资人、举办者分配或者变相分配收益。"何为"变相分配收益",法律并未明确。社会资本与自己举办的非营利性医疗卫生机构进行关联交易,例如作为药品、医疗器械独家供应商而获取利润,是否属于"变相分配收益",是法律的模糊地带。

(二) 社会力量举办的医疗卫生机构与政府举办的医疗卫生机构可以开展多种类型的医疗业务、学科建设、人才培养等合作

《基本医疗卫生与健康促进法》第四十一条第一款规定："国家采取多种措施,鼓励和引导社会力量依法举办医疗卫生机构,支持和规范社会力量举办的医疗卫生机构与政府举办的医疗卫生机构开展多种类型的医疗业务、学科建设、人才培养等合作。"

《中共中央　国务院关于深化医药卫生体制改革的意见》明确指出："鼓励和引导社会资本发展医疗卫生事业。积极促进非公立医疗卫生机构发展,形成投资主体多元化、投资方式多样化的办医体制。"鼓励和引导社会资本举办医疗机构,有利于增加医疗卫生资源,扩大服务供给,满足人民群众多层次、多元化的医疗服务需求,有利于提高医疗服务的效率和质量,完善医疗服务体系。目前我国的公立医疗机构掌握着绝大多数的医疗资源(包括医务人员、医疗技术、医疗设备等),提供着绝大多数的医疗卫生服务。因此,《基本医疗卫生与健康促进法》鼓励公立医院与社会办医疗机构在人才、管理、服务、技术、品牌等方面建立协议合作关系,支持社会力量办好多层次、多样化的医疗服务。但该法并未明确可采取的具体合作模式。

【案例展示】

　　周某承包承租某社区卫生服务站科室用房,并以该医疗机构名义开展口腔诊疗活动。但其本人非该社区卫生服务中心人员。周某的行为违反了原卫生部《关于对非法采供血液和单采血浆、非法行医专项整治工作中有关法律适用问题的批复》(卫政法发〔2004〕224号)第一条第(五)项的规定,依据《医疗机构管理条例》第四十四条的规定,2017年5月,该地卫生和计划生育行政部门给予周某罚款、没收医疗器械、没收非法所得的行政处罚。

四、医疗机构对外合作的法律风险

【目标要求】

规范医疗机构的对外合作行为,避免触碰法律底线。

【管理要点】

- 特许经营可能演变为"变相分配收效"。
- "全权委托"托管可能会被界定为"科室承包"。
- 与社会资本合作办的病理中心、影像中心、检验中心可能被定性为"出借资质"或者"变相分配收效"。
- 服务外包可能面临承包方资质合法性存疑的风险。

【实操要素】

公立医院对外合作模式多元,近年来公私合作、公公合作均较为活跃。公公合作产权清晰、合作双方责利明确在公益性总目标之下双方合作会更为稳定长久,且违法风险较低。而实践中,公立医疗与社会资本合作中存有多个概念的边界不清的情况,合作过程中容易产生法律风险。

1. 特许经营可能演变为"变相分配收益"　特许经营是通过契约的方式,将特许方的经营资源,比如商标、专利、技术、经营管理模式等,交由受许方使用。受许方需要拥有自己的资金、医疗机构、医疗技术等,双方按照合同约定的经营模式进行经营,向特许方缴纳使用费用。这种特许经营的方式将有助于公立医院优质技术和人才管理的输出,意味着患者在更大范围内享受到优质的服务,而公立医院也得到了资金方面的支持。公立医院首次提出"特许经营",是公私医疗机构合作的一种新方式。

公立医院与社会资本特许经营合作由来已久,已形成相对固定的收益模式。特许经营的收益通常由品牌费和管理费构成。品牌费是指社会资本方(被特许方)使用公立医院(特许方）的品牌等无形资产而缴纳的费用；管理费是指基于特许方的技术、管理等投入，使得被特许方经营收益增加或行业影响力增强，从而向特许方支付的管理费用。因管理费往往会随着被特许方的经营状况浮动，多赚多得、少赚少得，近似利润分成。容易引发管理费用合理性、合法性的风险争议。

2. "全权委托"式托管可能被界定为"科室承包" 托管是医院即委托方将其经营管理权通过合同的方式交由外部机构即受托方负责管理并实现资产的增值的一种合作方式。而公办私助型托管常与科室承包界限不明。其与"将科室交由承包方以本机构名义自主经营、自负盈亏、风险自行承担"的情形基本相符。

同时，如果受托方未持有医疗机构执业许可证，其主体资格受到质疑；即便受托方持有资质，合作中，由受托方全权管理、自负盈亏、自行享有债权债务等合作方式，司法实践中该合作也可能被认定为"科室承包"或"出借资质"的行为。

3. 公立医院与社会资本合办病理中心、检验中心、影像中心的行为存在"出借资质"或"变相分配收益"的情况 很多社会资本设立的医学影像中心、医学检验中心、血液透析中心、消毒供应中心等，与公立医院进行技术、人员甚至资本的合作，甚至有不少以租借公立医院场地的形式，设置在公立医院院内。对于这种设置形式是否合法合规，《基本医疗卫生与健康促进法》没有作出明确的规定，还未看到明确的界定。

但是，公立医院与社会资本合作举办的病理中心、检验中心、影像中心所得收入以管理费的名义分成，违反了《基本医疗卫生与健康促进法》的风险。诸如：公立医院准许社会资本在院外自行设立病理、检验、影像中心，并以公立医院的名义对外经营，则涉嫌"出借资质"的情形；如果在公立医院内开展运营，则可能趋向于"科室承包"；如双方借合办之名对外招标，实则捆绑销售社会资本方的制剂、耗材等，则面临违反《中华人民共和国反不正当竞争法》（以下简称《反不正当竞争法》）的风险。

4. 服务外包面临承包方资质合法性存疑风险 服务外包指将企业的非核心业务交由专业服务提供商来完成。近年来，公立医院服务外包的类型多样，服务外包业务的发展，优化了医疗资源的配置，可以使医院降低医院运营成本，有更多的精力投入到医院的专业化水平建设。但是，服务外包的过程中，要注意服务的性质，部分未列入核心医疗业务的服务并不适合外包。如 2007 年国家中医药管理局出台的《医院中药饮片管理规范》就明确规定中药代煎是医疗机构提供的服务。因此，将此业务外包面临着代煎业务方是否有合法性资质的问题。

从以上四个情况可以看出，目前《基本医疗卫生与健康促进法》中关于公立医院对外合作的合法性边界尚不确切，医疗机构合作中提出的"变相分配收益"等概念也存有模糊性，导致公立医院在对外合作的过程中隐藏着众多的法律风险,需要慎重对待。

针对医疗机构对外合作的情况,在《基本医疗卫生与健康促进法》第一百条明确规定了医疗机构有下列行为之一的:①政府举办的医疗卫生机构与其他组织投资设立非独立法人资格的医疗卫生机构;②医疗卫生机构对外出租、承包医疗科室;③非营利性医疗卫生机构向出资人、举办者分配或者变相分配收益。由县级以上人民政府卫生健康主管部门责令改正,没收违法所得,并处违法所得二倍以上十倍以下的罚款,违法所得不足一万元的,按一万元计算;对直接负责的主管人员和其他直接责任人员依法给予处分,不仅加大的处罚力度,而且直接处罚到人。

【案例展示】

> 某地卫生行政部门在工作中查出,该地某医院自2018年1月1日至8月31日期间未经卫生行政部门允许,擅自开展健康体检,健康体检共收入人民币974 684.2元,违反了《医疗机构管理条例》第二十七条"医疗机构必须按照核准登记的诊疗科目开展诊疗活动"、《健康体检管理暂行规定》第二十九条第二款"医疗机构未经许可开展健康体检的,按照《医疗机构管理条例》第四十七条处理"的规定,构成了未经许可开展健康体检的违法行为;同时,该医院自2018年6月10日到2018年8月31日,将泌尿外科承包给李某,并以该院的名义开展诊疗活动,非法所得共计人民币245 202.62元,行为违反了《医疗机构管理条例》第二十三条第一款的规定,构成了医疗机构将科室承包给非本医疗机构人员并以本医疗机构名义开展诊疗活动的违法行为。
>
> 2018年11月,依据《医疗机构管理条例》第四十六条、第四十七条、《医疗机构管理条例实施细则》第七十九条、第八十条第二款第(一)项和该地行政处罚自由裁量权行使规则,当地卫生行政部门决定给予该医院没收非法所得、罚款、吊销内科诊疗科目行政处罚。

第五节　公立医院捐赠资助管理

一、公立医院的捐赠资助概述

我国社会捐赠总量已超过千亿元,主要集中在医疗、教育、扶贫三大领域,其中医疗卫生领域捐款占比达37.1%。随着我国社会经济的快速发展,企业、社会团体和个人的社会责任意识的增强,医疗卫生领域接受社会捐赠资助的情况将会大幅度增加。

为鼓励公益事业捐赠,规范捐赠和受赠行为,保护捐赠人和受赠人的合法权益,促进我国医疗卫生事业的发展,国家卫生计生委、国家中医药管理局依照《中华人民共和国公益事业捐赠法》等法律法规,于 2015 年 8 月 26 日印发《卫生计生单位接受公益事业捐赠管理办法(试行)》。《卫生计生单位接受公益事业捐赠管理办法(试行)》分总则、捐赠预评估、捐赠协议、捐赠接受、财务管理、捐赠财产使用管理、信息公开、监督管理、附则,共计 9 章 56 条。

《卫生计生单位接受公益事业捐赠管理办法(试行)》适用于各级各类卫生计生事业单位、各级卫生计生(健康)行政部门和中医药管理部门业务主管的公益性社会团体、基金会和其他公益性社会组织。

《卫生计生单位接受公益事业捐赠管理办法(试行)》所称捐赠是指国内外自然人、法人和其他组织(以下简称"捐赠人")自愿无偿向卫生计生(健康)单位提供资金、物资等形式的公益性支持和帮助。

我国公立医院是政府举办的、实行"核定收支、定项补助、超支不补、结余按规定使用"的预算管理办法,不以营利为目的的公益二类事业单位。而公立医院接受捐赠资助财产的使用和管理情况也将会备受各方的关注。

【目标要求】

加强对公立医院接受社会捐赠资助财产行为的规范,在管理与使用方面必须遵守国家法律、法规,坚持自愿无偿的原则,符合公益目的。

【管理要点】

- 不得损害公共利益和公民的合法权益。
- 不得接受附有影响公平竞争条件的捐赠资助。
- 不得将接受捐赠资助与采购商品(服务)挂钩。
- 不得以任何方式索要、摊派或者变相摊派。
- 医疗卫生机构内部的职能部门和个人一律不得接受捐赠资助。

【实操要素】

为了严厉查处医疗行业商业贿赂不正当竞争的违规行为,国家工商行政管理总局反垄断与反不正当竞争执法局于 2017 年 8 月 21 日发布《关于进一步加强医药领域不正当竞争案件查处工作的通知》,明确严肃查处假借捐赠设备等形式,捆绑耗材和配套设备销售等涉嫌商业贿赂不正当竞争行为。国家卫生健康委等九部门于 2020 年 5 月 15 日印发的《关于2020 年纠正医药购销领域和医疗服务中不正之风工作要点的通知》(国卫医函〔2020〕192号)中强调严厉打击假借捐赠资助进行利益输送的不当行为。2021 年 11 月 12 日出台的

《卫生健康委 医保局 中医药局关于印发医疗机构工作人员廉洁从业九项准则的通知》(国卫医发〔2021〕37号)亦明确禁止医疗机构工作人员以个人名义,或者假借单位名义接受利益相关者的捐赠资助,并据此区别对待患者。由此可见国家严厉查处医疗机构通过捐赠方式实施商业贿赂和不正当竞争行为的决心,因此医疗机构在接受捐赠时应当严守法律的底线。

1. 接受捐赠资助行为的原则 医疗机构接受社会捐赠资助必须遵循以下原则。

(1)接受社会捐赠资助时必须遵守国家法律、法规。

(2)捐赠资助方自愿无偿。

(3)捐赠资助行为符合公益目的。

(4)捐赠资助的目的非营利性。

(5)医疗卫生机构统一接受和管理。

(6)捐赠资助财物的使用必须勤俭节约,注重实效。

(7)捐赠资助过程信息公开,强化监管。

2. 接受捐赠资助的授权与禁止 医院可以接受以下公益事业捐赠。

(1)用于医疗机构患者医疗救治费用减免。

(2)用于公众健康等公共卫生服务和健康教育。

(3)用于医院人员培训和培养。

(4)用于医院学术活动。

(5)用于医院科学研究。

(6)用于医院公共设施设备建设。

(7)用于其他医院公益性非营利活动。

3. 医院不得接受以下捐赠 ①不符合国家法律法规规定;②涉及商业营利性活动;③涉嫌不正当竞争和商业贿赂;④与本单位采购物品(服务)挂钩;⑤附有与捐赠事项相关的经济利益、知识产权、科研成果、行业数据及信息等权利和主张;⑥不符合国家有关质量、环保等标准和要求的物资;⑦附带政治目的及其他意识形态倾向;⑧损害公共利益和其他公民的合法权益;⑨任何方式的索要、摊派或者变相摊派。

医疗卫生机构内部的职能部门和个人一律不得接受捐赠资助。特殊情况下,捐赠资助方要求以个人名义接受捐赠资助的,应当事先报告单位领导集体审核同意后方可接受。

医疗卫生机构接受境外捐赠资助时,应当按照国家有关规定办理入境手续。实行许可管理的物品,由医疗卫生机构按照国家有关规定办理许可申领手续。不得接受境外捐赠资助的不符合国家有关质量、环保等标准和要求的财产。

【案例展示】

某医院利用其对药品供应商的选择权,接收药品供应商提供的医疗设备和办公用品。而药品供应商为维持稳定的供药关系、及时收回货款、扩大供货量等原因,向当事人免费提供医疗辅助设施和办公用品,合计收受商业贿赂物品价值55 065元。

该医院的行为,违反了《反不正当竞争法》第八条属经营者采用财物或者其他手段进行贿赂以销售或者购买商品的行为。对该行为,经营者采用财物或者其他手段进行贿赂以销售或者购买商品,构成犯罪的,依法追究刑事责任;不构成犯罪的,监督检查部门可以根据情节处以一万元以上二十万元以下的罚款,有违法所得的,予以没收。

二、医院机构捐赠资助的接受

【目标要求】

规范管理医疗机构接受捐赠资助财产的程序。

【管理要点】

* 捐赠资助财产应当进行评估。
* 捐赠资助的财产必须由医疗卫生机构统一接受。
* 应当与捐赠资助人签订书面协议。
* 向捐赠资助人出具加盖法人单位财务专用章的合法票据或证明。

【实操要素】

(一) 接受捐赠资助的审批

1. 医疗机构接受捐赠资助,必须由联系的部门或个人提出书面申请,按医疗机构有关规定填写接受捐赠资助的申请表,经医疗机构相关业务部门、纪检监察处、财务处审核同意后,报主管院长批准,并报院长办公会同意后方可执行。

(1) 对于医疗、科研、教学和学术活动捐赠资助等审核的依据:①捐赠资助项目是否属于公益性非营利性质;②捐赠资助项目是否涉嫌商业贿赂和不正当竞争等情况。

(2) 对于个人参加国际国内学术会议捐赠资助的审核依据:①医疗机构原则上只批准正规渠道组织的国内外学术会议;②凡不带任何学术性质、纯属旅游的或以学术活动为名只是为厂商宣传产品的活动,原则上不予批准。

2. 医疗机构接受捐赠资助,必须与捐赠资助人签订书面协议,明确捐赠资助财产的种类、项目、资金额度、物资品名、数量、质量、价值、用途以及双方的权利、义务。

3. 捐赠资助人应当严格履行书面协议,将捐赠资助财产交付医疗机构财务处或器材处明示入账,任何部门和个人均不得设账外账或小金库;也不允许医疗机构职能部门、业务科室的各类活动支出让捐赠资助人直接支付。

4. 医疗机构接受社会捐赠资助,必须向捐赠资助人出具加盖法人单位财务专用章的合法票据或证明。

5. 医疗机构执行突发公共卫生事件处置任务等特殊期间接受社会捐赠资助的,或接受匿名捐赠资助的,可根据情况适当简化或免予捐赠资助书面协议。

(二) 捐赠资助财产的预评估

捐赠资助财产预评估是医疗机构收到捐赠人捐赠申请后,在接受捐赠前对捐赠项目开展的综合评估。医疗机构应当建立接受捐赠资助财产预评估制度。预评估重点内容包括以下几点。

1. 是否符合国家有关法律法规。

2. 是否符合医疗卫生机构职责、宗旨、业务范围和活动领域。

3. 捐赠资助财产接受必要性。

4. 捐赠资助人背景、经营状况及其与本单位关系。

5. 捐赠资助实施可行性。

6. 捐赠资助用途是否涉及商业营利性活动。

7. 捐赠资助是否涉嫌不正当竞争和商业贿赂。

8. 捐赠资助方是否要求与捐赠资助事项相关的经济利益、知识产权、科研成果、行业数据及信息等权利和主张。

9. 捐赠资助物资质量、资质是否符合国家标准与要求等。

10. 是否附带政治目的及其他意识形态倾向。

11. 是否损害公共利益和其他公民的合法权益。

12. 医院认为必要的其他内容。

医疗机构院办、财务、资产、审计等科室,以及相关业务科室,应建立捐赠资助财产的评估工作机制,及时对捐赠资助申请提出评估意见。必要时,可以引入第三方机构及有关监管部门参与评估。

捐赠资助预评估意见应经医疗机构领导集体研究确定,或履行内部民主议事程序,并将确定意见及时书面通知捐赠人。

（三）签订捐赠资助协议

医疗机构接受捐赠资助与捐赠资助人协商一致，自愿平等签订书面捐赠资助协议。捐赠资助协议由医疗机构法定代表人或经法定代表人书面授权与捐赠资助人签订，并加盖医疗机构印章。捐赠资助协议明确以下内容。

1. 捐赠资助人、受赠人名称（姓名）和住所。

2. 捐赠资助财产的种类、数量、质量和价值，以及来源合法性承诺。

3. 捐赠资助意愿，明确用途或不限定用途；限定捐赠资助用途的，附明细预算或方案。

4. 捐赠资助财产管理要求。

5. 捐赠资助履行期限、地点和方式。

6. 捐赠资助双方的权利和义务。

7. 解决争议的方法。

8. 违约责任。

用于医疗机构人员培训和培养、学术活动和科学研究等方面的捐赠资助，捐赠资助人不得指定受赠单位具体受益人选。

医疗机构执行突发公共卫生事件应急处置等特殊任务期间接受捐赠资助的，可以根据情况适当简化书面捐赠资助协议。

（四）捐赠资助的接受

捐赠资助财产由医疗卫生机构统一接受。

医疗机构应当积极协助捐赠资助人按照法律法规和捐赠协议按期足额交付捐赠资助财产。

接受货币方式捐赠资助，原则上要求捐赠资助人采用银行转账方式汇入医院银行账户。

接受非货币方式捐赠资助，鼓励医疗卫生机构委托第三方评估机构对非货币捐赠资助财产价值进行评估、确认或公证。

医疗机构接受捐赠资助，按照实际收到的货币金额或非货币性捐赠资助财产价值，开具财政部门统一印制并加盖医疗机构印章的公益事业捐赠资助票据，及时将捐赠资助票据送达捐赠资助人。

医疗机构接受的捐赠资助工程项目，捐赠资助人可以留名纪念或提出工程项目名称等。

捐赠资助财产依法需要办理登记、入境、许可申请等手续的，医疗机构按照国家有关规定办理。

【案例展示】

2019年3月，某地市场监管部门在检查中发现，某医院正在使用荧光定量PCR检测系统及辅助设施是由某公司免费投放给该医院使用的，同时规定该设备所需试剂均由该公司提供，并不得再从第三方引进相类似机器及相关试剂。该公司的行为涉嫌违反《反不正当竞争法》的规定。

经查，该公司于2016年6月与该医院签订了合作协议一份，该医院为甲方，该公司为乙方。双方约定：乙方向甲方投放市场价15万元人民币的1台荧光定量PCR检测系统及辅助设施供医院检验科日常使用，在合作期内，乙方享有设备的所有权。甲方不得将设备出租、出售、抵押、转让给第三方；设备的使用期为5年，时间自甲方验收合格之日起计算，租赁期满，乙方将收回设备，或双方另行约定续约设备。

关于试剂、耗材的约定：在双方合作期间，甲方承诺设备所需的全部试剂与耗材必须全部由乙方提供。甲方在该设备上的项目检测量必须满足3 000test/(年·台)以上，如甲方达不到乙方规定的测试数，则合作期将延长。甲方与乙方签订协议后，甲方不得再与其他第三方机构合作引进类似或同类设备。甲方向乙方采购试剂后，非特殊原因，甲方不得将已经自行开展的项目再次外送给第三方公司检测。上述协议书签订后，乙方向甲方提供1台荧光定量PCR检测系统及辅助设施以供使用，并开始向甲方销售检测试剂盒的试剂耗材。

本案并不是真正的捐赠资助，而是假借免费使用名义，行实际经营之实。从上述协议内容可以看出，当事人所谓的免费提供荧光定量PCR检测系统及辅助设施，目的是获取在该医院排他性销售试剂耗材的交易机会和竞争优势，事实上损害了其他经营者的公平竞争机会，其行为构成了《反不正当竞争法》中的商业贿赂行为。

根据《卫生计生单位接收公益事业捐赠管理办法》第四条规定，卫生计生单位接受捐赠资助应当遵循自愿无偿的原则；同时第六条也规定，卫生计生单位不得接受以下捐赠：涉嫌不正当竞争和商业贿赂，与本单位采购物品(服务)挂钩。

本案中，表面看履行协议的交易相对方是公司与医院，但产品的最终使用对象是患者，交易的后果实际也将由患者承担，医院将耗材及其增值部分完整地转嫁到患者身上，在此期间耗材本身并未产生任何物理及化学变化，因此交易的相对方应理解为该公司与实际患者。在这三方关系中，医院对患者的治疗和用药具有绝对话语权，更符合拥有影响患者选择医药产品的职权或影响力的第三方，可以认定为

《反不正当竞争法》第七条第一款第(三)项所指的"利用职权或者影响力影响交易的单位或者个人",构成商业贿赂的受贿主体。

该市场监管部门结合当事人的违法情节,决定对该公司没收违法所得并处以罚款。

三、医疗机构接受捐赠资助财产的管理和使用

【目标要求】

规范管理医疗机构对接受捐赠资助财产的管理与使用。

【管理要点】

- 建立健全受捐赠资助财产的财务管理制度。
- 规范管理和使用受捐赠资助财产使用流程。
- 最大程度地发挥受捐赠资助财产的使用效用。

【实操要素】

(一) 受捐赠资助财产的财务管理

医疗机构财务部门应当建立健全捐赠财产财务管理制度,加强会计核算与财务管理。医疗机构严格执行单位财务会计制度规定接受捐赠资助财物后,应当按照书面捐赠资助协议对捐赠财产进行逐项核对、入账,确认捐赠资助财产价值,真实、完整。并将该财物全部纳入医疗机构财务部门集中统一管理,单独核算。

医疗机构接受的非货币性捐赠,财务部会同资产管理科、使用科室,按照捐赠协议验收无误后,入库登账,纳入医疗机构资产统一管理。达到固定资产核算起点的,按照固定资产有关规定管理。

医疗机构在会计年度结束后,应将本年度接受捐赠资助财产情况在年度财务报告中专门说明。按照财政部门规定的部门决算报表要求,一并报送上级主管部门和财政部门。

(二) 捐赠资助财产的使用管理

医疗机构应当尊重捐赠人意愿,严格按照本单位宗旨和捐赠资助协议约定开展公益非营利性业务活动,不得用于营利性活动。

在捐赠资助协议中限定用途的捐赠财产,医疗机构不得擅自改变捐赠财产用途。如果确需改变用途的,征得捐赠资助人书面同意。

医疗机构使用捐赠资助财产时应当遵循优化配置、提高效率的原则,统筹协调。编制年度捐赠资助财产的使用方案和执行计划,报本医疗机构领导集体或内部民主议事会议研究

审定。

医疗机构各部门使用捐赠资助财产时,应严格执行审定批准的捐赠资助财产使用方案和执行计划。

医疗机构院办、财务部、资产管理科、审计办和相关业务部门按照各自职责加强捐赠资助财产的使用管理。

1. 货币捐赠资助使用遵循以下原则。

(1)捐赠资助协议限定用途的,医疗机构按照本单位职责、宗旨和捐赠协议约定内容,制订专项资金使用管理办法,参照本单位财务规章制度开支范围、开支标准和支出审核审批程序和权限等处理。

(2)捐赠资助协议未限定用途的,医疗机构按照本办法第四条规定的使用范围,结合本单位职责或宗旨开展公益活动,并严格执行单位统一的开支范围、开支标准和财务管理制度。

(3)医疗机构不得用捐赠资助资金支付与公益活动无关的费用。

(4)医疗机构对捐赠资助资金重大项目安排和大额资金使用由单位领导班子集体或内部民主议事会议决定。

(5)医疗机构不得用捐赠资助财产提取管理费,不得列支工作人员工资福利等。

2. 非货币捐赠资助财产使用遵循以下原则。

(1)捐赠资助协议限定用途的,医疗机构应当按照捐赠资助协议约定内容,制订财产使用管理办法,明确管理责任、使用范围和使用流程。

(2)捐赠资助协议未限定用途的,医疗机构结合本单位职责或宗旨开展公益活动,并严格执行本单位统一的资产管理规定,合理安排财产使用,提高使用效率。

(3)医疗机构不得将捐赠资助财产用于开展非公益活动。

(4)医疗机构接受的捐赠资助财产一般不得用于转赠其他单位,不得随意变卖处理。对不易储存、运输或者超过实际需要的物资,在征得捐赠资助人同意后可以处置。

(5)医疗机构应当建立接受捐赠资助档案管理制度。对捐赠资助协议、方案、执行、审计和考评情况进行档案管理。

【案例展示】

某公司于2020年2月开始将2018年11月起开始生产的未经注册的视频喉镜(窥片式)用于国内医疗用途销售,截至案发共销售及捐赠上述产品70台。案发后当事人对上述产品实施召回,共召回38台,并进行了拆零报废处理;32台无偿捐赠给某医学会,无法召回。故无违法所得。

该公司生产未经注册的第二类医疗器械的行为,违反了《医疗器械监督管理条例》第八条、第二十二条第一款、《医疗器械生产监督管理办法》第八条第(二)项的规定,依据《中华人民共和国行政处罚法》(以下简称"《行政处罚法》")第二十七条第一款第(一)项、《医疗器械监督管理条例》第六十三条第一款第(一)项、《医疗器械生产监督管理办法》第六十一条第(一)项的规定,市场监督管理部门决定对该公司作出罚款等行政处罚。

四、捐赠资助财产的监督检查与法律责任

【目标要求】

加强医疗机构对捐赠资助财产使用的监督管理。

【管理要点】

- 医疗机构受捐赠资助财产使用应当透明公开。
- 医疗机构受捐赠资助财产合规合法使用情况的监督检查。
- 医疗机构内部组织和个人违法使用捐赠资助财产的法律责任。

【实操要素】

(一) 受赠信息公开

医疗机构应当建立健全受赠信息公开工作制度,在单位门户网站或当地主要新闻媒体上向社会真实、准确、及时、完整地公开受赠相关信息,提高受赠使用和管理工作的透明度,接受社会的监督。

医疗机构应向社会主动公开以下信息:①捐赠资助接受的管理制度;②捐赠资助接受的工作流程;③本医疗机构的联系方式;④受赠财产的情况;⑤受赠财产的使用情况;⑥受赠项目的审计报告;⑦受赠项目的绩效评估结果;⑧依照法律法规公开的其他信息。

(二) 捐赠资助财产使用的监督检查

医疗机构接受的社会捐赠资助财产及其增值部分,从性质上看均属于社会公共财产,按照国家有关法律法规管理使用,任何单位和个人不得侵占、挪用或损毁。

医疗机构要把接受捐赠资助的情况和受赠受助财产的使用、管理情况列为院务公开内容,定期开展捐赠管理检查和审计工作,并及时将检查、审计结果予以公开。会计年度结束后,对本年度接受捐赠资助项目的资金、物资情况统一纳入年度财务报告,接受医疗机构职工和社会监督。

医疗机构应当建立健全捐赠管理使用责任制度,明确管理职责、工作制度和责任追究制

度。并主动接受各级卫生健康行政机关和中医药管理部门等主管部门、财政部门和审计部门对医疗机构接受社会捐赠资助的行为的监督检查。

（三）法律责任

医疗机构职能部门或者个人接受捐赠资助财产的、医疗机构接受捐赠资助财产未纳入单位财务部门统一管理的、私设小金库或者隐匿不交据为己有的、医疗机构或者卫生健康行政部门、中医药管理部门责令其改正，并依照《财政违法行为处罚处分条例》予以处分；情节严重构成犯罪的，依法追究刑事责任。

医疗机构将社会捐赠资助财产用于非公益营利性活动的、未征得捐赠资助人同意擅自改变捐赠资助财产用途的、允许捐赠资助人直接为医疗、机构或者个人的业务活动办理资金支付的，由卫生健康行政部门、中医药管理部门责令改正，并依照《财政违法行为处罚处分条例》予以处分。

医疗机构在接受、使用捐赠资助财物时出现损害公共利益和公民合法权益的、医疗机构接受附有影响公平竞争条件捐赠资助的、医疗机构将接受捐赠资助与采购商品（服务）挂钩的、医疗机构有索要、摊派或者变相摊派等违法行为的，责令改正；拒不改正的，依照国家有关规定将予以处分；涉嫌犯罪的，依法追究法律责任。

【案例展示】

2020年某地市场监督管理局调查发现人民医院A、B、C分别使用的5台血液透析装置铭牌上未标注注册人名称、联系方式、注册地址、生产地址、医疗器械注册证号等内容，这些器械来源均是慈善捐赠。

人民医院A表示：接受捐赠设备未违反法律禁止性的规定。涉案医疗器械是慈善捐赠，当事人接受捐赠时，严格按照《医疗卫生机构受捐赠管理办法》《医院接受捐赠管理办法》的规定履行了相关手续。对该设备未注册的情况不知情；捐赠单位作为涉案设备购买者有义务审查涉案设备是否具有医疗器械注册证；当事人初次接受捐赠的机器，已经尽到了表面的查验义务。

人民医院B表示：货物来源是慈善捐赠，根据《中华人民共和国慈善法》的相关规定，慈善捐赠者承担查验义务，当事人没有查验义务；没有注册证的原因不在于当事人；医院初次接受捐赠的机器，当事人工作人员不明知产品存在缺陷；另外，产品使用未发生责任事故。

人民医院C表示：设备是慈善捐赠的，按照《中华人民共和国慈善法》三十六条的相关规定，产品质量义务应当由慈善捐赠者承担，根据《医疗器械监督管理条例》"不得经营、使用未依法注册的医疗器械"的规定，应该处罚经营企业；当事人设备科的人员已经尽到了表面的查验义务。另外,虽然产品注册证书之间存在空档,但不是产品质量存在问题的情况,也未造成什么危害后果。

市场监督管理部门认为:①根据《医疗器械监督管理条例》第三十二条、《医疗器械使用质量监督管理办法》第八条和第二十一条的规定,当事人接受慈善捐赠的医疗器械时,应当索取、查验供货者资质、医疗器械注册证或者备案凭证等证明文件。②该批医疗器械标签铭牌上无注册人名称、联系方式、注册地址、生产地址、医疗器械注册证号等内容,且铭牌标注的产品名称与注册证不一致,铭牌标注的产品型号明显不一致,当事人并未对产品是否经过注册进行核实,应当承担相应的行政责任。③鉴于该批医疗器械属于慈善捐赠物资,当事人无主观故意;案发后,积极配合市场监管部门调查,主动提供证据材料如实陈述违法事实;且2014年至2020年使用医疗器械不良反应报告表明涉案产品自安装使用以来未收集到患者的不良反应反馈,综合考虑当事人违法行为的事实、性质、情节、危害程度,按照比例原则,处罚与教育相结合原则,兼顾当事人主客观情况等相关因素,责令3家医院立即改正上述违法行为,没收违法使用的医疗器械,并处货值金额1倍罚款。

本章结语

医疗机构的设置及执业管理是医疗机构法务管理的核心工作之一,随着卫生领域法律法规不断健全,对医疗机构的管理朝着规范化、标准化、精细化方向发展,需要医疗机构法务部门加强对政策的解读和宣传培训。本章通过阐述医疗机构法律地位、设置管理、章程管理、对外合作、捐赠资助管理等方面,梳理了相关法律法规、典型案例,指导医疗机构遵守相关法律法规,依法开展管理工作。表2-3为本章涉及法律法规及规范性文件目录。

表2-3　第二章涉及法律法规及规范性文件目录

序号	法律/法规/规范性文件	颁布部门	颁布日期	实施日期	最后一次修订日期
1	中华人民共和国基本医疗卫生与健康促进法	十三届全国人大常委会	2019年12月28日	2020年6月1日	无
2	医疗机构管理条例	国务院	1994年2月26日	1994年9月1日	2022年5月1日
3	医疗机构基本标准	卫生部	1994年9月2日	1994年9月2日	无

续表

序号	法律/法规/规范性文件	颁布部门	颁布日期	实施日期	最后一次修订日期
4	医院评审暂行办法	卫生部	2011 年 9 月 21 日	2011 年 9 月 21 日	无
5	卫生计生单位接受公益事业捐赠管理办法(试行)	国家卫生计生委、国家中医药管理局	2015 年 8 月 26 日	2015 年 8 月 26 日	无

(吕宜灵 王 飞 邵 天 许文貌)

第三章
医疗法务管理

第一节　医疗法务概述

　　医疗是指个体为了挽救生命、延长寿命、提高生存质量从而使个人效用最大化所最需要利用的、最优先利用的医疗服务或医疗措施。《现代汉语词典》中"医疗"的定义为"疾病的治疗"，其侧重于维护个体健康权，医疗服务的提供主体主要是医院等医疗机构。医疗法务可以理解为对医疗机构疾病治疗活动的依法管理。随着社会的发展，人民的法治意识日益提高，对医疗卫生机构提出了更高的法律要求。医疗机构中医疗活动所涉及的领域越来越广泛，涵盖依法执业管理、医疗质量与安全、医疗技术、药品器械、医院感染、公共卫生、互联网医院诊疗、医疗纠纷处置等方面。因此，医疗机构应加强医疗法务建设，规范行业行为，促进医疗机构高质量发展。

　　医务人员依法执业是医疗机构开展医疗活动的根本，依据卫生法律、法规、规章、规范和相关标准要求进行执业准入、开展一系列诊疗活动的行为，主要强调医疗机构应当履行的职责和遵守的其他要求。医疗质量是医疗机构开展诊疗活动的核心，也是衡量医务人员诊疗水平的标准。医疗安全则是医疗质量的基础，通过设置医疗质量相关标准，可从医务人员的技术水平、医疗效果和工作质量等方面衡量医务人员诊疗水平，规范诊疗行为，医疗质量与患者的医疗安全是医务工作者共同的责任。医疗技术是医学专业手段和措施，直接影响医疗水平。药事管理是医疗机构开展诊疗活动关键因素，主要与药品的安全、用药使用、药品研究、药品储备销售有关。医院感染与公共卫生是当今现实环境下对医院院感防控与公共卫生提出的一个更高挑战，也是目前医疗机构需要注意的突出问题，应当按照《中华人民共和国传染病防治法》和《国家突发公共卫生事件应急预案》的规定进行报告和处理。互联网医院诊疗是医疗机构发展的前景，医疗机构利用互联网技术，有利于加快实现医疗资源上下贯通，提高基层医疗机构服务能力与效率。医疗机构开展互联网诊疗需要遵守互联网诊疗活动准入资质、执业合规、网络安全、个人信息保护等方面的要求。

下面章节将分别从以上几个方面对医疗活动中涉及的相关法律、法规、典型案例进行阐述。

第二节　卫生技术人员执业管理

一、卫生技术人员类别与执业管理整体要求

（一）卫生技术人员的概念与类别

目前，卫生技术人员定义尚无统一的说法，一般认为卫生技术人员与医务人员的概念一致。原卫生部发布的《卫生技术人员职务试行条例》对"卫生技术职务"有如下阐述："卫生技术职务是以医药卫生技术应用为主要职责，根据医药卫生工作的实际需要设置的专业技术工作岗位。"

遵循《卫生技术人员职务试行条例》，我国卫生技术人员通常分为医、药、护、技 4 类，根据国家卫生健康委每年发布的《卫生健康事业发展统计公报》，卫生技术人员包括执业（助理）医师、注册护士、药师（士）、技师（士）、卫生监督员（含公务员中取得卫生监督员证书的人数）、其他卫生技术人员。

根据《2022 年我国卫生健康事业发展统计公报》，2022 年末，全国卫生人员总数 1 441.1 万人，其中执业（助理）医师 443.5 万人，注册护士 522.4 万人。药师（士）53.1 万人，技师（士）75.1 万人。

（二）卫生技术人员执业管理总体要求

卫生技术人员执业管理是医疗机构依法执业管理的重要内容，通常由医务（医政）部门主管，人事、教学等部门参与。随着法治社会建设的推进，规范卫生技术人员依法执业行为的法规日益完善，呈现出由注重医生、护士执业管理向注重各类卫生专业技术人员执业管理、注重执业资质管理向注重依法执业全过程管理等特点。近年来，医疗机构中相关管理人员应该会深切体会到，通过构建全国统一的信息平台、实施电子化注册等方法，卫生健康行政部门对卫生技术人员资质管理更加全面、高效和精准。但是，一些医疗机构的检验科、放射科、心电图室等医技科室，仍存在使用部分无资质卫生技术人员开展需要执业资质的诊疗活动的问题。

【目标要求】

医疗机构应确保本机构内卫生技术人员具备其具有从事相应专业技术工作所需资质，并依照法律、法规和行业技术规范等开展诊疗活动。

【管理要点】

• 医疗机构应建立完整的依法执业管理相关制度,明确各职能部门管理职责。

• 人员资质管理应覆盖从卫生技术人员招聘、注册、考核和注销整个执业生涯全过程。

• 诊疗行为管理涉及对象及行为更为复杂,需要通过建立健全制度、创新监督方式和提升卫生技术人员依法执业意识等方法不断完善管理内涵、提升管理水平。

• 医疗机构应做好工作人员廉洁从业管理。

【实操要素】

做好卫生技术人员执业管理,主要应把握三块内容:一是做好从事卫生专业技术的卫生技术人员具备相应技术所需的人员资质,这是卫生技术人员依法执业的基础;二是做好诊疗行为的监管,确保卫生技术人员依照法律、法规和行业技术规范等开展诊疗活动;三是做好工作人员廉洁从业管理,从加强教育、完善制度和实施监督等方面着手。

1. **卫生技术人员资质管理** 根据《中华人民共和国行政许可法》(以下简称《行政许可法》)规定,提供公众服务并且直接关系公共利益的职业、行业,需要确定具备特殊信誉、特殊条件或者特殊技能等资格、资质的事项可以设定行政许可。根据目前法律规范,医生、护士、药剂师、检验员、放射从业人员等专业技术人员需要获取执业资格,部分类别还需在所在医疗机构进行注册;另外,开展器官移植、外周中心静脉导管(PICC)置管,以及西医获得开具中药饮片等仍需要进一步参加相应专科培训,获得相应资质方可开展相关诊疗操作。表 3-1 为主要卫生专业技术岗位执业资质要求。

表 3-1　主要卫生专业技术岗位执业资质要求

卫生专业技术岗位	执业要求
医师	取得执业医师资格或者执业助理医师资格;经过注册取得医师执业证书
器官移植医师	除具备医师执业要求外,参照《人体器官移植医师培训与认定管理办法(试行)》
介入医师	参照《医疗技术临床应用管理办法》
护士	取得执业护士资格;经过注册取得护士执业证书
PICC 护士	除具备护士执业要求外,经过 PICC 专业知识与技能培训、考核合格且有 5 年以上临床工作经验
药剂师	取得执业药师职业资格证书;经过注册取得执业药师注册证
检验员	应当具有相应的专业学历,并取得相应专业技术职务任职资格
放射技术人员	取得放射工作人员证

做好卫生技术人员资质管理,应注意以下方面。

（1）严把招聘关，在招聘前，应明确拟招聘人员从事岗位，避免入职后发现该员工资质无法满足所从事岗位的资质需求。

（2）严格限制跨专业技术类别转岗，目前许多三甲医院对院内转岗要求极为严格，严格按照招聘时专业技术岗位执业，不得转岗，如许多卫生专业技术人员为临床医学专业毕业，但以实验员、技术员等身份进入医院，建议禁止随意转岗，保证医疗质量。

（3）做好现有不具备相应专业技术资质人员的分流，因历史原因导致的无相应专业技术资质的人员应进行其他岗位分流，这类人员大多具有医学相关专业学历背景，可以安排到与其能力与执业资格适应的诊疗岗位上，或者在医院内协调辅助岗位予以安置。

2. 卫生技术人员诊疗行为管理　卫生技术人员在开展诊疗活动中应遵守法律法规和临床诊疗指南，遵守临床技术操作规范和医学伦理规范等。为规范医疗机构从业人员行为，2012 年，由卫生部、国家食品药品监管局、国家中医药管理局联合印发了《医疗机构从业人员行为规范》，其中对医疗机构从业人基本行为规范进行如下概括：以人为本，践行宗旨；遵纪守法，依法执业；尊重患者，关爱生命；优质服务，医患和谐；廉洁自律，恪守医德；严谨求实，精益求精；爱岗敬业，团结协作；乐于奉献，热心公益。

同资质管理相比，诊疗行为管理更为复杂，主要表现在诊疗行为时刻发生在医疗机构中，贯穿卫生技术人员执业生涯的始终。规范卫生技术人员诊疗行为，应重点做好以下方面工作。

（1）根据法律、法规和行政部门规范性文件，完善医疗机构诊疗活动管理相关制度。

（2）利用信息化手段，加强诊疗活动全流程监管。

（3）做好卫生技术人员全执业周期依法执业相关培训，提升卫生技术人员依法执业意识。

3. 医疗机构工作人员廉洁从业管理　党的十八大以来，党中央高度重视解决人民群众最关心最直接最现实的利益问题，要求"坚决纠正医疗卫生方面损害群众利益行为，严肃查处医药购销和办医行医中的不正之风问题"。做好医疗机构工作人员廉洁从业管理，应从以下方面着手：①加强教育引导，筑牢思想防线；②完善制度建设，切实贯彻执行；③加强监督检查，狠抓典型案例。

在医疗机构工作人员廉洁从业管理工作中，做好由国家卫生健康委会同国家医保局、国家中医药管理局制定的《医疗机构工作人员廉洁从业九项准则》落实工作尤为重要，其主要内容是：①合法按劳取酬，不接受商业提成；②严守诚信原则，不参与欺诈骗保；③依据规范行医，不实施过度诊疗；④遵守工作规程，不违规接受捐赠；⑤恪守保密准则，不泄露患者隐私；⑥服从诊疗需要，不牟利转介患者；⑦维护诊疗秩序，不破坏就医公平；⑧共建和谐关系，不收受患方"红包";⑨恪守交往底线,不收受企业回扣。

【案例展示】

> 某人民医院原麻醉科主任盛某某收受患者家属"红包"500元,并代为转送参与手术的其他三名医生各500元。盛某某受到行政记过处分和暂停1年执业活动的行政处罚,其他三名医生分别受到相应的党纪、政纪处分。

二、医师的执业管理

医师,是指依法取得医师资格,经注册在医疗卫生机构中执业的专业卫生技术人员,包括执业医师和执业助理医师。按照《2022年我国卫生健康事业发展统计公报》,2022年末全国卫生人员总数为1 441.1万人,医院874.8万人(占60.7%),基层医疗卫生机构455.1万人(占31.6%),专业公共卫生机构97.9万人(占6.8%)。队伍壮大的同时,针对医生群体依法执业管理的法律法规也逐步完善,形成了从职业资格获取、注册、定期考核与日常监督管理的一系列制度与流程。

(一)执业资格的获得与注册

【目标要求】

医疗机构应做好在本机构从业的执业(助理)医师执业资格、执业注册管理,做好日常诊疗活动中执业范围管理,根据机构内人员变动情况及时做好执业注册变更与注销。

【管理要点】

- 在医疗机构内医师均应拥有执业医师资格。
- 在医疗机构内医师均应在本医疗机构注册。
- 做好医疗机构内多点执业医师管理。
- 做好医师日常执业资质管理。

【实操要素】

1. 从医师的定义来看,取得医师资格并注册是做好医师依法执业的基础性工作。根据医师资格考试制度,需要符合报名参加医师资格考试条件并经过考试合格后方可取得执业(助理)医师资格(以师承方式学习中医或经过多年实践医术确有专长的法律另作规定);获得执业(助理)医师资格后,须向所在地县级以上地方人民政府卫生健康主管部门申请注册,并取得医师执业证书,方可从事医师职业活动。

2.《医师法》规定有下列情形之一的,不予注册:①无民事行为能力或者限制民事行为能力;②受刑事处罚,刑罚执行完毕不满二年或者被依法禁止从事医师职业的期限未满;

③被吊销医师执业证书不满二年;④因医师定期考核不合格被注销注册不满一年;⑤法律、行政法规规定不得从事医疗卫生服务的其他情形。

3.《医师法》中明确规定了医师多点执业相关内容。医师在二个以上医疗卫生机构定期执业的,应当以一个医疗卫生机构为主,并按照国家有关规定办理相关手续。如在县级以下医疗卫生机构提供医疗卫生服务,主执业机构应当支持并提供便利。

医师从事下列活动的,可以不办理相关变更注册手续:①参加规范化培训、进修、对口支援、会诊、突发事件医疗救援、慈善或者其他公益性医疗、义诊;②承担国家任务或者参加政府组织的重要活动等;③在医疗联合体内的医疗机构中执业。

4. 为做好多点执业医师管理,医院法务应配合医务管理部门做好本机构执业医师注册的制度与流程设计,做好本机构内医师前往其他医疗机构开展多点执业备案,对其以其他医疗机构为主要执业地点的医师做好在本机构内执业的手续办理。

5. 港澳医师在内地、台湾医师在大陆和外国医师来华短期行医应按照相关法规要求开展。

6. 在日常诊疗活动中,医师一定要严格按照注册的执业类别、执业范围执业,否则最严重可能受到卫生健康主管部门吊销医师执业证书等行政处罚。《医师法》同时规定,医师经相关专业培训和考核合格,可以增加执业范围。

7. 针对中医医师采用西医药技术方法和西医医师采用中医药技术方法问题,《医师法》规定经考试取得医师资格的中医医师按照国家有关规定,经培训和考核合格,在执业活动中可以采用与其专业相关的西医药技术方法。西医医师按照国家有关规定,经培训和考核合格,在执业活动中可以采用与其专业相关的中医药技术方法。

【案例展示】

2013 年 11 月,朱某某因心前区疼痛到某县中医医院内儿科杨某(助理执业医师,执业范围儿科)处就诊,杨某接诊后嘱患者行心电图检查,心电图提示(心电图医生对门诊心电图未下诊断、上级医生未加签):不排除陈旧性前壁心肌梗死,ST段呈缺血性变。杨某以朱某某当日已进食要求其次日返院空腹行抽血检查,但未开具病历及治疗药物,也未书面告知患者建议其住院观察治疗及避免剧烈活动,保持安静。次日上午,朱某某至该县中医医院门诊杨某处就诊,行血糖、血脂、心肌酶谱等检查。根据检查结果,杨某门诊诊断为:原发性高血压,2 型糖尿病,冠心病,并开具"拜阿司林、硝酸异山梨酯、辛伐他汀"等药物(门诊病历上级医生未加签)。当日朱某某在家中洗澡后感不适,胸闷、胸痛加剧,由其家属送至该县中医医院急诊科就诊,后收入住院治疗。诊断为:①急性左心功能衰竭;②急性冠脉综合征心肌梗死;③高血压病3级极高危组;④2型糖尿病。朱某某于当日出现昏迷,经抢救无效死亡。

朱某某家属作为原告方起诉该县中医医院并于同年4月向法院申请医疗损害司法鉴定,医学鉴定意见书表明:该县中医医院对症支持治疗及抢救等处理,未违反一般诊疗常规。但该县中医医院在为患者朱某某提供的诊疗行为中存在门诊医生无处方权、为助理医师且超执业范围执业,门诊病历上级医生未加签。未尽到特殊注意义务及充分的告知义务,对患者的疾病认识不足、处置不当,存在过错,拟定其过错参与度为60%~80%。

法院认为,公民的生命、健康权受法律保护,被告接受患者治疗,双方形成医患关系。被告的医疗行为是否存在过错,主要是看被告的医疗行为是否符合法律、行政法规和医疗操作规范。对于被告的过错程度,根据本案的具体情况,考虑患者自身特殊体质,结合被告延误诊断的行为等因素,法院确定被告应承担患者死亡所有损失的75%为宜。法院判决被告该县中医医院赔偿原告医疗费、误工费、交通费、住院伙食补助费、营养费等损失。

(二) 执业医师的权利与义务

【目标要求】

医师应熟悉其权利与义务,在执业过程中善于履行自身义务、维护自身权利。

【管理要点】

- 医师应掌握执业过程中拥有的权利与需要履行的义务。
- 执业活动中,医师应遵守法律法规、行为规范等。
- 医师应按照诊疗常规、临床诊疗指南,遵守临床技术操作规范等开展诊疗活动。
- 医疗机构应切实做好医师权利保障和义务履行监督。

【实操要素】

1.《医师法》规定,在执业过程中医师主要享有以下权利:①在注册的执业范围内,按照有关规范进行医学诊查、疾病调查、医学处置、出具相应的医学证明文件,选择合理的医疗、预防、保健方案;②获取劳动报酬,享受国家规定的福利待遇,按照规定参加社会保险并享受相应待遇;③获得符合国家规定标准的执业基本条件和职业防护装备;④从事医学教育、研究、学术交流;⑤参加专业培训,接受继续医学教育;⑥对所在医疗卫生机构和卫生健康主管部门的工作提出意见和建议,依法参与所在机构的民主管理;⑦法律、法规规定的其他权利。

2.《医师法》规定,在执业过程中医师主要需要履行以下义务:①树立敬业精神,恪守职业道德,履行医师职责,尽职尽责救治患者,执行疫情防控等公共卫生措施;②遵循临床诊疗指南,遵守临床技术操作规范和医学伦理规范等;③尊重、关心、爱护患者,依法保护患者隐私和个人信息;④努力钻研业务,更新知识,提高医学专业技术能力和水平,提升医疗卫生服务质量;⑤宣传推广与岗位相适应的健康科普知识,对患者及公众进行健康教育和健康指导;⑥法律、法规规定的其他义务。

3.《医师法》同时规定了部分条款需要医师在执业活动中遵守,涉及医学证明文件开具、医学文书书写与管理、如实向患者或其近亲属说明病情、开展试验或临床研究、紧急情况下救治患者、科学合理诊疗与用药、开展互联网诊疗、突发事件中服从调遣、特殊情形履行报告等。

4.《医疗机构从业人员行为规范》中对于医师行为进行如下规范:①遵循医学科学规律,科学合理诊疗;②规范行医,不过度医疗;③注重人文关怀,加强医患沟通;④规范病历书写,依法签署证明文件;⑤履行法定报告职责;依法依规开展医疗技术;⑥合法开展临床试验,保障患者知情同意权。

5. 医师权利保障关系到医师群体对医疗机构乃至医生这一职业本身认可度及归属感的形成,因其涉及范围广,需要医疗机构内包括医务、财务、人事、科研、教学、后勤乃至保卫多个部门协作,共同形成医疗机构医师权利保障体系;医疗机构法务部门应对本机构内医师权利保障体系定期进行评估,梳理存在的漏洞与薄弱环节,并给出法律专业建议。

6. 同医师权利保障相同,做好医师义务履行的管理与监督同样涉及医疗机构内多个职能部门;医疗机构法务部门应通过医疗质量考核与指标监测、医患沟通、医疗纠纷等多种渠道,评估本机构内医师在诊疗活动中履行义务情况,梳理存在的漏洞与薄弱环节,并给出法律专业建议,同相关职能部门一起予以改善。

【案例展示】

2017 年,具有从医资质的孙某某在某县开了一家药店。当年 9 月,齐老太因胸闷气短来到孙某某的药店买药。孙某某建议齐老太服用硝酸甘油片并给了她一片,在随后的血压测量的过程中,齐老太突然倒地,没有呼吸和心跳。孙某某赶紧拨打了 120,并为她做心肺复苏。按压过程持续十分钟左右,齐老太逐渐恢复意识,被救护车送往医院。齐老太的儿子看了监控,以齐老太肋骨骨折为由索要赔偿。据悉,肋骨骨折是常见的医源性并发症。同年 10 月,齐老太将孙某某告上法庭,索要医疗费、交通费、住院伙食补助等近万元赔偿,伤残等级评级后还要追加赔偿数额。2019 年 12 月,孙某某收到当地法院的民事判决书,法院决定驳回原告的诉讼请求。

针对紧急情况下医生参与抢救工作,《医师法》第27条明确规定:因抢救生命垂危的患者等紧急情况,不能取得患者或者其近亲属意见的,经医疗机构负责人或者授权负责人批准,可以立即实施相应的医疗措施。国家鼓励医师积极参与公共交通工具等公共场所急救服务;医师因自愿实施急救造成受助人损害的,不承担民事责任。

(三)执业医师定期考核

【目标要求】

医疗机构应配合卫生健康行政部门做好本机构内执业医师定期考核工作。

【管理要点】

- 按照法律法规要求开展本机构医师定期考核工作。
- 考核工作应该按照规定时间、内容和程序开展。
- 做好医师日常行为记录管理。
- 做好考核结果管理与应用,提高医师素质,保证医疗质量和医疗安全。

【实操要素】

1. 符合下列条件之一的医疗、预防、保健机构或者医疗卫生行业、学术组织可以接受县级以上地方人民政府卫生健康行政部门委托,承担医师定期考核工作:①设有100张以上床位的医疗机构;②医师人数在50人以上的预防、保健机构;③具有健全组织机构的医疗卫生行业、学术组织。

考核机构负责医师定期考核的组织、实施和考核结果评定,并向委托其承担考核任务的卫生健康行政部门报告考核工作情况及医师考核结果。考核机构应当成立专门的考核委员会,负责拟定医师考核工作制度,对医师定期考核工作进行检查、指导,保证考核工作规范进行。

2. 医师定期考核包括业务水平测评、工作成绩和职业道德评定。业务水平测评可以采用以下一种或几种形式:①个人述职;②有关法律、法规、专业知识的考核或考试以及技术操作的考核或考试;③对其本人书写的医学文书的检查;④患者评价和同行评议;⑤省级卫生健康行政部门规定的其他形式。工作成绩和职业道德评定由医师所在医疗机构参考医师年度考的情况和医德考评情况进行评定。

3. 医师定期考核分为一般程序与简易程序。一般程序为按照本办法第三章规定进行的考核。简易程序为本人书写述职报告,执业注册所在机构签署意见,报考核机构审核。

符合下列条件的医师定期考核执行简易程序:①具有5年以上执业经历,考核周期内有良好行为记录的;②具有12年以上执业经历,在考核周期内无不良行为记录的;③省级以上卫生健康行政部门规定的其他情形。执业医师定期考核流程如图 3-1 所示。

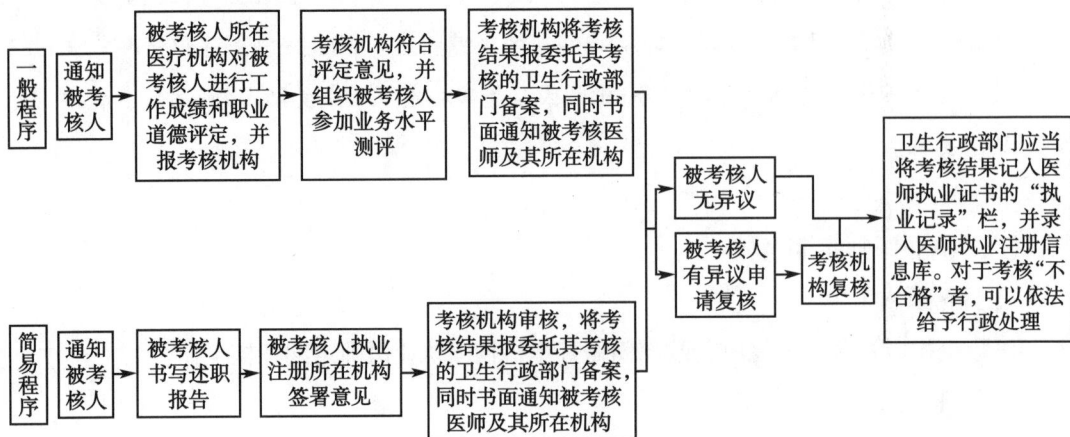

图 3-1 执业医师定期考核流程图

4. 做好定期考核工作,还需要做好医师年度考核和医德考评,《考核管理办法》中要求工作成绩、职业道德评定应当与医师年度考核情况相衔接,医德考评作为对医师进行职业道德评定的依据。

5. 考核结果分为合格和不合格。工作成绩、职业道德和业务水平中任何一项不能通过评定或测评的,即为不合格。考核结果由卫生健康行政部门记入医师执业证书的"执业记录"栏,并录入医师执业注册信息库。

对考核不合格的医师,卫生健康行政部门可以责令其暂停执业活动 3 个月至 6 个月,并接受培训和继续医学教育;暂停执业活动期满,由考核机构再次进行考核。对考核合格者,允许其继续执业,但该医师在本考核周期内不得评优和晋升;对考核不合格的,由卫生健康行政部门注销注册,收回医师执业证书。

第三节 医疗技术管理

一、医疗技术管理概述

(一) 医疗技术的概念

医疗技术是指医疗机构及其医务人员以诊断和治疗疾病为目的,对疾病作出判断和消除疾病、缓解病情、减轻痛苦、改善功能、延长生命、帮助患者恢复健康而采取的医学专业手段和措施。

（二）医疗技术管理的基本制度

1. 医疗技术分类管理制度　表 3-2 为医疗技术分类清单。

表 3-2　医疗技术分类清单

清单类别	具体内容	要点
禁止类医疗技术清单	• 临床应用安全性、有效性不确切 • 存在重大伦理问题 • 该技术已经被临床淘汰 • 临床研究论证的医疗新技术	禁止类技术目录由国家卫生健康委制定发布或者委托专业组织制定发布,并根据情况适时予以调整。根据《国家限制类技术目录（2022 年版）》,目前禁止类技术有 6 项
限制类医疗技术清单	• 技术难度大、风险高,对医疗机构的服务能力、人员水平有较高专业要求,需要设置限定条件的 • 消耗稀缺资源的 • 涉及重大伦理风险的 • 存在不合理临床应用,需要重点管理的	• 国家限制类技术目录及其临床应用管理规范由国家卫生健康委制定发布或者委托专业组织制定发布,并根据临床应用实际情况予以调整 • 省级卫生健康行政部门可以结合本行政区域实际情况,在国家限制类技术目录基础上增补省级限制类技术相关项目,制定发布相关技术临床应用管理规范,并报国家卫生健康委备案 • 根据《国家限制类技术临床应用管理规范（2022 年版）》目前限制类技术有 12 项 • 医疗机构拟开展限制类技术临床应用的,应当按照相关医疗技术临床应用管理规范进行自我评估,符合条件的可以开展临床应用,并于开展首例临床应用之日起 15 个工作日内,向核发其医疗机构执业许可证的卫生健康行政部门备案
自我管理清单	医疗机构在医疗技术临床应用过程中出现下列情形之一的,应当立即停止该项医疗技术的临床应用:该医疗技术被国家卫生健康委列为"禁止类技术";从事该医疗技术的主要专业技术人员或者关键设备、设施及其他辅助条件发生变化,不能满足相关技术临床应用管理规范要求,或者影响临床应用效果;该医疗技术在本机构应用过程中出现重大医疗质量、医疗安全或者伦理问题,或者发生与技术相关的严重不良后果;发现该项医疗技术临床应用效果不确切,或者存在重大质量、安全或者伦理缺陷	未纳入禁止类技术和限制类技术目录的医疗技术,医疗机构可以根据自身功能、任务、技术能力等自行决定开展临床应用,并应当对开展的医疗技术临床应用实施严格管理

2. 医疗机构医疗技术临床应用管理

【目标要求】

加强医疗机构的医疗技术临床应用管理,促进医学科学发展和医疗技术进步,保障医疗质量和患者安全,维护人民群众健康权益。

【管理要点】

- 设立专门组织管理医疗技术临床应用。
- 落实本机构医疗技术临床应用管理制度。
- 做好医师手术授权与动态管理、医疗技术临床应用论证和医疗技术临床应用评估等工作。
- 做好信息公开工作。

【实操要素】

(1)医疗技术临床应用管理的专门组织:二级以上的医院、妇幼保健院及专科疾病防治机构医疗质量管理委员会应当下设医疗技术临床应用管理的专门组织,由医务、质量管理、药学、护理、院感、设备等部门负责人和具有高级技术职务任职资格的临床、管理、伦理等相关专业人员组成。该专门组织的负责人由医疗机构主要负责人担任,由医务部门负责日常管理工作。

(2)医疗技术临床应用管理制度:包括目录管理、手术分级、医师授权、质量控制、档案管理、动态评估等制度,保障医疗技术临床应用质量和安全。

(3)医师手术授权与动态管理制度:根据医师的专业能力和培训情况,授予或者取消相应的手术级别和具体手术权限。

(4)医疗技术临床应用论证制度:对已证明安全有效,但属本机构首次应用的医疗技术,应当组织开展本机构技术能力和安全保障能力论证,通过论证的方可开展医疗技术临床应用。

(5)医疗技术临床应用评估制度:对限制类技术的质量安全和技术保证能力进行重点评估,并根据评估结果及时调整本机构医疗技术临床应用管理目录和有关管理要求。对存在严重质量安全问题或者不再符合有关技术管理要求的,要立即停止该项技术的临床应用。

(6)信息公开:医疗机构开展的限制类技术目录、手术分级管理目录和限制类技术临床应用情况应当纳入本机构院务公开范围,主动向社会公开,接受社会监督。

3. 医疗技术规范化培训制度

建立医疗技术规范化培训制度,拟开展限制类技术的医师应当按照相关技术临床应用管理规范要求接受规范化培训并考核合格。对限制类技术临床应用规范化培训基地实施省级备案管理。

培训基地应当建立健全规章制度及流程,明确岗位职责和管理要求,加强对培训导师的管理。严格按照统一的培训大纲和教材制定培训方案与计划,建立医师培训档案,确保培训质量和效果。

申请参加培训的医师应当符合相关医疗技术临床应用管理规范要求。培训基地应当按照公开公平、择优录取、双向选择的原则决定是否接收参培医师。参培医师完成培训后应当接受考核。考核包括过程考核和结业考核。

4. 医疗技术临床应用的监督管理　国家通过建立全国医疗技术临床应用信息化管理平台,省级医疗技术临床应用信息化管理平台,对限制类技术临床应用情况实施监督管理。

医疗机构应当按照要求,及时、准确、完整地向全国和省级医疗技术临床应用信息化管理平台逐例报送限制类技术开展情况数据信息。

国家建立医疗技术临床应用评估制度,和医疗机构医疗技术临床应用情况信誉评分制度,与医疗机构、医务人员信用记录挂钩,纳入卫生健康行业社会信用体系管理,接入国家信用信息共享平台,并将信誉评分结果应用于医院评审、评优、临床重点专科评估等工作。

5. 中医医疗技术(适宜技术)临床应用管理　中医医疗技术是指在中医理论指导下医疗机构及其医务人员以诊断和治疗疾病为目的而采取的诊断、治疗技术。中医医疗技术是中医临床服务的重要手段,对于彰显特色,提高疗效发挥着重要作用。《中医医疗技术手册(2013普及版)》中,共有中医医疗技术11类,135种,纳入医保目录的有115种。

中医适宜技术通常是指安全有效、成本低廉、简便易学的中医药技术,又称"中医药适宜技术"。中医药适宜技术推广是国家中医药管理局的一项重点工作,已分四批向全国公布,总计121项适宜技术。

【目标要求】

加强医疗机构的中医医疗技术临床应用管理,保障临床应用安全,降低医疗风险,维护人民群众健康权益。

【管理要点】

- 严格按照法律法规的要求开展中医医疗技术服务。
- 中医医疗技术操作人员的资质。
- 做好本机构中医医疗技术临床应用论证和评估工作。
- 做好医务人员档案管理工作。
- 加强人员的培训与考核。

【实操要素】

(1)医疗机构应当按照《医疗技术临床应用管理办法》及其他法律法规和规章制度的

要求,开展与其技术能力相适应的中医医疗技术服务,保障临床应用安全,降低医疗风险。

(2)医疗机构应建立并落实本机构中医医疗技术临床应用论证和评估等管理制度。开展评估和论证,应侧重审查医疗机构实施该技术的条件(场所、设备、人员能力、技术能力和管理制度、流程、规范等)。医疗机构首次应用《中医医疗技术手册(2013 年普及版)》和《全国医疗服务价格项目规范(2012 年版)》外的中医医疗技术,还应审查该技术的成熟度。对本机构首次应用的中医医疗技术,应当组织开展本机构技术能力和安全保障能力论证,通过论证的方可开展临床应用。

(3)医疗机构要为医务人员建立中医医疗技术临床应用管理档案,纳入个人专业技术档案管理,并实行动态管理。要研究制定本机构内技术操作规范和管理要求,明确管理规定和风险防范措施。

(4)加强对技术操作人员的培训和考核,规范人员操作行为,严格按照技术操作规范开展技术操作,遵守院感控制等相关要求。

【案例展示】

> 2014 年 5 月,郝某某在某中医院中医综合治疗科行埋线减肥治疗,10 天后左前臂及右小腿埋线处相继出现肿胀,后伴发红热肿痛、发热,遂于该中医院就诊,经中草药治疗,效果不佳。后给予切开引流治疗,长期换药切口不愈合。后该医院为郝某某实施了免费治疗,但术后患处未痊愈,经双方协商,由该中医院出具医疗费用,郝某某三次前往其他医院就诊。郝某某认为该中医院存在过错,双方协商无果后,郝某某诉至法院。
>
> 法院认为经治医师宋某某在对郝某某进行埋线中医诊疗时并未实际取得中医类别医师执业证书,根据《民法典》第一千二百二十二条的规定,应推定中医院具有过错,且与郝某某的损害后果具有因果关系,但是对于过错参与度问题,现无法通过鉴定机构予以评判,而无法鉴定的根源在于郝某某无法提供在中医院的诊治病历,并且自其诊治出现损害结果至今已有七年之久,其怠于行使诉讼权利丧失了最佳准确评判过错参与度的可能。法院最终确认原告的损失由中医院承担 50% 的赔偿责任,判决该中医院于判决生效后十日内赔偿郝某某经济损失。

二、人类辅助生殖技术

30 多年来,我国辅助生殖技术快速发展,目前已经成为技术实施量最大和水平最先进的国家之一,截至 2021 年 6 月,有关数据表示我国经批准开展人类辅助生殖技术的医疗机构共有 539 家,人类精子库共有 27 家,每年人类辅助生殖技术应用总周期数超过 100 万。

(一) 概念

人类辅助生殖技术是指运用医学技术和方法对配子、合子、胚胎进行人工操作,以达到受孕目的的技术,分为人工授精和体外受精-胚胎移植技术及其各种衍生技术。

人工授精是指用人工方式将精液注入女性体内以取代性交途径使其妊娠的一种方法。根据精液来源不同,分为丈夫精液人工授精和供精人工授精。体外受精-胚胎移植技术及其各种衍生技术是指从女性体内取出卵子,在器皿内培养后,加入经技术处理的精子,待卵子受精后,继续培养,到形成早期胚胎时,再转移到子宫内着床,发育成胎儿直至分娩的技术。

(二) 人类辅助生殖技术的审批

人类辅助生殖技术应用应当在医疗机构中进行,以医疗为目的,并符合国家计划生育政策、伦理原则和有关法律规定。未经卫生健康行政部门批准,任何单位和个人不得实施人类辅助生殖技术。

1. **医疗机构的资质要求** 开展人类辅助生殖技术的医疗机构应当符合下列条件:①具有与开展人类辅助生殖技术相适应的卫生专业技术人员及其他专业技术人员;②具有与开展人类辅助生殖技术相适应的技术和设备;③设有医学伦理委员会;④符合《人类辅助生殖技术规范》的要求。

2. **审批程序** 申请开展丈夫精液人工授精技术的医疗机构,由省、自治区、直辖市人民政府卫生健康行政部门审查批准。对申请开展供精人工授精和体外受精-胚胎移植技术及其衍生技术的医疗机构,由省、自治区、直辖市人民政府卫生健康行政部门提出初审意见,国家卫生健康行政部门审批。

3. **校验** 人类辅助生殖技术批准证书每 2 年校验一次,校验由原审批机关办理。校验合格的,可以继续开展人类辅助生殖技术;校验不合格的,收回其批准证书。

(三) 人类辅助生殖技术的实施

【目标要求】

保证人类辅助生殖技术安全、有效和健康发展,规范人类辅助生殖技术的应用,切实保障人民健康。

【管理要点】

• 严格落实实施人类辅助生殖技术的适应证和禁忌证要求。

- 保障患者知情同意权。
- 做好伦理审查工作。
- 保护患者隐私。
- 做好医疗技术档案和法律文书的保存工作。

【实操要素】

1. **实施对象要求** 医疗机构必须预先查验不育夫妇的身份证、结婚证和符合国家人口和计划生育法规和条例规定的生育证明原件,并保留其复印件备案;涉外婚姻夫妇及外籍人员应出示护照及婚姻证明并保留其复印件备案。

2. **适应证和禁忌证要求**(表3-3)

表3-3 人类辅助生殖技术的适应证

类型		适应证	禁忌证
体外受精	体外受精-胚胎移植	①女方各种因素导致的配子运输障碍;②排卵障碍;③子宫内膜异位症;④男方少弱精子症;⑤不明原因的不育;⑥免疫性不孕	不得实施体外受精-胚胎移植及其衍生技术的情形:①男女任何一方患有严重的精神疾患、泌尿生殖系统急性感染、性传播疾病;②患有《中华人民共和国母婴保健法》规定的不宜生育的、目前无法进行胚胎植入前遗传学诊断的遗传性疾病;③任何一方具有吸毒等严重不良嗜好;④任何一方接触致畸量的射线、毒物、药品并处于作用期。女方子宫不具备妊娠功能或严重躯体疾病不能承受妊娠
	卵胞浆内单精子显微注射	①严重的少、弱、畸精子症;②不可逆的梗阻性无精子症;③生精功能障碍(排除遗传缺陷疾病所致);④免疫性不育;⑤体外受精失败;⑥精子顶体异常;⑦需行植入前胚胎遗传学检查的	
	胚胎植入前遗传学诊断	主要用于单基因相关遗传病、染色体病、性连锁遗传病及可能生育异常患儿的高风险人群等	
	接受卵子赠送	①丧失产生卵子的能力;②女方是严重的遗传性疾病携带者或患者;③具有明显的影响卵子数量和质量的因素	
	赠卵	①赠卵是一种人道主义行为,禁止任何组织和个人以任何形式募集供卵者进行商业化的供卵行为;②赠卵只限于人类辅助生殖治疗周期中剩余的卵子;③对赠卵者必须进行相关的健康检查(参照供精者健康检查标准);④赠卵者对所赠卵子的用途、权利和义务应完全知情并签订知情同意书;⑤每位赠卵者最多只能使5名妇女妊娠;⑥赠卵的临床随访率必须达100%	

类型		适应证	禁忌证
人工授精	夫精人工授精	①男性因少精、弱精、液化异常、性功能障碍、生殖器畸形等不育;②宫颈因素不育;③生殖道畸形及心理因素导致性交不能等不育;④免疫性不育;⑤原因不明不育	①男女一方患有生殖泌尿系统急性感染或性传播疾病;②一方患有严重的遗传、躯体疾病或精神心理疾患;③一方接触致畸量的射线、毒物、药品并处于作用期;④一方有吸毒等严重不良嗜好
	供精人工授精	①不可逆的无精子症、严重的少精症、弱精症和畸精症;②输精管复通失败;③射精障碍;④适应证①②③中,除不可逆的无精子症外,其他需行供精人工授精技术的患者,医务人员必须向其交代清楚:通过卵胞浆内单精子显微注射技术也可能使其有自己血亲关系的后代,如果患者本人仍坚持放弃通过卵胞浆内单精子显微注射技术助孕的权利,则必须与其签署知情同意书后,方可采用供精人工授精技术助孕;⑤男方和/或家族有不宜生育的严重遗传性疾病;⑥母儿血型不合不能得到存活新生儿	①女方患有生殖泌尿系统急性感染或性传播疾病;②女方患有严重的遗传、躯体疾病或精神疾患;③女方接触致畸量的射线、毒物、药品并处于作用期;④女方有吸毒等不良嗜好

3. **患者知情同意权**　同不育夫妇签署相关技术的知情同意书和多胎妊娠减胎术知情同意书。

4. **精子的使用规则**　与卫生健康行政部门批准的人类精子库签订供精协议;严禁私自采精;索取精子检验合格证明。

5. **保护患者隐私和个人信息**　为当事人保密。

6. **医疗技术档案和法律文书的保存**　供精人工授精医疗行为方面的医疗技术档案和法律文书应当永久保存。

【案例展示】

郑某与徐某原系夫妻关系,婚后因不育双方均同意到某不育诊疗中心进行体外受精-胚胎移植,并签署了多份体外受精-胚胎移植知情同意书、留存遗传标本知情同意书、胚胎冷冻、解冻及移植知情同意书、废弃无用卵子、剩余精子及胚胎处理知情同意书。同时,郑某给徐某出具了多份授权委托书,委托妻子徐某全权处理冷冻胚胎安置。2011年10月20日,郑某提交精液一份交付给某中心保存2年,以备用作辅助生殖技术的实施。其后,徐某持郑某出具的授权委托书及相关身份文件到某中心进行体外受精-胚胎移植手术,并于2012年4月怀孕。这期间,郑某、徐某因家庭琐事发生矛盾,郑某没有书面通知或到某中心销毁精液样本。但徐某认为他所签署的系列文件仅仅是表示在胚胎形成期间的知情同意,而没有同意胚胎移植,因此郑某请求法院判决徐某胚胎移植的民事行为无效,并对其侵害生育权的行为道歉,并且要求徐某返还其抚养费。一审法院驳回其诉讼请求。二审法院维持原判。再审法院驳回其再审请求。

依据我国《人类辅助生殖技术和人类精子库伦理原则》规定,人类辅助生殖技术必须在夫妇双方自愿同意并签署书面知情同意书后方可实施。本案中,郑某此前已经全权委托徐某进行辅助生殖技术的文件签署,并且也已经冷冻精子。不能因为其过后的反悔或者认为自己只同意了胚胎形成,并未同意胚胎移植而认定辅助生殖的子女与其没有法律上的关系。依据我国相关法律规定,该子女为婚生子女,在离婚后,父母也应当承担抚养孩子的义务。

(四)人类精子库的管理

1. 精子库的设置条件和审批程序 人类精子库是指以治疗不育症以及预防遗传病等为目的,利用超低温冷冻技术,采集、检测、保存和提供精子的机构。设置人类精子库应当经卫生健康行政部门批准。

申请设置人类精子库的医疗机构应当符合下列条件:①具有医疗机构执业许可证;②设有医学伦理委员会;③具有与采集、检测、保存和提供精子相适应的卫生专业技术人员;④具有与采集、检测、保存和提供精子相适应的技术和仪器设备;⑤具有对供精者进行筛查的技术能力;⑥应当符合卫生健康行政部门制定的《人类精子库基本标准》。

2. 精子采集与提供

【目标要求】

规范人类精子库管理,保证人类辅助生殖技术安全、有效应用和健康发展,保障人民健康。

【管理要点】

- 严格审查供精者条件。
- 严格规范精子采集与提供行为。
- 遵守保密原则,保护供精者和受精者的隐私。
- 做好档案的保存工作。

【实操要素】

（1）供精者基本条件：①供精者赠精是一种自愿的人道主义行为；②供精者必须达到供精者健康检查标准；③供精者对所供精液的用途、权利和义务完全知情并签订供精知情同意书。

（2）精子的采集与提供：精子的采集与提供应当在经过批准的人类精子库中进行。供精者应当是年龄在22~45周岁之间的健康男性。供精者只能在一个人类精子库中供精。

精子库采集精子后，未经检验或检验不合格的，不得向医疗机构提供。严禁精子库向医疗机构提供新鲜精子。向未经批准开展人类辅助生殖技术的医疗机构提供精子。一个供精者的精子最多只能提供给5名妇女受孕。

（3）保护供精者知情同意权：人类精子库工作人员应当向供精者说明精子的用途、保存方式以及可能带来的社会伦理等问题，并和供精者签署知情同意书。

（4）档案的保存：人类精子库应当建立供精者、受精者详细的计算机管理档案库，控制使用同一供精者的精液获得成功妊娠的数量，预防血亲通婚。

（5）保护供精和受精当事人隐私：人类精子库工作人员应尊重供精和受精当事人的隐私权并严格保密。除司法机关出具公函并得到相关当事人的同意外，其他任何查阅人在查阅档案时，人类精子库工作人员均应隐去供精者、受精者、申请人男女双方的身份资料、详细地址。非相关人员一律不得查阅。除精子库负责人外，其他任何人不得查阅有关供精者身份的资料和详细地址。

【案例展示】

郑某生前系心脑外科主治医师，某高校在读博士，2010年12月在某生殖中心所属人类精子库签署捐精知情同意书，后通过体检被接纳为捐精者。此后，郑某在11天时间内先后4次捐精。第5次在生殖中心的取精室捐精，后被发现倒在地上神志不清，通过120转运医院急救，当日下午，郑某经抢救无效死亡。某医院出具居民病伤死亡医学证明（推断）书确认郑某系猝死。郑某家属与生殖中心及郑某所在高校附属医院协商，达成协议：出于人道主义，向郑某家属支付丧葬费、郑某父母的生活补助费共8.8万元等。后来，郑某父母对签订的协议不服，将某高校、生殖中心、附属医院告上法院，要求三方共同赔偿郑某死亡赔偿、精神损害抚慰金等400余万元。法院认为，郑某虽属于全日制学生，但其具有完全民事行为能力，能够独立实施民事行为，其捐精系自愿参加的校外活动，非学校组织，郑某与三被告均无过错，某高校与附属医院不应承担赔偿责任。判决生殖中心与郑某共同分担损失，生殖中心赔偿郑某家属19万余元。郑某父母不服，提起上诉，法院维持原判。

三、人体器官移植

（一）概念

人体器官移植,是指摘取人体器官捐献人具有特定功能的心脏、肺脏、肝脏、肾脏或者胰腺等器官的全部或者部分,将其植入接受人身体以代替其病损器官的过程。

（二）准入制度

医疗机构从事人体器官移植,应当有与从事人体器官移植相适应的执业医师和其他医务人员、设备、设施;有由医学、法学、伦理学等方面专家组成的人体器官移植技术临床应用与伦理委员会;有完善的人体器官移植质量监控等管理制度。

开展人体器官移植的医疗机构应当依照《医疗机构管理条例》的规定,申请办理人体器官移植诊疗科目登记。省级卫生健康主管部门进行人体器官移植诊疗科目登记,应当考虑本行政区域人体器官移植的医疗需求和合法的人体器官来源情况。

（三）器官捐献

1. **基本原则**　人体器官捐献应当遵循自愿、无偿的原则。公民享有捐献或者不捐献其人体器官的权利;任何组织或者个人不得强迫、欺骗或者利诱他人捐献人体器官。

2. **捐献主体要求**　完全民事行为能力人有权依法自主决定无偿捐献其人体细胞、人体组织、人体器官、遗体,同意捐献的,应当采用书面形式,也可以订立遗嘱,对已经表示捐献其人体器官的意愿,有权予以撤销。自然人生前未表示不同意捐献的,该自然人死亡后,其配偶、成年子女、父母可以共同决定捐献,决定捐献应当采用书面形式。

3. **基本规则**　任何组织或者个人不得摘取未满 18 周岁公民的活体供器官用于移植;活体供器官的接受人限于活体供器官捐献人的配偶、直系血亲或者三代以内旁系血亲,或者有证据证明与活体供器官捐献人存在因帮扶等形成亲情关系的人员。

（四）器官移植

【目标要求】

规范人体器官移植,保证医疗质量,保障人体健康,维护公民的合法权益。

【管理要点】

- 做好医学评估工作。
- 严格遵循伦理审查原则。
- 切实履行法律法规规定的义务。

【实操要素】

（1）医学评估:实施人体器官移植手术的医疗机构及其医务人员应当对人体器官捐献人

进行医学检查,对接受人因人体器官移植感染疾病的风险进行评估,并采取措施,降低风险。

(2)伦理审查:在摘取活体供器官前或者尸体器官捐献人死亡前,负责人体器官移植的执业医师应当向所在医疗机构的人体器官移植技术临床应用与伦理委员会提出摘取人体器官审查申请。人体器官移植技术临床应用与伦理委员会不同意摘取人体器官的,医疗机构不得作出摘取人体器官的决定,医务人员不得摘取人体器官。

(3)器官移植前,医疗机构应履行以下义务:①向活体供器官捐献人说明器官摘取手术的风险、术后注意事项、可能发生的并发症及其预防措施等,并与活体供器官捐献人签署知情同意书;②查验活体供器官捐献人同意捐献其器官的书面意愿、活体供器官捐献人与接受人存在《器官移植条例》第十条规定关系的证明材料;③确认除摘取器官产生的直接后果外不会损害活体供器官捐献人其他正常的生理功能。

(4)尸体器官移植时,医疗机构应履行以下义务:①尊重死者尊严;②摘取尸体器官,应当在依法判定尸体器官捐献人死亡后进行。从事人体器官移植的医务人员不得参与捐献人的死亡判定;③从事人体器官移植的医疗机构及其医务人员应当尊重死者的尊严;④对摘取器官完毕的尸体,应当进行符合伦理原则的医学处理,除用于移植的器官以外,应当恢复尸体原貌。

【案例展示】

> 患者因患尿毒症期、肾性高血压住院,当日医院为患者行同种异体肾移植术,术后给予抗炎、抗病毒、抗排斥及止血等治疗,血清肌酐未见明显下降,给予透析等辅助治疗。术后第15日,患者出现移植肾区疼痛,经检查后行移植肾区血肿清除术,术中行移植肾穿刺活检术。穿刺病理报告提示:急性排斥反应(间质型)。医院给予相应治疗,但肌酐仍未下降。术后第30日,患者出现呼吸衰竭,医院遂行B超引导下双侧胸腔积液穿刺引流术并加大吸氧流量,但患者呼吸困难无缓解,氧饱和度下降,行气管插管,并转入ICU治疗。术后第45日,患者经抢救无效死亡。死亡原因为:①直接导致死亡的疾病或情况,多脏器功能障碍综合征。②引起①的疾病或情况:肾移植术后,肺部感染。
>
> 一审法院认为,病历中有供肾相关取肾记录和供者HLA配型报告单佐证。因医疗机构对器官移植相关信息负有保密义务,不能因病历中没有肾脏供者的姓名和相关来源信息就认定医院存在过错。医院在术前进行了必要的检查,结合医学会的鉴定报告医院在对患者诊疗过程中并无过错,患者发生急性排斥反应,属于手术并发症之一。患方明确表示不申请医疗过错鉴定,故根据现有证据不足以认定医院诊疗行为中存在过错,判决驳回患方的诉讼请求。患方不服提出上诉,二审法院驳回上诉,维持原判。

四、基因工程

（一）概念

基因工程，包括利用载体系统的重组体 DNA 技术，以及利用物理或者化学方法把异源 DNA 直接导入有机体的技术。但不包括下列遗传操作：细胞融合技术、原生质体融合技术；传统杂交繁殖技术；诱变技术、体外受精技术、细胞培养或者胚胎培养技术。

（二）基因工程安全管理

1. 安全等级和安全性评价　按照潜在危险程度，将基因工程工作分为四个安全等级：①安全等级Ⅰ，该类基因工程工作对人类健康和生态环境尚不存在危险；②安全等级Ⅱ，该类基因工程工作对人类健康和生态环境具有低度危险；③安全等级Ⅲ，该类基因工程工作对人类健康和生态环境具有中度危险；④安全等级Ⅳ，该类基因工程工作对人类健康和生态环境具有高度危险。

2. 申报和审批　从事基因工程工作的单位，应当依据遗传工程产品适用性质和安全等级，分类分级进行申报，经审批同意后方能进行。

基因工程实验研究，属于安全等级Ⅰ和Ⅱ的工作，由本单位行政负责人批准；属于安全等级Ⅲ的工作，由本单位行政负责人审查，报国务院有关行政主管部门批准；属于安全等级Ⅳ的工作，经国务院有关行政主管部门审查，报全国基因工程安全委员会批准。

基因工程中间试验，属于安全等级Ⅰ的工作，由本单位行政负责人批准；属于安全等级Ⅱ的工作，报国务院有关行政主管部门批准；属于安全等级Ⅲ的工作，由国务院有关行政主管部门审批；并报全国基因工程安全委员会备案；属于安全等级Ⅳ的工作，由国务院有关行政主管部门审查，报全国基因工程安全委员会批准。

基因工程工业化生产、遗传工程体释放和遗传工程产品使用，属于安全等级Ⅰ至Ⅲ的工作，由国务院有关行政主管部门审批，并报全国基因工程安全委员会备案；属于安全等级Ⅳ的工作，由国务院有关行政主管部门审查，报全国基因工程安全委员会批准。

3. 安全控制措施

【目标要求】

加强基因工程工作的安全管理，保障公众和基因工程工作人员的健康，防止环境污染，维护生态平衡。

【管理要点】

- 做好废弃物安全管理工作。
- 做好遗传工程体储存工作。

- 保障转移或者运输的遗传工程体的安全。

【实操要素】

（1）废弃物的治理：从事基因工程工作的单位，应当根据安全等级，制定相应治理废弃物的安全措施。排放之前应当采取措施使残留遗传工程体灭活，以防止扩散和污染环境。

（2）遗传工程体的储存：遗传工程体应当储存在特定设备内。贮放场所的物理控制应当与安全等级相适应。安全等级Ⅳ的遗传工程体贮放场所，应当指定专人管理。从事基因工程工作的单位应当编制遗传工程体的储存目录清单，以备核查。

（3）遗传工程体的转移与运输：转移或者运输的遗传工程体应当放置在与其安全等级相适应的容器内，严格遵守国家有关运输或者邮寄生物材料的规定。

【案例展示】

　　2018年11月，某大学原副教授贺某对外宣布，一对基因编辑婴儿诞生。此事引起中国医学与科研界的普遍震惊与强烈谴责。2019年7月，法院审理查明，贺某纠集张某、覃某，试图通过编辑人类胚胎基因，借助辅助生殖技术，生育能够免疫艾滋病的婴儿，为此组织多人在医院体检，对受精卵注射严禁用于临床的基因编辑试剂，并蒙蔽不知情的医务人员将基因编辑后的胚胎移植入母体，后生育婴儿。上述行为严重逾越了科学实验的边界，应当认定为医疗行为。法院认为，3名被告人未取得医生执业资格，追名逐利，故意违反国家有关科研和医疗管理规定，逾越科研和医学伦理道德底线，贸然将基因编辑技术应用于人类辅助生殖医疗，扰乱医疗管理秩序，情节严重，其行为已构成非法行医罪。根据3名被告人的犯罪事实、性质、情节和对社会的危害程度，依法判处被告人有期徒刑并处罚金。

（三）人类遗传资源管理

人类遗传资源是指含有人体基因组、基因及其产物的器官、组织、细胞、血液、制备物、重组脱氧核糖核酸（DNA）构建体等遗传材料及相关的信息资料。

1. 申报与审批　凡涉及我国人类遗传资源的国际合作项目，须由中方合作单位办理报批手续。中央所属单位按隶属关系报国务院有关部门，地方所属单位及无上级主管部门或隶属关系的单位报该单位所在地的地方主管部门，审查同意后，向中国人类遗传资源管理办公室提出申请，经审核批准后方可正式签约。国务院有关部门和地方主管部门在审查国际合作项目申请时，应当征询人类遗传资源采集地的地方主管部门的意见。重要人类遗传资源严格控制出口、出境和对外提供。

2. 知识产权　我国境内的人类遗传资源信息,包括重要遗传家系和特定地区遗传资源及其数据、资料、样本等,我国研究开发机构享有专属持有权,未经许可,不得向其他单位转让。获得上述信息的外方合作单位和个人未经许可不得公开、发表、申请专利或以其他形式向他人披露。

有关人类遗传资源的国际合作项目应当遵循平等互利、诚实信用、共同参与、共享成果的原则,明确各方应享有的权利和承担的义务,充分、有效地保护知识产权。

(四) 人的体细胞治疗和基因治疗临床研究

体细胞治疗是指应用人的自体、异体或异种(非人体)的体细胞,经体外操作后回输(或植入)人体的治疗方法。基因治疗是指改变人活细胞遗传物质的一种医学治疗方法。目前,基因治疗按其基因导入人体的途径可分为两大类:①将人体细胞经体外导入外源基因后再用于人体;②将含外源基因的重组病毒在保证不存在复制型病毒(replication competent virus)的前提下,直接用于人体。

体细胞治疗与基因治疗的临床研究比一般基因工程药物或普通药物的应用更为复杂。除基本上参照原卫生部颁布的《中药新药临床研究的指导原则》外,临床研究方案应包括以下几点。

(1) 本单位(机构审查委员会)的审查意见,包括对治疗方案的必要性、可行性、安全性以及对参加研究的临床单位与人员的资料审查意见。

(2) 选用的病种、病人的年龄范围、性别、疾病的发展阶段(如恶性肿瘤的临床分期)等,应预先制定病例的选择和淘汰的标准。

(3) 给药的方式、剂量、时间和疗程。如需通过特殊的手术导入细胞或基因制品,应提供详细的方案。

(4) 确定评估疗效的客观指标,包括临床指标和实验室检测项目。

(5) 基因治疗应尽可能提供其特有的指标,如导入细胞体内存活率、功能状态以及产生达到治疗目的的生物活性因子的状态、抗体形成等监测的指标。

(6) 若导入病毒或其他制品,应提供是否有病毒复制以及自体免疫和其他免疫等检测指标。对不同的制品应制订相应的监测方法。

(7) 对产生的副作用和不良反应必须作详细记录并及时进行总结。

(8) 鉴于基因治疗的特殊性,必须建立长期随访的计划及措施,以总结是否有远期的危害性(如致畸变等)。

(9) 对公共卫生和环境污染的考虑。如应用病毒直接导入体内,应提供无水平感染的证据,尤其是要防止对儿童和孕妇的影响。

第四节　医　疗　质　量

医疗质量指在现有医疗技术水平及能力、条件下,医疗机构及其医务人员在临床诊断及治疗过程中,按照职业道德及诊疗规范要求,给予患者医疗照顾的程度。

医疗质量管理指按照医疗质量形成的规律和有关法律、法规要求,运用现代科学管理方法,对医疗服务要素、过程和结果进行管理与控制,以实现医疗质量系统改进、持续改进的过程。医疗机构医疗质量管理实行院、科两级责任制。医疗机构主要负责人是本机构医疗质量管理的第一责任人;临床科室以及药学、护理、医技等部门(业务科室)主要负责人是本科室医疗质量管理的第一责任人。

医疗质量安全核心制度指医疗机构及其医务人员在诊疗活动中应当严格遵守的相关制度,主要包括首诊负责制度、三级查房制度、会诊制度、分级护理制度、值班和交接班制度、疑难病例讨论制度、急危重患者抢救制度、术前讨论制度、死亡病例讨论制度、查对制度、手术安全核查制度、手术分级管理制度、新技术和新项目准入制度、危急值报告制度、病历管理制度、抗菌药物分级管理制度、临床用血审核制度、信息安全管理制度等。

医疗质量管理工具指为实现医疗质量管理目标和持续改进所采用的措施、方法和手段,如全面质量管理(TQC)、质量环(PDCA循环)、品管圈(QCC)、疾病诊断相关组(DRGs)绩效评价、单病种管理、临床路径管理等。

【目标要求】

医疗机构及其内设相关部门、科室能够建立健全医疗质量安全核心制度,使医疗质量达到国家要求的水平,并在此基础上每年能够完成国家卫生健康委提出的医疗质量更新目标。

【管理要点】

- 医疗质量管理委员会/组或专(兼)职人员的设置及其职责。
- 医疗质量安全核心制度。
- 国家医疗质量安全改进目标。
- 医疗质量(安全)不良事件报告制度。

【实操要素】

一、医疗机构医疗质量管理委员会/组或专(兼)职人员

医疗机构应当成立医疗质量管理专门部门,负责本机构的医疗质量管理工作。

（一）医疗机构医疗质量管理委员会和科室医疗质量管理工作小组及其职责

1. 医疗机构医疗质量管理委员会设置

二级以上的医院、妇幼保健院以及专科疾病防治机构应当设立医疗质量管理委员会。

医疗质量管理委员会主任由医疗机构主要负责人担任，委员由医疗管理、质量控制、护理、医院感染管理、医学工程、信息、后勤等相关职能部门负责人以及相关临床、药学、医技等科室负责人组成，指定或者成立专门部门具体负责日常管理工作。

2. 医疗机构医疗质量管理委员会职责

（1）按照国家医疗质量管理的有关要求，制订本机构医疗质量管理制度并组织实施。

（2）组织开展本机构医疗质量监测、预警、分析、考核、评估以及反馈工作，定期发布本机构质量管理信息。

（3）制订本机构医疗质量持续改进计划、实施方案并组织实施。

（4）制订本机构临床新技术引进和医疗技术临床应用管理相关工作制度并组织实施。

（5）建立本机构医务人员医疗质量管理相关法律、法规、规章制度、技术规范的培训制度，制订培训计划并监督实施。

（6）落实省级以上卫生健康行政部门规定的其他内容。

3. 科室医疗质量管理工作小组

二级以上医院各业务科室应当成立本科室医疗质量管理工作小组，组长由科室主要负责人担任，指定专人负责日常具体工作。

4. 科室医疗质量管理工作小组职责

（1）贯彻执行医疗质量管理相关的法律、法规、规章、规范性文件和本科室医疗质量管理制度。

（2）制订本科室年度质量控制实施方案，组织开展科室医疗质量管理与控制工作。

（3）制订本科室医疗质量持续改进计划和具体落实措施。

（4）定期对科室医疗质量进行分析和评估，对医疗质量薄弱环节提出整改措施并组织实施。

（5）对本科室医务人员进行医疗质量管理相关法律、法规、规章制度、技术规范、标准、诊疗常规及指南的培训和宣传教育。

（6）按照有关要求报送本科室医疗质量管理相关信息。

（二）医疗机构医疗质量管理工作小组或专（兼）职人员

非二级以上医院应当设立医疗质量管理工作小组或者指定专（兼）职人员，负责医疗质量具体管理工作。

二、医疗质量安全核心制度

（一）首诊负责制度

指患者的首位接诊医师(首诊医师)在一次就诊过程结束前或由其他医师接诊前,负责该患者全程诊疗管理的制度。医疗机构和科室的首诊责任参照医师首诊责任执行。

明确患者在诊疗过程中不同阶段的责任主体,保障患者诊疗过程中诊疗服务的连续性,首诊医师应当做好医疗记录,保障医疗行为可追溯,非本医疗机构诊疗科目范围内疾病,应告知患者或其法定代理人,并建议患者前往相应医疗机构就诊。

【案例展示】

2021 年 8 月,因车祸受外伤,李女士携幼子赴当地某医院就诊,就诊过程中李女士往返医院一楼急诊科和六楼神经外科 3 趟,两科室分别以"没有纱布和消毒水""不接待急诊的"为由共拒绝李女士处理其子伤口的要求 6 次。

该院长张某某接受诫勉谈话,分管急诊科和住院处的副院长田某某受到行政警告处分,急诊科主任受到罚款行政处罚,神外一科值班医师受全院通报批评处罚。

（二）三级查房制度

指患者住院期间,由不同级别的医师以查房的形式实施患者评估、制定与调整诊疗方案、观察诊疗效果等医疗活动的制度。

（1）医疗机构实行科主任领导下的三个不同级别的医师查房制度。三个不同级别的医师可以包括但不限于主任医师或副主任医师—主治医师—住院医师。

（2）遵循下级医师服从上级医师,所有医师服从科主任的工作原则。

（3）医疗机构应当明确各级医师的医疗决策和实施权限。

（4）医疗机构应当严格明确查房周期。工作日每天至少查房 2 次,非工作日每天至少查房 1 次,三级医师中最高级别的医师每周至少查房 2 次,中间级别的医师每周至少查房 3 次。术者必须亲自在术前和术后 24 小时内查房。

（5）医疗机构应当明确医师查房行为规范,尊重患者、注意仪表、保护隐私、加强沟通、规范流程。

（6）开展护理、药师查房的可参照上述规定执行。

【案例展示】

2018年1月,陈某某于某医院娩出一健康活男婴,婴儿出生9小时后身亡。法医司法鉴定中心鉴定男婴的死因为"肺透明膜病",该病若早期发现,可望治愈。新生儿出生后2小时有呻吟,但无相关医护记录,提示医方存在对新生儿观察不仔细、记录不全面,与新生儿死亡有直接因果关系。最终,医院被判赔偿患方人民币约29万元。

(三)会诊制度

会诊是指出于诊疗需要,由本科室以外或本机构以外的医务人员协助提出诊疗意见或提供诊疗服务的活动。规范会诊行为的制度称为会诊制度。

(1)按会诊范围,会诊分为机构内会诊和机构外会诊。机构内多学科会诊应当由医疗管理部门组织。

(2)按病情紧急程度,会诊分为急会诊和普通会诊。机构内急会诊应当在会诊请求发出后10分钟内到位,普通会诊应当在会诊发出后24小时内完成。

(3)医疗机构应当统一会诊单格式及填写规范,明确各类会诊的具体流程。

(4)原则上,会诊请求人员应当陪同完成会诊,会诊情况应当在会诊单中记录。会诊意见的处置情况应当在病程中记录。

(5)前往或邀请机构外会诊,应当严格遵照国家有关规定执行。

【案例展示】

2012年10月9日,患者吴某因"四肢酸痛、麻木伴乏力3月余,视物成双半月余"入住某医院治疗,于2014年7月17日因脑缺血缺氧、MODS(多脏器功能障碍综合征)在院内死亡。住院期间,自2012年10月11日至2012年11月6日共计34次,其中申请紧急会诊24次,申请普通会诊10次,最多的一天会诊次数为急会诊8次和普通会诊7次。医院会诊单中绝大部分没有填写会诊医师到达的具体时间,也没有填写会诊医师的资质级别,有的紧急会诊仅派出初职医师,而且会诊单上的申请时间与临时医嘱的时间不相符,会诊单有34次,而临时医嘱24次,存在明显的出入。

鉴定意见认为,大部分会诊不符合会诊制度,临时医嘱与会诊单其真实性、客观性也难以采信。虽然患者患有多种疾病,最终病情的进展转归是自身病情所致。但医院多次会诊均不符合规范,影响了正常的抢救和治疗的时机,存在过错,医疗过错与患者损害后果之间存在一定的因果关系。

（四）分级护理制度

指医护人员根据住院患者病情和/或自理能力对患者进行分级别护理的制度。

（1）医疗机构应当按照国家分级护理管理相关指导原则和护理服务工作标准，制定本机构分级护理制度。

（2）原则上，护理级别分为特级护理、一级护理、二级护理、三级护理4个级别。

（3）医护人员应当根据患者病情和/或自理能力变化动态调整护理级别。

（4）患者护理级别应当明确标识。

【案例展示】

> 2014年7月24日，吴某某因摔伤赴某医院门诊寻求诊治，诊断为"关节炎"，7月31日，吴某某诉"双髋部疼痛并逐渐加重"，被收住院治疗，住院期间的8月3日出现胸背部疼痛加重、双下肢疼痛伴无力。后诊断为"胸10椎体骨折，胸脊髓损伤，不全瘫"。经转院手术治疗后仍遗留"双下肢不全瘫"，被鉴定为四级伤残。
>
> 某医学会在鉴定意见中认为，医院虽在病历记录中记载嘱咐绝对卧床，但吴某某的住院病案中长期医嘱单记录为二级护理，护理记录亦记载为二级护理，故不能认定院方嘱咐吴某某绝对卧床。医院违反医疗质量安全核心制度中的"分级护理制度"给予二级护理，存在过错，造成患者人身损害的，应当承担赔偿责任。
>
> 经委托该医学会鉴定，法院一审和二审终审判决，医院承担50%的责任，赔偿吴某某58万余元。

（五）值班和交接班制度

指医疗机构及其医务人员通过值班和交接班机制保障患者诊疗过程连续性的制度。

（1）医疗机构应当建立全院性医疗值班体系，包括临床、医技、护理部门以及提供诊疗支持的后勤部门，明确值班岗位职责并保证常态运行。

（2）医疗机构实行医院总值班制度，有条件的医院可以在医院总值班外，单独设置医疗总值班和护理总值班。总值班人员须接受相应的培训并经考核合格。

（3）医疗机构及科室应当明确各值班岗位职责、值班人员资质和人数。值班表应当在全院公开，值班表应当涵盖与患者诊疗相关的所有岗位和时间。

（4）当值医务人员中必须有本机构执业的医务人员，非本机构执业医务人员不得单独值班。当值人员不得擅自离岗，休息时应当在指定的地点休息。

（5）各级值班人员应当确保通信畅通。

（6）四级手术患者手术当日和急危重患者必须床旁交班。

（7）值班期间所有的诊疗活动必须及时记入病历。

（8）交接班内容应当专册记录，并由交班人员和接班人员共同签字确认。

【案例展示】

2017年6月13日晚，郭某因饮酒后突感后背部疼痛，突发晕厥一次、伴有意识丧失等症状，被某医院收住院治疗，入院诊断为"冠心病、急性下壁ST段抬高型心肌梗死、三度房室传导阻滞、阵发性心房颤动、阿-斯综合征Killip Ⅰ级、高血压病、慢性胃炎、消化道出血、肾功能不全、低钾血症"。

2017年6月17日下午，郭某被给予泮托拉唑输液治疗。当日值班护士蒋某在巡视病房时见郭某正熟睡且药液已经输完，故在未叫醒郭某核对药液的情况下，误将邻床患者的丹参酮液体给予郭某更换。郭某醒后发现自己的药液输给错误便询问护士蒋某。经核对后证实郭某的药液确实输给错误，护士蒋某立即向郭某道歉，并告知郭某输入的药液不会对其身体造成影响，郭某未予以追究。当日下午家属探视时，郭某将上述情况告知其妻子姜某某，并让姜某某至护士站再次确认药液输错对其身体有无影响。因护士蒋某在换班时未将郭某药液输错一事进行交接，故该医院换班护士在姜某某询问时否认将郭某药液输错。姜某某随即与医院的几名护士发生争执。郭某见状后在病床上情绪激动，因该病床护栏没有支起，导致郭某从病床上跌落摔倒在地，医院立即对郭某进行抢救，后经抢救无效郭某于当日18时死亡。

法院认为，护士在交接班时必须将病员的护理、主要医嘱和执行情况等记入交班簿中，并向接班人交代清楚后才能下班。本案中，护士蒋某在交接班过程中，没有将郭某误输药物一事记录到交班簿中，并且没有向接班护士口头交代郭某误输药物一事以及郭某得知此事后的心理动向，导致之后出现其他医护人员与郭某的妻子姜某某产生争执，激发了郭某的心理负担，从而加剧郭某病情的恶化，加快郭某的死亡结果。

根据原卫生部《医院工作制度与人员岗位职责》规定，护士在交接班时必须将病员的护理、主要医嘱和执行情况等记入交班簿中，并向接班人交代清楚后才能下班。经判决，院方承担60%责任，赔偿家属18余万元。

（六）疑难病例讨论制度

指为尽早明确诊断或完善诊疗方案，对诊断或治疗存在疑难问题的病例进行讨论的制度。

（1）医疗机构及临床科室应当明确疑难病例的范围,包括但不限于出现以下情形的患者:没有明确诊断或诊疗方案难以确定、疾病在应有明确疗效的周期内未能达到预期疗效、非计划再次住院和非计划再次手术、出现可能危及生命或造成器官功能严重损害的并发症等。

（2）疑难病例均应由科室或医疗管理部门组织开展讨论。讨论原则上应由科主任主持,全科人员参加。必要时邀请相关科室人员或机构外人员参加。

（3）医疗机构应统一疑难病例讨论记录的格式和模板。讨论内容应专册记录,主持人须审核并签字。讨论的结论应当记入病历。

（4）参加疑难病例讨论成员中应当有2人具有主治或以上专业技术职务任职资格。

（七）急危重患者抢救制度

指为控制病情、挽救生命,对急危重患者进行抢救并对抢救流程进行规范的制度。

（1）医疗机构及临床科室应当明确急危重患者的范围,包括但不限于出现以下情形的患者:病情危重,不立即处置可能存在危及生命或出现重要脏器功能严重损害;生命体征不稳定并有恶化倾向等。

（2）医疗机构应当建立抢救资源配置与紧急调配的机制,确保各单元抢救设备和药品可用。建立绿色通道机制,确保急危重患者优先救治。医疗机构应当为非本机构诊疗范围内的急危重患者的转诊提供必要的帮助。

（3）临床科室急危重患者的抢救,由现场级别和年资最高的医师主持。紧急情况下医务人员参与或主持急危重患者的抢救,不受其执业范围限制。

（4）抢救完成后6小时内应当将抢救记录记入病历,记录时间应具体到分钟,主持抢救的人员应当审核并签字。

【案例展示】

> 2013年9月21日16时许,王某某突发疾病昏倒在离某医疗机构仅数十米处,与王某某一行的张某某、农某某随即向该医疗机构医师求救,然数位医师以"当天不上班""准备下班""没有抢救条件"为由,拒绝对患者进行抢救。17时许,患者死亡。最终,法院判决院方承担30%责任,院方向患方赔偿9万余元。

（八）术前讨论制度

指以降低手术风险、保障手术安全为目的,在患者手术实施前,医师必须对拟实施手术的手术指征、手术方式、预期效果、手术风险和处置预案等进行讨论的制度。

（1）除以紧急抢救生命为目的的急诊手术外,所有住院患者手术必须实施术前讨论,术者必须参加。

（2）术前讨论的范围包括手术组讨论、医师团队讨论、病区内讨论和全科讨论。临床科室应当明确本科室开展的各级手术术前讨论的范围并经医疗管理部门审定。全科讨论应当由科主任或其授权的副主任主持，必要时邀请医疗管理部门和相关科室参加。患者手术涉及多学科或存在可能影响手术的合并证的，应当邀请相关科室参与讨论，或事先完成相关学科的会诊。

（3）术前讨论完成后，方可开具手术医嘱，签署手术知情同意书。

（4）术前讨论的结论应当记入病历。

【案例展示】

> 2016年3月28日，患者李某某因"体检发现胆囊结石30年，疼痛3天"入A医院住院治疗。3月31日，在全麻下行"胆囊切除术"，术中见胆囊约8.0cm×4.0cm大小，与周围粘连紧密，胆囊张力较高，胆囊管直径约0.3cm，胆总管不扩张。
>
> 5月10日，患者因"胆囊切除术后一个月余出现上腹痛二十余天"第二次入住该医院接受治疗。当日，院方即对患者行内镜逆行胰胆管造影（ERCP）检查，术中见胆总管中上段及肝门部狭窄，予置入一8.5F×10cm胆管塑料支架，支架在位通畅。其后，血清淀粉酶878.1U/L，白细胞计数19.01×10⁹/L，考虑胰腺炎可能，5月17日行腹腔积液穿刺引流术。5月26日，患者出院。
>
> 2016年5月30日，患者因"发热1天"至B医院就诊，诊断为：急性胰腺炎；胆囊切除术后；ERCP术后。2016年7月27日，患者办理出院手续后转往该院肝胆外科。10月14日，患者入住C医院普通外科。诊断：重症胰腺炎；胆囊切除术后胆管狭窄；腹腔感染；肝脓肿；上消化道出血；结肠瘘；胃瘘。予抗感染、抑酸、保肝等治疗。2016年11月3日，患者死亡。
>
> 本案经鉴定，法院认定A医院在行ERCP检查治疗前，未进行术前讨论，违反医疗核心制度，进一步说明医方在ERCP手术前准备不充分。胰腺炎和胆管炎是ERCP术后常见的并发症，该手术风险可以预见但无法完全避免，属于手术风险的合理范畴。根据院方未履行告知义务，未进行术前讨论，以及鉴定意见中其他过错、因果关系和损害后果等因素酌定医方对原告方承担45%的赔偿责任，金额共计约80万元。

（九）查对制度

指为防止医疗差错，保障医疗安全，医务人员对医疗行为和医疗器械、设施、药品等进行复核查对的制度。

（1）医疗机构的查对制度应当涵盖患者身份识别、临床诊疗行为、设备设施运行和医疗环境安全等相关方面。

（2）每项医疗行为都必须查对患者身份。应当至少使用两种身份查对方式，严禁将床号作为身份查对的标识。为无名患者进行诊疗活动时，须双人核对。用电子设备辨别患者身份时，仍需口语化查对。

（3）医疗器械、设施、药品、标本等查对要求按照国家有关规定和标准执行。

【案例展示】

> 2019年4月1日，某医院护士错将治疗脑出血的药物输给脑梗患者员某，被员某女儿及时制止，才未给员某身体造成伤害。4月22日，该地卫生健康部门责令医院对涉事护士进行处理，同时要求医院进行全面整改。

（十）手术安全核查制度

指在麻醉实施前、手术开始前和患者离开手术室前对患者身份、手术部位、手术方式等进行多方参与的核查，以保障患者安全的制度。

（1）医疗机构应当建立手术安全核查制度和标准化流程。

（2）手术安全核查过程和内容按国家有关规定执行。

（3）手术安全核查表应当纳入病历。

【案例展示】

> 2019年5月初，杨女士在某医院接受吸脂手术，术后有引流管滞留体内，杨女士向监管部门投诉。该地卫生健康行政部门对该医院作出如下处理：给予该医院严重警告；责令该医院暂停业整顿一周；将对该医院在该地卫生健康系统中给予通报批评；将该医院此次行为记入医疗诚信"黑榜"，取消该医院一切年度评优评先资格。

（十一）手术分级管理制度

指为保障患者安全，按照手术风险程度、复杂程度、难易程度和资源消耗不同，对手术进行分级管理的制度。

（1）按照手术风险性和难易程度不同，手术分为四级。具体要求按照国家有关规定执行。

（2）医疗机构应当建立手术分级管理工作制度和手术分级管理目录。

（3）医疗机构应当建立手术分级授权管理机制,建立手术医师技术档案。

（4）医疗机构应当对手术医师能力进行定期评估,根据评估结果对手术权限进行动态调整。

【案例展示】

2017年5月19日,患者张某某因"体检发现双输尿管结石伴双肾积水20余天"入住某医院,诊断为"左输尿管结石伴双肾积水,右乳癌术后",于5月27日行双侧输尿管镜下置管术。5月28日张某某突发失语,予以急查CT示:左顶叶低密度影(脑梗死可能、占位不除外)。当日转入另一家医院,经相关检查后诊断为"脑梗死",行相应治疗。后患者又继发出现"急性肾损伤、肾功能衰竭","脑梗死"遗留有运动性失语、肌力下降、四肢腱反射异常。张某某于2018年4月4日死亡。

某医学会鉴定分析认为,双侧输尿管镜下置管为三级手术,而该医院为一级医院,不具备开展某种或某类手术的资质或条件,违反了"手术分级管理制度",存在过错,应当承担相应的责任。法院判决院方赔偿约1万元。

（十二）新技术和新项目准入制度

指为保障患者安全,对于本医疗机构首次开展临床应用的医疗技术或诊疗方法实施论证、审核、质控、评估全流程规范管理的制度。

（1）医疗机构拟开展的新技术和新项目应当为安全、有效、经济、适宜、能够进行临床应用的技术和项目。

（2）医疗机构应当明确本机构医疗技术和诊疗项目临床应用清单并定期更新。

（3）医疗机构应当建立新技术和新项目审批流程,所有新技术和新项目必须经过本机构相关技术管理委员会和医学伦理委员会审核同意后,方可开展临床应用。

（4）新技术和新项目临床应用前,要充分论证可能存在的安全隐患或技术风险,并制定相应预案。

（5）医疗机构应当明确开展新技术和新项目临床应用的专业人员范围,并加强新技术和新项目质量控制工作。

（6）医疗机构应当建立新技术和新项目临床应用动态评估制度,对新技术和新项目实施全程追踪管理和动态评估。

（7）医疗机构开展临床研究的新技术和新项目按照国家有关规定执行。

【案例展示】

　　2009年6月4日,赵某某至某医院住院治疗,检查诊断为乙状结肠癌。2011年6月17日,在全麻下行哈托曼(Hartmann)氏直肠切除术,左盆壁转移灶切除术,左盆壁布种碘-125粒子30颗,阑尾切除术。2011年9月5日在外院行结肠镜检查,发现乙状结肠盆底残腔仍有胶水凝块残留及部分粒子尚未吸收,继发直肠残端感染。遂反复用碘伏灌洗,取出尚未吸收的胶水凝块和放射性碘粒子。2011年11月11日出院。

　　法院认为,医院在没有取得"放射性粒子植入治疗技术"资质的情况下,一次性为患者植入碘-125粒子30颗。对新开展的治疗方法、临床验证及其应用能力包括操作技能等相关问题,以及内放疗后有关副反应和风险性及其防范措施,未能明确告知和实施。无视该治疗手段的高技术性要求和高风险性特点,在实施手术过程中也没有采取相应的防范措施,导致患者出现继发放射性肠炎、直肠残端感染等严重后果,并因此耽误了随后的肿瘤治疗,给患者造成了身体上和精神上的严重伤害,同时也增加了患者及其家属的经济负担。医院的该行为不仅违反了相应的医疗行政管理规范,同时也违反了医疗技术上应尽的注意义务和救死扶伤的医疗伦理道德,存在明显过错。

(十三)危急值报告制度

　　指对提示患者处于生命危急状态的检查、检验结果建立复核、报告、记录等管理机制,以保障患者安全的制度。

　　(1)医疗机构应当分别建立住院和门急诊患者危急值报告具体管理流程和记录规范,确保危急值信息准确,传递及时,信息传递各环节无缝衔接且可追溯。

　　(2)医疗机构应当制定可能危及患者生命的各项检查、检验结果危急值清单并定期调整。

　　(3)出现危急值时,出具检查、检验结果报告的部门报出前,应当双人核对并签字确认,夜间或紧急情况下可单人双次核对。对于需要立即重复检查、检验的项目,应当及时复检并核对。

　　(4)外送的检验标本或检查项目存在危急值项目的,医院应当和相关机构协商危急值的通知方式,并建立可追溯的危急值报告流程,确保临床科室或患方能够及时接收危急值。

　　(5)临床科室任何接收到危急值信息的人员应当准确记录、复读、确认危急值结果,并立即通知相关医师。

（6）医疗机构应当统一制定临床危急值信息登记专册和模板,确保危急值信息报告全流程的人员、时间、内容等关键要素可追溯。

【案例展示】

　　患者徐某因"发现黑便1天",当天9时50分被120送至某医院急诊就诊,发病前一周一直有双下肢浮肿。急诊医生根据主诉、病史、查体,初步诊断"黑便待查,消化道出血?",予完善血常规、血生化等相关检查,及给予制酸、止血等对症处理,并于10时50分请消化科会诊。消化科结合病史、血生化及直肠指检,拟诊"下消化道出血,高钾血症,酸中毒",建议纠正酸中毒,急查动脉血气,收住ICU。当日10时55分第一次报告患者血钾6.17mmol/L,13时给予葡萄糖酸钙、碳酸氢钠等处理。后患者死亡。

　　当地医学会进行医疗损害鉴定。鉴定分析认为:当日10时55分第一次报告患者血钾6.17mmol/L,医方违反危急值报告制度,13时才给予葡萄糖酸钙、碳酸氢钠等处理,存在过错。

　　血生化报告提示患者血钾异常增高,医院对患者高钾血症的处理不够及时,未及时给予葡萄糖酸钙、碳酸氢钠等措施,存在过错,与患者死亡有一定因果关系,应当承担15%的赔偿责任,共计4万余元。

（十四）病历管理制度

病历管理制度指为准确反映医疗活动全过程,实现医疗服务行为可追溯,维护医患双方合法权益,保障医疗质量和医疗安全,对医疗文书的书写、质控、保存、使用等环节进行管理的制度。

（1）医疗机构应当建立住院及门急诊病历管理和质量控制制度,严格落实国家病历书写、管理和应用相关规定,建立病历质量检查、评估与反馈机制。

（2）医疗机构病历书写应当做到客观、真实、准确、及时、完整、规范,并明确病历书写的格式、内容和时限。

（3）实施电子病历的医疗机构,应当建立电子病历的建立、记录、修改、使用、存储、传输、质控、安全等级保护等管理制度。

（4）医疗机构应当保障病历资料安全,病历内容记录与修改信息可追溯。

（5）鼓励推行病历无纸化。

【案例展示】

> 2016年2月21日,患者马某某因"右侧肢体功能障碍11年,咳嗽、咳痰、气喘20天"入住某医院内科。入院诊断为"①脑梗死后遗症、右侧肢体功能障碍;②急性喘息型支气管炎;③冠状动脉粥样硬化性心脏病、无症状性心肌缺血、心功能Ⅰ级"。21日10时7分,马某某做心电图检查,结果显示:急性冠状动脉供血不足。22日中午12时,患者家属向医院请假,并承诺离院后发生一切后果自己负责,经医院批准后带马某某回家吃饭休息。22日13时许,马某某突感不适,家属电话告知医院主治医生张某某,后紧急送到另一医院急救,经抢救40分钟无效去世。急救期间,应抢救医院要求,患者家属到案涉医院心电图室找到了马某某的心电图报告单。马某某死亡后,案涉医院张某某医师在病历中补记了心电图所示的相关诊断。
>
> 法院综合分析相关证据,证明院方书写心电图部分的病历造假。据此认为,结合《中华人民共和国侵权责任法》(以下简称"《侵权责任法》")第五十八条,医院存在过错,且因病历造假,应推定负主要责任。

(十五)抗菌药物分级管理制度

指根据抗菌药物的安全性、疗效、细菌耐药性和价格等因素,对抗菌药物临床应用进行分级管理的制度。

(1)根据抗菌药物的安全性、疗效、细菌耐药性和价格等因素,抗菌药物分为非限制使用级、限制使用级与特殊使用级三级。

(2)医疗机构应当严格按照有关规定建立本机构抗菌药物分级管理目录和医师抗菌药物处方权限,并定期调整。

(3)医疗机构应当建立全院特殊使用级抗菌药物会诊专家库,按照规定规范特殊使用级抗菌药物使用流程。

(4)医疗机构应当按照抗菌药物分级管理原则,建立抗菌药物遴选、采购、处方、调剂、临床应用和药物评价的管理制度和具体操作流程。

【案例展示】

> 2014年11月25日,患儿尹某因身体不适,其父母请杨某为其诊断治疗。杨某系乡村医生,在自家院内开办"杨某乡村诊所"。杨某诊断其为感冒,随即给患儿开具处方,在做"头孢米诺"过敏试验呈阴性后,从随身携带的药兜中取出注射

器配药,给患儿静脉输液。

患儿家属保留的处方显示:头孢米诺 0.5g×1 支,清开灵 15ml,安溴索粉针 15mg×1 支,输液 3 天。杨某给患儿扎上针后即离开。第二天上午,杨某又来到患儿家中继续为患儿输液,杨某对患儿家属称,所用药物没变,扎上针后就离开。2014 年 11 月 27 日中午 12 时 40 分,杨某再次来到患儿家中给患儿输液,扎上针后就离开。待输到第三瓶液体"头孢米诺"后,患儿出现嘴唇冰凉、呼吸困难、全身寒战等症状。当日下午 3 时左右输完液,家属为患儿拔了针,但患儿的不良症状没有消退。3 点 40 分左右,患儿突然昏厥倒地,家属急忙将患儿送往附近医生董某家抢救,董某说患儿病情严重,建议去医院抢救,家属又将患儿送到医院,经抢救无效死亡。

法院认为,杨某系乡村医生,其超权限、超范围使用"限制使用级"抗菌药物"头孢米诺",违反了《乡村医生从业管理条例》《抗菌药物临床应用管理办法》的相关规定,对患儿输液后死亡存在过错,承担相应的责任。最终,法院判决:杨某对患儿死亡承担 40% 的责任,赔偿 9 万余元。

(十六)临床用血审核制度

临床用血审核制度指在临床用血全过程中,对与临床用血相关的各项程序和环节进行审核和评估,以保障患者临床用血安全的制度。

(1)医疗机构应当严格落实国家关于医疗机构临床用血的有关规定,设立临床用血管理委员会或工作组,制定本机构血液预订、接收、入库、储存、出库、库存预警、临床合理用血等管理制度,完善临床用血申请、审核、监测、分析、评估、改进等管理制度、机制和具体流程。

(2)临床用血审核包括但不限于用血申请、输血治疗知情同意、适应证判断、配血、取血发血、临床输血、输血中观察和输血后管理等环节,并全程记录,保障信息可追溯,健全临床合理用血评估与结果应用制度、输血不良反应监测和处置流程。

(3)医疗机构应当完善急救用血管理制度和流程,保障急救治疗需要。

【案例展示】

2017 年 3 月 13 日,朱某到某医院住院治疗,诊断为:异常子宫出血、子宫腺肌瘤、右附件囊肿,失血性贫血。其间需要输血,因医院医护人员在输液清单上填错朱某的血型,将朱某的 O 型血填写成 A 型血,输血后造成朱某"急性溶血性贫血"。

医护人员在输血清单上填错患者的血型,输血后发生急性溶血性输血反应,造成患者急性溶血性贫血、急性肾损伤,依法应由医疗机构承担全部赔偿责任。最终,法院判决该医院赔偿朱某各项损失计人民币 3 万元。

(十七) 信息安全管理制度

指医疗机构按照信息安全管理相关法律法规和技术标准要求,对医疗机构患者诊疗信息的收集、存储、使用、传输、处理、发布等进行全流程系统性保障的制度。

(1) 医疗机构应当依法依规建立覆盖患者诊疗信息管理全流程的制度和技术保障体系,完善组织架构,明确管理部门,落实信息安全等级保护等有关要求。

(2) 医疗机构主要负责人是医疗机构患者诊疗信息安全管理第一责任人。

(3) 医疗机构应当建立患者诊疗信息安全风险评估和应急工作机制,制定应急预案。

(4) 医疗机构应当确保实现本机构患者诊疗信息管理全流程的安全性、真实性、连续性、完整性、稳定性、时效性、溯源性。

(5) 医疗机构应当建立患者诊疗信息保护制度,使用患者诊疗信息应当遵循合法、依规、正当、必要的原则,不得出售或擅自向他人或其他机构提供患者诊疗信息。

(6) 医疗机构应当建立员工授权管理制度,明确员工的患者诊疗信息使用权限和相关责任。医疗机构应当为员工使用患者诊疗信息提供便利和安全保障,因个人授权信息保管不当造成的不良后果由被授权人承担。

(7) 医疗机构应当不断提升患者诊疗信息安全防护水平,防止信息泄露、毁损、丢失。定期开展患者诊疗信息安全自查工作,建立患者诊疗信息系统安全事故责任管理、追溯机制。在发生或者可能发生患者诊疗信息泄露、毁损、丢失的情况时,应当立即采取补救措施,按照规定向有关部门报告。

【案例展示】

2011 年至 2013 年 9 月,郑某、杨某担任某奶粉公司事务经理、分公司区域经理期间,为了抢占市场份额,推销奶粉,授意分公司员工杨某某、李某某、杜某某、孙某通过拉关系、支付好处费等手段,多次从 A 医院、B 医院、C 医院等多家医院医务人员手中非法获取公民个人信息。

其中,郑某自 2012 年 2 月开始,通过上述手段,非法获取公民个人信息 40 507 条。杨某自 2011 年开始,通过上述手段,非法获取公民个人信息 45 659 条。杨某某通过上述手段,非法获取公民个人信息 20 085 条。李某某通过上述手段,非法获取公民个人信息 14 163 条。杜某某通过上述手段,非法获取公民个人信息 10 448

条。孙某通过上述手段,非法获取公民个人信息963条。

王某某、丁某某、杨某甲等三名护士,作为医务人员利用其职务身份,在工作期间,借助向患者发放奶粉,违反国家规定,将本单位在履行职责或者提供服务过程中获得的公民个人信息,出售或者非法提供给他人,构成侵犯公民个人信息罪。同时,也违反了18项医疗质量安全核心制度中的信息安全管理制度。

其间,王某某利用其担任A医院妇产科护师的便利,将其在工作中收集的2074条公民个人信息非法提供给杨某某、孙某,收取好处费13610元。丁某某利用其担任B医院妇产科护师的便利,将其在工作中收集的996条公民个人信息非法提供给李某某,收取好处费4250元。杨某甲利用其担任C医院妇产科护师的便利,将其在工作中收集的724条公民个人信息非法提供给杜某某,收取好处费6995元。

上述人员均构成侵犯公民个人信息罪。

三、国家医疗质量安全改进目标

目标管理是经过实践检验的现代管理方法,也是世界发达国家和国际组织开展医疗卫生领域管理的通用方法。提出年度目标主要具有以下几方面的作用。一是凝聚力量,形成合力。年度目标的提出,能够进一步引导全行业聚焦管理重点,强化责任意识,凝聚多方力量,发挥资源协同作用,推动政府主导、行业自律、机构自治、多方参与的医疗质量安全管理格局进一步完善。同时,目标改进效果的量化表现也可以进一步鼓励和调动医疗机构和医务人员积极性,推动医疗质量安全持续改进。二是优化机制,提高效率。各项年度目标核心策略能够指导医疗机构进一步优化医疗质量安全管理机制,打破传统的部门、学科壁垒和工作障碍,推动多部门、多学科有效协同,提高工作效率和水平。三是营造氛围,培育文化。通过年度目标改进工作的持续推进和典型方法推广,能够进一步加强行业交流互鉴,营造良好的医疗质量安全改进氛围;同时引导医务人员在日常工作中更加注重养成医疗质量安全理念,持续培育人人关注、人人知晓、人人实践的医疗质量安全文化。

四、医疗质量(安全)不良事件报告制度

医疗机构应当建立医疗质量(安全)不良事件信息采集、记录和报告相关制度,并作为医疗机构持续改进医疗质量的重要基础工作,样表如表3-4所示。

表3-4　医疗质量安全(不良)事件报告表

报告日期:××年××月××时××分

事件发生日期:××年××月××时××分

患者姓名:		性别:		年龄:		职业:	
科别:		床号:		住院号:		诊疗时间:	

临床诊断:

不良事件情况

发生场所:□ 急诊　□ 门诊　□ 住院部　□ 医技部门　□ 行政后勤部门　□ 其他

不良后果:□ 无　□ 有(请写出)

事件经过(可另附页):

不良事件类别

□ 信息传递错误事件:医师、护理、医技判定意见错误、医嘱错误(口头及书面)、其他传递方式错误

□ 治疗错误事件:患者、部位、器材、剂量等选择错误

□ 方法(技术)错误事件:遗忘、未治疗、延期、时间或程序错误、不必要的治疗、灭菌(消毒)错误、体位错误等

□ 药物调剂分发错误事件:医嘱、处方、给药、调剂等不良事件

□ 输血事件:医嘱、备血、传送及输血不当引起的不良事件

□ 设备器械使用事件:设备故障,一次性耗材出现问题或者设备使用不当导致的不良事件

□ 导管操作事件:静点滴漏(渗)、导管脱落(断裂、堵塞)、连接错误等

□ 医疗技术检查事件:检查人员无资质、标本丢失或弄错标本、试剂管理、医疗信息沟通错误、迟报、漏报、错报结果等

□ 知情同意事件:如知情告知不准确、未行知情告知、告知与书面记录不一致、未行签字同意等

□ 物品运送事件:如延迟、遗忘、丢失、破损、未按急需急送、品种规格错误等

□ 患者及其家属依从性事件:患者及家属不按照医嘱,医院规定,依从性差造成的事件

□ 公共设施事件:医院建筑、通道、其他工作物、有害物质外泄、放射线泄漏等相关事件

□ 医患双方冲突事件:医患双方发生的不满、言语、肢体冲突等事件

□ 治安事件:非医患双方之间的治安事件,如盗窃,患方与第三方的治安事件

□ 医护安全事件:包括锐器刺伤、接触化疗药、传染病等导致损害的不良事件

□ 非预期事件:非预期诊疗措施、重返ICU、花费大幅超出预期,住院时间延长等

□ 不作为事件:医疗护理工作中已经发现问题,但未及时处理导致的不良事件

□ 基础护理事件:如摔倒、坠床、误吸、误咽、无约束固定、烫伤事件等

□ 诊疗记录事件:包括诊疗记录丢失、未按要求记录、记录内容失实或涂改、无资质人员书写记录等

□ 其他事件:非上列之异常事件

事件处理情况(提供补救措施或改善建议):

不良事件评价(科室负责人填写):
不良事件的登记:□Ⅰ级事件 □Ⅱ级事件 □Ⅲ级事件 □Ⅳ级事件
导致事件的可能原因:
主管部门意见陈述:
持续改进措施(科室负责人填写):
报告人:□医师 □技师 □护理人员 □其他 当事人的类别:□本院 □进修生 □研究生 □学生 □不详 职称:□高级 □中级 □初级
报告人(签名): 科室: 联系电话:

备注:

1. 报告范围:凡在医院内发生的或在院外转运患者时发生的不良事件均属主动报告的范围。

2. Ⅰ级事件(警告事件):非预期的死亡,或是非疾病自然进展过程中造成永久性功能丧失。

3. Ⅱ级事件(不良后果事件):在疾病医疗过程中是因诊疗活动而非疾病本身造成的患者机体与功能损害。

4. Ⅲ级事件(未造成后果事件):虽然发生的错误事实,但未给患者机体与功能造成任何损害,或有轻微后果而不需任何处理可完全康复。

5. Ⅳ级事件(隐患事件):由于及时发现错误,但未形成事实。

6. 依据:《医疗质量管理办法》《医疗质量安全核心制度要点》《国家卫生健康委办公厅关于印发 2022 年国家医疗质量安全改进目标的通知》《医疗质量控制中心管理办法(试行)》。

第五节 医疗机构药事管理和药学工作

从历史角度来看,我国医学实践自古便呈现出"医药不分家"的特点,从医不识药,如同盲人骑瞎马,夜临深渊;而执药不学医,更是不知所谓,无法把好调剂处方这一关。所以说,药事活动是诊疗活动中极为关键的一部分,其中有关药事管理机构、处方与调配管理、药品进销存等环节可能发生的法律风险,作为医疗机构的法务负责人不可不详察。

药事管理机构是指医疗机构内以服务病人为中心,临床药学为基础,促进临床科学、合理用药的药学技术服务和相关的药品管理工作,具体药学工作主要由药事管理与药物治疗学委员会或药事管理与药物治疗学组、药学部或药剂科负责。药学工作大致涉及医疗机构药品进销存、药品临床使用、药品研究和药品内部咨询等。

【目标要求】

医疗机构能够在本机构内建立起完善的药事领导和具体管理、实践部门,并保证从事药事活动的人员具备其从事相应专业技术工作所需资质,并依照法律、法规和行业技术规范等开展活动。

【管理要点】

- 医疗机构应能够建立药事管理与药物治疗学委员会/组及其职责。
- 医疗机构能够建立药学部门及其有关职责。
- 医疗机构药品进销存管理。
- 医疗用毒性药品管理。
- 麻醉药品和精神药品管理。
- 放射性药品管理。
- 医疗机构处方与调配管理。

【实操要素】

一、医疗机构药事管理机构和有关职责

医疗机构药事管理机构是促进临床合理用药、科学管理医疗机构药事工作、具有学术研究性质的内部咨询机构。不是医疗机构内行政管理部门,亦非独立的常设机构。

(一)药事管理机构的设置标准

医疗机构应本着适合本机构的原则,从医疗机构等级角度分情况讨论。

二级及以上医疗机构应当设立药事管理与药物治疗学委员会,其他医疗机构应当成立药事管理与药物治疗学组。

(二)药事管理机构的人员组成

药事管理与药物治疗学委员会的委员应当由具有高级技术职务任职资格的药学、临床医学、护理和医院感染管理、医疗行政管理等人员组成。

药事管理与药物治疗学组的组员应当由药学、临床科室、护理、医院感染和医务部门等部门负责人和具有药事、医师以上专业技术职务任职资格的人员组成。

药事管理与药物治疗学委员会/组设主任委员 1 名,由医疗机构负责人担任,设副主任委员若干,由药学和医务部门负责人担任。

(三) 药事管理机构之区域性专家库

为便于区域性药事工作的开展,卫生健康行政部门成立国家级、省级、地市级药事管理与药物治疗学委员会,地市级以上卫生健康行政部门组建药师专家库。

二、医疗机构药学部门和有关职责

(一) 药学部门的设置标准

三级医疗机构应当设置药学部,并可根据本医疗机构实际情况设置药学部内设二级科室;二级医疗机构应当设置药剂科;其他医疗机构应当设置有药房。

(二) 药学部门的人员配备

1. 药学部门中,医疗机构药学专业技术人员不得少于本机构卫生专业技术人员的 8%。

2. 若医疗机构为二级综合医院,药剂科中药学人员要求具有高等医药院校临床药学专业或者药学专业全日制本科毕业以上学历的,应当不低于药学专业技术人员总数的 20%;具有副高级以上药学专业技术职务任职资格的,应当不低于 6%。

3. 若医疗机构为三级综合医院,药学部中药学人员具有高等医药院校临床药学专业或者药学专业全日制本科毕业以上学历的,应当不低于药学专业技术人员总数的 30%;具有副高级以上药学专业技术职务任职资格的,应当不低于 13%。

4. 若医疗机构为教学医院,药学部中药学人员具有副高级以上药学专业技术职务任职资格的,应当不低于 15%。

(三) 药学部门负责人的要求

1. 若医疗机构为二级以上医疗机构,医院药学部门负责人应当具有高等学校药学专业或者临床药学专业本科以上学历,以及本专业高级技术职务任职资格。

2. 除诊所、卫生所、医务室、卫生保健所、卫生站以外的其他医疗机构药学部门负责人应当具有高等学校药学专业专科以上或者中等学校药学专业毕业学历,以及药师以上专业技术职务任职资格。

三、医疗机构药品进销存管理

(一) 医疗机构药品采购和储备管理

1. 药学部门负责采购本医疗机构临床使用所需药品。省级药品集中采购结果公布后,医疗机构药事管理与药物治疗学委员会根据该结果,确定具体哪几家药品生产企业或药品上市许可持有人向本医疗机构提供药品,最后由生产企业或药品上市许可持有人确定配送企业。

2. 医疗机构药品使用目录将得到进一步完善和规范,各级医疗机构将逐步形成以基本药品为主导的"1+X"用药模式。

(二)医疗机构药品集中采购管理

1. 对医疗机构采购品种执行"一品两规"的限制,即同一通用名称的品种,注射剂型和口服剂型各不得超过 2 种,处方组成类同的复方制剂 1~2 种。只允许医疗机构使用同一药品 2 种规格。每一个通用名药品对应的品牌不能超过 2 个。

2. 对于公立医疗机构而言,在全国范围内施行国家组织药品集中采购和使用试点集中带量采购模式。

3. 医疗机构采购的每种药品,剂型原则上不超过 3 种,每种剂型对应的规格原则上不超过 2 种。

4. 药品采购具体施行分类采购的方法。

(1)招标采购:非专利的药品,且临床用量大、采购金额高、有多家企业生产的基本药品。

(2)谈判采购:部分专利药品、独家生产药品。

(3)直接挂网采购:非专利妇儿专科药品、急(抢)救药品、基础输液药品、临床用量小的药品和常用低价药品。

(4)议价采购:国家定点生产的药品。

(5)依规采购:麻醉药品(按最高出厂价格和最高零售价格管理)、第一类精神药品、防治传染病和寄生虫病的免费用药、国家免疫规划疫苗、计划生育药品及中药饮片。

5. 医疗机构应当做好药品购销合同管理,使用卫生健康行政部门、商务部门等制定的购销合同范本。

(三)医疗机构药品采购环节与药品质量管理

1. 医疗机构必须建立完善的药品采购工作制度、药品成本核算和财务管理制度、入库检查验收制度。

医疗机构应当严格执行处方药和非处方药、中药材/中药饮片、特殊管理药品、外用药品、进口药品等的相应验收要求。预入库药品应当逐批验收,验收记录保存期限必须超过药品有效期 1 年,但不得少于 3 年。如果是首次购进的药品,医疗机构还应当保存加盖药品生产企业印章的前述证明文件的复印件,保存期限必须超过 5 年;购进药品环节的各项记录,包括但不限于资料、销售凭证和验收记录等,保存期限应当超过药品有效期 1 年,但不得少于3年。

2. 药品由医疗机构药学部门统一采购。核医学科经药事管理与药物治疗学委员会/组同意,可以采购、调剂本科室临床需要的放射性药品。医疗机构其他科室或部门不得从事与药品有关的任何采购、调剂活动,不得在临床上使用本医疗机构非药学部门采购的药品。

3. 公立医疗机构通过各省(区、市)建立的网上平台,直接与药品生产企业议价采购急(抢)救药品。非专利妇儿专科药品,医疗机构直接挂网采购。

4. 医疗机构应当充分发挥短缺药品供应保障工作会商联动机制的作用,及时向本级卫生健康主管部门汇报本机构短缺药品情况,医疗机构也应当根据本机构的功能定位,合理设置临床必需急(抢)救药品库存警戒线,该警戒线设置应做到合理充裕,原则上库存不少于3个月的用量。

5. 若医疗机构是个人设置的门诊部/诊所,不得采购常用和急救药品以外的其他药品。

(四) 医疗机构药品库存管理

医疗机构应当建立药品效期管理制度,药品分发应当遵循"近效期先出"的原则。药品存放时,应执行药品与非药品分开存放的原则,化学药品、生物制品、中药材、中药饮片、中成药应当分类定点存放。针对易发生安全事故的药品,如易燃、易爆、强腐蚀性等危险性药品应当建设有专门的仓库予以存储。

【案例展示】

沈某某在担任医院药学部主任、药事委员会副主任期间,利用其负责药品采购的审批权限,为相关医药代表推销药品谋取利益,于2001年9月至2003年,先后多次收受药品回扣共计人民币11 000元、美元1 600元。2003年12月2日,沈某某因涉嫌受贿罪被该地区人民检察院立案侦查,同日被依法刑事拘留,2003年12月16日被依法逮捕。2004年4月2日,法院经审理后以受贿罪判处沈某某有期徒刑一年六个月,缓刑一年六个月。

四、医疗用毒性药品管理

医疗用毒性药品,系指毒性剧烈、治疗剂量与中毒剂量相近,使用不当会致人中毒或死亡的药品。毒性药品的管理品种,由国家卫生健康委会同国家药品监督管理局、国家中医药管理局规定。

医疗单位供应和调配毒性药品,凭医生签名的正式处方。国营药店供应和调配毒性药品,凭盖有医生所在医疗单位公章的正式处方。每次处方剂量不得超过二日极量。调配处方时,必须认真负责,计量准确,按医嘱注明要求,并由配方人员及具有药师以上技术职称的复核人员签名盖章后方可发出。

对处方未注明"生用"的毒性中药,应当付炮制品。如发现处方有疑问时,须经原处方医生重新审定后再行调配。

处方一次有效,取药后处方保存二年备查。

五、麻醉药品和精神药品管理

麻醉药品和精神药品,是指列入麻醉药品目录、精神药品目录的药品和其他物质。精神药品分为第一类精神药品和第二类精神药品。麻醉药品目录、精神药品目录由国务院药品监督管理部门会同国务院公安部门、卫生健康主管部门制定、调整并公布。

(一) 医疗机构使用麻醉药品和精神药品的前置程序

医疗机构需要使用麻醉药品和第一类精神药品的,应当经所在地设区的市级人民政府卫生健康主管部门批准,取得麻醉药品、第一类精神药品购用印鉴卡(以下简称"印鉴卡")。医疗机构应当凭印鉴卡向本省、自治区、直辖市行政区域内的定点批发企业购买麻醉药品和第一类精神药品。

医疗机构取得印鉴卡应当具备下列条件:有专职的麻醉药品和第一类精神药品管理人员;有获得麻醉药品和第一类精神药品处方资格的执业医师;有保证麻醉药品和第一类精神药品安全储存的设施和管理制度。

(二) 处方资格

医疗机构应当按照国务院卫生健康主管部门的规定,对本单位执业医师进行有关麻醉药品和精神药品使用知识的培训、考核,经考核合格的,授予麻醉药品和第一类精神药品处方资格。执业医师取得麻醉药品和第一类精神药品的处方资格后,方可在本医疗机构开具麻醉药品和第一类精神药品处方,但不得为自己开具该种处方。医疗机构应当将具有麻醉药品和第一类精神药品处方资格的执业医师名单及其变更情况,定期报送所在地设区的市级人民政府卫生健康主管部门,并抄送同级药品监督管理部门。医务人员应当根据国务院卫生健康主管部门制定的临床应用指导原则,使用麻醉药品和精神药品。

(三) 处方开具

具有麻醉药品和第一类精神药品处方资格的执业医师,根据临床应用指导原则,对确需使用麻醉药品或者第一类精神药品的患者,应当满足其合理用药需求。在医疗机构就诊的癌症疼痛患者和其他危重患者得不到麻醉药品或者第一类精神药品时,患者或者其亲属可以向执业医师提出申请。具有麻醉药品和第一类精神药品处方资格的执业医师认为要求合理的,应当及时为患者提供所需麻醉药品或者第一类精神药品。

医疗机构、戒毒机构以开展戒毒治疗为目的,可以使用美沙酮或者国家确定的其他用于戒毒治疗的麻醉药品和精神药品。具体管理办法由国务院药品监督管理部门、公安部门和卫生健康主管部门制定。

(四)处方管理与调剂

执业医师应当使用专用处方开具麻醉药品和精神药品,单张处方的最大用量应当符合国务院卫生健康主管部门的规定。医疗机构应当对麻醉药品和精神药品处方进行专册登记,加强管理。麻醉药品处方至少保存3年,精神药品处方至少保存2年。

对麻醉药品和第一类精神药品处方,处方的调配人、核对人应当仔细核对,签署姓名,并予以登记;对不符合本条例规定的,处方的调配人、核对人应当拒绝发药。麻醉药品和精神药品专用处方的格式由国务院卫生健康主管部门规定。

(五)麻醉药品和精神药品储存

麻醉药品和第一类精神药品的使用单位应当设立专库或者专柜储存麻醉药品和第一类精神药品。专库应当设有防盗设施并安装报警装置;专柜应当使用保险柜。专库和专柜应当实行双人双锁管理。

第二类精神药品经营企业应当在药品库房中设立独立的专库或者专柜储存第二类精神药品,并建立专用账册,实行专人管理。专用账册的保存期限应当自药品有效期期满之日起不少于5年。

【案例展示】

2018年2月至2020年11月,邵某某身为执业医师,明知他人为吸毒人员、贩毒人员,通过手机软件先后34次将麻醉、精神药品贩卖给吸毒人员施某某、贩毒人员蒲某某等人,并通过快递邮寄的方式将贩卖的麻醉、精神药品寄送给购买人员。邵某某对其所犯罪行供认不讳,并自愿认罪认罚。2021年9月6日,检察院以涉嫌贩卖、运输毒品罪对邵某某依法提起公诉。

六、放射性药品管理

放射性药品是指用于临床诊断或者治疗的放射性核素制剂或者其标记药物。

(一)医疗机构使用放射性药品的前置程序

医疗单位使用放射性药品,必须符合国家有关放射性同位素安全和防护的规定。所在地的省、自治区、直辖市药品监督管理部门,应当根据医疗单位和医疗技术人员的水平、设备条件,核发相应等级的《放射性药品使用许可证》,无许可证的医疗单位不得临床使用放射性药品。

《放射性药品使用许可证》有效期为 5 年,期满前 6 个月,医疗单位应当向原发证的行政部门重新提出申请,经审核批准后,换发新证。

(二)放射性药品使用过程中的质控

持有《放射性药品使用许可证》的医疗单位,必须负责对使用的放射性药品进行临床质量检验,收集药品不良反应等项工作,并定期向所在地药品监督管理部门、卫生健康行政部门报告。由省、自治区、直辖市药品监督管理部门、卫生健康行政部门汇总后分别报国务院药品监督管理部门、卫生健康行政部门。

七、医疗机构处方与调配管理

(一)医疗机构处方管理规定

1. **处方的概念** 处方是指由注册的执业医师和执业助理医师(即医师)在诊疗活动中为患者开具的,由取得药学专业技术职务任职资格的药学专业技术人员(即药师)审核、调配、核对并作为患者用药凭证的医疗文书。处方包括医疗机构病区用药医嘱单。

2. **处方的内容** 大致包括前记和正文。前记,包括医疗机构名称,患者姓名、性别、年龄、门诊或住院病历号、科别或病区和床位号、临床诊断、开具日期等,可添列特殊要求的项目。麻醉药品和第一类精神药品处方还应当包括患者身份证明编号,代办人姓名、身份证明编号。正文,以 Rp 或 R(拉丁文 Recipe "请取"的缩写)标示,分列药品名称、剂型、规格、数量、用法用量。此部分是处方的核心内容,直接关系到患者用药的安全有效。医师签名或者加盖专用签章,药品金额以及审核、调配、核对、发药加盖专用签章。

3. **处方的颜色分类** 普通处方白色;急诊处方淡黄色,右上角标注"急诊";儿科处方淡绿色,右上角标注"儿科";麻醉药品和第一类精神药品淡红色,右上角标注"麻、精一";第二类精神药品处方白色,右上角标注"精二"。

4. **处方书写基本要求** 患者一般情况、临床诊断填写清晰、完整,并与病历记载相一致。每张处方限于 1 名患者的用药。字迹清晰,不得涂改,如需修改,应当在修改处签名并注明修改日期。药品名称应当使用规范的中文名称书写,没有中文名称的可以使用规范的英文名称书写;医疗机构或者医师、药师不得自行编制药品缩写名称或者使用代号;书写药品名称、计量、规格、用法、用量要准确规范,药品用法可用规范的中文、英文、拉丁文或者缩写体书写;但不得使用"遵医嘱""自用"等表意不明字句。药品用法、用量应当按照药品说明书规定的常规用法、用量使用,特殊情况需要超剂量使用时,应当注明原因并再次签名。

处方医师的签名式样和专用签章应当与院内药学部门留样备查的式样相一致,不得任意改动,否则应当重新登记留样备案。

5. **处方开具和保管要求**　处方一般不得超过 7 日用量,若是急诊处方一般不得超过 3 日用量,慢性病、老年病或特殊情况,处方用量可适当延长,但医师应当注明理由。严格依法执行麻醉药品、精神药品、医疗用毒性药品、放射性药品处方用量。普通处方、急诊处方、儿科处方保存期限为 1 年;医疗用毒性药品保存期限为 2 年;麻醉药品和精神药品处方按特别规定保管。

应当根据麻醉药品和精神药品处方开具情况,按照其品种、规格对其消耗量进行注册登记,登记内容包括发药日期、患者姓名、用药数量。专册保存期限为 3 年。

(二)处方调剂和审核

1. 处方调剂

(1)调剂人员资格要求:医疗机构审核和调配处方的药剂人员必须是依法经资格认定的药师或者其他药学技术人员,非药学技术人员不得直接从事药剂技术工作。对于麻醉药品和第一类精神药品的调剂,医疗机构应当对本机构药师进行麻醉药品和精神药品使用知识和规范化管理的培训,药师经考核合格后取得麻醉药品和第一类精神药品调剂资格,方可在本机构调剂麻醉药品和第一类精神药品。

(2)"四查十对"原则:查处方,对科别、姓名、年龄;查药品,对药名、剂型、规格、数量;查配伍禁忌,对药品性状、用法用量;查用药合理性,对临床诊断。

(3)除麻醉药品、精神药品、医疗用毒性药品和儿科处方外,医疗机构不得限制门诊就诊人员持处方到药品零售企业购药。

2. 处方审核

(1)审核对象:需要审核的处方包括纸质处方、电子处方和医疗机构病区用药医嘱单。若医疗机构为二级以上医院、妇幼保健院和专科疾病防治机构,则应当按照《医疗机构处方审核规范》执行,其他医疗机构参照执行。

(2)审核要求:药师是处方审核工作的第一责任人。依法经过资格认定过的药师或者其他药学技术人员调配处方,应当进行核对,对处方所列药品不得擅自更改或者代用。对有配伍禁忌或者超剂量的处方,应当拒绝调配;必要时,经处方医师更正或者重新签字,方可调配。

医疗保障主管部门将药师审核处方情况纳入医保定点医疗机构绩效考核体系。医疗机构应当强化药师对处方的审核,规范和引导医师用药行为,并在药师薪酬中体现其技术劳务价值。

（3）常用临床用药依据：国家药品管理相关法律法规和规范性文件，临床诊疗规范、指南，临床路径，药品说明书，国家处方集等。

（4）审核流程：药师接收待审核处方，对处方进行合法性、规范性、适宜性审核；若经审核判定为合理处方，药师在纸质处方上手写签名(或加盖专用印章)、在电子处方上进行电子签名，处方经药师签名后进入收费和调配环节；若经审核判定为不合理处方，由药师负责联系处方医师，请其确认或重新开具处方，并再次进入处方审核流程。

（5）处方点评制度：处方点评工作由医院药物与治疗学委员会/组和医疗质量管理委员会领导，医院医疗管理部门和药学部门组织，药学部门成立处方点评工作小组，负责处方点评的具体工作。

【案例展示】

2017 年 3 月，某地卫生健康行政部门对一家诊所进行处方抽查时，发现一名患者的处方笺上有 6 种药品。

《处方管理办法》第六条第一款第七项规定，开具西药、中成药处方，每一种药品应当另起一行，每张处方不得超过 5 种药品。该诊所医师因为这张写有 6 种药品的处方笺被予以警告的行政处罚。

第六节　医院感染

医院感染指住院病人在医院内获得的感染，包括在住院期间发生的感染和在医院内获得出院后发生的感染，但不包括入院前已开始或者入院时已处于潜伏期的感染。医院工作人员在医院内获得的感染也属医院感染。

医源性感染指在医学服务中，因病原体传播引起的感染。

医院感染暴发是指在医疗机构或其科室的患者中，短时间内发生 3 例以上同种同源感染病例的现象。

【目标要求】

强化医院感染管理，有效预防和控制医院感染，提高医疗质量，保证医疗安全。

【管理要点】

- 医疗机构应能够建立医院感染管理委员会及其职责。
- 医疗机构能够建立医院感染管理部门及其有关职责。
- 医院感染管理指标。

- 医院感染与传染病防控。
- 医疗机构门急诊医院感染管理。
- 医院感染管理持续改进。

【实操要素】

一、医院感染管理委员会及其职责

住院床位总数在100张以上的医院应当设立医院感染管理委员会,医院感染管理委员会由医院感染管理部门、医务部门、护理部门、临床科室、消毒供应室、手术室、临床检验部门、药事管理部门、设备管理部门、后勤管理部门及其他有关部门的主要负责人组成,主任委员由医院院长或者主管医疗工作的副院长担任。医院感染管理委员会的职责如下。

1. 认真贯彻医院感染管理方面的法律法规及技术规范、标准,制定本医院预防和控制医院感染的规章制度、医院感染诊断标准并监督实施。

2. 根据预防医院感染和卫生学要求,对本医院的建筑设计、重点科室建设的基本标准、基本设施和工作流程进行审查并提出意见。

3. 研究并确定本医院的医院感染管理工作计划,并对计划的实施进行考核和评价。

4. 研究并确定本医院的医院感染重点部门、重点环节、重点流程、危险因素以及采取的干预措施,明确各有关部门、人员在预防和控制医院感染工作中的责任。

5. 研究并制定本医院发生医院感染暴发及出现不明原因传染性疾病或者特殊病原体感染病例等事件时的控制预案。

6. 建立会议制度,定期研究、协调和解决有关医院感染管理方面的问题。

7. 根据本医院病原体特点和耐药现状,配合药事管理委员会提出合理使用抗菌药物的指导意见。

8. 其他有关医院感染管理的重要事宜。

二、医院感染管理部门及其职责

医院感染管理部门、分管部门及医院感染管理专(兼)职人员具体负责医院感染预防与控制方面的管理和业务工作,医院感染管理专职人员应当经过省级以上卫生健康行政部门指定的医院感染管理培训单位的培训,并取得省级卫生健康行政部门颁发的《医院感染管理培训合格证书》,实际配备人数统计方法为本年度医院感染管理专职人员数与同期全院实际开放床位数。主要职责如下。

1. 对有关预防和控制医院感染管理规章制度的落实情况进行检查和指导。

2. 对医院感染及其相关危险因素进行监测、分析和反馈,针对问题提出控制措施并指导实施。

3. 对医院感染发生状况进行调查、统计分析,并向医院感染管理委员会或者医疗机构负责人报告。

4. 对医院的清洁、消毒灭菌与隔离、无菌操作技术、医疗废物管理等工作提供指导。

5. 对传染病的医院感染控制工作提供指导。

6. 对医务人员有关预防医院感染的职业卫生安全防护工作提供指导。

7. 对医院感染暴发事件进行报告和调查分析,提出控制措施并协调、组织有关部门进行处理。

8. 对医务人员进行预防和控制医院感染的培训工作。

9. 参与抗菌药物临床应用的管理工作。

10. 对消毒药械和一次性使用医疗器械、器具的相关证明进行审核。

11. 组织开展医院感染预防与控制方面的科研工作。

12. 完成医院感染管理委员会或者医疗机构负责人交办的其他工作。

三、医院感染管理指标

1. **医院感染发病(例次)率**　医院感染发病(例次)率是指住院患者中发生医院感染新发病例(例次)的比例。医院感染新发病例是指观察期间发生的医院感染病例,即观察开始时没有发生医院感染,观察开始后直至结束时发生的医院感染病例,包括观察开始时已发生医院感染,在观察期间又发生新的医院感染的病例。

2. **医院感染现患(例次)率**　确定时段或时点住院患者中,医院感染患者(例次)数占同期住院患者总数的比例。

3. **医院感染病例漏报率**　应当报告而未报告的医院感染病例数占同期应报告医院感染病例总数的比例。

4. **多重耐药菌感染发现率**　多重耐药菌感染患者数(例次)与同期住院患者总数的比例。

多重耐药菌主要包括耐碳青霉烯类肠杆菌科细菌(CRE)、耐甲氧西林金黄色葡萄球菌(MRSA)、耐万古霉素肠球菌(VRE)、耐碳青霉烯鲍曼不动杆菌(CRABA)、耐碳青霉烯铜绿假单胞菌(CRPAE)。

5. **多重耐药菌感染检出率**　多重耐药菌检出菌株数与同期该病原体检出菌株总数的比例。

6. **医务人员手卫生依从率** 受调查的医务人员实际实施手卫生次数占同期调查中应实施手卫生次数的比例。

7. **住院患者抗菌药物使用率** 住院患者中使用抗菌药物(全身给药)患者数占同期住院患者总数的比例。

8. **抗菌药物治疗前病原学送检率** 以治疗为目的使用抗菌药物的住院患者,使用抗菌药物前病原学检验标本送检病例数占同期使用抗菌药物治疗病例总数的比。病原学检验项目包括细菌培养、真菌培养、降钙素原检测、白介素-6检测、真菌1-3-β-D葡聚糖检测(G试验)等。

9. **Ⅰ类切口手术部位感染率** Ⅰ类切口手术部位感染是指发生在Ⅰ类(清洁)切口,即手术未进入炎症区,未进入呼吸、消化及泌尿生殖道,以及闭合性创伤手术符合上述条件的手术切口的感染,包括无植入物手术后30天内、有植入物手术后1年内发生的手术部位感染。Ⅰ类切口手术部位感染率,是指发生Ⅰ类切口手术部位感染病例数占同期接受Ⅰ类切口手术患者总数的比例。

10. **Ⅰ类切口手术抗菌药物预防使用率** Ⅰ类切口手术预防使用抗菌药物的患者数占同期Ⅰ类切口手术患者总数的比例。

11. **血管内导管相关血流感染发病率** 使用血管内导管住院患者中新发血管内导管相关血流感染的发病频率(例/千导管日)。

12. **呼吸机相关肺炎发病率** 使用呼吸机住院患者中新发呼吸机相关肺炎的发病频率(例/千机械通气日)。

13. **导尿管相关泌尿系感染发病率** 使用导尿管住院患者中新发导尿管相关泌尿系感染的发病频率(例/千导尿管日)。

四、医院感染与传染病防控

国家对传染病防治实行预防为主的方针,《中华人民共和国传染病防治法》将传染病分为甲类、乙类和丙类(截至2023年10月)。

甲类传染病是指:鼠疫、霍乱。

乙类传染病包括:传染性非典型肺炎、艾滋病、病毒性肝炎、脊髓灰质炎、人感染高致病性禽流感、麻疹、流行性出血热、狂犬病、流行性乙型脑炎、登革热、炭疽、细菌性和阿米巴性痢疾、肺结核、伤寒和副伤寒、流行性脑脊髓膜炎、百日咳、白喉、新生儿破伤风、猩红热、布鲁氏菌病、淋病、梅毒、钩端螺旋体病、血吸虫病、疟疾、新型冠状病毒感染、猴痘。

丙类传染病包括:流行性感冒、流行性腮腺炎、风疹、急性出血性结膜炎、麻风病、流行性和地方性斑疹伤寒、黑热病、包虫病、丝虫病,除霍乱、细菌性和阿米巴性痢疾、伤寒和副伤寒以外的感染性腹泻病。

国务院卫生健康行政部门根据传染病暴发、流行情况和危害程度,可以决定增加、减少或者调整乙类、丙类传染病病种并予以公布。

医疗机构必须严格执行国务院卫生健康行政部门规定的管理制度、操作规范,防止传染病的医源性感染和医院感染。医疗机构应当确定专门的部门或者人员,承担传染病疫情报告、本单位的传染病预防、控制以及责任区域内的传染病预防工作;承担医疗活动中与医院感染有关的危险因素监测、安全防护、消毒、隔离和医疗废物处置工作。应当按照规定对使用的医疗器械进行消毒;对按照规定一次使用的医疗器具,应当在使用后予以销毁。按照国务院卫生健康行政部门规定的传染病诊断标准和治疗要求,采取相应措施,提高传染病医疗救治能力。对传染病病人或者疑似传染病病人提供医疗救护、现场救援和接诊治疗,书写病历记录以及其他有关资料,并妥善保管。实行传染病预检、分诊制度;对传染病病人、疑似传染病病人,应当引导至相对隔离的分诊点进行初诊。医疗机构不具备相应救治能力的,应当将患者及其病历记录复印件一并转至具备相应救治能力的医疗机构。具体办法由国务院卫生健康行政部门规定。

县级以上人民政府应当加强和完善传染病医疗救治服务网络的建设,指定具备传染病救治条件和能力的医疗机构承担传染病救治任务,或者根据传染病救治需要设置传染病医院。医疗机构的基本标准、建筑设计和服务流程,应当符合预防传染病医院感染的要求。

医疗机构违反《中华人民共和国传染病防治法》规定,有下列情形之一的,由县级以上人民政府卫生健康行政部门责令改正,通报批评,给予警告;造成传染病传播、流行或者其他严重后果的,对负有责任的主管人员和其他直接责任人员,依法给予降级、撤职、开除的处分,并可以依法吊销有关责任人员的执业证书;构成犯罪的,依法追究刑事责任:未按照规定承担本单位的传染病预防、控制工作、医院感染控制任务和责任区域内的传染病预防工作的;未按照规定报告传染病疫情,或者隐瞒、谎报、缓报传染病疫情的;发现传染病疫情时,未按照规定对传染病病人、疑似传染病病人提供医疗救护、现场救援、接诊、转诊的,或者拒绝接受转诊的;未按照规定对本单位内被传染病病原体污染的场所、物品以及医疗废物实施消毒或者无害化处置的;未按照规定对医疗器械进行消毒,或者对按照规定一次使用的医疗器具未予销毁,再次使用的;在医疗救治过程中未按照规定保管医学记录资料的。

【案例展示】

> 2020年1月,某地卫生健康行政部门发文,严禁村卫生室、个体诊所对未经预检分诊的发热患者进行治疗。该地某村卫生室负责人吴某当天参加全镇村卫生室主任会议知悉该文件规定,但仍于1月30日、2月6日擅自收治未经预检分诊的发热患者刘某、李某。此二人分别于2月15日、16日被确诊为新型冠状病毒感染者。该村卫生室在2月14日被关闭前,还作为村里快递收发点、电费代缴点,每天大量人员不断进出。由于刘某、李某被确诊,截至3月2日,共造成457名接触者被隔离。当地人民法院公开开庭审理本案,吴某被以妨害传染病防治罪,判处其有期徒刑一年。

五、医疗机构门急诊医院感染管理

(一)医疗机构门急诊感染管理制度

医疗机构的门急诊应成立医院感染管理小组,全面负责门急诊的医院感染管理工作,明确小组及其人员的职责并落实。小组由门急诊负责人担任组长,人员应包括医师和护士,小组成员为本区域内相对固定人员,应至少配备医院感染管理兼职人员一名。

门急诊医院感染管理小组应依据医疗保健相关感染特点和门急诊医疗工作实际,制定门急诊医院感染管理相关制度、计划、措施和流程,开展医院感染管理工作。门急诊医院感染管理小组负责组织工作人员开展医院感染管理知识和技能的培训,宜对患者及陪同人员开展相应的宣传教育。门急诊医院感染管理小组应接受医疗机构对医院感染管理工作的监督、检查与指导,落实医院感染管理相关改进措施,评价改进效果,做好相应记录。

(二)门急诊医院感染管理相关制度细则

门急诊医院感染管理小组及其职责;门急诊医院感染管理制度;门急诊医疗保健相关感染病例报告制度;门急诊医务人员培训制度;医务人员手卫生制度;门急诊清洁和消毒制度;门急诊预检分诊制度;门急诊隔离制度;门急诊个人防护制度;门急诊医疗废物管理制度;门急诊职业暴露报告处置制度。

六、医院感染管理持续改进

1. 按照《医院感染监测规范》,加强重点部门、重点环节、重点人群与高危险因素监测,控制并降低医院感染风险。

2. 医院感染管理组织要监测医院感染危险因素、医院感染率及其变化趋势,定期开展风险评估并持续改进诊疗流程;定期通报医院感染监测结果并加强横向比较。

3. 消毒、灭菌和隔离工作符合相关标准和规范要求,工作人员能获得并正确使用符合国家标准的消毒与防护用品;重点部门、重点部位的管理符合要求。

4. 按照《医务人员手卫生规范》,建立医院手卫生管理制度。正确、充分配置有效、便捷的手卫生设备和设施,加强手卫生落实情况监管。

5. 有多重耐药菌医院感染控制管理规范与程序,有多部门共同参与的多重耐药菌管理合作机制。应用微生物室检测和医院感染管理数据信息指导临床合理使用抗菌药物。

6. 建立侵入性器械/操作相关感染防控制度。有医院侵入性器械、所开展手术及其他侵入性诊疗操作名录,制订相关防控措施并实施数据监测。

7. 按照有关法律法规,建立医院医疗废物、废液管理责任制,健全组织架构、管理制度和工作机制,落实岗位职责。医疗废物的分类、收集、运送、暂存、转移、登记造册和操作人员职业防护等符合规范。加强相关人员培训。

第七节　公共卫生

公共卫生是通过评价、政策发展和保障措施来预防疾病、延长人寿命和促进人的身心健康的一门科学。

【目标要求】

成立医院公共卫生工作领导小组,负责领导全院公共卫生工作。独立设置公共卫生科,并具备必备的工作设备设施,人员配置符合要求。管理制度齐全,工作人员熟悉岗位职责。

【管理要点】

- 公共卫生医师与突发公共卫生事件。
- 医疗机构公共卫生相关部门/科室职责。
- 医疗用血与公共卫生。
- 人类遗传资源与公共卫生。

【实操要素】

一、公共卫生医师与突发公共卫生事件

医师资格考试分为两级四类,即执业医师和执业助理医师两级;每级分为临床、中医、口腔、公共卫生四类。公共卫生医师考试范围:①公共卫生类别专业;②预防医学专业;③流行病专业;④寄生虫病专业。工作内容上,包括各类传染病、慢性病的检测与防控,职业健康体

检和预防性健康体检等;从工作岗位上划分,可分为计划免疫、流行病、卫生监督协管、卫生宣传、环境卫生、劳动卫生、地方病、健康教育等具体岗位。

以湖北省为例,湖北省卫生健康委印发《关于强化医疗机构公共卫生责任的指导意见(试行)》(以下简称"《指导意见》"),要求各级各类医疗机构应当成立由主要负责人任组长的医院公共卫生工作领导小组,将公共卫生工作列入医院重要业务工作,并作为医疗机构内部绩效考核重要内容,二级及以上综合医疗机构、中医医院、专科医院和乡镇卫生院、社区卫生服务中心需设置独立的公共卫生科。医疗机构是公共卫生体系的重要组成部分,是传染病等突发公共卫生事件早发现、早报告、早处置的前沿阵地。医疗机构的公共卫生科应配备专职人员,制定规章制度、工作流程和考核标准,建立健全传染性疾病、食源性疾病、重点慢性非传染性疾病(含肿瘤)的诊断、监测、登记、报告以及院感控制、健康教育、培训、质量管理和自查等制度,有效开展传染病信息报告日常管理、审核检查、网络报告和质量控制,定期对本机构报告的传染病情况及报告质量进行分析汇总和通报。

国家加强疾病预防控制人才队伍建设,建立适应现代化疾病预防控制体系的医师培养和使用机制。

疾病预防控制机构、二级以上医疗机构以及乡镇卫生院、社区卫生服务中心等基层医疗卫生机构应当配备一定数量的公共卫生医师,从事人群疾病及危害因素监测、风险评估研判、监测预警、流行病学调查、免疫规划管理、职业健康管理等公共卫生工作。医疗机构应当建立健全管理制度,严格执行院内感染防控措施。

国家建立公共卫生与临床医学相结合的人才培养机制,通过多种途径对临床医师进行疾病预防控制、突发公共卫生事件应对等方面业务培训,对公共卫生医师进行临床医学业务培训,完善医防结合和中西医协同防治的体制机制。

医疗卫生机构应当对因突发事件致病的人员提供医疗救护和现场救援,对就诊病人必须接诊治疗,并书写详细、完整的病历记录;对需要转送的病人,应当按照规定将病人及其病历记录的复印件转送至接诊或者指定的医疗机构。

医疗卫生机构内应当采取卫生防护措施,防止交叉感染和污染。

医疗卫生机构应当对传染病病人密切接触者采取医学观察措施,传染病病人密切接触者应当予以配合。

医疗机构收治传染病病人、疑似传染病病人,应当依法报告所在地的疾病预防控制机构。接到报告的疾病预防控制机构应当立即对可能受到危害的人员进行调查,根据需要采取必要的控制措施。

二、公共卫生科职责

1. 主要职责 医疗机构疫情报告、传染病监测报告。各级各类医疗机构、疾病预防控制机构、采供血机构均为责任报告单位;其执行职务的人员和乡村医生、个体开业医生均为责任疫情报告人,必须按照传染病防治法的规定进行疫情报告,履行法律规定的义务。责任报告人在首次诊断传染病病人后,应立即填写传染病报告卡。传染病报告卡由录卡单位保留三年。

责任报告单位和责任疫情报告人发现甲类传染病和乙类传染病中肺炭疽、传染性非典型肺炎、脊髓灰质炎、人感染高致病性禽流感等病人或疑似病人时,或发现其他传染病和不明原因疾病暴发时,应于2小时内将传染病报告卡通过网络报告;未实行网络直报的责任报告单位应于2小时内以最快的通信方式(电话、传真)向当地县级疾病预防控制机构报告,并于2小时内寄送出传染病报告卡。

对其他乙、丙类传染病病人、疑似病人和规定报告的传染病病原携带者在诊断后,实行网络直报的责任报告单位应于24小时内进行网络报告;未实行网络直报的责任报告单位应于24小时内寄送出传染病报告卡。

县级疾病预防控制机构收到无网络直报条件责任报告单位报送的传染病报告卡后,应于2小时内通过网络进行直报。

获得突发公共卫生事件相关信息的责任报告单位和责任报告人,应当在2小时内以电话或传真等方式向属地卫生健康行政部门指定的专业机构报告,具备网络直报条件的要同时进行网络直报,直报的信息由指定的专业机构审核后进入国家数据库。不具备网络直报条件的责任报告单位和责任报告人,应采用最快的通信方式将《突发公共卫生事件相关信息报告卡》报送属地卫生健康行政部门指定的专业机构,接到《突发公共卫生事件相关信息报告卡》的专业机构,应对信息进行审核,确定真实性,2小时内进行网络直报,同时以电话或传真等方式报告同级卫生健康行政部门。

接到突发公共卫生事件相关信息报告的卫生健康行政部门应当尽快组织有关专家进行现场调查,如确认为实际发生突发公共卫生事件,应根据不同的级别,及时组织采取相应的措施,并在2小时内向本级人民政府报告,同时向上一级人民政府卫生健康行政部门报告。如尚未达到突发公共卫生事件标准的,由专业防治机构密切跟踪事态发展,随时报告事态变化情况。

依法应当报告的,任何单位和个人不得瞒报、谎报、缓报、漏报,不得授意他人瞒报、谎报、缓报,不得阻碍他人报告。

违反《中华人民共和国生物安全法》规定,医疗机构、专业机构或者其工作人员瞒报、谎报、缓报、漏报,授意他人瞒报、谎报、缓报,或者阻碍他人报告传染病、动植物疫病或者不明原因的聚集性疾病的,由县级以上人民政府有关部门责令改正,给予警告;对法定代表人、主要负责人、直接负责的主管人员和其他直接责任人员,依法给予处分,并可以依法暂停一定期限的执业活动直至吊销相关执业证书。

违反本法规定,编造、散布虚假的生物安全信息,构成违反治安管理行为的,由公安机关依法给予治安管理处罚。

2. 其他职责 负责医院门诊、住院患者疾病谱与死因的监测分析工作;负责职工的预防保健工作,建立职工健康档案,开展职业危害的防护工作;协助卫生疾控部门开展相关流行病学调查与突发公共卫生事件应急工作;开展健康教育、健康咨询、妇幼保健、免疫预防工作;进行消毒质量监测、病区空气细菌监测、抗生素使用监测,做好医院感染管理工作;负责医护人员相关知识的培训工作;每月完成一次发热呼吸道门诊、肠道门诊督查工作;按要求执行医院放射卫生、职业防护及职业暴露管理;督导新生儿乙肝疫苗、卡介苗工作的完成;做好卫生监测工作;死亡、慢性病、肿瘤病例报告,围产儿、儿童死亡、出生缺陷及各种妇幼报表;计划生育工作。

三、医疗用血与公共卫生

国家实行无偿献血制度。国家提倡十八周岁至五十五周岁的健康公民自愿献血。

医疗机构临床用血应当制定用血计划,遵循合理、科学的原则,不得浪费和滥用血液。医疗机构应当积极推行按血液成分针对医疗实际需要输血,具体管理办法由国务院卫生健康行政部门制定。国家鼓励临床用血新技术的研究和推广。

医疗机构对临床用血必须进行核查,不得将不符合国家规定标准的血液用于临床。

血站是采集、提供临床用血的机构,是不以营利为目的的公益性组织。设立血站向公民采集血液,必须经国务院卫生健康行政部门或者省、自治区、直辖市人民政府卫生健康行政部门批准。血站应当为献血者提供各种安全、卫生、便利的条件。血站的设立条件和管理办法由国务院卫生健康行政部门制定。

根据《刑法》的相关规定,非法采集、供应血液或者制作、供应血液制品,不符合国家规定的标准,足以危害人体健康的,处五年以下有期徒刑或者拘役,并处罚金;对人体健康造成严重危害的,处五年以上十年以下有期徒刑,并处罚金;造成特别严重后果的,处十年以上有期徒刑或者无期徒刑,并处罚金或者没收财产。

经国家主管部门批准采集、供应血液或者制作、供应血液制品的部门,不依照规定进行检测或者违背其他操作规定,造成危害他人身体健康后果的,对单位判处罚金,并对其直接负责的主管人员和其他直接责任人员,处五年以下有期徒刑或者拘役。

四、人类遗传资源与公共卫生

人类遗传资源,包括人类遗传资源材料和人类遗传资源信息。人类遗传资源材料是指含有人体基因组、基因等遗传物质的器官、组织、细胞等遗传材料。人类遗传资源信息是指利用人类遗传资源材料产生的数据等信息资料。

采集、保藏、利用、对外提供我国人类遗传资源,应当符合伦理原则,不得危害公众健康、国家安全和社会公共利益。

从事下列活动,应当经国务院科学技术主管部门批准:采集我国重要遗传家系、特定地区人类遗传资源或者采集国务院科学技术主管部门规定的种类、数量的人类遗传资源;保藏我国人类遗传资源;利用我国人类遗传资源开展国际科学研究合作;将我国人类遗传资源材料运送、邮寄、携带出境。

前款规定不包括以临床诊疗、采供血服务、查处违法犯罪、兴奋剂检测和殡葬等为目的采集、保藏人类遗传资源及开展的相关活动。

为了取得相关药品和医疗器械在我国上市许可,在临床试验机构利用我国人类遗传资源开展国际合作临床试验、不涉及人类遗传资源出境的,不需要批准;但是,在开展临床试验前应当将拟使用的人类遗传资源种类、数量及用途向国务院科学技术主管部门备案。

境外组织、个人及其设立或者实际控制的机构不得在我国境内采集、保藏我国人类遗传资源,不得向境外提供我国人类遗传资源。

采集、保藏、利用、运输出境我国珍贵、濒危、特有物种及其可用于再生或者繁殖传代的个体、器官、组织、细胞、基因等遗传资源,应当遵守有关法律法规。

根据《刑法》的相关规定,将基因编辑、克隆的人类胚胎植入人体或者动物体内,或者将基因编辑、克隆的动物胚胎植入人体内,情节严重的,处三年以下有期徒刑或者拘役,并处罚金;情节特别严重的,处三年以上七年以下有期徒刑,并处罚金。

第八节　互联网医疗

一、互联网医疗概述

（一）互联网医疗概念

"互联网医疗"是指借助互联网、物联网、大数据等载体和技术实现个体健康的全生命周期、全过程覆盖,并与咨询、诊疗、康复、保健、预防等全流程深度融合,形成的一种基于新型业态的健康医疗服务体系。

(二) 互联网医疗的分类

根据使用的人员和服务方式,"互联网+医疗服务"可分为三类。第一类为远程医疗;第二类为互联网诊疗活动;第三类为互联网医院。其中,第二类和第三类均属于医疗机构通过互联网直接为患者提供服务。

二、互联网医院

根据相关数据,截至 2021 年 6 月全国互联网医院已达 1 600 余家。据国家远程医疗与互联网医学中心《2021 中国互联网医院发展报告》数据显示,综合医院成为互联网医院建设的主体,占比近 7 成,此外专科医院、中医医院也在加速布局互联网医院。

(一) 互联网医院的分类及运营模式

《互联网医院管理办法(试行)》将互联网医院分为两大类:①实体医疗机构独自建设互联网医院(以下简称"独立互联网医院");②依托实体医疗机构合作建设的互联网医院(以下简称"合办互联网医院")。

独立互联网医院模式和合办互联网医院模式在医疗资源(医务人员及患者等资源)、互联网医院平台运营及技术能力、医疗信息广度与深度的可及性、政策监管的完整性、患者体验度和全流程(包含诊前和诊后管理)以及医保对接等方面都有各自的优劣。但无论采用哪种模式,都无法脱离实体医院单独运营。

(二) 法律责任关系

取得医疗机构执业许可证的互联网医院,独立作为法律责任主体。实体医疗机构以互联网医院作为第二名称时,实体医疗机构为法律责任主体。互联网医院合作各方按照合作协议书承担相应法律责任。

(三) 互联网医院准入规则

【目标要求】

独立互联网医院和合办互联网医院应具备法律法规规定的相关资质,符合准入程序要求。

【管理要点】

- 互联网医院应具备准入资质。
- 做好互联网医院的医生资质管理。
- 互联网医院应具备互联网的准入资质。

【实操要素】

1. 医疗机构的准入资质　无论是独立互联网医院还是合办互联网医院均须获得医疗机构执业许可证。已取得医疗机构执业许可证的实体医疗机构拟将互联网医院作为第二名称的,应当向其医疗机构执业许可证发证机关提出增加互联网医院作为第二名称的申请。第三方机构依托实体医院申请设置独立的互联网医院,应当向其依托的实体医疗机构执业登记机关提出设置及执业申请,以取得医疗机构执业许可证。

2. 医师资质的基本要求　①提供诊疗服务的医师,应当依法取得相应执业资质,在依托的实体医疗机构或其他医疗机构注册,具有 3 年以上独立临床工作经验;②互联网医院开设的临床科室,其对应的实体医疗机构临床科室至少有 1 名正高级、1 名副高级职称的执业医师注册在本机构(可多点执业);③在互联网医院提供医疗服务的医师、护士应当能够在国家医师、护士电子注册系统中进行查询;④有专职药师负责在线处方审核工作,确保业务时间至少有 1 名药师在岗审核处方。药师人力资源不足时,可通过合作方式,由具备资格的第三方机构药师进行处方审核。

3. 互联网医院的命名规则　①实体医疗机构独立申请互联网医院作为第二名称,应当包括"本机构名称+互联网医院";②实体医疗机构与第三方机构合作申请互联网医院作为第二名称,应当包括"本机构名称+合作方识别名称+互联网医院";③独立设置的互联网医院,名称应当包括"申请设置方识别名称+互联网医院"。

【案例展示】

> 某互联网医院备案医师钱某于2020 年 10 月 17 日通过互联网医院为患者陈某出具具有处方性质的咨询总结一张,钱某使用的医师资格证书系伪造,其取得的医师执业证书和互联网医师多点执业备案表无效,由此可认定该院使用非卫生技术人员从事医疗技术工作。

(四)互联网医院执业规则

【目标要求】

互联网医院应加强在技术、人员、诊疗、电子病历、在线处方、信息安全和患者隐私保护等方面的规范管理。开展互联网诊疗活动应当符合分级诊疗相关规定,与其功能定位相适应。

【管理要点】

- 做好医师、护士的执业登记及实名认证管理工作。
- 做好患者诊疗服务。

- 做好在线诊疗的病历和处方管理。
- 做好信息安全等级保护。

【实操要素】

1. **医务人员管理**　在互联网医院提供医疗服务的医师、护士应当能够在国家医师、护士电子注册系统中进行查询。互联网医院应当对医务人员进行电子实名认证。有条件的互联网医院通过人脸识别等人体特征识别技术加强医务人员管理。

2. **患者诊疗服务**　①互联网医院必须对患者进行风险提示，获得患者的知情同意；②患者在实体医疗机构就诊，由接诊的医师通过互联网医院邀请其他医师进行会诊时，会诊医师可以出具诊断意见并开具处方；患者未在实体医疗机构就诊，医师只能通过互联网医院为部分常见病、慢性病患者提供复诊服务；③互联网医院可以提供家庭医生签约服务；④当患者病情出现变化或存在其他不适宜在线诊疗服务的，医师应引导患者到实体医疗机构就诊。

3. **处方管理**　①在线开具处方前，医师应当掌握患者病历资料，确定患者在实体医疗机构明确诊断为某种或某几种常见病、慢性病后，可以针对相同诊断的疾病在线开具处方；②所有在线诊断、处方必须有医师电子签名。处方经药师审核合格后方可生效，医疗机构、药品经营企业可委托符合条件的第三方机构配送；③不得在互联网上开具麻醉药品、精神类药品处方以及其他用药风险较高、有其他特殊管理规定的药品处方；④为低龄儿童（6岁以下）开具互联网儿童用药处方时，应当确定患儿有监护人和相关专业医师陪伴。

4. **病历管理**　互联网医院应为患者建立电子病历，并按照规定进行管理。患者可以在线查询检查检验结果和资料、诊断治疗方案、处方和医嘱等病历资料。

5. **患者个人信息和医疗数据保护**　互联网医院应当严格执行信息安全和医疗数据保密的有关法律法规，妥善保管患者信息，不得非法买卖、泄露患者信息。发生患者信息和医疗数据泄露时，医疗机构应当及时向主管的卫生健康行政部门报告，并立即采取有效应对措施。

【案例展示】

> 　　某地市场监督管理局执法人员接到举报，对某互联网医院中医诊所进行检查，发现该中医诊所系该互联网医院的分公司。互联网医院依托该中医诊所开展经营活动。检查现场该公司网络咨询客服人员利用网络宣传销售中药汤剂。现场提取的产品介绍宣传资料印有"古方古法采药炮制""百年古方"的字样。宣传内容有："保证永不复发；我们使用的是200多年的秘方调理""在我们这里看诊治愈

的十几万患者里,很少有复发的""接诊患者都超过十几万了""治愈率在 95% 以上""并且保证永不复发"的字样。经立案调查,当事人上述行为违反了《药品流通监督管理办法》第二十八条和《中华人民共和国广告法》第十六条第一款第一项、第二项,第二十八条第二款第二项的规定,属于发布虚假广告的违法行为,兰州市七里河区市场监督管理局依据《中华人民共和国广告法》第五十五条之规定,作出行政处罚。

三、互联网诊疗

（一）互联网诊疗概念

互联网诊疗是指医疗机构利用在本机构注册的医师,通过互联网等信息技术开展部分常见病、慢性病复诊和"互联网+"家庭医生签约服务。

（二）互联网诊疗的准入规则

【目标要求】

医疗机构开展互联网诊疗活动应当符合法律法规规定的准入要求。

【管理要点】

• 做好合作协议的拟定工作,明确各方的责权利。

• 按照法律规定要求提交相关材料。

• 医疗机构开展互联网诊疗活动应当与其诊疗科目相一致。

【实操要素】

（1）互联网诊疗活动应当由取得医疗机构执业许可证的医疗机构提供。已经取得医疗机构执业许可证的医疗机构拟开展互联网诊疗活动,应当向其医疗机构执业许可证发证机关提出开展互联网诊疗活动的执业登记申请,经审核合格的,在医疗机构执业许可证副本服务方式中增加"互联网诊疗"。

（2）新申请设置的医疗机构拟开展互联网诊疗活动,应当在设置申请书注明,并在设置可行性研究报告中写明开展互联网诊疗活动的有关情况。如果与第三方机构合作建立互联网诊疗服务信息系统,应当提交合作协议。

（3）已经取得医疗机构执业许可证的医疗机构拟开展互联网诊疗活动,应当向其医疗机构执业许可证发证机关提出开展互联网诊疗活动的执业登记申请,并提交下列材料：①医疗机构法定代表人或主要负责人签署同意的申请书,提出申请开展互联网诊疗活动的原因和理由；②如果与第三方机构合作建立互联网诊疗服务信息系统,应当提交合作协议；③登记机关规定提交的其他材料。

【案例展示】

> 2021年3月,某地卫生健康行政部门对某儿科门诊部进行监督检查,查见就诊预约系统中"某某,线上问诊开药"的记录。执法人员顺藤摸瓜、抽丝剥茧,固定了当事人开展互联网诊疗的平台、问诊截图、收费等相关证据,形成完整证据链,还原了该次线上问诊的全过程。最终查实了该机构违规开展互联网诊疗,即未经核准擅自改变服务方式,利用门诊部注册医生为患者开展图文交流方式的互联网诊疗,并开具药物。依据《互联网诊疗管理办法(试行)》、当地《医疗机构管理办法》的相关规定,对该机构依法作出行政处罚。

(三)互联网诊疗的执业规则

【目标要求】

医疗机构开展互联网诊疗活动应加强在技术、人员、诊疗、电子病历、在线处方、信息安全和患者隐私保护等方面的规范管理。医疗机构开展互联网诊疗活动应当符合分级诊疗相关规定,与其功能定位相适应。

【管理要点】

- 做好开展互联网诊疗活动医师、护士的执业管理工作。
- 做好患者诊疗服务。
- 做好在线诊疗的病历和处方管理。
- 做好患者个人信息和医疗数据保护工作。

【实操要素】

1. **医务人员的管理** ①医师接诊前须进行实名认证,确保由本人提供诊疗服务。其他人员、人工智能软件等不得冒用、替代医师本人提供诊疗服务;②开展互联网诊疗活动的医师、护士应当能够在国家医师、护士电子注册系统中查询;③医疗机构应当对开展互联网诊疗活动的医务人员进行电子实名认证,鼓励有条件的医疗机构通过人脸识别等人体特征识别技术加强医务人员管理;④医务人员如在主执业机构以外的其他互联网医院开展互联网诊疗活动,应当根据该互联网医院所在地多机构执业相关要求进行执业注册或备案。

2. **患者诊疗服务** ①医疗机构应当充分告知患者互联网诊疗相关的规则、要求、风险,取得患者知情同意后方可开展互联网诊疗活动;②医疗机构在线开展部分常见病、慢性病复诊时,医师应当掌握患者病历资料,确定患者在实体医疗机构明确诊断为某种或某几种常见病、慢性病后,可以针对相同诊断进行复诊;③患者出现病情变化需要医务人员亲自诊查时,医疗机构及其医务人员应当立即终止互联网诊疗活动,引导患者到实体医疗机构就诊;④不得对首诊患者开展互联网诊疗活动。

3. **病历管理** ①医疗机构开展互联网诊疗活动应当按照《医疗机构病历管理规定》和《电子病历基本规范(试行)》等相关文件要求,为患者建立电子病历,并按照规定进行管理;②医疗机构开展互联网诊疗过程中所产生的电子病历信息,应当与依托的实体医疗机构电子病历格式一致、系统共享,由依托的实体医疗机构开展线上线下一体化质控;③互联网诊疗中的图文对话、音视频资料等过程记录保存时间不得少于3年。

4. **处方管理** ①严禁使用人工智能等自动生成处方;②严禁在处方开具前,向患者提供药品;③严禁以商业目的进行统方;④在线开具的处方必须有医师电子签名,经药师审核后,医疗机构、药品经营企业可委托符合条件的第三方机构配送;⑤不得开具麻醉药品、精神药品等特殊管理药品的处方;⑥为低龄儿童(6岁以下)开具互联网儿童用药处方时,应当确认患儿有监护人和相关专业医师陪伴。

5. **患者个人信息和医疗数据保护** 医疗机构应当严格执行信息安全和医疗数据保密的有关法律法规,妥善保管患者信息,不得非法买卖、泄露患者信息。发生患者信息和医疗数据泄露后,医疗机构应当及时向主管的卫生健康行政部门报告,并立即采取有效应对措施。

【案例展示】

> 患者先于某医院就诊,2015年10月开始在外地某医院治疗,出院时外地某医院的医生梁某告知患者和家属可以在某互联网APP上向其问诊。之后患者通过该APP向梁某咨询。2015年11月18日,患者症状加重,前往某医院,但是未接收,患者于是通过APP问诊医生梁某,但是两次问诊均无答复。患者于次日死亡。经过一审和二审审理,法院认定:①某医院、外地某医院都存在过错;②医生梁某同时存在过错,但由于梁某在APP上面的咨询答复行为是外地某医院诊疗行为的延续,以及得到医院和科室认可,因此梁某的责任由外地某医院承担;③由于涉案互联网APP尽到了医生审核义务,同时其并非医疗机构,其经营范围主要是通过互联网为用户提供健康咨询(不含诊疗活动)、健康管理(不含诊疗活动)等互联网信息服务,因此,无须承担责任。

四、远程医疗

(一)远程医疗的概念

远程医疗是指利用通信、计算机及网络技术等和信息技术化远距离传送诊疗服务的一种医疗活动。

(二)远程医疗服务范围

远程医疗服务包括:①某医疗机构(以下简称"邀请方")直接向其他医疗机构(以下简称"受邀方")发出邀请,受邀方运用通信、计算机及网络技术等信息化技术,为邀请方患者诊疗提供技术支持的医疗活动,双方通过协议明确责权利;②邀请方或第三方机构搭建远程医疗服务平台,受邀方以机构身份在该平台注册,邀请方通过该平台发布需求,由平台匹配受邀方或其他医疗机构主动对需求作出应答,运用通信、计算机及网络技术等信息化技术,为邀请方患者诊疗提供技术支持的医疗活动。邀请方、平台建设运营方、受邀方通过协议明确责权利。邀请方通过信息平台直接邀请医务人员提供在线医疗服务的,必须申请设置互联网医院,按照《互联网医院管理办法(试行)》管理。

(三)远程医疗服务的基本条件

1. **医疗机构基本条件** ①有卫生健康行政部门(含中医药主管部门,下同)批准、与所开展远程医疗服务相应的诊疗科目;②有在本机构注册、符合远程医疗服务要求的专业技术人员;③有完善的远程医疗服务管理制度、医疗质量与医疗安全、信息化技术保障措施。

2. **人员基本条件** ①邀请方与受邀方应当根据患者病情安排相应医务人员参与远程医疗服务。邀请方至少有1名执业医师(可多点执业)陪同,若邀请方为基层医疗卫生机构,可以由执业助理医师或乡村医生陪同;受邀方至少有1名具有相应诊疗服务能力、独立开展临床工作3年以上的执业医师(可多点执业)为患者提供远程医疗服务。根据患者病情,可提供远程多学科联合诊疗服务;②有专职人员负责仪器、设备、设施、信息系统的定期检测、登记、维护、改造、升级,符合远程医疗相关卫生信息标准和信息安全的规定,保障远程医疗服务信息系统(硬件和软件)处于正常运行状态,满足医疗机构开展远程医疗服务的需要。

3. **设备设施基本条件** ①远程医疗信息系统应当满足图像、声音、文字以及诊疗所需其他医疗信息的安全、实时传输,图像清晰,数据准确,符合《远程医疗信息系统建设技术指南》,满足临床诊疗要求;②重要设备和网络应当有不间断电源;③远程医疗服务网络应当至少有2家网络供应商提供的网络,保障远程医疗服务信息传输通畅。有条件的可以建设远程医疗专网。

(四)远程医疗服务流程

远程医疗服务流程如图3-2所示。

```
签订合作 → 知情同意 → 远程会诊 → 远程诊断 → 妥善保存资料
                          ↓
              发出邀请  接受邀请  实施服务
```

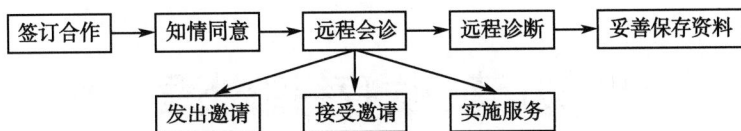

图 3-2　远程医疗服务流程图

（五）远程医疗服务管理要求

【目标要求】

医疗机构应做好远程医疗服务中机构和人员的管理工作。

【管理要点】

- 制定并落实管理规章制度,做好远程医疗服务质量管理与控制工作。
- 做好远程医疗服务质量管理与控制工作。
- 加强人员业务培训和工作规范的管理。

【实操要素】

1. 互联网诊疗服务中应执行国家发布或者认可的技术规范和操作规程,建立应急预案,保障医疗质量与安全。

2. 参与远程医疗运行各方应当加强信息安全和患者隐私保护,防止违法传输、修改,防止数据丢失,建立数据安全管理规程,确保网络安全、操作安全、数据安全、隐私安全。

3. 与第三方机构合作发展远程医疗服务的,要通过协议明确各方权利、义务和法律责任,落实财务管理各项制度。

4. 医务人员对患者进行远程医疗服务时应当遵守医疗护理常规和诊疗规范。

5. 提供医学检查检验等服务的远程医疗服务中心,应当配备具有相应资质的卫生专业技术人员,按照相应的规范开展工作。

6. 邀请方和受邀方要按照病历书写及保管有关规定共同完成病历资料,原件由邀请方和受邀方分别归档保存。远程医疗服务相关文书可通过传真、扫描文件及电子签名的电子文件等方式发送。医务人员为患者提供咨询服务后,应当记录咨询信息。

【案例展示】

> 贾某未经批准擅自开展远程医疗服务,在执法时该行为违反了《国家卫生计生委关于推进医疗机构远程医疗服务的意见》(国卫医发〔2014〕51号)第二条第(二)项的规定、《中华人民共和国执业医师法》(以下简称"《执业医师法》")第二十二条第(一)项的规定,依据《执业医师法》第三十七条第(一)项的规定,当地卫生行政部门依法对其作出警告的处罚。

第九节　医疗纠纷处理

一、医疗纠纷概述

（一）医疗纠纷的概念

医疗纠纷是指医患双方因诊疗活动引发的争议。它具有以下特点：①必须是发生于医方和患方之间；②必须是因诊疗活动引发的；③必须存在争议。

（二）医疗纠纷处理的立法

1. 主要法律法规（表3-5）

表3-5　医疗纠纷处理主要法律法规

法律名称	施行时间	要点
《医疗事故处理条例》	2002年9月1日	取消了医疗事故的分类，扩大了事故的范围；将医疗事故技术鉴定组织调整为由医学会组织；初步确定了医疗事故民事赔偿的法律制度；对医疗机构加大了处罚力度；强化了对患者权利的保障，为患者设立了知情权、病历复印权等12项权利，对患者及家属实质性参与医疗事故争议的处理做了制度性安排
《医疗纠纷预防和处理条例》	2018年10月1日	突出了医疗纠纷预防，规范医疗损害鉴定，要求充分发挥人民调解作用，建立完善医疗风险分担机制，明确了医疗纠纷处理途径和程序
《民法典》第七编　侵权责任	2021年1月1日	基本吸收了《侵权责任法》关于医疗损害责任的相关规定，有关医疗损害责任的条款总体上同步《侵权责任法》的医疗损害责任条款，既吸收了之前相关立法的成功制度设计，又根据司法实践的效果进行了微调，使之能更好地适应我国医疗损害责任的认定及处理实践

2. 主要司法解释（表3-6）

表3-6　医疗纠纷处理主要司法解释

名称	施行时间
《最高人民法院关于民事诉讼证据的若干规定》（2019年修正）	2020年
《最高人民法院关于参照〈医疗事故处理条例〉审理医疗纠纷民事案件的通知》	2003年
《最高人民法院关于审理人身损害赔偿案件适用法律若干问题的解释》（2020年修正）	2021年
《最高人民法院关于审理医疗损害责任纠纷案件适用法律若干问题的解释》（2020年修正）	2021年

二、医疗民事纠纷之医疗损害责任

(一) 医疗损害责任的概念及构成要件

医疗损害责任,是指医疗机构及其医务人员在诊疗活动中的过错给患者造成损害,而应当承担的侵权责任。

医疗损害责任的构成要件包括损害行为、损害结果、因果关系和过错。损害结果包括人身损害和财产损害。医疗损害中的过错是指与诊疗有关的过错,医务人员的过错应当被认定为医疗机构的过错。医疗损害中的过错通常是指"过失"。

(二) 医疗损害责任类型及归责原则(表3-7)

表3-7　医疗损害责任类型及归责原则

类型	重点法条	归责原则
医疗技术损害责任	《民法典》第一千二百二十一条　医务人员在诊疗活动中未尽到与当时的医疗水平相应的诊疗义务,造成患者损害的,医疗机构应当承担赔偿责任	过错责任
违反告知义务的损害责任	《民法典》第一千二百一十九条　医务人员在诊疗活动中应当向患者说明病情和医疗措施。需要实施手术、特殊检查、特殊治疗的,医务人员应当及时向患者具体说明医疗风险、替代医疗方案等情况,并取得其明确同意;不能或者不宜向患者说明的,应当向患者的近亲属说明,并取得其明确同意。医务人员未尽到前款义务,造成患者损害的,医疗机构应当承担赔偿责任	过错责任
医疗管理损害责任	《民法典》第一千二百二十二条　患者在诊疗活动中受到损害,有下列情形之一的,推定医疗机构有过错:①违反法律、行政法规、规章以及其他有关诊疗规范的规定;②隐匿或者拒绝提供与纠纷有关的病历资料;③遗失、伪造、篡改或者违法销毁病历资料	过错推定责任
医疗产品损害责任	《民法典》第一千二百二十三条　因药品、消毒产品、医疗器械的缺陷,或者输入不合格的血液造成患者损害的,患者可以向药品上市许可持有人、生产者、血液提供机构请求赔偿,也可以向医疗机构请求赔偿。患者向医疗机构请求赔偿的,医疗机构赔偿后,有权向负有责任的药品上市许可持有人、生产者、血液提供机构追偿	无过错责任

(三) 医疗损害责任的免责事由

《民法典》第一千二百二十四条规定了医疗损害责任的免责事由。患者在诊疗活动中受到损害,有下列情形之一的,医疗机构不承担赔偿责任:①患者或者其近亲属不配合医疗机构进行符合诊疗规范的诊疗;②医务人员在抢救生命垂危的患者等紧急情况下已经尽到合理诊疗义务;③限于当时的医疗水平难以诊疗。

（四）医疗损害的赔偿

侵害他人造成人身损害的,应当赔偿医疗费、护理费、交通费、营养费、住院伙食补助费等为治疗和康复支出的合理费用,以及因误工减少的收入。造成残疾的,还应当赔偿辅助器具费和残疾赔偿金;造成死亡的,还应当赔偿丧葬费和死亡赔偿金。

损害发生后,当事人可以协商赔偿费用的支付方式。协商不一致的,赔偿费用应当一次性支付;一次性支付确有困难的,可以分期支付,但是被侵权人有权请求提供相应的担保。

三、医疗纠纷的预防

医疗纠纷的预防是指各社会主体采取多种措施,降低医疗纠纷的发生风险。有效预防措施可以减少医疗纠纷的发生,有利于保障公民健康权益的实现、医疗服务质量的提高、强化医务人员的职业风险意识及促进和谐医患关系的发展。

（一）社会预防制度

医疗卫生事业事关民生,对于医疗纠纷的预防,政府应充当调控者和指挥者的角色,从社会宏观体制机制角度预防医疗纠纷。具体措施可包括以下几点。

1. 不断深化医疗卫生领域的供给侧结构性改革,提升医疗卫生服务能力。

2. 不断健全与完善卫生法规律。

3. 加强对医疗行业的监管。

4. 完善医疗纠纷预防与处理体制机制。

5. 加强健康促进与教育工作,提高公众对疾病治疗等医学科学知识的认知水平,强化医学科学是有限性科学的社会认知。

（二）医疗机构的预防制度

【目标要求】

医疗机构应通过综合治理,提高风险防范意识,抓好环节质量控制,减少纠纷的发生和降低风险带来的损害。

【管理要点】

• 做好对专业技术活动的管理,做好配套生活性非技术服务活动的管理。

• 做好患者本人的权利保障工作,还要关注其相关人员,做到对纠纷的全面防范。

【实操要素】

1. **树立法治理念,切实保障患者权利**　尊重患者的知情同意权、自我决定权、人格尊严及民族风俗习惯,保护患者隐私权和信息权,建立畅通的投诉渠道,接受患者的批评与建议。

2. 落实医疗质量安全十八项核心制度

3. 积极履行医疗义务

（1）医务人员在诊疗活动中应当以患者为中心，严格遵守医疗卫生法律、法规、规章和诊疗相关规范、常规，选择合理的医疗、预防、保健方案，对患者进行合理检查、合理治疗、合理用药，禁止对患者实施不必要的检查、治疗、用药。

（2）医务人员在特定条件下要对患者主动履行急救义务，在患者病情危急时，积极运用开通绿色通道或者请示医疗机构负责人等措施进行救治，不能以患者没有缴费、患者及近亲属无法进行知情同意为由，拒绝或怠于对患者进行紧急救治。

（3）医疗机构应落实医疗技术临床应用管理职责，防止医疗技术不规范的临床应用甚至滥用。

（4）严格执行药品、医疗器械、消毒药剂、血液等的进货查验、保管等制度；禁止使用无合格证明文件、过期等不合格的药品、医疗器械、消毒药剂、血液等。

（5）医疗机构与医务人员要落实病历书写、保管与提供义务，重视病历书写，做到客观、真实、准确、及时、完整、规范；重视病历保管和提供工作，严禁篡改、伪造、隐匿、非法销毁病历资料。医疗机构应加强病案的质量控制，要确保病案的完整性和系统性，完善病案管理规章制度；要按照规定向患者提供病历资料。

4. 强化医患沟通 医疗机构和医务人员对患者在诊疗过程中提出的咨询、意见和建议，应当耐心解释、说明，并按照规定进行处理；对患者就诊疗行为提出的疑问，应当及时予以核实、自查，并指定有关人员与患者或者其近亲属沟通，如实说明情况。

【案例展示】

2015年6月4日，王某因"左眼上方黑影固定遮挡十天"至A医院就诊，诊断为左眼孔源性视网膜脱落（PVR B）双眼翼状胬肉，双眼年龄相关性白内障（皮质性、初发期），高血压病，收入住院行"左眼ECCE+玻璃体切割术+视网膜复位+光凝+IOL植入术+C3F8注入术。"术后王某左眼出现较重炎症反应。医学会鉴定意见为：医方手术方案选择正确，手术操作及术后处理符合医疗常规。王某左眼术后视力及眼球组织结构的损害系B公司生产的眼用全氟丙烷气体不合格所致。经鉴定机构鉴定，王某因医疗损害致左眼中毒性视网膜病变，现左眼视力属盲目4级，构成八级伤残。法院经审理判决B公司赔偿王某14余万元，A医院对B公司的给付义务承担连带责任。根据《民法典》一千二百二十三条，B公司生产不合格的医疗器械导致王某的损害发生应承担全部赔偿责任。王某在A医院就诊，A医院对B公司的赔偿责任承担连带责任。

四、医疗纠纷的处理

【目标要求】

医疗机构应严格按照法律法规的规定,处理好告知义务的履行、病历资料等的封存以及尸检等各项事务,保障医疗纠纷的圆满解决。

【管理要点】

- 做好发生医疗纠纷后的告知工作。
- 做好病历资料和现场实物的封存。
- 做好尸检及尸体处理工作。

【实操要素】

1. 告知工作 发生医疗纠纷,医疗机构应当告知患者或者其近亲属下列事项。

(1)解决医疗纠纷的合法途径。

(2)有关病历资料、现场实物封存和启封的规定。

(3)有关病历资料查阅、复制的规定。

(4)患者死亡的,还应当告知其近亲属有关尸检的规定。

2. 病历资料和现场实物的封存

(1)封存、启封病历资料的,应当在医患双方在场的情况下进行。

(2)封存的病历资料可以是原件,也可以是复制件,由医疗机构保管。病历尚未完成需要封存的,对已完成病历先行封存;病历按照规定完成后,再对后续完成部分进行封存。

(3)医疗机构应当对封存的病历开列封存清单,由医患双方签字或者盖章,各执一份。

(4)病历资料封存后医疗纠纷已经解决,或者患者在病历资料封存满 3 年未再提出解决医疗纠纷要求的,医疗机构可以自行启封。

3. 尸检及尸体处理

(1)患者死亡,医患双方对死因有异议的,应当在患者死亡后 48 小时内进行尸检;具备尸体冻存条件的,可以延长至 7 日。

(2)尸检应当经死者近亲属同意并签字,拒绝签字的,视为死者近亲属不同意进行尸检。

(3)不同意或者拖延尸检,超过规定时间,影响对死因判定的,由不同意或者拖延的一方承担责任。

(4)尸检应当由按照国家有关规定取得相应资格的机构和专业技术人员进行。

(5)医患双方可以委派代表观察尸检过程。

4. 医疗纠纷的处理途径

对于医疗纠纷的解决,《基本医疗卫生与健康促进法》第九十六条规定:"国家建立医疗纠纷预防和处理机制,妥善处理医疗纠纷,维护医疗秩序。"《医疗纠纷预防和处理条例》规定了四种解决途径,即双方自愿协商、申请人民调解、申请行政调解、向人民法院提起诉讼以及法律、法规规定的其他途径。

【案例展示】

> 患者王某因膝关节疼痛到某市医院就医,住院期间接受了某医师的小针刀治疗。两天后,患者经抢救无效死亡。患者亲属投诉该医院,当地卫生健康行政部门进行了调查。经调查,该医院存在多项违法行为,其中包括医护人员伪造患者字迹、签署非手术科室入院记录、手术知情同意书、患者入院须知等病历文书,患者死亡后手术医师为逃避责任、指使他人在患者病历资料上添加内容篡改病历资料等违法行为。
>
> 当地卫生健康行政部门判定本医疗争议为"一级甲等、院方全责"的医疗事故,直接原因是医院有伪造篡改病历资料的行为,存在不如实提供病历资料导致医疗事故技术鉴定不能进行的情节。在提起医疗事故技术鉴定程序,因患方对病历资料的真实性存在异议,技术鉴定程序被迫终止后,行政机关展开行政调查,综合相关情况,适用过错推定规则,直接行政判定院方承担全部责任。针对医院及医护人员的违法行为,当地卫生健康行政部门依据《医疗纠纷预防和处理条例》《医疗机构管理条例实施细则》等有关规定,对医院给予警告和罚款的行政处罚;并依据《医疗纠纷预防和处理条例》的相关规定,分别给予有关医护人员责令暂停6个月至12个月执业活动的行政处罚。

五、医疗纠纷的法律责任

(一) 行政责任

依照《医疗机构管理条例》《医师法》《医疗纠纷预防和处理条例》等给予医疗机构和直接责任人以相应的行政处罚和行政处分,主要有以下几种情况。

1. **财产罚** 基于违法或违章行医而致的医疗纠纷,可给予医疗机构一定数额的罚款,或没收财产(如未达法定标准的、能严重影响病人安全和健康的医疗器械,各种假药劣药等)。

2. **行为罚** 符合《医师法》第五十五、五十六条规定,情节较重的,责令暂停六个月以上一年以下执业活动直至吊销医师执业证书。

3. **申诫罚** 符合《医师法》第五十五、五十六条规定,情节较轻的,可给予责令改正,给予警告等处罚。

4. **行政处分** 符合《医师法》第六十一、六十二条,对直接负责的主管人员和其他直接责任人员依法给予处分。《医疗纠纷预防和处理条例》第四十七、四十八和四十九条也有类似规定。

(二) 民事责任

医患双方在医疗纠纷处理中,造成人身、财产或者其他损害的,依法承担民事责任。承担民事责任的主要方式是赔偿损失。

(三) 刑事责任

在医疗纠纷处理中涉及最典型的刑事责任就是医疗事故罪。《刑法》第335条规定,医务人员由于严重不负责任,造成就诊人死亡或者严重损害就诊人身体健康的,处3年以下有期徒刑或者拘役。其构成要件包括:行为主体是医务人员、有严重不负责任的行为、存在就诊人死亡或者严重损害就诊人身体健康的结果、严重不负责任的医疗行为与客观损害结果之间存在《刑法》上的因果关系。

(赵 敏 翁雨雄 张宇清 王建强)

第四章
医疗机构知识产权法务管理

第一节　医疗机构知识产权管理概述

一、知识产权概述

知识产权是一个包括著作权、专利权、商标权以及反不正常竞争有关权利等广泛的权力体系。知识产权基本概念的内涵和外延随着社会的发展而不断变化和完善,在 1967 年成立的世界知识产权组织明确将知识产权概念使用了 "intellectual property" 一词,至此该专业用语在世界范围内基本被确定下来。我国 1986 年通过的《中华人民共和国民法通则》第一次把知识产权列为民事权利的重要组成部分,并将知识产权与财产所有权和与财产所有权有关的财产权、债权、人身权相并列,明确规定了公民、法人的知识产权受法律保护。在 2021 年 1 月实施的《民法典》依然采用的是将知识产权与其他民事权利并列的方式立法,该法第五章　民事权利章规定:"民事主体依法享有知识产权。知识产权是权利人依法就下列客体享有的专有的权利:(一)作品;(二)发明、实用新型、外观设计;(三)商标;(四)地理标志;(五)商业秘密;(六)集成电路布图设计;(七)植物新品种;(八)法律规定的其他客体。"为促进世界各个国家和地区之间的交流与合作,我国先后加入了知识产权保护领域的主要国际公约、条约、协定等。与国际同步的现代知识产权制度已经在我国基本形成和逐步完善。

二、知识产权的特征

(一)知识产权客体的无形性

知识产权保护的客体是人类的智力成果,是一种无形体的财富。作为一种无形物知识产权的客体必须依赖于一定形式的载体才能得以体现,否则无法为人感知,也无法为人们所传承。人类的智力成果作为无形物,一经创造完成即客观存在,不随着有形载体的灭失而消失。

(二)知识产权本体的特征

1. **知识产权的法定性**　关乎法律创设知识产权制度的根本宗旨,即以保护创造者利益为基点,促进科技文化创造、推动人类进步。知识产权的法定性不仅体现在是否保护知识产权要有法律规定,而且保护哪些知识产权、知识产权及各门类的对象、范围、种类、内容等也要有法律明确规定,甚至在知识产权的获得、权项内容、权利的行使、保护及限制等,必须由法律明文规定。

如我国为保护文学、艺术和科学作品作者的著作权,以及与著作权有关的权益,鼓励有益于社会主义精神文明、物质文明建设的作品的创作和传播,促进社会主义文化和科学事业的发展与繁荣,制定了《中华人民共和国著作权法》(以下简称"《著作权法》");为保护专利权人的合法权益,鼓励发明创造,推动发明创造的应用,提高创新能力,促进科学技术进步和经济社会发展,制定了《中华人民共和国专利法》(以下简称"《专利法》");为加强商标管理,保护商标专用权,促使生产、经营者保证商品和服务质量,维护商标信誉,以保障消费者和生产、经营者的利益,促进社会主义市场经济的发展,制定了《中华人民共和国商标法》(以下简称"《商标法》");为了促进社会主义市场经济健康发展,鼓励和保护公平竞争,制止不正当竞争行为,保护经营者和消费者的合法权益,制定了《反不正当竞争法》;为了保护计算机软件著作权人的权益,调整计算机软件在开发、传播和使用中发生的利益关系,鼓励计算机软件的开发与应用,促进软件产业和国民经济信息化的发展,制定了《计算机软件保护条例》。基于各部门法对该项知识产权保护宗旨,我国的法律对知识产权的权利种类和内容进行了明确规定和限定。

2. **知识产权的专有性** 是指非经知识产权人许可或法律特别规定,他人不得实施受知识产权专有权利控制的行为,否则构成侵权。知识产权的专有性给予权利人对知识产权的合法的垄断权。同时,知识产权的专有性不是绝对的专有和无限的垄断,因为从社会发展的角度,知识传播有利于文化和技术的发展,无法传播的知识其价值也不能得到进一步发挥。因此出于公益的需要,知识产权制度还专门包含了对权利的限制制度。如知识产权法中有强制许可、法定许可、合理使用、权利失效、保护期届满等限制垄断性利用智力成果的法律制度。

3. **知识产权的时间性** 指知识产权的客体只在法律规定的期限内受法律保护,一旦超过法律规定的保护期限,该智力成果进入公有领域就不再受保护,成为人人都可以都利用的公共资源。这一点也体现了知识产权专有在保护期限上的相对性。对知识产权时间性,《著作权法》规定作者的署名权、修改权、保护作品完整权的保护期不受限制。自然人的作品,其发表权、财产权利的保护期为作者终生及其死亡后五十年,即截至作者死亡后第五十年的12 月 31 日。法律还对合作作品、法人或者非法人组织的作品以及著作邻接权等的保护期作了明确规定。《专利法》规定,发明专利权的期限为二十年,实用新型专利权的期限为十年,外观设计专利权的期限为十五年,均自申请日起计算。《商标法》规定,注册商标的有效期为十年,自核准注册之日起计算。注册商标有效期满,需要继续使用的,商标注册人应当在期满前十二个月内按照规定办理续展手续。对于商业秘密的保护期限,从原则上来讲,只要商业秘密还具有秘密性,有保护的意义,那么就应该继续保密下去。一项技术秘密可能由于权利人保密措施得力和技术本身的应用价值而延续很长时间,远远超过专利技术受保护的期限。

4. **知识产权的地域性**　是指知识产权的法律效力原则上基于特定国家和地区的地域范围,这也是知识产权法定性的表现。因为立法权是各国的基本主权,各国法律无不具有地域性,法律的域外效力一般不被承认。按照一国法律获得保护的知识产权,依法只能在该国发生法律效力;在一个国家获得保护的知识产权并不必然自动延伸到别的国家或地区受到保护。但是,知识产权的地域性并不是绝对的,从 19 世纪末开始,随着科学技术日益进步和国际贸易的发展扩大,知识产权如专利、商标、著作权等越来越频繁地进入国际市场,促进了各国之间科学文化交流,而知识产权的地域性不利于科学文化的国际交流。为了解决这一矛盾,各个国家和地区先后签订了一些保护知识产权的国际公约,成立了一些全球性或地区性保护知识产权的国际组织,形成一套国际知识产权保护制度。

三、知识产权的行使

知识产权的行使是指权利人对知识产权的利用,包括权利人自己实施利用以及对他人的许可、转让、出资、质押、特许经营、捐赠等。对外使用许可和转让是其重要的利用方式。

知识产权使用许可是在不改变知识产权权属的情况下,经过知识产权人的同意,授权他人在一定期限、范围内使用知识产权的法律行为。根据知识产权许可授权的范围不同,可以分为独占许可、排他许可和普通许可。独占许可是指在约定的时间、地域内,知识产权只能由被许可方按照约定的方式使用,任何第三方也包括许可方自己均无权使用。独占许可一般在商标与专利领域应用,因其苛刻的限制使用条件,为此被许可方要支付较高的使用费,同时享受技术、品牌优势带来的市场优势。排他许可是指在约定时间、地域内,知识产权由被许可方按照约定的方式使用知识产权,许可方也可以使用,但任何第三方不能使用的一种方式。普通许可是指在约定的时间、地域内,许可方不仅许可被许可方按照约定的方式使用知识产权,许可方自己也可以使用,还可以继续许可给其他人使用。

四、医疗机构的知识产权管理

知识产权作为无形资产,是企业资产的重要组成部分,也是企业核心竞争力的体现。医疗机构既属于医疗服务行业又是医学诊疗技术的实践平台,还是医疗科研活动的实施载体,集医疗、教学与科研于一体,已经成为卫生行业高新技术智力成果的知识产权集中产出地。医疗机构知识产权的数量和质量,在一定程度上代表着医疗机构的医疗、教学与科研创新能力。医疗机构对知识产权的管理也需要与总体发展战略紧密衔接。卫生部早在 2000 年就印发了《卫生知识产权保护管理制度》(卫科教发〔2000〕230 号),旨在加强卫生知识产权保护与管理,维护国家、企事业单位和科技人员等产权所有者或持有者合法权益,鼓励发明创造,推动我国卫生科技进步。运用知识产权制度加强对医疗机构及工作者知识产权保护,对激励创新热情、推动医疗卫生事业发展起到重要作用,也能提高医疗机构的服务能力和市场竞争优势,有助于获得更高的社会及经济效益。

医疗机构的知识产权主要涉及以下几种:专利权,商标权,著作权及邻接权,商业秘密,医院字号、院徽、院标和各种服务标志,以及国家颁布的法律、法规所保护的其他智力成果和活动的权利。加强知识产权管理,促进技术的成果化和资产化,既能提升医疗机构的医疗、教学和科研水平,也能有效提高医疗机构的行业竞争能力。

我国医疗机构的知识产权管理尚处于起步阶段,目前主要存在以下几个方面的问题:①对知识产权重要性的认识不足;②缺乏有效的管理系统,管理制度和管理机构建设有待完善;③知识产权管理人员缺乏,知识产权创新人才缺乏;④知识产权的质量和转化利用效益有待提高。

下面章节将分别从医疗机构的知识产权法律、法规的相关规定和典型案例等方面对医疗机构的知识产权和管理进行阐述。

第二节 医疗机构著作权管理

一、著作权概述

(一) 著作权的定义

著作权是指权利人对文学、艺术和科学领域内作品享有的人身权利和财产权利的总称。

(二) 著作权的主体

著作权的主体即著作权人,是指依照《著作权法》,对作品享有著作权的作者以及其他依法享有著作权的自然人、法人或者非法人组织。

我国《著作权法》规定:创作作品的自然人是作者。由法人或者非法人组织主持,代表法人或者非法人组织意志创作,并由法人或者非法人组织承担责任的作品,法人或者非法人组织视为作者。

（三）著作权的客体

1. **著作权的客体** 即作品,通过作者的创作活动产生的属于文学、艺术和科学领域内的具有独创性并能以一定形式表现的智力成果。

（1）作品属于文学艺术和科学领域内智力成果:是来自人类的智力创造,属于文学艺术和科学领域,它承载着传播文学和科学思想的某种信息。

（2）作品具有独创性:独创性中的"独"是指作品系作者独立创作完成,而非抄袭、剽窃他人作品;"创"是指作品具有一定的创造性,体现一定的智力水平和作者的个性化表达。

（3）作品通过一定的形式表达:《著作权法》保护的是思想的表达而不是思想本身。思想是抽象的,不受法律保护,仅当思想以一定形式得以表现之后,方能够被他人感知,才能成为受法律保护的作品。

2. **作品的种类** 我国《著作权法》将作品分为以下几种类型:①文字作品;②口述作品;③音乐、戏剧、曲艺、舞蹈、杂技艺术作品;④美术、建筑作品;⑤摄影作品;⑥视听作品;⑦工程设计图、产品设计图、地图、示意图等图形作品和模型作品;⑧计算机软件;⑨符合作品特征的其他智力成果。

3. **《著作权法》不予保护的对象** 我国《著作权法》明确规定了该法保护的对象不适用于:①法律、法规,国家机关的决议、决定、命令和其他具有立法、行政、司法性质的文件,及其官方正式译文;②单纯事实消息;③历法、通用数表、通用表格和公式。此外,创意、题材、操作方法、技术方案、实用功能等属于思想层面的,不构成作品,不受《著作权法》的保护。

（四）著作权的取得

我国著作权的立法受到《伯尔尼公约》的影响,采取自动取得原则,只要符合法律上作品的条件,作品一旦完成即产生著作权。在我国著作权人在作品完成后,可以自主决定是否向著作权主管部门对作品进行登记。著作权的登记仅对著作权的归属起到初步证明的作用。

（五）著作权的内容

著作权人依照法律规定对作品享有的各项专有权。著作权内容包括著作人身权和著作财产权两部分。

1. **著作人身权** 作品是作者创造性劳动的结果,其间凝聚了作者的人格和精神,是作者人格和精神的体现,作者对作品享有著作人身权,包括:①发表权,既决定作品是否公之于众的权利,还包括决定何时、何地、何人以何种方式公开的权利。发表权只能行使一次;②署名权,即表明作者身份,在作品上署名的权利。它包括作者决定是否署名,署真名、假名、笔名,禁止或允许他人署名等权利;③修改权,即修改或者授权他人修改作品的权利,但这种修改是以不改变作品主体部分为限的;④保护作品完整权,即保护作品不受歪曲、篡改的权利。作者的著作人身权不能转让而只能由作者享有。

2. 著作财产权　著作权人通过各种方式利用其作品并获得经济收益的权利。著作权人享有以下著作财产权:复制权、发行权、出租权、展览权、表演权、放映权、广播权、信息网络传播权、摄制权、改编权、翻译权、汇编权、应当由著作权人享有的其他权利。我国《著作权法》规定,著作权人可以转让或者许可他人行使作品的著作财产权并可依照约定或者法律有关规定获得报酬。

(六) 与著作权有关的权利

与著作权有关的权利是与著作权相邻、相关的权利,也称为著作邻接权,是指作品的传播者对其在传播作品过程中所产生的创作型劳动成果所享有的专有权利。著作邻接权属于广义的著作权。

著作邻接权包括以下几种类型。

1. 出版者权,指的是图书或报刊出版者对其出版、编辑的图书、报刊的版式设计享有的权利。出版者有权许可或者禁止他人使用其出版的图书、期刊的版式设计。

2. 表演者权,是依照法律规定,表演者对其表演所有享有的许可或禁止他人利用其表演活动的权利。表演者权包括了人身权利和财产权利两部分。表演者人身权利有:①表明身份的权利;②保护表演形象不受歪曲的权利。表演者财产权利包括:①许可他人从现场直播和公开传送其现场表演,并获得报酬;②许可他人录音录像,并获得报酬;③许可他人复制、发行、出租录有其表演的录音录像制品,并获得报酬;④许可他人通过信息网络向公众传播其表演,并获得报酬。

3. 录音录像制作者权,指依照法律规定录音录像者对其制作的录音录像制品享有的许可他人复制、发行、出租、通过信息网络向公众传播并获得报酬的权利。录音录像制作者使用他人作品制作录音录像制品,应当取得著作权人许可,并支付报酬。

4. 广播组织权,指依照法律规定广播电台、电视台对其制作的广播、电视节目享有的专有权利。广播组织有权禁止未经其许可的下列行为:①将其播放的广播、电视以有线或者无线方式转播;②将其播放的广播、电视录制以及复制;③将其播放的广播、电视通过信息网络向公众传播。广播电台、电视台行使这些法律规定的权利,不得影响、限制或者侵害他人行使著作权或者与著作权有关的权利。电视台播放他人的视听作品、录像制品,应当取得视听作品著作权人或者录像制作者许可,并支付报酬;播放他人的录像制品,还应当取得著作权人许可,并支付报酬。

（七）法律对著作权的限制

同其他民事权利一样,著作权权利人权利的行使并不是绝对和无限制的,著作权人在对其作品享有充分权利的同时,也要满足社会对知识和信息的需要,在一定条件下应当允许他人不经许可使用,甚至可以无偿使用。《著作权》法对著作权的限制,包括合理使用和法定许可使用。

1. 合理使用,指著作权人以外的主体,在法律规定的情形下,可以不经著作权人许可,不向著作权人支付报酬而使用作品的制度。在法定合理使用情形下,应当指明作者姓名或者名称、作品名称,并且不得影响该作品的正常使用,也不得不合理地损害著作权人的合法权益。

我国《著作权法》规定的合理使用情形有:①为个人学习、研究或者欣赏,使用他人已经发表的作品;②为介绍、评论某一作品或者说明某一问题,在作品中适当引用他人已经发表的作品;③为报道新闻,在报纸、期刊、广播电台、电视台等媒体中不可避免地再现或者引用已经发表的作品;④报纸、期刊、广播电台、电视台等媒体刊登或者播放其他报纸、期刊、广播电台、电视台等媒体已经发表的关于政治、经济、宗教问题的时事性文章,但著作权人声明不许刊登、播放的除外;⑤报纸、期刊、广播电台、电视台等媒体刊登或者播放在公众集会上发表的讲话,但作者声明不许刊登、播放的除外;⑥为学校课堂教学或者科学研究,翻译、改编、汇编、播放或者少量复制已经发表的作品,供教学或者科研人员使用,但不得出版发行;⑦国家机关为执行公务在合理范围内使用已经发表的作品;⑧图书馆、档案馆、纪念馆、博物馆、美术馆、文化馆等为陈列或者保存版本的需要,复制本馆收藏的作品;⑨免费表演已经发表的作品,该表演未向公众收取费用,也未向表演者支付报酬,且不以营利为目的;⑩对设置或者陈列在公共场所的艺术作品进行临摹、绘画、摄影、录像;⑪将中国公民、法人或者非法人组织已经发表的以国家通用语言文字创作的作品翻译成少数民族语言文字作品在国内出版发行;⑫以阅读障碍者能够感知的无障碍方式向其提供已经发表的作品;⑬法律、行政法规规定的其他情形。

对与著作权有关的权利的限制同样适用上述规定。

2. 法定许可,指在法律规定的情形下,著作权人以外的主体可以不经著作权人许可使用其作品的法律制度。法定许可情形下的使用,需要向著作权人支付报酬,并写明作者姓名、作品名称。

法定许可使用的情形有:①教科书编写的法定许可。为实施义务教育和国家教育规划而编写出版教科书,可以不经著作权人许可,在教科书中汇编已经发表的作品片段或者短小的文字作品、音乐作品或者单幅的美术作品、摄影作品、图形作品,但应当按照规定向著作人支付报酬,指明作者姓名或者名称、作品名称,并且不得侵犯著作权人依照本法享有的其他权利;②报刊转载的法定许可。著作权人向报社、期刊社投稿的,作品刊登后,除著作权人声明不得转载、摘编的外,其他报刊可以转载或者作为文摘、资料刊登,但应当按照规定向著作权人支付报酬;③音乐作品的法定许可。录音制作者使用他人已经合法录制为录音制品的音乐作品制作录音制品,可以不经著作权人许可,但应当按照规定支付报酬;著作权人声明不许使用的不得使用;④广播电台、电视台播放已发表作品的法定许可。广播电台、电视台播放他人已发表的作品,可以不经著作权人许可,但应当按照规定支付报酬。

(八)侵害著作权的行为及法律责任

1. 根据《著作权法》规定,侵害著作权的行为包括以下情形:①未经著作权人许可,发表其作品的;②未经合作作者许可,将与他人合作创作的作品当作自己单独创作的作品发表的;③没有参加创作,为牟取个人名利,在他人作品上署名的;④歪曲、篡改他人作品的;⑤剽窃他人作品的;⑥未经著作权人许可,以展览、摄制视听作品的方法使用作品,或者以改编、翻译、注释等方式使用作品的,本法另有规定的除外;⑦使用他人作品,应当支付报酬而未支付的;⑧未经视听作品、计算机软件、录音录像制品的著作权人、表演者或者录音录像制作者许可,出租其作品或者录音录像制品的原件或者复制件的,本法另有规定的除外;⑨未经出版者许可,使用其出版的图书、期刊的版式设计的;⑩未经表演者许可,从现场直播或者公开传送其现场表演,或者录制其表演的;⑪其他侵犯著作权以及与著作权有关的权利的行为。⑫未经著作权人许可,复制、发行、表演、放映、广播、汇编、通过信息网络向公众传播其作品的,本法另有规定的除外;⑬出版他人享有专有出版权的图书的;⑭未经表演者许可,复制、发行录有其表演的录音录像制品,或者通过信息网络向公众传播其表演的,本法另有规定的除外;⑮未经录音录像制作者许可,复制、发行、通过信息网络向公众传播其制作的录音录像制品的,本法另有规定的除外;⑯未经许可,播放、复制或者通过信息网络向公众传播广播、电视的,本法另有规定的除外;⑰未经著作权人或者与著作权有关的权利人许可,故意避开或者破坏技术措施的,故意制造、进口或者向他人提供主要用于避开、破坏技术措施的装置或者部件的,或者故意为他人避开或者破坏技术措施提供技术服务的,法律、行政法规另有规定的除外;⑱未经著作权人或者与著作权有关的权利人许可,故意删除或者改变作品、版式设计、表演、录音录像制品或者广播、电视上的权利管理信息的,知道或者应当知道作品、版式设计、表演、录音录像制品或者广播、电视上的权利管理信息未经许可被删除或者改变,仍然向公众提供的,法律、行政法规另有规定的除外;⑲制作、出售假冒他人署名的作品的。

2. 依据《著作权法》的规定,侵犯著作权或者与著作权有关的权利的民事责任方面,侵权人应当承担停止侵害、消除影响、赔礼道歉、赔偿损失等法律责任。侵权行为如同时损害公共利益的,由主管著作权的部门责令停止侵权行为,予以警告,没收违法所得,没收、无害化销毁处理侵权复制品以及主要用于制作侵权复制品的材料、工具、设备,以及罚款等行政处罚。《刑法》也对著作权相关犯罪行为和相应的刑事责任做了规定。

二、医疗机构的著作权管理

【目标要求】

医疗机构应依照法律、法规的规定,采取有效措施对本机构内的著作权和与著作权相关的权利依法进行管理。

【管理要点】

• 医疗机构应当建立完整的著作权管理制度,明确知识产权管理部门对著作权的管理职责。

• 厘清医疗机构著作权的归属,对医疗机构人员的职务作品、委托或被委托作品、合作作品等作品权属按照法律的规定或者以合同条款约定来明确作品的权属,避免医疗机构的作品存在权属不清和发生著作权权属纠纷。医疗机构享有著作权的作品常见有以下几种:①主要是利用医疗机构的物质技术条件创作,并由医疗机构承担责任的工程设计图、产品设计图、地图、示意图、计算机软件等职务作品;②由医疗机构主持,代表医疗机构意志创作,并由医疗机构承担责任的科研项目成果、专著、论文、教材、刊物、视听作品等;③与他人合作完成或者委托他人创作完成,合同约定由医疗机构享有著作权的作品。

• 鼓励医疗机构人员加强学习,提升医疗技术和科研能力,促进创新,不断提升医疗机构的著作权数量和质量。

• 促进医疗机构著作权转化,实现医疗机构知识产权的价值。

【实操要素】

做好医疗机构著作权管理,主要把握以下五个方面内容。

1. 贯彻执行国家有关著作权法律、法规和条例,制定著作权的申请和保护制度,做好著作权申请的工作计划、发展计划,检查督促计划目标的实施。

2. 做好著作权归属管理,做好本单位著作权收集、登记管理,厘清各项作品的著作权归属。

3. 会同单位法律事务主管部门处理本单位著作权纠纷和办理诉讼或调处事务。

4. 检测国内外涉及本单位业务的著作权动向,防止本单位著作权被他人侵权,也预防本单位侵犯他人著作权。

5. 做好本单位著作权的评估工作,助力实现著作权的转化。

【案例展示】

某口腔医院网站页面出现的 22 字字样,与某单位所提交字体 1 作品原稿中的单字对比,两者字形、字体相同;该医院微博页面中出现的 13 字字样,与该单位所提交字体 2 作品原稿中的单字对比,两者字形、字体相同;该口腔医院微信公众号中出现的 16 字字样,与该单位所提交字体 1 作品原稿中的单字对比,两者字形、字体相同。法院经审理认为,该医院未经权利人许可,使用其享有著作权的上述字体,侵犯了该字体的字体著作权,并判令该医院停止使用这些侵权字体,并赔偿某单位经济损失。

第三节　医疗机构商标管理

一、商标权概述

(一)商标的定义

商标是商品的生产经营者或服务的提供者,在商业活动中使用的,以便将自己提供的商品或服务与他人提供的商品或服务进行区别的标志。商标最主要的功能是商品或服务来源的识别功能。

依据《商标法》规定,任何能够将自然人、法人或者非法人组织的商品与他人的商品区别开的标志,包括文字、图形、字母、数字、三维标志、颜色组合和声音等,以及上述要素的组合,均可以作为商标申请注册。

(二)商标的种类

根据不同的标准,可以将商标分为不同的种类。

1. 根据是否注册划分

经国家商标主管机关依法核准注册的商标为注册商标,商标注册人享有商标专用权。我国《商标法》第四条规定:"自然人、法人或者其他组织在生产经营活动中,对其商品或者服务需要取得商标专用权的,应当向商标局申请商标注册"。

未经国家商标主管机关核准注册的商标为未注册商标,使用人对未注册商标不享有商标专用权。使用未注册商标时不得附加注册标记,但可以标明"商标"或"TM"(trademark)。未注册的商标不准冒用注册标记。

2. 根据识别对象划分

商品商标,是指商品生产、制造、加工、拣选或者经销者在自己的商品上使用的商标。使用于商品上,是指将商标贴附在商品上或商品包装、容器、交易文书等纸上,将商标用于广告宣传、商品展销以及其他商业活动中也属于商标使用。

服务商标,是服务性行业的经营者为将自己提供的服务与他人的服务相区分而使用的商标,服务商标的使用方式包括:直接使用于服务,如使用于服务介绍手册、服务场所的照片、工作人员服饰等与服务有联系的文件资料上;将商标使用在广告中。

3. 集体商标和证明商标

集体商标,是指以团体、协会或者非法人组织名义注册,供该组织成员在商事活动中使用,以表明使用者在该组织中的成员资格的标志。集体商标的作用是向用户表明使用该商标的企业具有共同的特点。

证明商标,是指由对某种商品或者服务具有监督能力的组织所控制,而由该组织以外的单位或者个人使用于其商品或者服务,用以证明该商品或者服务的原产地、原料、制造方法、质量或者其他特定品质的标志。证明商标的意义在于向消费者表明其产品符合规定的条件或标准。

(三)商标权的取得

1. 商标的取得方式

(1)注册取得,指商标权的获得是经申请人申请后商标主管机关的核准注册,未经注册的商标不能享有商标专有权的保护。我国商标注册遵循先申请原则,原则上谁先申请谁就有可能获得商标权。该原则的优势在于安全和效率,有利于商标权的明示和稳定,但是,同时也有对在先使用人保护不周的弊端,而且注册取得原则容易诱发商标的恶意注册。为了平衡利益,我国《商标法》设置了自愿注册的原则、保护在先权利以及同日申请时接受使用在先的商标的原则。

(2)使用取得,是指商标权的获得的依据是商标在商业活动中被真实使用,注册只是证明享有商标权的初步证据。该原则认为,商标只有真实地使用,才能发挥商标的功能和作用,无使用的商标无必要给予商标权保护。美国采取的是商标使用取得原则。

(3)继受取得,是指商标权是基于他人已存在的权力而取得的。取得方式包括:根据转让合同方式取得、根据合同转让方式之外的其他事由发生的转移方式取得,如因继承、赠予和法人因兼并、合并、破产等原因发生的商标权转移。

2. 注册商标取得的条件

商标要获得注册必须符合法律规定的以下条件。

(1)合法性:商标标识的构成要素应当符合《商标法》的规定。我国《商标法》规定,下列标志不能申请商标注册,也不得作为商标使用:①同中华人民共和国的国家名称、国旗、国徽、国歌、军旗、军徽、军歌、勋章等相同或者近似的,以及同中央国家机关的名称、标志、所在地特定地点的名称或者标志性建筑物的名称、图形相同的;②同外国的国家名称、国旗、国徽、军旗等相同或者近似的,但经该国政府同意的除外;③同政府间国际组织的名称、旗帜、徽记等相同或者近似的,但经该组织同意或者不易误导公众的除外;④与表明实施控制、予以保证的官方标志、检验印记相同或者近似的,但经授权的除外;⑤同"红十字""红新月"的名称、标志相同或者近似的;⑥带有民族歧视性的;⑦带有欺骗性,容易使公众对商品的质量等特点或者产地产生误认的;⑧有害于社会主义道德风尚或者有其他不良影响的。县级以上行政区划的地名或者公众知晓的外国地名,不得作为商标。但是,地名具有其他含义或者作为集体商标、证明商标组成部分的除外;已经注册的使用地名的商标继续有效。

（2）显著性:商标标识应当具有便于识别的显著特征,即能够将使用人的商品或服务与他人的商品或服务相区别开来。

《商标法》规定,下列标志因不具有显著性而不得作为商标注册:①仅有本商品的通用名称、图形、型号的;②仅直接表示商品的质量、主要原料、功能、用途、重量、数量及其他特点的;③其他缺乏显著特征的。没有显著性的标志可以作为未注册商标在经营活动中使用,如经过使用取得显著特征,并便于识别的,可以作为商标注册。

（3）不与他人在先权利和权益冲突:《商标法》所保护的在先权利是指在商标申请注册之前即已存在并合法有效的权利,如他人的姓名权、肖像权、著作权、外观设计权以及其他法律规定的在先权利。

（四）商标权的内容

商标权的内容是指商标权人依法享有的权利和承担的义务。根据《商标法》规定,商标权人享有以下权利。

1. 专有使用权 商标权人有权在其核定的商品和服务项目上使用其核准注册的商标。

2. 禁止他人使用权 商标权人有权禁止任何人未经许可而在同一种或类似的商品与服务上使用与该注册商标相同或者近似的商标。

3. 商标处分权 商标权人有权按照自己的意志以许可、转让、出质和投资等方式处置其注册商标。

4. 使用注册标记权 商标权人有权在使用注册商标时标明"注册商标"字样或者注册标记"®"。《商标法》还规定,商标权人使用商标,应当遵循诚实信用原则。应当对其使用商标的商品质量负责。各级工商行政管理部门应当通过商标管理,制止欺骗消费者的行为。

（五）商标的异议程序、无效程序与撤销程序

1. 商标的异议程序 对初步审定公告的商标,自公告之日起三个月内,在先权利人、利害关系人认为该商标违反《商标法》相关规定的可以向商标局提出异议。

2. 商标的无效程序　已经注册的商标,因违反《商标法》的相关规定或是以欺骗手段或者其他不正当手段取得注册的,由商标局主动依职权宣告该注册商标无效,或由商标评审委员会依申请宣告该注册商标无效。被宣告无效的商标自始无效,即自始不发生法律效力。

3. 商标的撤销程序　商标在获得注册之后,如果无正当理由连续三年不使用,或显著性退化,或注册人擅自改变注册商标或注册事项,该注册商标可以被撤销。

(六) 商标权的限制

《商标法》对注册商标的保护不是绝对的。如果他人未将与商标相同或近似的内容用于识别商品来源,就不属于《商标法》意义上的商标的使用,自然不可能构成侵权。此外,有些行为虽然涉及利用商标的识别功能,却基于正当的理由或目的,也不构成侵权。对注册商标的专用权限制情形包括以下几种。

1. 他人描述性使用商标标识　注册商标中含有本商品的通用名称、图形、型号,或者直接表示商品的质量、主要原料、功能、用途、重量、数量及其他特点,或者含有的地名,注册商标专用权人无权禁止他人正当使用商标标识中的符号。

2. 指示性使用商标　如果利用他人商标中的文字或图形,是为了说明自己提供的商品或服务的用途、服务对象和真实来源,且不会让消费者产生误认为使用者与这些商标权人存在某种特殊联系而造成混淆的,则构成"指示性使用",不属于侵权行为。

3. 在先使用　商标注册人申请商标注册前,他人已经在同一种商品或者类似商品上先于商标注册人使用与注册商标相同或者近似并有一定影响的商标的,注册商标专用权人无权禁止该使用人在原使用范围内继续使用该商标,但可以要求其附加适当区别标识。

4. 权利人商标权用尽　对于经商标权人许可或以其他方式合法投放市场的商品,他人在购买之后无须经过商标权人许可,就可将该带有商标的商品再次出售或以其他方式提供给公众。

(七) 侵害商标权的行为和法律责任

1. 根据我国《商标法》的规定,有下列行为之一的,均属侵犯注册商标专用权的行为:①未经商标注册人的许可,在同一种商品上使用与其注册商标相同的商标的;②未经商标注册人的许可,在同一种商品上使用与其注册商标近似的商标,或者在类似商品上使用与其注册商标相同或者近似的商标,容易导致混淆的;③销售侵犯注册商标专用权的商品的;④伪造、擅自制造他人注册商标标识或者销售伪造、擅自制造的注册商标标识的;⑤未经商标注册人同意,更换其注册商标并将该更换商标的商品又投入市场的;⑥故意为侵犯他人商标专用权行为提供便利条件,帮助他人实施侵犯商标专用权行为的;⑦给他人的注册商标专用权造成其他损害的。

2. 我国《商标法》规定侵害他人商标权应当依法承担相应的行政责任和民事责任。在刑事责任方面,《刑法》规定了假冒注册商标罪、销售假冒注册商标的商品罪、非法制造、销售非法制造的注册商标标识罪等刑事犯罪行为以及相应的刑事法律责任。

二、医疗机构的商标权管理

医疗机构以提供医疗服务为主,因此注册服务类商标是主流需求。医疗机构的商标是将不同医疗机构所提供的医疗服务相区别开来的一种受法律保护的标记。医院可以将具有显著性的医院字号、院徽、院标等标识作为商标进行注册。医疗机构主要注册保护的类别有《类似商品和服务区分表》的第44类的"医疗服务、卫生、美容服务"。此外国家政策也允许医疗机构在特定范围内提供依法生产的产品,如医院内制剂,即《类似商品和服务区分表》的第5类"药品、消毒剂、中药药材、医用营养品、卫生用品"等,和第10类"外科、医疗和兽医用仪器、器械、设备",所以也可以申请注册商品商标,用于院内制剂、器械等产品上。医疗机构的商标代表的是其医疗技术服务形象,环境形象,职工形象和管理等诸多外貌与内涵的统一,是用来表明医疗机构所提供具有特色的医疗保障服务的特定标记,是医疗机构服务一贯品质的体现和医疗机构信誉的载体,是医疗机构巨大的无形资产。如果医疗机构的字号或者商标被他人冒用之后,这不仅会对患者造成误导,也可能损害著名医院形象和荣誉。

【目标要求】

医疗机构应依照法律、法规的规定,采取有效措施对本机构商标权依法进行管理,确保本机构内的商标权利依法得到保障。

【管理要点】

• 医疗机构应当建立完整的商标管理制度,明确知识产权管理部门对商标的管理职责。

• 积极创设和申请注册商标,避免医疗机构的品牌形象的标识被他人抢注,也要避免医疗机构使用标识时侵犯他人商标权或其他在先权利。

• 规范管理、使用和宣传医疗机构的商标,即在核定的商品或服务类别使用该核准的标识,不超出保护范围使用,不改变商标标识使用,当商标权人医疗机构的经营地址发生变化后,需要向国家商标行政管理部门做地址变更登记。

• 注意对有效期满后需要继续使用商标的续展。

• 严格管理医疗机构商标的转化,实现医疗机构知识产权价值。

【实操要素】

做好医疗机构商标权管理,主要把握以下六个方面。

（1）贯彻执行国家有关商标法律、法规和条例，制定商标的申请和保护制度，做好商标申请的工作计划、发展计划，检查督促计划目标的实施。

（2）做好商标权归属管理，做好本单位商标收集、登记管理，做好保护期限临近届满的商标的续展管理。

（3）规范管理和使用医疗机构的商标，即在核定的商品或服务类别使用该核准的标识，并留存好宣传和使用的证据资料。

（4）会同单位法律事务主管部门严格控制医疗机构对商标的许可转让等，参与处理医疗机构商标权纠纷和办理诉讼或调处事务。

（5）监测国内外涉及与本单位注册商标相近似商标的假冒行为和抢注行为，及时采取法律措施防止本单位商标权被他人侵权，也预防本单位侵犯他人商标权。

（6）做好本单位商标的评估工作，助力实现商标权的转化。

【案例展示】

> 上海某公司2009年7月获得国家商标局颁发的商标注册证，核准注册某商标，核定服务项目为第44类，包括公共卫生浴、兽医辅助、医院、美容院、园艺、眼镜行、卫生设备出租、整形外科、心理专家。山东某医疗美容门诊部从事的医疗美容业务与上海某公司涉案商标的核定使用服务类别相同，其在官方网站等显著位置突出使用构成近似的该标识，用于宣传、推广其医疗美容服务，系商标性使用。上述标识中均包含了涉案商标的主要识别部分，易使相关公众对上海某公司与山东某医疗美容门诊部的医疗美容服务的来源产生混淆，或者误认两者之间存在关联关系、商标授权等特定联系，山东某医疗美容门诊部对上述标识的使用侵害了上海某公司的商标专用权。法院判决山东某医疗美容门诊部立即停止侵害，并赔偿一定金额的损失。

第四节　医疗机构专利管理

一、专利权概述

（一）专利权保护的客体

我国《专利法》规定，专利权的客体发明创造分为发明、实用新型、外观设计三种类型。其中，发明是指对产品、方法或者其改进所提出的新的技术方案。实用新型，是指对产品的形状、构造或者其结合所提出的适于实用的新的技术方案。外观设计，是指对产品的整体或者局部的形状、图案或者其结合以及色彩与形状、图案的结合所作出的富有美感并适于工业应用的新设计。另外,《专利法》规定对违反法律、社会公德或者妨害公共利益的发明创造,不授予专利权;对违反法律、行政法规的规定获取或者利用遗传资源,并依赖该遗传资源完成的发明创造,不授予专利权。《专利法》还规定对下列各项不授予专利权:①科学发现;②智力活动的规则和方法;③疾病的诊断和治疗方法;④动物和植物品种;⑤原子核变换方法以及用原子核变换方法获得的物质;⑥对平面印刷品的图案、色彩或者二者的结合作出的主要起标识作用的设计。对动物和植物品种的生产方法,可以依照本法规定授予专利权。

(二)专利权的特征

1. 授予专利权的发明和实用新型,应当具备新颖性、创造性和实用性。新颖性,是指该发明或者实用新型不属于现有技术,也没有任何单位或者个人就同样的发明或者实用新型在申请日以前向国务院专利行政部门提出过申请,并记载在申请日以后公布的专利申请文件或者公告的专利文件中。现有技术,是指申请日以前在国内外为公众所知的技术。创造性,是指与现有技术相比,该发明具有突出的实质性特点和显著的进步,该实用新型具有实质性特点和进步。其中,实质性特点,是指该技术方案对本领域技术人员而言非显而易见;显著的进步是指发明具有有益的技术效果。实用性,是指该发明或者实用新型能够制造或者使用,并且能够产生积极效果。

2. 授予专利权的外观设计,应当不属于现有设计;也没有任何单位或者个人就同样的外观设计在申请日以前向国务院专利行政部门提出过申请,并记载在申请日以后公告的专利文件中。现有设计,是指申请日以前在国内外为公众所知的设计。授予专利权的外观设计与现有设计或者现有设计特征的组合相比,应当具有明显区别。授予专利权的外观设计不得与他人在申请日以前已经取得的合法权利相冲突。

3. 专利的申请,要获得专利权保护,就必须按照规定的程序进行申请,经过国家专利行政管理部门依法审查授权后才得到法律的保护。

专利申请的基本原则如下。

(1)书面申请原则:目前在国内专利申请必须提交书面申请文件(如为电子申请的,则提交电子申请资料),专利的审查和保护都是以提交的书面文件为准。

(2)先申请原则:同样的发明创造理论上只能授予一项专利权,因此,两个以上的申请人分别就同样的发明创造申请专利的,专利权授予最先申请的人。

(3)优先权原则:申请人自发明或者实用新型在外国第一次提出专利申请之日起十二个月内,或者自外观设计在外国第一次提出专利申请之日起六个月内,又在中国就相同主题提出专利申请的,依照该外国同中国签订的协议或者共同参加的国际条约,或者依照相互承认优先权的原则,可以享有优先权。申请人自发明或者实用新型在中国第一次提出专利申请之日起十二个月内,或者自外观设计在中国第一次提出专利申请之日起六个月内,又向国务院专利行政部门就相同主题提出专利申请的,可以享有优先权。

(4)单一性原则:一件发明或者实用新型专利申请应当限于一项发明或者实用新型。属于一个总的发明构思的两项以上的发明或者实用新型,可以作为一件申请提出。一件外观设计专利申请应当限于一项外观设计。同一产品两项以上的相似外观设计,或者用于同一类别并且成套出售或者使用的产品的两项以上外观设计,可以作为一件申请提出。

申请发明或者实用新型专利的,应当提交请求书、说明书及其摘要和权利要求书等文件。请求书应当写明发明或者实用新型的名称,发明人的姓名,申请人姓名或者名称、地址,以及其他事项。说明书应当对发明或者实用新型作出清楚、完整的说明,以所属技术领域的技术人员能够实现为准;必要的时候,应当有附图。摘要应当简要说明发明或者实用新型的技术要点。依赖遗传资源完成的发明创造,申请人应当在专利申请文件中说明该遗传资源的直接来源和原始来源;申请人无法说明原始来源的,应当陈述理由。而申请外观设计专利的,应当提交请求书、该外观设计的图片或者照片以及对该外观设计的简要说明等文件。申请人提交的有关图片或者照片应当清楚地显示要求专利保护的产品的外观设计。

(三)专利权的主体

专利权的主体即专利权人,是指享有《专利法》规定的权利并同时承担对应义务的人。在我国,自然人、法人或非法人组织都可以申请或受让专利,成为专利权的主体。应当注意到,专利权的主体不等于专利的发明人、申请人。有以下几种情形下专利权的主体确定方式。

1. 职务发明的专利权人 职务发明是指执行本单位的任务或者主要是利用本单位物质技术条件所完成的发明创造。职务发明创造申请专利的权利属于该单位,申请被批准后,该单位为专利权人。其中"执行本单位任务"是指履行本职工作,或者承担本单位交付的本职工作以外的任务,或者调动工作、离职、退休后一年之内作出的与原单位工作有关,或者与原来承担本单位交付的原本职工作以外任务有关的发明创造。"主要利用本范围物质技术条件"是指,完成发明创造主要是依靠使用本单位的资金、设备、零部件、原材料或者不对外公开的技术资料等。

利用本单位的物质技术条件所完成的发明创造,单位与发明人或者设计人对申请专利的权利和专利权的归属作出合同约定的,从其约定。

医疗机构工作人员的职务发明主要包括以下几种情形:①履行医疗机构工作人员本职工作完成的发明创造;②主要利用医疗机构物质技术条件完成的发明创造;③以医疗机构名义承担的各级各类科研项目完成的发明创造;④履行医疗机构交付的本职工作之外的其他工

作所完成的发明创造;⑤医疗机构职工离职、退休一年内所作出的,与其在医疗机构承担的本职工作或者分配的任务相关的发明创造;⑥利用医疗机构的物质技术条件所完成的发明创造,与发明人或者设计人对申请专利的权利和专利权的归属约定属于医疗机构的发明创造。

2. 合作发明的专利权人 合作发明是指两个以上单位或者个人合作完成的发明创造。申请专利的权利由合作完成的单位或者个人共同享有,申请被批准后,申请的单位或者个人为专利权人。如果双方在合作协议中对专利申请事项有明确的约定,申请专利的权利归属则依约定。

3. 委托发明的专利权人 委托发明是指一个单位或者个人接受其他单位或者个人委托所完成的发明创造。委托发明的专利权人通常为完成专利发明的单位或者个人。专利申请权由对发明创造的实质性特点作出了创造性贡献的被委托人享有。申请被批准后,申请的被委托人为专利权人。如果双方在委托合同中有明确的约定,申请专利的权利的归属则依约定。

(四)专利权的保护范围

1. 发明或者实用新型专利权的保护范围以其权利要求的内容为准,说明书及附图可以用于解释权利要求的内容。

发明和实用新型专利权被授予后,除本法另有规定的以外,任何单位或者个人未经专利权人许可,都不得实施其专利,即不得为生产经营目的制造、使用、许诺销售、销售、进口其专利产品,或者使用其专利方法以及使用、许诺销售、销售、进口依照该专利方法直接获得的产品。

2. 外观设计专利权的保护范围以表示在图片或者照片中的该产品的外观设计为准,简要说明可以用于解释图片或者照片所表示的该产品的外观设计。

外观设计专利权被授予后,任何单位或者个人未经专利权人许可,都不得实施其专利,即不得为生产经营目的制造、许诺销售、销售、进口其外观设计专利产品。

典型的以生产经营为目的的行为有:以出售产品或服务为目的而进行制造、销售以及许诺销售等。为生产经营目的使用、许诺销售或者销售不知道是未经专利权人许可而制造并售出的专利侵权产品,能证明该产品合法来源的,不承担赔偿责任。

(五)专利权的限制

专利权是一种法定的独占权,具有排他效力,专利权人有权禁止他人未经许可实施其专利。但是,由于专利权是法律赋予专利权人的一种垄断性权利,基于利益平衡原则,法律规定在某些情况下他人未经许可使用相关专利,不构成专利侵权,这是对专利权的合理限制。

1. 以下五种情形不视为侵害专利权。

(1)专利权用尽。由专利权人或者经其许可单位、个人对专利产品或者依照专利方法直接获得的产品售出后,使用、许诺销售、销售、进口该产品的,不视为侵犯专利权。

（2）先用权。在专利申请日前已经制造相同产品、使用相同方法或者已经作好制造、使用的必要准备,并且仅在原有范围内继续制造、使用的,不视为侵犯专利权。

（3）临时通过我国领陆、领空、领水的外国运输工具,依照其所属国同中国签订的双边协议或者共同参加的国际条约,或者依照互惠原则,为运输工具自身需要而在其装置和设备中使用有关专利的,不视为侵犯专利权。

（4）专为科学研究和实验而使用有关专利。科研机构、高等院校等均可以为科研目的实施他人专利,无须取得专利权人的许可。

（5）为提供行政审批所需要的信息,制造、使用、进口专利药品或者专利医疗器械的,以及专门为其制造、进口专利药品或者专利医疗器械的行为。

2. 专利实施的强制许可,是指国家专利行政机关在法定情形下,不经专利权人许可,授予符合法定条件的申请人实施专利的法定制度。

《专利法》规定:有下列情形之一的,国务院专利行政部门根据具备实施条件的单位或者个人的申请,可给予实施发明专利或者实用新型专利的强制许可:①专利权人自专利权被授予之日起满三年,且自提出专利申请之日起满四年,无正当理由未实施或者未充分实施其专利的;②专利权人行使专利权的行为被依法认定为垄断行为,为消除或者减少该行为对竞争产生的不利影响的。

《专利法》还规定,在国家出现紧急状态或者非常情况时,或者为了公共利益的目的,国务院专利行政部门可以给予实施发明专利或者实用新型专利的强制许可。为了公共健康目的,对取得专利权的药品,国务院专利行政部门可以给予制造并将其出口到符合中华人民共和国参加的有关国际条约规定的国家或者地区的强制许可。一项取得专利权的发明或者实用新型比已经取得专利权的发明或者实用新型具有显著经济意义的重大技术进步,其实施又有赖于前一发明或者实用新型的实施的,国务院专利行政部门根据后一专利权人的申请,可以给予实施前一发明或者实用新型的强制许可。在依照前款规定给予实施强制许可的情形下,国务院专利行政部门根据前一专利权人的申请,也可以给予实施后一发明或者实用新型的强制许可。

取得实施强制许可的单位或者个人不享有独占的实施权,并且无权允许他人实施。取得实施强制许可的单位或者个人应当付给专利权人合理的使用费,或者依照中华人民共和国参加的有关国际条约的规定处理使用费问题。付给使用费的,其数额由双方协商;双方不能达成协议的,由国务院专利行政部门裁决。

3. 专利实施的开放许可,专利权人可自愿以书面方式向国务院专利行政部门声明愿意许可任何单位或者个人实施其专利,并明确许可使用费支付方式、标准的,由国务院专利行政部门予以公告,实行开放许可。就实用新型、外观设计专利提出开放许可声明的,应当提供专利权评价报告。任何单位或者个人有意愿实施开放许可的专利的,以书面方式通知专利权人,并依照公告的许可使用费支付方式、标准支付许可使用费后,即获得专利实施许可。

(六)专利权维护、终止和无效

1. 专利权人应当自被授予专利权的当年开始缴纳年费,没有按照规定缴纳年费的,专利权终止。

2. 在专利权期限届满前,专利权人以书面声明放弃其专利权的,专利权终止。

3. 自国务院专利行政部门公告授予专利权之日起,任何单位或者个人认为该专利权的授予不符合《专利法》有关规定的,可以请求国务院专利行政部门宣告该专利权无效。宣告无效的专利权视为自始即不存在。

(七)侵害专利权的行为及其法律责任

依据专利法的规定,未经专利权人许可,实施其专利,即侵犯其专利权,应当承担相应的民事责任或行政责任。《刑法》也规定了假冒专利罪和相应的刑事责任。

二、医疗机构的专利权管理

医疗机构集医疗、教学与科研于一体,是知识、技术、人才密集型单位,是国家科技创新重要基地,而专利保护是科技是第一生产力的体现。医疗机构应当从实施知识产权战略高度,推进卫生系统的科研能力,促进科研成果向生产力的迅速转化,使发明创造转变成具有新颖性、创新性和实用性的专利技术成果,从而能为医疗机构带来经济效益和社会效益,同时,医疗机构应注重科学研究的软硬件建设,加大对专利申请费用的补助和奖励,提高职务发明的数量和比例,使专利权归属医疗机构,促进医疗卫生系统技术不断创新和发展。

【目标要求】

医疗机构应依照法律、法规的规定,采取有效措施加强本机构内的专利权利保护,推进医疗机构的科研创新能力和技术转化能力。

【管理要点】

• 医疗机构应当建立完整的专利管理制度,明确知识产权管理部门对专利的管理职责。

• 厘清医疗机构专利权的归属,对医疗机构人员的职务发明、委托或被委托发明、合作发明等作品权属按照法律的规定或者以合同条款约定来明确专利的权属,避免医疗机构的专利权存在权属不清和发生专利权属纠纷。

- 鼓励医疗机构人员学习和科研能力,提升医疗技术和工作经验,促进创新,不断提升医疗机构的专利数量的质量。

- 促进医疗机构专利转化,实现医疗机构知识产权价值。

【实操要素】

做好医疗机构专利管理,主要把握以下五个方面。

1. 贯彻执行国家有关专利法律、法规和条例,制定专利的申请和保护政策,鼓励机构成员专利技术的发掘开发和专利申请,做好专利权申请的工作计划、发展计划,检查督促计划目标的实施。

2. 做好专利权归属管理,做好本单位专利申请、授权的登记管理,防止权利流失,同时做好专利权有效维护。

3. 会同单位法律事务主管部门处理本单位专利权纠纷和办理诉讼或调处事务。

4. 监测国内外涉及本单位业务的专利技术动向,做好专利风险预警、侵权监视、专利维权保护等,防止本单位专利权被他人侵权,也预防本单位侵犯他人专利权。

5. 做好专利权的运用实施,如转让、许可,评估作价,投资入股,专利权质押,促进专利成果转化等助力实现专利权的转化。

【案例展示】

> 某血气分析仪及其测试卡发明创造系申请号为20161020×××.0,申请人为某A公司,发明人主要为赖某、杨某,申请时间为2016年3月31日。法院经审理查明发明人杨某于2010年2月23日至2015年6月26日期间、赖某于2010年4月8日至2015年6月12日期间在某B公司任职。杨某和赖某在某B公司本职工作内容包括血气分析仪整机结构设计、部件的结构设计及部件间的装配、测试卡的保温包装、毛细管的适配器等工作。杨某于2015年7月1日入职某A公司,赖某于2015年6月23日入职某A公司。法院还查明,杨某、赖某在某A公司从事与在某B公司任职时的本职工作同类型的密切相关的工作。法院依据《中华人民共和国专利法实施细则》第十二条第一款第(三)项之规定,认为法律将"退休、调离原单位后或者劳动、人事关系终止后1年内作出,并与其在原单位承担的本职工作或者原单位分配的任务有关的发明创造"认定为职务发明创造,是为了避免相关人员利用原单位、临时工作单位的职务便利,在掌握了原单位、临时工作单位的职务发明创造内容时突然离职跳槽到其他单位,以掌握的原单位的职务发明创造内容为基础,以自己或其他单位的名义申请专利,使原单位、临时工作单位的合法利益遭受损失。

法院认为：根据审理查明的情况，杨某、赖某从公司离职后一年内对涉案专利的实质性特点作出了创造性贡献，是涉案专利的发明人，涉案专利与该两人在某 B 公司承担的本职工作有关，符合确认涉案专利为职务发明创造的情形。因此，应依法确认涉案专利是某 B 公司的职务发明，涉案专利申请权属于 B 公司。

第五节　医疗机构商业秘密管理

一、商业秘密概述

（一）商业秘密

是指不为公众所知悉，具有商业价值，并经权利人采取相应保密措施的技术信息、经营信息等商业信息。

1. 商业秘密的构成要件

（1）属于技术信息与经营信息：技术信息包括与技术有关的结构、原料、组分、配方、材料、样品、样式、植物新品种繁殖材料、工艺、方法或其步骤、算法、数据、计算机程序及其有关文档等信息。经营信息包括：与经营活动有关的创意、管理、销售、财务、计划、样本、招投标材料、客户信息、数据等信息。前述客户信息，包括客户的名称、地址、联系方式以及交易习惯、意向、内容等信息。

（2）信息具有秘密性：权利人的信息不为所属领域的相关人员普遍知悉和容易获得的，即不为公众所知悉。具有下列情形之一的，可以认定有关信息为公众所知悉：①该信息在所属领域属于一般常识或者行业惯例的；②该信息仅涉及产品的尺寸、结构、材料、部件的简单组合等内容，所属领域的相关人员通过观察上市产品即可直接获得的；③该信息已经在公开出版物或者其他媒体上公开披露的；④该信息已通过公开的报告会、展览等方式公开的；⑤所属领域的相关人员从其他公开渠道可以获得该信息的。另外，将为公众所知悉的信息进行整理、改进、加工后形成的新信息，符合法律规定的，应当认定该新信息不为公众所知悉。

（3）权利人采取了保密措施：权利人为防止商业秘密泄露，采取了合理保密措施。保密措施是否合理应当根据商业秘密及其载体的性质、商业秘密的商业价值、保密措施的可识别程度、保密措施与商业秘密的对应程度以及权利人的保密意愿等因素，认定权利人是否采取了相应保密措施。具有下列情形之一，在正常情况下足以防止商业秘密泄露的，应当认定权利人采取了相应保密措施：①签订保密协议或者在合同中约定保密义务的；②通过章程、培训、规章制度、书面告知等方式,对能够接触、获取商业秘密的员工、前员工、供应商、客户、来访者等提出保密要求的;③对涉密的厂房、车间等生产经营场所限制来访者或者进行区分管理的;④以标记、分类、隔离、加密、封存、限制能够接触或者获取的人员范围等方式,对商业秘密及其载体进行区分和管理的;⑤对能够接触、获取商业秘密的计算机设备、电子设备、网络设备、存储设备、软件等,采取禁止或者限制使用、访问、存储、复制等措施的;⑥要求离职员工登记、返还、清除、销毁其接触或者获取的商业秘密及其载体,继续承担保密义务的;⑦采取其他合理保密措施的。

（4）具有价值性:商业秘密具有商业价值,是指权利人请求保护的信息能够用于生产经营或商业行为中,具有现实的或者潜在的商业价值。

2. 商业秘密的限制

商业秘密不同于专利权,不具有独占性。商业秘密不具有对抗善意第三人的效力,第三人可以善意地实施通过正当手段获得的商业秘密,例如自行研发和反向工程等,不特定公众并不负有不得实施的义务。多个主体可以各自独立地开发出自己的经营信息或技术信息,这些开发者都成为自己所拥有商业秘密的权利人。

（二）对商业秘密的侵害行为

经营者下列行为视为侵犯商业秘密:①以盗窃、贿赂、欺诈、胁迫、电子侵入或者其他不正当手段获取权利人的商业秘密;②披露、使用或者允许他人使用以不正当手段获取的权利人的商业秘密;③违反保密义务或者违反权利人有关保守商业秘密的要求,披露、使用或者允许他人使用其所掌握的商业秘密;④教唆、引诱、帮助他人违反保密义务或者违反权利人有关保守商业秘密的要求,获取、披露、使用或者允许他人使用权利人的商业秘密。另外,经营者以外的其他自然人、法人和非法人组织实施前款所列违法行为的,视为侵犯商业秘密。第三人明知或者应知商业秘密权利人的员工、前员工或者其他单位、个人实施本条第一款所列违法行为,仍获取、披露、使用或者允许他人使用该商业秘密的,视为侵犯商业秘密。但是,通过自行开发研制或者反向工程获得被诉侵权信息的,应当认定不属于侵犯商业秘密行为。

（三）侵害商业秘密行为的法律责任

经营者违反法律规定,给他人造成损害的,应当依法承担民事责任和行政责任。《刑法》也规定了侵犯商业秘密罪和为境外的机构、组织、人员窃取、刺探、收买、非法提供商业秘密罪,并规定了相应的刑事处罚。

二、医疗机构的商业秘密管理

（一）医疗机构技术秘密的重要组成信息

1. 批量的患者信息

患者就诊时会留下其基本信息,包括姓名、性别、年龄、家庭住址和联系方式,还包括病人的疾病史、过敏史、治疗史等,这些信息一般只涉及患者隐私权。但是,如果是涉及医疗机构批量患者信息,还具有特别的意义,因为随着信息化管理的发展,医疗机构对患者信息库进行统计,可能发现规律性特点和产生新的有用信息,为医院的发展、药物的研制等提供实用性经济利益。这类信息需要采取严格的保密措施。当然,如果患者基于对医生个人的信赖,在该医生离职后,患者自愿选择与该医生或者该医生所在的新单位接受服务的,是患者就医权的自主选择,应当认定该医生离职没有采用不正当手段获取权利人的商业秘密。

2. 医疗机构自制制剂　医疗机构根据本单位临床需要经主管部门批准而配制自用的、有固定处方的制剂。通常是由医院制剂室,按照规定制成的一类适用本医院临床需要而市场未能供应的制剂。医疗机构自制制剂是整个医疗机构多年发展精华凝结,是医疗机构特色诊疗技术的结果,也是创新药产生的源泉。

3. 医疗机构的科研信息　医疗机构不但是治病救人的场所,也承担着很多科研任务,医疗机构科研信息中蕴含着巨大的科研价值和潜在商业价值,是医疗机构重要的技术秘密信息。

4. 医疗机构的特色诊疗技术　特色诊疗技术被认为是传统医学的精髓。随着人们对非药物治疗方法的需求增加,各医疗机构都在加强系统规范的特色治疗技术的运用,特色诊疗技术的价值正在逐步扩大深入。对诊疗特色技术作保密性处理,是医疗机构核心竞争力的重要组成部分。

5. 医疗机构的生物样本库　主要是指标准化收集、处理、储存和应用健康和疾病生物体的生物大分子、细胞、组织和器官等样本,包括人体器官组织、全血、血浆、血清、生物体液或经处理过的生物样本,如:DNA、RNA、蛋白等,以及与这些生物样本相关的临床、病理、治疗、随访、知情同意等资料及其质量控制、信息管理与应用系统。这些生物样本库为血液病免疫系统疾病,糖尿病,恶性肿瘤等重大疾病的研究起到了非常重要的推动作用,生物库样本是医疗机构非常重要的技术秘密。

(二)医疗机构商业秘密的管理

【目标要求】

医疗机构应依照法律、法规的规定,采取有效措施对本机构内的商业秘密依法进行管理。

【管理要点】

• 医疗机构应当建立完整的商业秘密管理制度,明确知识产权管理部门对商业秘密的管理职责。

• 厘清医疗机构商业秘密的范围、密级、保密期。

• 明确商业秘密责任人员职责和范围。

- 对知悉医疗机构商业秘密的人员实行相应的竞业禁止。

- 促进医疗机构著作权转化,实现医疗机构知识产权价值。

【实操要素】

做好医疗机构商业秘密管理,主要把握以下内容。

1. 贯彻执行国家有关商业秘密和反不正当竞争法律、法规,制定商业秘密的保护制度,检查督促制度的实施。

2. 建立医疗机构的商业秘密保密制度,确定医疗机构商业秘密信息范围、密级、保密期限,并在商业秘密的载体上表明密级和保密期限,在保密区域明确标明保密要求。

3. 与员工的劳动合同中约定保密协议及竞业限制协议,明确员工的保密职责和义务。医疗机构与员工之间的保密协议应当界定哪些技术信息和经营信息属于商业秘密;明确需保密方式以及保密期限、违反保密义务的违约责任等。

4. 建立机构信息对外披露制度,涉及需要对外提供或披露信息时必须事先经过医疗机构的职能部门评估和审批,防止泄密。

5. 做好医疗机构商业密集特别是技术秘密的评估工作,助力实现技术的转化。

【案例展示】

> 龙某于 2014 年 11 月入职某公司,主要从事开发新客户和维护老客户等事务。龙某在工作中可以接触到包括但不限于某公司的产品申购单、体检协议、工作计划、工作报表等资料信息,其中包含了原告的商业秘密资料,龙某对其接触到的资料进行整理汇总,制作了 Excel 工作表。2016 年 5 月,龙某向该公司提出离职。2016 年 5 月,龙某进入某互联网医院工作,从事业务销售工作。由于在某互联网医院从事的工作与在某公司的工作类同,龙某利用其在该公司工作期间掌握的客户信息等商业秘密开展业务,在自己使用的同时,其还将上述信息发送给同事唐某,唐某又将上述信息上传到某互联网医院的公用电脑上。
>
> 法院经审理认为,龙某整理的客户资料等信息具有一定的价值,能够为原告发展业务带来一定的收益,属于不为公众所知悉的经营信息,且该公司亦采取了在《员工手册》中要求员工保守商业秘密等保密措施,上述信息属于该公司商业秘密。龙某行为侵害了该公司的商业秘密。遂判决被告自判决生效之日起,停止侵权行为,并赔偿原告经济损失约 14 万元。

（李丽平　杨柳林）

第五章
医疗机构教学与科研法务管理 ⫿⫿⫿

第一节 医疗机构教学与科研法务管理概述

一、医疗机构教学法务管理概述

医疗机构的教学与医疗机构的医疗、科研工作是相辅相成、相互促进的。临床医学教育是培养高层次医学专门人才的重要途径。现代医学教育认为,医生接受医学教育是一个终身连续的过程,这个连续的统一体可分三个性质不同又互相连接的教育阶段:院校教育、毕业后教育和继续医学教育。除此之外,中医药师承教育是也是独具特色、符合中医药人才成长和学术传承规律的教育模式。

院校教育是医学教育的第一个阶段。高校附属医院是医学人才培养的主阵地。1992 年,教育部出台《普通高等医学教育临床教学基地管理暂行规定》(教高〔1992〕8 号),对临床教学基地及相关医疗机构职责、带教老师职责、医学生临床实践活动范围等方面作出了具体规定。只有医教协同加强和规范高校附属医院管理,制定完善高校附属医院等临床教学基地标准以系统推进综合性大学医学教育统筹管理,才能实化医学院(部)职能,完善大学、医学院(部)、附属医院医学教育管理运行机制,保障医学教育的完整性。

毕业后教育是院校教育毕业后的再教育。住院医师规范化培训是毕业后医学教育的重要组成部分。主要目标是夯实住院医师医学理论基础,培养临床思维、提升临床实践能力。2013 年 12 月,国家卫生计生委等 7 部门联合印发了《关于建立住院医师规范化培训制度的指导意见》(国卫科教发〔2013〕56 号),我国住院医师规范化培训制度正式建立。2014 年 8 月,国家卫生计生委发布《住院医师规范化培训管理办法(试行)》(国卫科教发〔2014〕49 号)。这两部文件的发布对我国住院医师规范化培训的基地资质、培训年限、内容和方法等作出了明确规定。专科医师规范化培训是在住院医师规范化培训基础上,继续培养能够独立、规范地从事疾病专科诊疗工作临床医师的必经途径。2015 年 12 月,国家卫生计生委等 8 部门联合印发了《关于开展专科医师规范化培训制度试点的指导意见》(国卫科教发

〔2015〕97号),对我国专科医师规范化培训模式进行了有益探索。

继续医学教育是一种终身性医学教育。目的是使卫生技术人员在整个职业生涯中,保持高尚的职业道德,不断提高专业工作能力和业务水平,提高服务质量,以适应医学科学技术和卫生事业的发展。继续医学教育采取学分制的管理方法,2006年,全国继续医学教育委员会发布《继续医学教育学分授予与管理办法》,对学分分类和计算标准作出了相关规定。

师承教育是独具特色、符合中医药人才成长和学术传承规律的教育模式,是中医药人才培养的重要途径。《中医药法》《国家中医药管理局关于深化中医药师承教育的指导意见》对指导老师带教、师承人员跟师学习的考核方面作出了相关要求。

在以上各种医学教育形式中,医疗机构都承担着重要的任务;教学质量直接影响未来医学人才的服务质量和患者健康安全。同时,医学教育的临床实践环节还涉及医务人员执业资质及执业质量的相关内容,直接关系到医疗机构医疗行为的合法性问题。因此,医疗机构教学的法务管理是医疗机构法务管理的重要内容。医疗机构教学法务管理涵盖医疗机构法务部门或法务工作者联合医疗机构教学相关部门,对医学教育过程中可能出现的法律风险进行事前预防、事中控制、事后应对的全过程管理。

二、医疗机构科研法务管理概述

(一)医疗机构的科研职责

科学研究是医学发展的重要路径和手段。医学科研旨在研究人类生命本质及其疾病的发生、发展和防治规律,以增进人类健康,延长寿命和提高劳动能力。纵观医学发展史,医学科学理论与技术的每一次重大突破,都对医学的发展产生极大的推动作用,对人类健康的保护和促进产生重大影响。《基本医疗卫生与健康促进法》第八条明确规定:国家加强医学基础科学研究,鼓励医学科学技术创新,支持临床医学发展,促进医学科技成果的转化和应用,推进医疗卫生与信息技术融合发展,推广医疗卫生适宜技术,提高医疗卫生服务质量。

医疗机构特别是高等级医院,在医学研究中具有重要地位。2009年,《中共中央 国务院关于深化医药卫生体制改革的意见》提出"健全各类医院的功能和职责。优化布局和结构,充分发挥城市医院在危重急症和疑难病症的诊疗、医学教育和科研、指导和培训基层卫生人员等方面的骨干作用""加大医学科研投入,深化医药卫生科技体制和机构改革,整合优势医学科研资源"等要求。2012年,由科技部、国家卫生计生委等4部委联合启动国家临床医学研究中心建设,目前已建成了50家国家临床医学研究中心,成为技术创新与成果转化类国家科技创新基地,为打通临床研究和成果转化应用搭建了平台,为促进研究型医院的科技创新发挥了积极作用。2019年《基本医疗卫生与健康促进法》第三十五条更将开展科研纳入对医院的法定要求：医院主要提供疾病诊治，特别是急危重症和疑难病症的诊疗，突发事件医疗处置和救援以及健康教育等医疗卫生服务，并开展医学教育、医疗卫生人员培训、医学科学研究和对基层医疗卫生机构的业务指导等工作。同时，科研对医院的发展也具有重要作用。《三级综合医院评审标准》和全国公立医院绩效考核中都明确规定了科研评审指标。科研的进展，科技成果和科技人才的多寡及水平的高低，新业务、新技术的引进与应用，是衡量一个现代医院的医疗水平、学术水平高低的重要标志。建设研究型医院，推动科技创新是贯彻落实习近平总书记科技创新思想、党的十九大提出健康中国战略、党的二十大提出加快医疗机构高质量发展等内容，促进医疗机构科研和疾病防治水平提升，全面提高诊疗服务质量的时代要求和重要选择，提高临床研究能力和水平是加强研究型医院建设的内在要求和必由之路。

（二）医疗机构临床科研法务管理

现代医学的发展，有赖于临床科研的发展，各种新医学技术的发明为人类的健康维护带来福音。但是，由于临床科研的特殊性，如果管理不善，很易导致对受试者的健康甚至生命的损害。医疗机构是临床科研管理的关键主体，医疗机构法务部门或法务工作者应联合临床科研相关部门，对临床科研过程中可能出现的法律风险进行事前预防、事中控制、事后应对的管理过程。

医疗机构在开展科研法务管理中，首先要遵循相关法律规范。目前我国有关科研管理的法律法规等文件主要包括以下几类。

1. 国家法律文件 我国现行立法中涉及科研管理的法律文件包括《中华人民共和国促进科技成果转化法》《著作权法》《中华人民共和国科学技术进步法》《专利法》《民法典》《基本医疗卫生与健康促进法》《中华人民共和国疫苗管理法》《药品管理法》等。

2. 科研管理规范 国家发布的有关科研管理的规范性文件是科研管理的普适性规范，也是医疗机构科研管理应遵循的规范。主要包括中共中央、国务院发布的《关于深化科技体制改革加快国家创新体系建设的意见》；国务院发布的《实施〈中华人民共和国促进科技成果转化法〉若干规定》《国务院关于改进加强中央财政科研项目和资金管理的若干意见》；国务院办公厅《促进科技成果转移转化行动方案》；国务院办公厅转发科技部《关于加快建立国家科技报告制度的指导意见》；科技部发布的《国家科技重大专项管理暂行规定》《国家科技重大专项档案管理规定》《国家科技重大专项项目（课题）验收暂行管理办法》，《科研诚信案件调查处理规则（试行）》以及财政部发布的《民口科技重大专项管理工作经费管理暂行办法》和《民口科技重大专项项目（课题）财务验收办法》等。

3. 医学科研管理规范 为加强医学科研管理，国家卫生健康委（由于国务院机构改革，不同时期名称有变化)、国家药品监督管理局、国家中医药管理局等部门也颁发了大量规范性文件,这些文件是医院开展科研管理要遵循的专门性法务规范。主要包括《关于印发医疗卫生机构开展临床研究项目管理办法的通知》(国卫医发〔2014〕80号)、《国家卫生计生委关于进一步加强医学科研项目和资金管理的通知》(国卫科教函〔2014〕182号)、《关于加强卫生与健康科技成果转移转化工作的指导意见》(国卫科教发〔2016〕51号)、《卫生知识产权保护管理规定》(卫科教发〔2000〕230号)、《关于进一步做好重大新药创制科技重大专项新药临床评价技术平台课题规范管理的通知》(国卫科药专项管办〔2015〕120号)、《关于规范医疗机构开展新型冠状病毒肺炎药物治疗临床研究的通知》、《涉及人的生物医学研究伦理审查办法》、《儿科人群药物临床试验技术指导原则》、《医学科研诚信和相关行为规范》、《医疗器械临床试验质量管理规范》、《儿科人群药物临床试验技术指导原则》、《药物临床试验伦理审查工作指导原则》、《中医药临床研究伦理审查平台建设规范(试行)》、《疫苗临床试验技术指导原则》、《人胚胎干细胞研究伦理指导原则》、《干细胞临床研究管理办法(试行)》等。

医疗机构在开展科研法务管理过程中除了要遵循相关法律规范之外,还要遵循医疗机构自身的规章管理程序和制度。

第二节　医疗机构教学法务管理

一、院校教育法务管理

(一) 院校教育的概念与模式

1. 院校教育的概念　院校教育是医药卫生人才培养的第一个阶段,也是整个医学人才培养链条中不可或缺的医学基础知识获取阶段。院校教育的主要包括三年制、五年制、八年制在校教育。医学生经过一段时间的基础理论学习后就进入临床,参与临床实践活动。

2. 院校教育的模式

(1) 本科生教育:临床医学专业本科生培养学制为5年。本科生培养要推进医学基础与临床课程整合,推进临床实习实训管理,强化临床实践教学环节,提升医学生临床思维和临床实践能力。

(2) 硕士研究生教育:2015年起,我国将七年制临床医学专业招生调整为"5+3"一体化临床医学人才培养模式(五年医学院校教育加上三年住院医师规范化培训)。硕士研究生招生要加强临床医学职业素质和临床能力考查;统筹优化临床培养培训内容和时间,促进硕士专业学位研究生教育与住院医师规范化培训有机衔接;加强硕士专业学位研究生的临床科研思维和分析运用能力培养。

（3）博士研究生教育:临床医学博士专业学位研究生教育应与专科医师规范化培训有机衔接。在具备条件的地区或高等医学院校,组织开展"5+3+X"（X 为专科医师规范化培训或临床医学博士专业学位研究生教育所需年限）临床医学人才培养模式改革试点,培养多学科背景的高层次医学拔尖创新人才。

（4）专科生教育:临床医学专业专科生教育模式为"3+2"（3 年临床医学专科教育+2年助理全科医生培训）。专科生教育需加强专业理论知识基础教育,强化临床实践教学。建立高职院校与基层医疗卫生机构的合作机制,合理安排学生到有条件的社区卫生服务中心和乡镇卫生院进行实习、实践,提升基本医疗卫生服务能力。

（二）院校教育的法务管理实践

【目标要求】

临床教学基地及相关医疗机构应依照法律、法规和行业技术规范对医学生的临床见习、临床实习、毕业实习等临床教学实践活动进行管理。

【管理要点】

• 临床教学基地及相关医疗机构应建立完善管理相关制度,对医学生的临床教学实践活动进行管理,明确临床带教教师和指导医师的职责,对临床教学实践活动中可能涉及的法律风险进行事前防范、事中控制和事后应对。

• 临床代教教师和指导医师应负责指导医学生和试用期医学毕业生的医学教育临床实践活动。

• 医学生需严格遵照《医师法》《医学教育临床实践管理暂行规定》等规范要求,从事相应的临床实践活动。

【实操要素】

1. 概念界定 临床实践包括医学生的临床见习、临床实习、毕业实习等临床教学实践活动。

医学生是指具有注册学籍的在校医学类专业学生。医学生的临床教学实践活动在临床教学基地进行,在临床带教教师指导下参与临床诊疗活动,实现学习目的。

临床教学基地是指院校的附属医院以及与举办医学教育的院校建立教学合作关系、承担教学任务的医疗机构,包括教学医院、实习医院和社区卫生服务机构等。临床教学基地的设置必须符合教育、卫生健康行政部门的有关规定,必须有足够数量的具有执业医师资格的临床带教教师。

2. **临床教学基地及相关医疗机构职责**　临床教学基地及相关医疗机构应采取有效措施保护医学教育临床教学实践活动中患者的知情同意权、隐私权和其他相关权益。临床教学基地和相关医疗机构有责任保证医学教育临床实践过程中患者的医疗安全及医疗质量，并通过多种形式告知相关患者以配合临床实践活动。

3. **临床带教教师和指导医师职责**　临床带教教师和指导医师负责指导医学生和试用期医学毕业生的医学教育临床实践活动，确定从事医学教育临床实践活动的具体内容，审签医学生和试用期医学毕业生书写的医疗文件。临床带教教师和指导医师需牢固确立教学意识，增强医患沟通观念，积极说服相关患者配合医学教育临床实践活动；在安排和指导临床实践活动之前，应尽到告知义务并得到相关患者的同意。在教学实践中要保证患者的医疗安全和合法权益。

4. **医学生临床实践活动范围**　医学生在临床带教教师的监督、指导下，可以接触观察患者、询问患者病史、检查患者体征、查阅患者有关资料、参与分析讨论患者病情、书写病历及住院患者病程记录、填写各类检查和处置单、医嘱和处方，对患者实施有关诊疗操作、参加有关的手术。试用期医学毕业生在指导医师的监督、指导下，可以为患者提供相应的临床诊疗服务。医学生参与医学教育临床诊疗活动必须由临床带教教师或指导医师监督、指导，不得独自为患者提供临床诊疗服务。临床实践过程中产生的有关诊疗的文字材料必须经临床带教教师或指导医师审核签名后才能作为正式医疗文件。医学生和试用期医学毕业生在医学教育临床实践活动中应当尊重患者的知情同意权和隐私权，不得损害患者的合法权益。

5. **责任承担**　在医学教育临床实践过程中发生的医疗事故或医疗纠纷，经鉴定属于医方原因的，由临床教学基地承担责任。因临床带教教师和指导医师指导不当而导致的医疗事故或医疗纠纷，临床带教教师或指导医师应承担相应的责任。医学生在临床带教教师和指导医师指导下参与医学教育临床实践活动，不承担医疗事故或医疗纠纷责任。医学生未经临床带教教师或指导医师同意，擅自开展临床诊疗活动的，应承担相应的责任。

二、毕业后教育法务管理

毕业后教育是指院校教育毕业后的再教育，区别于继续教育、岗前培训。在医学领域，毕业后教育包括住院医师规范化培训、专科医师规范化培训。

（一）住院医师规范化培训

住院医师规范化培训是毕业后医学教育的重要组成部分，目的是为各级医疗机构培养具有良好的职业道德、扎实的医学理论知识和临床技能，能独立、规范地承担本专业常见多发疾病诊疗工作的临床医师。

（二）专科医师规范化培训

专科医师规范化培训是在住院医师规范化培训基础上,培养能够独立、规范地从事疾病专科诊疗工作临床医师的可靠途径,主要培训模式是"5+3+X",即在 5 年医学类专业本科教育和进行了 3 年住院医师规范化培训后,再依据各专科培训标准与要求进行 2~4 年的专科医师规范化培训,成为有良好的医疗保健通识素养、扎实的专业素质能力、基本的专科特长和相应科研教学能力的临床医师。

【目标要求】

培训基地应依照法律、法规和行业技术规范明确相关资质、职责、目标、方式等内容,依法依规展开规范化培训活动。

【管理要点】

- 培训基地应建立完善管理相关制度,对医师的规范化培训活动进行管理。
- 医师需严格遵照《医师法》《住院医师规范化培训规定》等规范要求,依法依规从事相应的培训活动。

【实操要素】

1. 住院医师规范化培训

（1）培训对象:拟从事临床医疗工作的高等院校医学类相应专业(指临床医学类、口腔医学类、中医学类和中西医结合类)本科及以上学历毕业生;已从事临床医疗工作并获得执业医师资格,需要接受培训的人员;其他需要接受培训的人员。

（2）培训基地

1）资质。培训基地是承担住院医师规范化培训的医疗卫生机构。国务院卫生计生行政部门根据培训需求及各地的培训能力,统筹规划各地培训基地数量。培训基地应当具备以下基本条件:①为三级甲等医院;②达到《住院医师规范化培训基地认定标准(试行)》要求;③经所在地省级卫生计生行政部门组建的专家委员会或其指定的行业组织、单位认定合格;④根据培训内容需要,可将符合专业培训条件的其他三级医院、妇幼保健院和二级甲等医院及基层医疗卫生机构、专业公共卫生机构等作为协同单位,发挥其优势特色科室作用,形成培训基地网络。

2）职责。培训基地由符合条件的专业基地组成。专业基地由本专业科室牵头,会同相关科室制订和落实本专业培训对象的具体培训计划,实施轮转培训,并对培训全过程进行严格质量管理。

培训基地应定期向所在地省级卫生健康行政部门或其指定的行业组织、单位报告培训工作情况,接受检查指导。

培训基地必须高度重视并加强对住院医师规范化培训工作的领导,建立健全住院医师规范化培训协调领导机制,制订并落实确保培训质量的管理制度和各项具体措施,切实使住院医师规范化培训工作落到实处。

培训基地应当落实培训对象必要的学习、生活条件和有关人事薪酬待遇,做好对培训对象的管理工作;专业基地应当具备满足本专业和相关专业培训要求的师资队伍、诊疗规模、病种病例、病床规模、模拟教学设施等培训条件。

培训基地应当选拔职业道德高尚、临床经验丰富、具有带教能力和经验的临床医师作为带教师资,其数量应当满足培训要求。带教师资应当严格按照住院医师规范化培训内容与标准的要求实施培训工作,认真负责地指导和教育培训对象。

培训基地应当按照国家统一制定的《住院医师规范化培训内容与标准(试行)》,结合本单位具体情况,制订科学、严谨的培训方案,建立严格的培训管理制度并规范地实施,强化全过程监管与培训效果激励,确保培训质量。

培训基地应当依照《中华人民共和国医师法》相关规定,组织符合条件的培训对象参加医师资格考试,协助其办理执业注册和变更手续。

3)目标。住院医师规范化培训的目标是为各级医疗机构培养具有良好的职业道德、扎实的医学理论知识和临床技能,能独立、规范地承担本专业常见多发疾病诊疗工作的临床医师。主要体现在以下四个方面。

职业道德:热爱祖国,热爱医学事业,遵守国家有关法律法规。弘扬人道主义的职业精神,恪守为人民健康服务的宗旨和救死扶伤的社会责任,坚持以病人为中心的服务理念,遵守医学伦理道德,尊重生命、平等仁爱患者至上、真诚守信、精进审慎、廉洁公正。

专业能力:掌握本专业及相关专业的临床医学基础理论、基本知识和基本技能,能够了解和运用循证医学的基本方法,具有疾病预防的观念和整体临床思维能力、解决临床实际问题的能力、自主学习和提升的能力。

人际沟通与团队合作能力:能够运用语言和非语言方式进行有效的信息交流,具备良好的人际沟通能力和团队合作精神,善于协调和利用卫生系统的资源,提供合理的健康指导和医疗保健服务。

教学与科研:能够参与见习/实习医生和低年资住院医师的临床带教工作,具备基本的临床研究和论文撰写能力,能够阅读本专业外文文献资料。

4)内容。住院医师规范化培训以培育岗位胜任能力为核心,依据住院医师规范化培训内容与标准分专业实施。培训内容包括医德医风、政策法规、临床实践能力、专业理论知识、人际沟通交流等,重点提高临床规范诊疗能力,适当兼顾临床教学和科研素养。

专业理论:专业理论学习应以临床实际需求为导向,内容主要包括公共理论和临床专业理论。公共理论包括医德医风、政策法规、相关人文知识等,重点学习相关卫生法律、法规、规章制度和标准,医学伦理学,医患沟通,重点和区域性传染病防治、突发公共卫生事件的应急处理以及预防医学、社区卫生、循证医学和临床教学、临床科研的有关基础知识。

临床专业理论:主要学习本专业及相关专业的临床医学基础理论和基本知识,应融会贯通于临床实践培训的全过程。

临床实践:住院医师在上级医师的指导下,学习本专业和相关专业的常见病和多发病的病因、发病机制、临床表现、诊断与鉴别诊断、处理方法和临床路径,危重病症的识别与紧急处理技能,基本药物和常用药物的合理使用。达到各专业培训标准细则的要求。掌握临床专科常用的基本知识和技能,包括临床合理用血原则、心肺复苏技术、突发性疾病院前急救、姑息医疗、重点和区域性传染病的防治知识与正确处理流程。在培训第一年能够达到医师资格考试对临床基本知识和技能的要求。熟练并规范书写临床病历,在轮转每个必选科室时至少手写完成2份系统病历。

5)培训年限与方式

培训年限:住院医师规范化培训年限一般为3年(在校医学专业学位研究生实际培训时间应不少于33个月)。已具有医学专业学位研究生学历的人员,和已从事临床医疗工作的医师参加培训,由培训基地及专业基地依据本培训标准,结合其临床经历和实践能力,确定接受培训的具体时间和内容。在规定时间内未按照要求完成培训任务或考核不合格者,培训时间可顺延,顺延时间最长为3年。

培训方式:培训对象在认定的住院医师规范化培训基地完成培训任务。培训基地负责住院医师的专业理论学习和临床实践培训,主要采取在本专业和相关专业科室轮转的方式进行。公共理论主要采取集中面授、远程教学和有计划地自学等方式进行,可分散在整个培训过程中完成。

2. 专科医师规范化培训

(1)对象:完成住院医师规范化培训并取得合格证书,拟从事某一专科临床工作的医师或需要进一步整体提升专业水平的医师;具备中级及以上医学专业技术资格,需要参加专科医师规范化培训的医师;医学博士专业学位(指临床医学、口腔医学、中医)研究生。

(2)基地:培训基地设在经过认定的条件良好的三级医疗机构,培训基地下设若干专科基地,专科基地由本专科科室牵头,会同相关轮转培训科室等组成。符合条件具有专科优势的其他有关医疗卫生机构根据需要可作为协同单位,纳入相应专科培训体系,共同承担一定的培训工作。培训基地实行动态管理。

（3）内容：以疾病诊疗需求为基础，根据临床专科人才培养规律和学科发展规律，借鉴国际有益经验，在对现行临床专业设置目录和住院医师规范化培训专业目录进行深入研究论证的基础上，统一设置专科医师规范化培训专科。

（4）年限与方式：按照"3+X"的模式，专科阶段根据各专科培训标准与要求，培训年限一般为2~4年。培训人员在培训期间要通过基地组织的日常考核、出科考核，培训结束后要按照规定参加国家统一的结业理论考试和临床实践能力考核。按要求完成培训并通过结业考核者颁发国家统一制式的《专科医师规范化培训合格证书》。

【案例展示】

颜某承诺于住院医师规范化培训结束后在某医院工作10年，双方就此签订了协议书。颜某培训后擅自离岗，违反服务期约定，某医院主张因颜某违反服务期约定、未向医院履行岗位职责应按协议约定支付违约金。颜某主张住院医师规范化培训不属于专项培训，双方关于违约金的约定应认定无效。《关于建立住院医师规范化培训制度的指导意见》（国卫科教发〔2013〕56号）载明，住院医师规范化培训是培养合格临床医师的必经途径。《住院医师规范化培训管理办法（试行）》（国卫科教发〔2014〕49号）第二条规定，住院医师规范化培训是毕业后医学教育的重要组成部分，目的是为各级医疗机构培养具有良好的职业道德、扎实的医学理论知识和临床技能，能独立、规范地承担本专业常见多发疾病诊疗工作的临床医生。因此，颜某所接受的培训内容具有一定的专业性，培训目的是使其能够获得《住院医师规范化培训合格证书》，胜任更高层次和专业的工作。颜某主张住院医师规范化培训并非专项技术培训，进而主张双方在培训协议中约定的违约金无效，缺乏法律依据，不予支持。

三、继续医学教育管理

继续医学教育是指完成基础医学教育和毕业后医学教育之后进行的在职进修教育，是一种终身性医学教育。继续医学教育以学习新知识、新技术和新方法为重点，目的是使卫生技术人员在整个职业生涯中，保持高尚的职业道德，不断提高专业工作能力和业务水平，提高服务质量，以适应医学科学技术和卫生事业的发展。成人教育中的补课教育、学历教育、职业培训、岗位培训以及以接受专业培训为目的的毕业后医学教育不属于继续医学教育。

【目标要求】

医疗机构需把握继续医学教育重点,做好各项学分管理制度。

【管理要点】

- 医疗机构应把握好教育内容,以学习新知识、新技术和新方法为重点。
- 医疗机构应建立完整的继续教育管理相关制度。做好管理学分授予、登记、考核等各项制度。

【实操要素】

做好继续医学教育,主要应把握三个方面内容:一是明确教育对象,这是继续教育的前提;二是做好继续教育内容管理,确保继续教育高水平、高质量地开展;三是做好继续教育学分管理,落实继续教育学分定义、授予及落实考察标准。

1. 教育对象　完成毕业后医学教育培训或具有中级以上(含中级)专业技术职务从事卫生技术工作的人员。参加继续医学教育是卫生技术人员应享有的权利和应履行的义务。

2. 继续教育内容　应以现代医学科学技术发展中的新理论、新知识、新技术和新方法为重点,注意先进性、针对性和实用性,重视卫生技术人员创造力的开发和创造性思维的培养。根据学科发展和社会需求,开展多种形式的继续医学教育活动。

3. 继续教育学分管理　继续医学教育采取学分制的管理方法。学分分为Ⅰ类学分和Ⅱ类学分两类。继续医学教育对象每年参加继续医学教育活动,所获得的学分不低于25学分,其中Ⅰ类学分5~10学分,Ⅱ类学分15~20学分。省、自治区、直辖市级医疗卫生单位的继续医学教育对象五年内通过参加国家级继续医学教育项目获得的学分数不得低于10学分。继续医学教育对象每年获得的远程继续医学教育学分数不超过10学分。Ⅰ类、Ⅱ类学分不可互相替代。Ⅰ类学分和Ⅱ类学分分类情况如下。

(1)Ⅰ类学分

1)国家级继续医学教育项目。由全国继续医学教育委员会评审、批准并公布的项目;国家级继续医学教育基地申报,由全国继续医学教育委员会公布的项目。

2)省级继续医学教育项目。由省级继续医学教育委员会评审、批准并公布的项目;省级继续医学教育基地申报,由省级继续医学教育委员会公布的项目;中华医学会、中华口腔医学会、中华预防医学会、中华护理学会、中国医院协会、中国医师协会(以下简称"指定社团组织")所属各学术团体申报的非国家级继续医学教育项目在分别经以上学(协)会组织评审并批准后,由全国继续医学教育委员会统一公布的项目。

3)推广项目。推广项目是为适应基层卫生专业技术人员培训、卫生突发事件应急培训,以及面向全体在职卫生人员开展的培训需要(如职业道德法规教育),由国家卫生健康委或省、自治区、直辖市卫生健康行政部门组织和批准的项目(包括现代远程教育项目)。

(2)Ⅱ类学分:自学、发表论文、科研立项、单位组织的学术活动等其他形式的继续医学教育活动授予Ⅱ类学分。

4. 学分授予标准

(1)Ⅰ类学分计算方法

1)参加国家级继续医学教育项目活动,参加者经考核合格,按3小时授予1学分;主讲人每小时授予2学分。每个项目所授学分数最多不超过10学分。

2)参加省级继续医学教育项目活动,参加者经考核合格,按6小时授予1学分。主讲人每小时授予1学分。每个项目所授学分数最多不超过10学分。

3)国家级远程继续医学教育项目和推广项目按课件的学时数每3小时授予1学分。每个项目所授学分数最多不超过5学分。

(2)Ⅱ类学分计算方法

凡自学与本学科专业有关的知识,应先定出自学计划,经本科室领导同意,写出综述,由所在单位继续医学教育主管部门授予学分。每2 000字可授予1学分。由全国继续医学教育委员会或省、自治区、直辖市继续医学教育委员会制定或指定的杂志、音像、光盘等形式的有关四新的自学资料,学习后经考核,按委员会规定该资料的学分标准授予学分。此类学分每年最多不超过5学分。

5. 学分登记和考核

(1)项目主办单位授予相应项目类别的学分,学员所在单位负责登记。

(2)省、自治区、直辖市继续医学教育委员会应统一印制和发放继续医学教育登记证或使用电子信息卡,内容包括项目编号、项目名称、举办日期、形式、认可部门、学分数、考核结果、签章等,由继续医学教育对象本人保管,作为参加继续医学教育活动的凭证。

(3)各单位主管职能部门每年应将继续医学教育对象接受继续医学教育的基本情况和所获学分数登记,并作为年度考核的重要内容。继续医学教育合格作为卫生技术人员聘任、专业技术职务晋升和执业再注册的必备条件之一。

【案例展示】

> 白某与某医院存在劳动争议,白某主张该医院返还继续教育学分证书。根据《最高人民法院关于审理劳动争议案件适用法律问题的解释(一)》第一条第四项的规定,"劳动者与用人单位解除或者终止劳动关系后,请求用人单位返还其收取的劳动合同定金、保证金、抵押金、抵押物发生的纠纷,或者办理劳动者的人事档案、社会保险关系等移转手续发生的纠纷"属于劳动争议纠纷,即围绕劳动者的相关

劳动人事档案及社会保障方面引起的争议才属于劳动争议,而继续医学教育学分不属于学历教育,不属于人事档案范畴,但继续医学教育的学分获取情况对白某今后继续从事医务工作显然具有帮助作用,继续医学教育是医疗机构从业人员进行新理论、新知识、新技术、新方法学习的一种终身教育,以医疗从业人员每年获得规定学分并审核通过为手段。故应由该医院向白某出具已修完学分年度的继续教育学分证明。

四、师承教育法务管理

中医药,是包括汉族和少数民族医药在内的我国各民族医药的统称,是反映中华民族对生命、健康和疾病的认识,具有悠久历史传统和独特理论及技术方法的医药学体系。

中医药师承教育是独具特色、符合中医药人才成长和学术传承规律的教育模式,是中医药人才培养的重要途径。发展中医药师承教育,对发挥中医药特色优势、加强中医药人才队伍建设、提高中医药学术水平和服务能力具有重要意义,是传承发展中医药事业,服务健康中国建设的战略之举。

(一)总体目标

构建师承教育与院校教育、毕业后教育和继续教育有机结合,贯穿中医药人才发展全过程的中医药师承教育体系,基本建立内涵清晰、模式丰富、机制健全的中医药师承教育制度。到 2025 年,师承教育在院校教育、毕业后教育和继续教育中的作用充分发挥,师承教育指导老师队伍不断壮大,以师承教育为途径的中医药人才培养模式不断丰富,基本实现师承教育常态化和制度化。

(二)主要举措

1. **发展与院校教育相结合的师承教育** 推进中医药经典理论教学与临床(实践)相融合,支持国医大师、名老中医药专家、中医学术流派代表性传承人"进课堂"传授学术思想和临床(实践)经验。鼓励有条件的中医药院校开设中医药师承班,逐步实现将师承教育全面覆盖中医药类专业学生。探索师承教育制度与学位和研究生教育制度衔接的政策机制,进一步完善全国老中医药专家学术经验继承工作与中医专业学位衔接政策,支持符合条件的继承人申请中医硕士、博士专业学位。

2. **加强与毕业后教育相结合的师承教育** 发挥师承教育在毕业后教育中的作用,建立符合中医药特点的毕业后教育制度。建立具有中医特色的住院医师规范化培训模式,加强住院医师规范化培训基地中医特色优势建设,遴选中医住院医师规范化培训的师承指导老师,强化中医住院医师中医思维培养,提高中医临床诊疗水平,并将师承考核作为中医住院医生规范化培训结业考核的重要内容。试点开展以传承名老中医药专家学术思想与临床经验,提升中医医师专科诊疗能力与水平为主要内容的中医医师专科规范化培训。

3. 推进与继续教育相结合的师承教育 以名老中医药专家学术经验和技术专长为主要内容的中医药继续教育,引导中医药专业技术人员获取师承教育专项学分,逐步将师承教育专项学分作为中医药人员专业技术职称评审与岗位聘用的重要依据。鼓励中医药专家积极开展多形式的中医药继续教育活动,国医大师申报以其学术经验为主要内容的国家级中医药继续教育项目可直接入选。实施中医药人才培养专项推动师承教育。国家中医药主管部门组织实施中医药传承与创新"百千万"人才工程(岐黄工程),持续推进全国老中医药专家学术经验继承工作、全国中医临床优秀人才研修项目、全国名老中医药专家和中医学术流派传承工作室建设等国家级中医药师承教育人才培养专项。

【目标要求】

医疗机构应确保本机构从事师承教育的指导老师具备规定的资质,并依照法律、法规等行业技术规范等开展师承教育。

【管理要点】

• 医疗机构应建立完整的依法执业管理相关制度,明确从事师承教育的指导老师从业年限、执业范围等资质。

• 以师承方式学习的医师须经中医药主管部门考核认定后,方可获得相应资质。

【实操要素】

从事中医医疗活动的人员应当依照《医师法》的规定,通过中医医师资格考试取得中医医师资格,并进行执业注册。中医医师资格考试的内容应当体现中医药特点。

1. 指导老师资质 师承人员的指导老师应当同时具备下列条件:①具有中医类别中医或者民族医专业执业医师资格;②从事中医或者民族医临床工作 15 年以上,或者具有中医或者民族医副主任医师以上专业技术职务任职资格;③有丰富的临床经验和独特的技术专长;④遵纪守法,恪守职业道德,信誉良好;⑤在医疗机构中坚持临床实践,能够完成教学任务。

2. 医师资格获取 师承人员应当具有高中以上文化程度或者具有同等学力,并连续跟师学习满 3 年。师承人员应当与指导老师签订由国家中医药管理局统一式样的师承关系合同。师承关系合同应当经县级以上公证机构公证,跟师学习时间自公证之日起计算。

以师承方式学习中医或者经多年实践,医术确有专长的人员,由至少两名中医医师推荐,经省、自治区、直辖市人民政府中医药主管部门组织实践技能和效果考核合格后,即可取得中医医师资格;按照考核内容进行执业注册后,即可在注册的执业范围内,以个人开业的方式或者在医疗机构内从事中医医疗活动。国务院中医药主管部门应当根据中医药技术方法的安全风险拟订本款规定人员的分类考核办法,报国务院卫生健康行政部门审核、发布。

【案例展示】

张某开设某中医康疗馆。陈某于2020年7月拜张某为师,拜师目的为学习针灸疗法后自己开店。张某在承接帖写明"今收弟子陈某为第一代亲传弟子",在师傅寄语中自称为"道医针术传承人"。经核实,张某不具备中医类别执业医师资格,亦不具有中医类副主任医师以上专业技术职务任职资格。陈某主张撤销双方达成的口头师徒培训合同。张某明知自己不具备中医师承方式指导教师资格,仍收原告为徒并收取被告培训费约六万元,已构成欺诈。故陈某请求撤销与被告张某达成的口头师徒培训合同,事实理由充分,法院予以支持。

第三节　医疗机构科研法务管理

一、医疗机构科研法务管理基本制度

根据国务院、科技部及财政部发布的有关科研项目及资金管理的相关文件,梳理医疗机构科研法务管理的基本制度,包括以下三方面。

(一) 立项管理

应当认真组织项目申报,完善公平竞争的项目遴选机制,通过公开择优、定向择优等方式确定项目承担者。要规范立项审查行为,规范评审专家行为,健全立项管理的内部控制制度,提高项目评审质量,对项目申请者及其合作方的资质、科研能力等进行重点审核。

(二) 过程管理

做好项目实施管理,健全服务机制,积极协调解决项目实施中出现的新情况新问题。加强科研项目资金管理,规范直接费用支出,完善间接费用管理,改进项目结转结余资金管理,规范科研项目资金使用行为,完善科研信用和诚信管理。

(三) 结题管理

完善结题验收与审查制度,确保科研质量。落实国家科技报告制度,履行报告义务。实施信息公开与资源共享,建立评价与奖惩制度,促进整体科研能力提升。建立成果转化和知识产权保护制度,促进成果应用与权益保护。国家《中华人民共和国促进科技成果转化法》《专利法》《著作权法》等为医疗机构科研成果转化提供法律保障制度。

二、临床研究管理制度

医疗机构是临床研究的主战场,而临床研究的特殊性使其在科研管理中也具有专门性要求。临床研究是指在医疗卫生机构内开展的所有涉及人的药品(含试验药物,下同)和医疗器械(含体外诊断试剂,下同)医学研究及新技术的临床应用观察等。为加强医疗卫生机构临床研究管理,规范临床研究行为,促进临床研究健康发展,国家卫生计生委、国家食品药品监督管理总局、国家中医药管理局于2014年10月16日共同制定了《医疗卫生机构开展临床研究项目管理办法》(国卫医发〔2014〕80号)。在医疗卫生机构内开展的所有涉及人的药品和医疗器械医学研究及新技术的临床应用观察等都必须依照执行。根据该管理办法及其他相关管理规范,医疗机构在开展临床研究中,应完善以下管理制度。

(一)资质管理

医疗卫生机构开展临床研究应当取得法律法规规定的资质,药物和医疗器械临床试验机构应当按相应要求获得资格认定,并具备相应的能力。医疗卫生机构应当按照相关法律、法规、部门规章、临床试验管理有关规范性文件及本办法的要求,加强对临床研究的管理。

(二)组织管理

开展临床研究的医疗卫生机构应当成立临床研究管理委员会和伦理委员会,设立或者指定专门部门(以下简称"临床研究管理部门")负责临床研究管理。

临床研究管理委员会由医疗卫生机构相关负责人、相关职能部门负责人和临床研究专家代表组成,负责医疗机构临床研究的决策、审核、管理和监督。临床研究管理部门在临床研究管理委员会指导下,负责临床研究的立项审查、实施控制、档案管理等具体管理工作。

伦理委员会按照相关规定承担所在医疗卫生机构开展临床研究的伦理审查,确保临床研究符合伦理规范。

药物临床试验研究负责人应当具备法律法规规定的资质。其他临床研究负责人应当为相关专业科室负责人或具有副高级以上职称的卫生专业技术人员。

(三)立项管理

临床研究实行医疗卫生机构立项审核制度。临床研究项目经医疗卫生机构审核立项的,医疗卫生机构应当与临床研究项目负责人签订临床研究项目任务书,并在30日内向核发其医疗机构执业许可证的卫生健康行政部门进行临床研究项目备案。医疗卫生机构受其他机构委托、资助开展临床研究或者参与多中心临床研究的,项目资金应当纳入医疗卫生机构统一管理。

1. 立项申请　临床研究应提交以下申请材料：①立项申请书；②申请者资质证明材料；③项目负责人及主要参与者的科研工作简历；④研究工作基础，包括科学文献总结、实验室工作、动物实验结果和临床前工作总结等；⑤研究方案；⑥质量管理方案；⑦项目风险的预评估及风险处置预案；⑧知情同意书（样式）；⑨知识产权归属协议；⑩项目经费来源证明；⑪相关法律法规规定应当具备的资质证明；⑫医疗卫生机构规定应当提交的其他材料。

2. 伦理审查　医疗卫生机构应当组织伦理委员会遵循伦理审查原则，对临床研究项目进行伦理审查，并形成书面审查记录和审查意见。近年国家针对伦理审查出台了一系列管理规范，将在下一节专门介绍。

3. 立项审核　实行立项审核制度，经批准立项的临床研究方可在机构内实施。临床研究项目经伦理审查通过后，由机构临床研究管理部门提交临床研究管理委员会审核。提供立项审查的，应当与临床研究项目负责人签订临床研究项目任务书。医疗机构受其他机构委托、资助开展临床研究或者参与多中心临床研究的，应当与委托、资助机构或多中心临床研究发起机构签订临床研究协议，明确双方权利、义务及责任分担等，项目资金应当纳入项目负责人所在医疗机构统一管理。医疗机构批准临床研究项目立项后，应当向主管卫生健康行政部门进行临床研究项目备案。

（四）财务管理

医疗机构应当建立临床研究经费管理制度，对批准立项的临床研究经费进行统一管理，经费的收取、使用和分配应当遵循财务管理制度，实行单独建账、单独核算、专款专用。机构内设科室和个人不得私自收受临床研究项目经费及相关设备。

临床研究项目的委托方、资助方已经支付临床研究中受试者用药、检查、手术等相关费用的，医疗卫生机构不得向受试者重复收取费用。

临床研究项目负责人应当严格按照本机构的规定和临床研究项目经费预算，合理使用研究经费，不得擅自挪作他用。

（五）实施管理

医疗机构应当按照相关法律法规并遵循相关国际规范，制订临床研究项目管理制度和操作规程，加强临床研究项目管理。机构临床研究管理委员会及临床研究管理部门应当对临床研究项目实施全过程监管，定期组织进行伦理、安全性、财务合规性和效果评价，确保临床研究项目的顺利进行。

应当加强临床研究项目的安全性评价，制定并落实不良事件记录、报告和处理相关的规章制度和规范标准，根据不良事件的性质和严重程度及时作出继续、暂停或者终止已经批准的临床研究的决定。

应当加强临床研究项目档案管理,如实记录并妥善保管相关文书档案。

(六) 成果管理

为了加强卫生知识产权保护与管理,卫生部于 2004 年发布《卫生知识产权保护管理规定》,明确规定知识产权包括:①专利权;②商标权;③著作权;④技术秘密及商业秘密;⑤单位的名号及各种服务标志;⑥国家颁布的法律、法规所保护的其他智力成果和活动的权利。

医疗机构应对依照法律、法规规定或者合同约定,应该由单位所有或持有的知识产权,包括单位与他人共享的知识产权加强保护管理。

(七) 专题管理制度

药物、医疗器械等用于人体的产品以及新的医疗技术,在研究中的一个重要阶段就是临床试验或验证。国家出台了一些专门性规范,如国家卫生计生委会同食品药品监管总局于 2015 年 7 月 20 日出台《干细胞临床研究管理办法(试行)》;为保证药物和医疗器械临床试验过程规范,保护受试者的权益和安全,国家药监局会同国家卫生健康委分别 2020 年修订发布了《药物临床试验质量管理规范》,2022 年修订发布了《医疗器械临床试验质量管理规范》,适用于为申请药品和医疗器械注册而进行的临床试验。医疗机构应对本机构开展的相关研究依法管理。

例如,2020 年 2 月,在国家启动公共卫生应急机制期间,针对"老药新用"开展新冠肺炎治疗临床研究,国务院应对新冠肺炎疫情联防联控机制科研攻关组印发《关于规范医疗机构开展新型冠状病毒肺炎药物治疗临床研究的通知》,强调医疗机构是临床研究的责任主体,并提出了相关要求。开展相关临床研究活动应有适当经费保障,要参考《药物临床试验质量管理规范》开展全过程质量控制和风险管控。医院根据需要可聘请独立于药品供应方、参与临床研究工作的医务人员和患者的数据安全监查委员会,委员会可以在临床研究结束之前定期对研究进展情况进行评判,如发现试验组有明显的毒副作用,或者无明确的治疗效果,立即向医疗机构报告,医疗机构提前终止研究,并及时上报联防联控机制科研攻关组;对疗效明确的则应促进药品尽快推广使用,尽快使更多患者受益。对未设独立的数据安全监查委员会的,医疗机构要随时关注药物可能的毒副作用,如有明显毒副作用或无明确治疗效果,应立即终止临床研究,切实保障受试者的权益。

三、科研诚信管理

科研诚信是科技创新的基石。近 20 年来,我国科研诚信管理体系不断完善,如学术不端举报制度、不允许一稿多投原则、论文查重检测制度、发表论文"五不准"及对撤稿论文的联合调查与惩戒等。2018年，中共中央办公厅、国务院办公厅高规格出台了《关于进一步加强科研诚信建设的若干意见》这一指导性文件，对科研诚信问题提出了"全覆盖、无禁区、零容忍"的治理原则，确立了自上而下、覆盖全面的科研诚信建设的责任体系。

2019年10月，经科研诚信建设联席会议审议通过，科技主管部门颁布了《科研诚信案件调查处理规则（试行）》，形成了科研诚信案件调查处理的统一规则，相关重大案件的联合调查制度与工作机制得以确立。为贯彻实施《中华人民共和国科学技术进步法》等法律法规，进一步规范科研失信行为调查处理工作，科技部、国家卫生健康委等二十二部门于2022年8月25日发布了修订后的《科研失信行为调查处理规则》。规则明确规界定了科研失信行为是指在科学研究及相关活动中发生的违反科学研究行为准则与规范的行为，包括：①抄袭剽窃、侵占他人研究成果或项目申请书；②编造研究过程、伪造研究成果，买卖实验研究数据，伪造、篡改实验研究数据、图表、结论、检测报告或用户使用报告等；③买卖、代写、代投论文或项目申报验收材料等，虚构同行评议专家及评议意见；④以故意提供虚假信息等弄虚作假的方式或采取请托、贿赂、利益交换等不正当手段获得科研活动审批，获取科技计划（专项、基金等）项目、科研经费、奖励、荣誉、职务职称等；⑤以弄虚作假方式获得科技伦理审查批准，或伪造、篡改科技伦理审查批准文件等；⑥无实质学术贡献署名等违反论文、奖励、专利等署名规范的行为；⑦重复发表，引用与论文内容无关的文献，要求作者非必要地引用特定文献等违反学术出版规范的行为；⑧其他科研失信行为。其中所称抄袭剽窃、伪造、篡改、重复发表等行为按照学术出版规范及相关行业标准认定。规则还规定有关主管部门和高等学校、科研机构、医疗卫生机构、企业、社会组织等是科研失信行为调查处理第一责任主体，应建立健全调查处理工作相关的配套制度。

医学特别是临床医学研究因其对社会、人类健康、生物安全乃至国家、民族安全的重大影响，其科研诚信尤为重要；医疗机构应高度重视科研诚信管理。2014年9月，国家卫生计生委与国家中医药管理局联合发布了《医学科研诚信和相关行为规范》（国卫科教发〔2014〕52号）。为更好贯彻落实国家要求，在医学科研领域进一步加强科研诚信建设，2021年1月，国家卫生健康委会同科技部、国家中医药管理局共同修订了《医学科研诚信和相关行为规范》（以下简称"《规范》"），并发布实施。该规范是目前医疗机构加强科研诚信管理的重要依据和制度规范。

（一）《规范》的适用范围及对象

规范所称的医学科研行为，是指医学科研工作的机构及其人员在基础医学、临床医学、预防医学与公共卫生学、药学、中医学与中药学等学科领域开展的涉及科研项目申请、预实验研究、研究实施、结果报告、项目检查、执行过程管理、成果总结发表、评估审议、验收等环节中的行为活动。

所有从事医学科研活动的人员(以下简称"医学科研人员")应当自觉遵守本规范,大力弘扬科学家精神,追求真理、实事求是,遵循科研伦理准则和学术规范,尊重同行及其劳动,防止急功近利、浮躁浮夸,坚守诚信底线,自觉抵制科研不端行为。

所有开展医学科研工作的机构均应当遵守本规范,开展常态化科研诚信教育培训,加强制度建设,努力营造有利于培育科研诚信的机构环境。

(二)医学科研人员诚信行为规范

1. 遵循科研伦理准则,主动申请伦理审查,接受伦理监督,切实保障受试者的合法权益。

2. 在进行项目申请等科研与学术活动时,必须保证所提供的学历、工作经历、发表论文、出版专著、获奖证明、引用论文、专利证明等相关信息真实、准确。

3. 在采集科研样本、数据和资料时要客观、全面、准确;要树立国家安全和保密意识,对涉及生物安全、国家秘密、工作秘密以及个人隐私的应当严格遵守相关法律法规规定。

4. 在研究中,应当翔实记录研究过程和结果,如实、规范书写病历,包括不良反应和不良事件,依照相关规定及时报告严重的不良反应和不良事件信息。

5. 在涉及传染病、新发传染病、不明原因疾病和已知病原改造等研究中,要树立公共卫生和实验室生物安全意识,在相应等级的生物安全实验室开展研究,病原采集、运输和处理等均应当自觉遵守相关法律法规要求,要按照法律法规规定报告传染病、新发或疑似新发的传染病例,留存相关凭证,接受相关部门的监督管理。

6. 在研究结束后,对于人体或动物样本、毒害物质、数据或资料的储存、分享和销毁,要遵循相应的生物安全和科研管理规定。论文相关资料和数据应当确保齐全、完整、真实和准确,相关论文等科研成果发表后1个月内,要将所涉及的原始图片、实验记录、实验数据、生物信息、记录等原始数据资料交所在机构统一管理、留存备查。

7. 在动物实验中,应当自觉遵守《实验动物管理条例》,严格选用符合要求的合格动物进行实验,科学合理使用、保护和善待动物。

8. 在开展学术交流、审阅他人的学术论文或项目申报书时,应当尊重和保护他人知识产权,遵守科技保密规则。

9. 在引用他人已发表的研究观点、数据、图像、结果或其他研究资料时,要保证真实准确并诚实注明出处,引文注释和参考文献标注要符合学术规范。在使用他人尚未公开发表的设计思路、学术观点、实验数据、生物信息、图表、研究结果和结论时,应当获得其本人的书面知情同意,同时要公开致谢或说明。

10. 在发表论文或出版学术著作过程中,要遵守《发表学术论文"五不准"》和学术论文投稿、著作出版有关规定。论文、著作、专利等成果署名应当按照对科研成果的贡献大小据实署名和排序,无实质学术贡献者不得"挂名"。

11. 作为导师或科研项目负责人,要充分发挥言传身教作用,在指导学生或带领课题组成员开展科研活动时要高度负责,严格把关,加强对项目(课题)成员、学生的科研诚信管理。导师、科研项目负责人须对使用自己邮箱投递的稿件、需要署名的科研成果进行审核,对科研成果署名、研究数据真实性、实验可重复性等负责,并不得侵占学生、团队成员的合法权益。学生、团队成员在科研活动中发生不端行为的,同意参与署名的导师、科研项目负责人除承担相应的领导、指导责任外,还要与科研不端行为直接责任人承担同等责任。

12. 认真审核拟公开发表成果,避免出现错误和失误。对已发表研究成果中出现的错误和失误,应当以适当的方式公开承认并予以更正或撤回。

13. 在项目验收、成果登记及申报奖励时,须提供真实、完整的材料,包括发表论文、文献引用、第三方评价证明等。

14. 作为评审专家、咨询专家、评估人员、经费审计人员参加科技评审等活动时,要忠于职守,严格遵守科研诚信要求以及保密、回避规定和职业道德,按照有关规定、程序和办法,实事求是,独立、客观、公正开展工作,提供负责任、高质量的咨询评审意见,不得违规牟取私利,不参加自己不熟悉领域的咨询评审活动,不在情况不掌握、内容不了解的意见建议上署名签字。

15. 与他人进行科研合作时应当认真履行诚信义务和合同约定,发表论文、出版著作、申报专利和奖项等时应当根据合作各方的贡献合理署名。

16. 严格遵守科研经费管理规定,不得虚报、冒领、挪用科研资金。

17. 在成果推广和科普宣传中应当秉持科学精神、坚守社会责任,避免不实表述和新闻炒作,不人为夸大研究基础和学术价值,不得向公众传播未经科学验证的现象和观点。医学科研人员公布突破性科技成果和重大科研进展应当经所在机构同意,推广转化科技成果不得故意夸大技术价值和经济社会效益,不得隐瞒技术风险,要经得起同行评、用户用、市场认可。发布与疫情相关的研究结果时,应当牢固树立公共卫生、科研诚信和伦理意识,严格遵守相关法律法规和有关疫情防控管理要求。

18. 学术兼职要与本人研究专业相关,杜绝无实质性工作内容的兼职和挂名。

(三) 医学科研机构诚信规范

根据《规范》的要求,医疗机构科研管理部门应完善内部管理制度,落实以下管理要求。

1. 制定完善本机构的科研诚信案件调查处理办法,明确调查程序、处理规则、处理措施等具体要求,并认真组织相关调查处理。对有关部门调查本机构科研不端行为应当积极配合、协助。

2. 主动对本机构科研不端行为进行调查处理,同时应当严格保护举报人个人信息。调查应当包括行政调查和学术评议,保障相关责任主体申诉权等合法权利,调查结果和处理意见应当与涉事人员当面确认后予以公布。

3. 通过机构章程或学术委员会章程,对科研诚信工作任务、职责权限作出明确规定。学术委员会要认真履行科研诚信建设职责,切实发挥审议、评定、受理、调查、监督、咨询等作用。学术委员会要定期组织或委托学术组织、第三方机构对本机构医学科研人员的重要学术论文等科研成果进行核查。

4. 加强科研成果管理,建立学术论文发表诚信承诺制度、科研过程可追溯制度、科研成果检查和报告制度等成果管理制度。对学术论文等科研成果存在科研不端情形的,应当依法依规对相应责任人严肃处理并要求其采取撤回论文等措施,消除不良影响。

5. 加强对科研论文和成果发表的署名管理,依法依规严肃追究无实质性贡献挂名的责任;要建立健全科研活动记录、科研档案保存等各项制度,明晰责任主体,完善内部监督约束机制;要妥善管理本机构医学科研相关原始数据、生物信息、图片、记录等,以备核查。

6. 加强对本机构内医学科研人员发表论文的管理,不允许将论文发表数量、影响因子等与人员奖励奖金、临床工作考核等挂钩,对在学术期刊预警名单内期刊上发表论文的医学科研人员,要及时警示提醒;对学术期刊预警黑名单内期刊上发表的论文,在各类评审评价中不予认可,不得报销论文发表的相关费用。

7. 将科研诚信教育纳入医学科研人员职业培训和教育体系,不断完善教育内容及手段,营造崇尚科研诚信的良好风气与文化。在入学入职、职称晋升、参与科技计划项目、国家重大项目、人才项目等重要节点开展科研诚信教育。对在科研诚信方面存在倾向性、苗头性问题的人员,所在机构应当及时开展科研诚信谈话提醒,加强教育。

8. 在组织申请科研项目和推荐申报科学技术成果奖励时,应当责成申报人奉守科研诚信,可以签署科研诚信承诺书并公示有关信息。

9. 对查实的科研失信行为,应当将处理决定及时报送科研诚信主管部门,并作为其职务晋升、职称评定、成果奖励、评审表彰等方面的重要参考。

10. 对涉及传染病、生物安全等领域的研究及论文、成果进行审查,评估其对社会及公共卫生安全的潜在影响,并承担相应责任。

11. 医疗机构负责人、学术带头人及科研管理人员等应当率先垂范,严格遵守有关科研诚信管理规定,不得利用职务之便侵占他人科研成果和谋取不当利益。

【案例展示】

> 某医院对本单位多位职工共同发表的一篇论文调查,显示系存在论文买卖行为,且投稿前未按规范程序获得所有作者知情同意。该医院对相关责任人员作出如下处理。
>
> 对第一作者:科研诚信诫勉谈话,责成其写出书面检查;全院通报批评;取消其参加2020年度评先树优资格,年度考核不得确定为优秀等次;取消其6年内科研项目、科研奖励、科技成果、科技人才计划等申报资格;取消其主任医师资格;取消其6年内作为提名或推荐人、被提名或推荐人、评审专家等资格;暂停其研究生导师申请资格6年;撤销其利用科研失信行为获得的相关学术奖励以及荣誉称号等;要求其30天内联系杂志社撤稿;扣罚绩效工资5 000元。
>
> 对通讯作者:科研诚信诫勉谈话,责成其写出书面检查;全院通报批评;取消其参加2020年度评先树优,年度考核不得确定为优秀等次;取消其5年内科研项目、科研奖励、科技成果、科技人才计划等申报资格;取消其5年内作为提名或推荐人、被提名或推荐人、评审专家等资格;暂停其研究生导师申请资格5年;撤销其利用科研失信行为获得的相关学术奖励、职称以及荣誉称号等;要求其30天内联系杂志社撤稿;扣罚绩效工资5 000元。
>
> 对其他作者:科研诚信诫勉谈话;院内通报批评;取消其1年内科研项目、科研奖励、科技成果、科技人才计划等申报资格;取消其1年内作为提名或推荐人、被提名或推荐人、评审专家等资格;暂停其研究生导师申请资格1年。

第四节 医学科研伦理审查制度

一、医学科研伦理治理

医学科研除了应服从一般科学试验伦理规范要求,其涉及人体的特性决定了必须符合医学伦理原则。在涉及人的科研中,必须遵守尊重、不伤害、有利和公正等伦理原则。这类研究只有当它尊重和保护受试者,公正地对待受试者,而且在道德上能被进行研究的社区接受时,其合理性才能在伦理上得到论证。

2022年3月20日中共中央办公厅 国务院办公厅发布的《关于加强科技伦理治理的

意见》(以下简称"《意见》")指出:科技伦理是开展科学研究、技术开发等科技活动需要遵循的价值理念和行为规范,是促进科技事业健康发展的重要保障。当前,我国科技创新快速发展,面临的科技伦理挑战日益增多,但科技伦理治理仍存在体制机制不健全、制度不完善、领域发展不均衡等问题,已难以适应科技创新发展的现实需要。为进一步完善科技伦理体系,提升科技伦理治理能力,有效防控科技伦理风险,不断推动科技向善、造福人类,实现高水平科技自立自强,《意见》提出科技伦理治理的指导思想,要以习近平新时代中国特色社会主义思想为指导,深入贯彻党的十九大和十九届历次全会精神,坚持和加强党中央对科技工作的集中统一领导,加快构建中国特色科技伦理体系,健全多方参与、协同共治的科技伦理治理体制机制,坚持促进创新与防范风险相统一、制度规范与自我约束相结合,强化底线思维和风险意识,建立完善符合我国国情、与国际接轨的科技伦理制度,塑造科技向善的文化理念和保障机制,努力实现科技创新高质量发展与高水平安全良性互动,促进我国科技事业健康发展,为增进人类福祉、推动构建人类命运共同体提供有力科技支撑。具体治理要求包括:伦理先行、依法依规、敏捷治理、立足国情和开放合作。明确了科技伦理原则为增进人类福祉、尊重生命权利、坚持公平公正、合理控制风险、保持公开透明;提出了健全科技伦理治理体制、加强科技伦理治理制度保障、强化科技伦理审查和监管、深入开展科技伦理教育和宣传等具体举措。《意见》对当前医疗机构加强医学科研伦理治理具有重要指导意义。

二、医学科研伦理审查立法

对医学科研和临床医学研究进行伦理审查已经成为国际通行的制度。具有普遍性的国际性伦理规范包括世界医学大会发布的《赫尔辛基宣言》、国际医学科学理事会与 WHO 共同制定的《涉及人的生物医学研究的各项国际伦理指南》、WHO《生物医学研究伦理审查委员会操作指南》、人用药物注册技术要求国际协调会议(ICH)《优良临床试验指南》(ICH-GCP)、国际医学组织理事会和 WHO《流行病学研究的国际伦理准则》

我国已建立了如《人类遗传资源管理条例》《药物临床试验质量管理规范》《涉及人的生物医学研究伦理审查办法》《医疗器械临床试验质量管理规范》《中医药临床研究伦理审查管理规范》《人胚胎干细胞研究伦理指导原则》《药物临床试验伦理审查工作指导原则》《干细胞临床研究指导原则(试行)》等一系列的伦理审查规范。2019 年,修订版的《药品管理法》正式出台,其中增加了对临床试验伦理审查的要求,明确规定开展临床试验应经过伦理委员会的同意,实施临床试验应获取受试者或其监护人的自愿知情同意。这是我国第一次在法律层级的文件中提及伦理审查制度,标志伦理审查进入更加严格的强制执行阶段。

2019年12月颁布的《基本医疗卫生与健康促进法》再次明确要求开展药物、医疗器械临床试验和其他医学研究应该依法通过伦理审查,获取知情同意,体现伦理审查制度作为规范化涉及人的医学研究的基本制度。2020年颁布的基本法《民法典》,在第四编第二章——生命权、身体权、健康权章节中要求研制新药、医疗器械或者发展新的预防和治疗方法进行临床试验应经过伦理委员会审查同意,这是我国首次在民事法律文件中明确伦理审查制度。至此,伦理审查立法在效力层级上上升至法律,不仅明确了伦理审查的制度核心为受试者权益保护,也标志着对受试者的最高权益保护。

目前我国相关规范文件中关于医学科研伦理审查委员会设置及其审查规范在个别细节规定上略有不同。《涉及人的生物医学研究伦理审查办法》是目前立法中适用范围最广的,故本文重点依据其梳理相关伦理审查制度。

三、伦理审查委员会建设

(一) 伦理审查委员会的设置

从事涉及人的生物医学研究的医疗机构是涉及人的生物医学研究伦理审查工作的管理责任主体,应当设立伦理委员会,配备专(兼)职工作人员、设备、场所等,并采取有效措施保障伦理委员会独立开展伦理审查工作。未设立伦理委员会的,不得开展涉及人的生物医学研究工作。

机构伦理委员会的职责是保护受试者合法权益,维护受试者尊严,促进生物医学研究规范开展;对本机构开展涉及人的生物医学研究项目进行伦理审查,包括初始审查、跟踪审查和复审等;在本机构组织开展相关伦理审查培训。

伦理委员会的委员应当符合法定人数和专业要求,并定期接受生物医学研究伦理知识及相关法律法规知识培训。伦理委员会委员应当签署保密协议,承诺对所承担的伦理审查工作履行保密义务,对所受理的研究项目方案、受试者信息以及委员审查意见等保密。

医疗机构应当在伦理委员会设立之日起3个月内向本机构的执业登记机关备案,并在医学研究登记备案信息系统登记。医疗机构应当加强对伦理委员会开展的涉及人的生物医学研究伦理审查工作的日常管理,定期评估伦理委员会工作质量,对发现的问题及时提出改进意见或者建议,根据需要调整伦理委员会委员等。

(二) 审查范围

开展以下涉及人的生物医学研究,都必须进行伦理审查:①采用现代物理学、化学、生物学、中医药学和心理学等方法对人的生理、心理行为、病理现象、疾病病因和发病机制,以及疾病的预防、诊断、治疗和康复进行研究的活动;②医学新技术或者医疗新产品在人体上进行试验研究的活动;③采用流行病学、社会学、心理学等方法收集、记录、使用、报告或者储存有关人的样本、医疗记录、行为等科学研究资料的活动。

如果研究是有关药物、医疗器械、干细胞技术、中医药的,应遵循《药物临床试验质量管理规范》《医疗器械临床试验质量管理规范》《中医药临床研究伦理审查管理规范》《人胚胎干细胞研究伦理指导原则》《干细胞临床研究指导原则(试行)》等具体要求。

四、监管与法律责任

(一) 监督管理

医疗机构应当加强对本机构设立的伦理委员会开展的涉及人的生物医学研究伦理审查工作的日常管理,定期评估伦理委员会工作质量,对发现的问题及时提出改进意见或者建议,根据需要调整伦理委员会委员等。

医疗机构应当督促本机构的伦理委员会落实卫生健康行政部门提出的整改意见;伦理委员会未在规定期限内完成整改或者拒绝整改,违规情节严重或者造成严重后果的,其所在医疗卫生机构应当撤销伦理委员会主任委员资格,追究相关人员责任。

(二) 法律责任

1. 医疗机构的法律责任 医疗卫生机构未按照规定设立伦理委员会擅自开展涉及人的生物医学研究的,由县级以上地方卫生健康行政部门责令限期整改;逾期不改的,由县级以上地方卫生健康行政部门予以警告,并可处以 3 万元以下罚款;对机构主要负责人和其他责任人员,依法给予处分。

医疗卫生机构及其伦理委员会违反《涉及人的生物医学研究伦理审查办法》规定,有下列情形之一的,由县级以上地方卫生健康行政部门责令限期整改,并可根据情节轻重给予通报批评、警告;对机构主要负责人和其他责任人员,依法给予处分:①伦理委员会组成、委员资质不符合要求的;②未建立伦理审查工作制度或者操作规程的;③未按照伦理审查原则和相关规章制度进行审查的;④泄露研究项目方案、受试者个人信息以及委员审查意见的;⑤未按照规定进行备案的;⑥其他违反规定的情形。

2. 项目研究者的法律责任 项目研究者违反相关规定,有下列情形之一的,由县级以上地方卫生健康行政部门责令限期整改,并可根据情节轻重给予通报批评、警告;对主要负责人和其他责任人员,依法给予处分:①研究项目或者研究方案未获得伦理委员会审查批准擅自开展项目研究工作的;②研究过程中发生严重不良反应或者严重不良事件未及时报告伦理委员会的;③违反知情同意相关规定开展项目研究的;④其他违反规定的情形。

五、典型案例警示

现代生物医学技术发展突飞猛进,在发展的同时也带来前所未有的挑战。生物医学新技术临床研究风险和技术难度大,存在较多不可预料或不可控风险,实施、管理不当,便可能威胁公共安全、危害受试者健康权益。医学研究人员和机构要严格履行责任,遵循技术和伦理规范;切记"基因编辑婴儿事件"的警示。

(乐 虹 周 伟 郑 玲 潘佳歆)

第六章
医疗机构人力资源法务管理

第一节　医疗机构人力资源法务概述

一、医疗机构、人力资源、法务的概念

医疗机构,是指依法定程序设立的从事疾病诊断、治疗活动的卫生机构的总称。其主要有三个含义:①医疗机构是依法成立的卫生机构;②医疗机构是从事疾病诊断、治疗活动的卫生机构;③医疗机构是从事疾病诊断、治疗活动的卫生机构的总称。我国的医疗机构是由一系列开展疾病诊断、治疗活动的卫生机构构成的。医疗机构、卫生院是我国医疗机构的主要形式,此外,还有疗养院、门诊部、诊所、卫生所(室)以及急救站等,共同构成了我国的医疗机构。

人力资源(human resources,HR)即人事,最广泛定义是指人力资源管理工作,是指在一个国家或地区中,处于劳动年龄、未到劳动年龄和超过劳动年龄但具有劳动能力的人口之和。人力资源也指一定时期内组织中的人所拥有的能够被企业所用,且对价值创造起贡献作用的教育、能力、技能、经验、体力等的总称。人力资源还是企事业单位独立的经营团体所需人员具备的能力(资源)。

法务是指在企业、事业单位、政府部门等法人和非法人组织内部专门负责处理法律事务的工作人员。法务与律师的区别在于:①法务是单位的法律顾问,专职服务于公司。律师是独立于单位外的法律工作人员;②随着社会发展,更多大型企业要求法务必须通过国家法律职业资格考试并领取律师执业资格,与律师不同的是,律师更多从事诉讼业务,而法务更多处理非诉业务,法务是企业风险综合管理者。

医疗机构人力资源法务管理是指以医疗机构的人力资源法务为主要研究对象,依据法律规定对其所属人员进行规划、管理、培训等管理活动和过程的总和。

二、医疗机构人力资源法务管理的内容

从开发的角度上看,它不仅包括法务的智力开发,还包括法务的科学文化素质和思想道

德觉悟的提高,既注重对法务现有能力的充分发挥,又注重对法务潜在能力的有效挖掘。

从管理的内容上看,它包括医疗机构人力资源法务的预测与规划、组织和培训等。

从利用的角度上看,它包括对人力资源法务的甄选、合理配置和使用,在医疗机构和法务的关系上,它强调医疗机构和法务的双向承诺,追求的是医疗机构组织目标和法务个人目标的共同实现。

总之,医疗机构人力资源法务管理是建立在现代人力资源法务管理的理论与管理思维基础。在医疗机构的人力资源法务管理工作中,思想政治工作的主要任务就是对人事进行合理的调配、对法务的培训并考核、法务薪酬福利的分配以及人事档案资料的保管等,在人力资源法务管理过程中融入思想政治工作可以有效地调动法务的工作热情,提高法务的工作道德素质,使医疗机构法务的综合素质得到提高的同时,有利于医疗机构人力资源法务管理机制的不断完善,从而提高法务的工作质量。

人力资源法务管理是运用一切可运用的现代科学方法,对特定条件下的人力进行组织、调配,注重人的主观能动性的充分发挥,保证人力资源法务的最佳配置,实现组织运作高效率。它是人事管理的一种全新方式,强调人才的开发,培养法务的高度责任感。医疗机构的人力资源法务是医疗机构进行各种活动的基本力量。医疗机构人力资源法务编设要合情合理,配备比例适当,整体结构优化,从而保证医疗机构各项任务的顺利完成,促进医疗机构的健康发展。对于现代医疗机构来说,其法务管理需要以人力资源为核心,人力资源法务是医疗机构各种资源中的一种重要资源。

三、医疗机构人力资源法务管理的特点

(一)人力资源法务管理的战略性

作为医疗机构决策管理中的主要组成部分,人力资源法务管理在医疗机构整体的管理中至关重要,具有战略性的作用,具体表现为:当前社会中人力资源法务管理的重要性得到了广大用人单位的认可,这也是医疗机构提升核心竞争力的重要因素;同时,人力资源法务管理情况也成为衡量医疗机构发展的关键性指标,在其发展中具有战略性地位。

(二)人力资源法务管理的全面性

相对于传统的人力资源法务管理理念而言,现代社会中的医疗机构在人力资源法务管理问题上更注重其全面性,即对于法务的管理既包括其工作表现,同时还关注法务的思想动态、与社会关系等诸多方面,对于法务个人的合法权益更为重视。当前新形势下的人力资源法务管理聚焦法务的方方面面,具有管理的全面性特点。

四、医疗机构人力资源法务管理的问题

（一）人力资源法务管理体制有待完善

尽管医疗机构中人力资源法务管理职能部门的功能日益增强，但是同当前新的社会发展形势相比存在一定的滞后性，难以真正满足医疗机构的需求。

（二）人才竞争不够规范

由于当前用人单位对于人才的重视程度，使得人才的流动性日益频繁。对于医疗机构而言，恶意竞争事件频发，医疗机构之间的竞争手段逐渐多样化，法务人员过度流动对于医疗机构的发展而言无疑是不利的，这同医疗机构在人力资源法务管理的体制也是息息相关的。人力资源激励制度上的缺陷导致人才的竞争与流失，不利于医疗机构的品牌塑造与长远发展。

（三）人力资源法务结构缺乏科学性

新的社会发展形势下，我国的医疗卫生建设得到了极大发展，医疗机构在其数量以及规模上都是前所未有的，然而医疗机构法务的建设却存在着诸多问题。医疗机构中特别是基层医疗单位的法务在构成结构上参差不齐，整体素养有待提高，部分法务无论是在专业理论知识还是在专业技能上都相对不足，从而制约了医疗机构的进一步发展。

五、医疗机构人力资源法务管理的措施

（一）树立"以人为本"的管理理念

营造良好的人力资源法务开发环境。在人力资源法务管理中，法务是其核心部分。一个医疗机构要想在激烈的市场竞争中保持领先地位就必须树立"以人为本"的管理理念，提高其人力资源法务的价值。

（二）树立战略观念

确立与医疗机构发展相适应的法务发展战略。法务规划发展战略是医疗机构总体发展规划中的重要部分，是医疗机构发展的重要环节。法务作为医疗机构的人力资源和生产力，必须在医疗机构的发展过程中加以综合统筹运用，发挥其最大潜能。

（三）培养高素质的法务管理队伍

结合我国各医疗机构的实际情况，现代医疗机构人力资源法务管理者应达到以下几方面的要求：具有广博的知识和能力；树立正确的用人观念等。

（四）注重医疗机构法务文化建设

医疗机构法务文化作为医疗机构管理理念的氛围平台，是现代医疗机构建设的重要内

容。医疗机构法务文化是指医疗机构法务在长期的建设发展和医疗服务过程中所形成的共同的价值观念、心理定势和行为规范。因此,医疗机构在人力资源法务管理中应贯彻以医疗机构法务文化为导向的人力资源法务管理思想,注重并加强医疗机构法务文化建设,营造一个有利于医疗机构法务发挥和创造才能的环境。

第二节　员工雇佣与劳动合同订立

一、医疗机构员工雇佣的概念

雇主在组织机构中为相对概念。雇主拥有支配权,拥有土地、资本,同时也是知识产权的拥有者;事实上,所有财富都是被雇用者的贡献。在一个实体内部,组织机构(法人)即为雇主;内外的一切活动通过法人代表来管理和体现,此时的"法人代表"即为一般意义的"老板",但实质上法人代表也是"被雇用者"。

二、医疗机构员工雇佣情况

(一)员工分类

1. **管理人员**　指在医疗机构及其内设备部门、科室从事计划、组织、协调、控制、决策等管理工作的人员。

2. **医师**　指依法取得执业医师、执业助理医师资格,经注册在医疗机构从事医疗、预防、保健等工作的人员。

3. **护士**　指经执业注册取得护士执业证书,依法在医疗机构从事护理工作的人员。

4. **药学技术人员**　指依法经过资格认定,在医疗机构从事药学工作的药师及技术人员。

5. **医技人员**　指医疗机构内除医师、护士、药学技术人员之外从事其他技术服务的卫生专业技术人员。

6. **其他人员**　指除以上五类人员外,在医疗机构从业的其他人员,主要包括物资、总务、设备、科研、教学、信息、统计、财务、基础、后勤等部门工作人员。

【**目标要求**】

通过制定规范化的聘用人员管理办法,建立与医院发展相适应的聘用人员管理考核体系,为充分调动聘用人员工作的积极性和主动性,发挥聘用人员的才智创造公开、公平的竞争平台,以期建立对聘用人员客观、公正、科学、规范的评价机制和人尽其才、优胜劣汰的激励竞争机制及能进能出、能上能下的人才流动机制。

【管理要点】

• 为提高员工的自身素质和工作技能,医院举办岗前、医德医风、法规和业务等各种培训及演练。

• 科室对聘用人员指定上级医(药、护、技、工程)师负责带教,科主任定期检查带教情况,并定期进行理论和技能考核。

• 聘用人中经科室考核,对达到工作要求并胜任本职者,报请部门主管审批后,可参加科室值班(医师可给予处方权)。

• 科室根据实际情况制定聘用期内的培训计划;主管部门可根据工作需要安排到相关专业科室轮转。

• 鼓励与支持聘用人员学习业务理论和技术,参加院内继续医学教育,并按规定修满任期内最低学分。

• 自觉服从医院和所在科室的管理,遵章守制,按照规定的工作程序进行工作。

• 保质保量地完成本职工作任务,注重业务学习,不断更新知识,提高业务素质。

• 积极参加医院和科室组织的政治、业务、劳动等集体活动。

【实操要素】

1. 报名 面向社会公开招聘。凡符合聘用人员基本条件者,持相关材料(本人身份证、学历、学位和执业资格证书)原件报名。应聘学科带头人的应同时说明学科发展方向、前景及工作开展计划。

2. 面试考核 由人事科牵头组织院务会成员、医务科或护理部、用人部门主任对应聘人员进行资质审查和基本理论考试,政治思想、业务理论和基本技能考核。学科带头人由医院组织专家组进行面试,主要考察专业技术水平、组织协调能力和学科发展前景。

3. 对拟聘用的人员由相关部门(医务科、护理部等)安排,原则上试用一月,试用期间发给本人生活费。

4. 在试用期满后,根据自身情况,实事求是填写"试用期满考核表"中的"自评部分"。

5. 试用科室、部门主管根据新职员在试用期的德、勤、能、绩如实地进行考核,公正地评分并写出考核评语,报分管院长作出同意聘用,或不拟聘用的意见,提交院办公会审定。

6. 体检、由门诊统一组织拟聘人员在本院进行体检,放射人员应经市疾控中心岗前体检合格。

（二）员工行为规范

1. 管理人员行为规范

（1）牢固树立科学的发展观和正确的业绩观，加强制度建设和文化建设，与时俱进，创新进取，努力提升医疗质量、保障医疗安全、提高服务水平。

（2）认真履行管理职责，努力提高管理能力，依法承担管理责任，不断改进工作作风，切实服务临床一线。

（3）坚持依法、科学、民主决策，正确行使权利，遵守决策程序，充分发挥职工代表大会作用，推进院务公开，自觉接受监督，尊重员工民主权利。

（4）遵循公平、公正、公开原则，严格人事招录、评审、聘任制度，不在人事工作中谋取不正当利益。

（5）严格落实医疗机构各项内控制度，加强财务管理，合理调配资源，遵守国家采购政策，不违反规定干预和插手药品、医疗器械采购和基本建设等工作。

（6）加强医疗、护理质量管理，建立健全医疗风险管理机制。

（7）尊重人才，鼓励公平竞争和学术创新，建立完善科学的人员考核、激励、惩戒制度，不从事或包庇学术造假等违规违纪行为。

（8）恪尽职守，勤勉高效，严格自律，发挥表率作用。

2. 医师行为规范

（1）遵循医学科学规律，不断更新医学理念和知识，保证医疗技术应用的科学性、合理性。

（2）规范行医，严格遵循临床诊疗和技术规范，使用适宜诊疗技术和药物，因病施治，合理医疗，不隐瞒、误导或夸大病情，不过度医疗。

（3）学习掌握人文医学知识，提高人文素质，对患者实行人文关怀，真诚、耐心与患者沟通。

（4）认真执行医疗文书书写与管理制度，规范书写、妥善保存病历材料，不隐匿、伪造或违规涂改、销毁医学文书及有关资料，不违规签署医学证明文件。

（5）依法履行医疗质量安全事件、传染病疫情、药品不良反应、食源性疾病和涉嫌伤害事件或非正常死亡等法定报告职责。

（6）认真履行医师职责，积极救治，尽职尽责为患者服务，增强责任安全意识，努力防范和控制医疗责任差错事件。

（7）严格遵守医疗技术临床应用管理规范和单位内部规定的医师执业等级权限，不违规临床应用新的医疗技术。

（8）严格遵守药物和医疗技术临床试验有关规定,进行实验性临床医疗,应充分保障患者本人或其家属的知情同意权。

3. 护士行为规范

（1）不断更新知识,提高专业技术能力和综合素质,尊重关心爱护患者,保护患者的隐私,注重沟通,体现人文关怀,维护患者的健康权益。

（2）严格落实各项规章制度,正确执行临床护理实践和护理技术规范,全面履行医学照顾、病情观察、协助诊疗、心理支持、健康教育和康复指导等护理职责,为患者提供安全优质的护理服务。

（3）工作严谨、慎独,对执业行为负责。发现患者病情危急,应立即通知医师;在紧急情况下为抢救垂危患者生命,应及时实施必要的紧急救护。

（4）严格执行医嘱,发现医嘱违反法律、法规、规章或者临床诊疗技术规范,应及时与医师沟通或按规定报告。

（5）按照要求及时准确、完整规范书写病历,认真管理,不伪造、隐匿或违规涂改、销毁病历。

4. 药学技术人员行为规范

（1）严格执行药品管理法律法规,科学指导合理用药,保障用药安全、有效。

（2）认真履行处方调剂职责,坚持查对制度,按照操作规程调剂处方药品,不对处方所列药品擅自更改或代用。

（3）严格履行处方合法性和用药适宜性审核职责。对用药不适宜的处方,及时告知处方医师确认或者重新开具;对严重不合理用药或者用药错误的,拒绝调剂。

（4）协同医师做好药物使用遴选和患者用药适应证、使用禁忌、不良反应、注意事项和使用方法的解释说明,详尽解答用药疑问。

（5）严格执行药品采购、验收、保管、供应等各项制度规定,不私自销售、使用非正常途径采购的药品,不违规为商业目的统方。

（6）加强药品不良反应监测,自觉执行药品不良反应报告制度。

5. 医技人员行为规范

（1）认真履行职责,积极配合临床诊疗,实施人文关怀,尊重患者,保护患者隐私。

（2）爱护仪器设备,遵守各类操作规范,发现患者的检查项目不符合医学常规的,应及时与医师沟通。

（3）正确运用医学术语,及时、准确出具检查、检验报告,提高准确率,不谎报数据,不伪造报告。发现检查检验结果达到危急值时,应及时提示医师注意。

（4）指导和帮助患者配合检查，耐心帮助患者查询结果，对接触传染性物质或放射性物质的相关人员，进行告知并给予必要的防护。

（5）合理采集、使用、保护、处置标本，不违规买卖标本，牟取不正当利益。

6. 其他人员行为规范

（1）热爱本职工作，认真履行岗位职责，增强为临床服务的意识，保障医疗机构正常运营。

（2）刻苦学习，钻研技术，熟练掌握本职业务技能，认真执行各项具体工作制度和技术操作常规。

（3）严格执行财务、物资、采购等管理制度，认真做好设备和物资的计划、采购、保管、报废等工作，廉洁奉公，不谋私利。

（4）严格执行临床教学、科研有关管理规定，保证患者医疗安全和合法权益，指导实习及进修人员严格遵守服务范围，不越权越级行医。

（5）严格执行医疗废物处理规定，不随意丢弃、倾倒、堆放、使用、买卖医疗废物。

（6）严格执行信息安全和医疗数据保密制度，加强医疗机构信息系统药品、高值耗材统计功能管理，不随意泄露、买卖医学信息。

（7）勤俭节约，爱护公物，落实安全生产管理措施，保持医疗机构环境卫生，为患者提供安全整洁、舒适便捷、秩序良好的就医环境。

三、医疗机构员工劳动合同订立

【目标要求】

为了保护医疗机构及员工合法权益，制定劳动合同文本，是医疗机构与职工确定劳动关系、明确双方权利义务的书面协议。

【管理要点】

• 医疗机构在招聘用职工时，有权了解劳动者的年龄、健康状况、知识技能和工作经历等情况并查验有关证件，被聘用者应如实说明和提供。由于劳动者自己提供给医疗机构的所在具体地址等资料不详或者有误而造成的后果由劳动者自己来承担。

• 新招聘职工，经考核合格，被医疗机构正式录用之日起，在平等自愿、协商一致的基础上与医院以书面形式签订劳动合同。并经医院与职工在劳动合同文本上签字或者盖章生效。

劳动合同文本由医院与职工各执一份。

• 医疗机构为职工出资提供培训费用，对其进行专项技术培训的，应与该职工订立协议,并约定服务期。

职工违反服务期约定的,应当按照约定向医院支付违约金。违约金的数额不超过医疗机构提供的培训费用。医疗机构要求劳动者支付的违约金,按不超过服务期尚未履行部分所应分摊的培训费用。

医疗机构与职工约定服务期的,不影响按照正常的工资调整机制提高职工在服务期期间的劳动报酬。

• 职工因退休、开除、除名、自动离职、职工本人提出解除劳动合同、被追究刑事责任、试用期间被证明不符合录用条件、职工不履行《劳动合同》而解除合同的等,则不享受经济补偿金。

【实操要素】

(一) 劳动合同应当具备条款

1. 用人单位的名称、住所和法定代表人或者主要负责人。

2. 劳动者的姓名、住址和居民身份证或者其他有效身份证件号码。

3. 劳动合同期限。

4. 工作内容和工作地点。

5. 工作时间和休息休假。

6. 劳动报酬。

7. 社会保险。

8. 劳动保护、劳动条件和职业危害防护。

9. 法律、法规规定应当纳入劳动合同的其他事项。

劳动合同除前款规定的必备条款外,用人单位与劳动者可以约定试用期、培训、保守秘密、补充保险和福利待遇等其他事项。

(二) 订立合同的一般程序

劳动合同的订立就是劳动合同当事人就合同条款通过协商达成一致意思的过程,这一过程一般分为要约和承诺两个阶段。

1. **要约** 指一方当事人以订立合同为目的向另一方就合同主要内容作出的意思表示。因而,要约的发出人和接受人均须特定,且要约的内容足以构成合同的主要条款,同时应作出缔约的表示,否则不算有效要约。如果仅有订约的意思而未就合同主要内容作出表示,只能称为要约邀请,不能产生要约的效力。要约仅在要约有效期内对要约人具有法律拘束力,要约期满其效力自动解除。因而,用人单位如果仅在招工启事或广告或简章中介绍自身情况,并发出招工信息,并未就合同主要内容给予说明,该行为只能算是要约邀请,不构成有效要约。而如果用人单位在招工简章中对合同条件给予明确说明,则属于要约,一旦应招者承诺,用人单位有义务与劳动者签订劳动合同。如应招者不同意所列条件,而提出新的条件,则属于反要约,用人单位可以承诺,也可不予承诺而不成立合同。

2. 承诺 指受要约人完全无条件地接受要约以成立合同的意思表示。承诺必须由受要约人本人在有效期内作出,且应当完全接受要约条款,如果接受的意思与要约不一致而改变了要约的实质性内容,则只能视为反要约,不构成有效承诺。劳动者或用人单位一旦同意对方要约而作出承诺,劳动合同即告成立。

任何一个劳动合同的成立,一般都要经过上述两个阶段,但具体可能要经过要约—反要约—再要约—承诺的复杂的反复协商,最后成立合同的过程,合同一经成立,即对双方当事人产生法律拘束力。

(三) 订立合同的具体步骤

劳动合同的订立从理论上讲应当经过要约和承诺的订约过程,这符合合同订立的一般理论。但劳动合同有其特殊性,在具体订立时,一般包括以下几个步骤。

1. 用人单位公布招工简章 用人单位在招用合同制工人或其他人员时,应当先公布招工简章。简章一般包括以下内容:①用人单位情况介绍,包括本单位是否具有法人资格、所有制性质、经营规模、经营范围、工作地点及条件、发展规划等,借此向社会公开其自身情况,有助于劳动者了解情况,决定是否应招。但所介绍的情况应当真实,不能进行欺诈行为,否则应承担法律责任;②需招收的人员数量、岗位或工种;③各层次、各种类的岗位招用人员的条件,如男女比例、年龄、学历等;还可以就应聘人员的政治条件、身体条件、居住(户口)条件等作出相应要求。但与录用无关的条件,如是否单身、民族等不得作出要求;④被录用人员的权利,义务,主要指工作内容、工资、福利:劳动保护和劳动条件、保险和劳动纪律、民主权利等;⑤报名时间、地点,需携带和提交的证明文件、材料、报名手续等。有的招工简章中仅规定招工人数、报名条件、时间、地点、手续等内容,亦无不可。

2. 劳动者自愿报名 符合条件的应招人员,结合自身情况,有选择地自愿报名,报名时一般应提交身份及户口证明、毕业证书,工作简历及其他证明材料,并填报用人单位要求填写的各种表格,如报名登记表、工作申请书、报名一般应当本人亲自到场,但特殊情况下亦可请人代为报名。用人单位根据劳动者所提交的材料,进行初步资格审查,以确定报名资格。

3. 全面考核 用人单位对于符合基本资格条件的报名者进行德、智、体全面考核,着重从身体条件、业务能力、心理素质等方面考评。同时根据工作岗位需要而有所侧重。如学徒工,应侧重文化考核;技术工则侧重技术技能考核;管理人员侧重于综合素质考核等。考核的具体内容、标准由用人单位确定,其方法可采取申请资料审查、背景调查、面试、笔试、实地操作、体检等多种方式。经过考核,对申请人作出尽可能合乎实际的评定结论,对于评定结论要张榜公布。

4. 择优录用 用人单位通过对报名者全面考核之后,对于合格者应张榜公布,公开录用。并通知被录用者订立劳动合同。

5. 签订劳动合同 劳动合同草案一般由用人单位提出,用人单位在草案中要注意遵守法律、法规,如对妇女及未成年人的特殊保护、最低工资规定、工作时间等。在合同草案基础上双方本着平等自愿、协商一致的原则,继续对合同条款作出修改,最后签订正式劳动合同。在履行了上述手续后,合同即依法成立。值得注意的是,鉴证不是劳动合同订立的必经程序,劳动合同在当事人达成一致意思签订合同后即告成立,双方可自行决定是否鉴证,是否鉴证不影响合同的成立与生效。

【案例展示】

王医生经招聘到被告某私立医院工作,试用期满签署了员工转正须知,确认已经阅读《员工手册》,该手册对医疗纠纷及医疗事故处理办法作出了具体规定,签署员工转正须知表示完全明白手册内容并愿意自觉遵守。转正时双方又签订了劳动合同,对其从事临床岗位工作和工资数额进行了具体约定。四个月后王医生提出辞职,医院出具一份知情告知书,告知王医生同意其辞职申请,但鉴于其试用期间发生的医疗纠纷与王医生本人原工作有关,因该医疗纠纷未结案,按《员工手册》规定,待该医疗纠纷处理完后再与王医生结算工资及办理执业医师注册变更手续,王医生签名确认已收阅。医院为其出具《终止(解除)劳动关系证明》,王医生作为离职员工签名。

王医生离职后法院对医疗纠纷作出判决:患者杨某到医院分娩,因当班医生处理不当,发生了重大医疗缺陷,判决医院赔偿患者各项损失共计52万余元。医院据此对包括王医生等妇产科相关责任人员作出责任认定并处罚,认为王医生作为二线值班医生,在产妇出现弥散性血管内凝血时未及时诊断羊水栓塞并正确处理,负次要责任,承担个人责任部分的20%,扣3.1万余元,同时对王医生所在科室进行绩效考核,王医生离职前两个月的绩效考核为零分。

随后王医生向法院起诉,请求判令医院支付拖欠其离职前三月的劳务费1.7万余元。一审法院认为,医院作为用人单位有权根据内部规章制度规定及根据工作人员的工作情况确定绩效工资的具体数额,决定奖励或处罚。医院在处理完医疗纠纷后,已经与王医生结清基本工资,但因为王医生离职前两个月绩效考核为零分,医院便未再对王医生发放奖金。医院每月都按照双方所签订的劳动合同支付工资,王医生主张医院拖欠其离职前三个月的劳务费 1.7 万余元,证据不足,不予支持,判决驳回其诉讼请求。

王医生认为其在知情告知书的签字,是为取回被扣押的证件被迫签字的,被告医院的行为是乘人之危,本身不具合法性。在诉讼期间,根据《侵权责任法》:患者在诊疗活动中受到损害,医疗机构及其医务人员有过错的,由医疗机构承担赔偿责任,医院为了克扣劳务费而将医疗事故的风险转嫁给原告的做法违反了法律的强制性规定,遂向二审法院提出上诉。

二审法院认为,王医生没有举证证明其是受逼迫签字,且法律并未禁止医疗机构向患者承担赔偿责任以后,根据规章制度对有过错医务人员予以相应处罚,本案纠纷系双方因履行劳动合同所产生,应属劳动合同纠纷,原审判决确定案由为劳务合同纠纷错误,依法予以纠正,判决驳回上诉,维持原判。

第三节 员工合法权益的保障

一、医疗机构及其医务人员合法权益的保护

医疗机构及其医务人员的合法权益受法律保护,干扰医疗秩序,妨碍医务人员工作、生活,侵害医务人员合法权益的,要承担法律责任。《民法典》第一千二百二十八条指出:"医疗机构及其医务人员的合法权益受法律保护。干扰医疗秩序,妨碍医务人员工作、生活,侵害医务人员合法权益的,应当依法承担法律责任。"

【目标要求】

为了保障医疗卫生人员的合法权益,加强医疗卫生人员的队伍建设,更好地保障人民健康。

【管理要点】

为了维护医院正常的诊疗秩序,为全面深化改革创造和谐稳定的社会环境,必须采取坚决措施,严厉打击涉医暴力犯罪行为。

• 强化政府责任,保障医疗需求　一是加大对医疗卫生的财政投入,同时切实鼓励民营资本兴办医疗机构,大幅度增加医疗资源,公平配置医疗资源,缓解看病难的问题;二是把创建"平安医院"纳入政府工作的重要议事日程,严厉打击涉医犯罪,优化医疗执业环境的长

效机制;三是健全社会保障体系和运行机制,实现城乡居民农民医保一体化,逐步减轻病人负担;四是提高医生待遇,减轻医生压力,稳定医生队伍。

• 加强医院管理,提高医疗质量　医院一要严格执行相关法律、法规和诊疗技术规范,切实加强内部管理,提高医疗质量,保障医疗安全,优化服务流程,增进医患沟通,积极预防化解医患矛盾;二要加强医务人员的职业道德教育,对于医务人员工作失职、接受贿赂等行为,要加大处罚力度;三要加强安全防范系统建设,及时消除医院安全隐患,预防和减少发生在医院的不良事件,创造良好的诊疗环境。

• 优化调解机制,规范赔偿标准　建立健全医疗纠纷第三方调解机制。要参照交通事故人身伤害赔付标准制定医疗事故(纠纷)人身伤害赔付标准,避免"小闹少赔,大闹多赔,不闹不赔"的情况。

• 推行医疗责险,降低医疗风险　由医疗机构为医务人员购买保险,出现医疗损害赔偿等纠纷时,由保险公司掏钱赔付。该不该赔,赔多少,由医疗纠纷人民调解委员会或法院裁判。这样既降低了医务人员的职业风险,也更能合法理性维护患者权益。

• 设立医事法庭,科学公正审判　由于医疗纠纷发生率很高,医疗官司专业性很强,建议人民法院设立医事法庭,专门审理医疗纠纷案件。医事法庭的法官应当熟悉相关医学知识,或实行有医学专家参加的陪审团制度。

• 坚持正确导向,杜绝媒体炒作　新闻媒体必须坚持客观公正、正面引导的原则。采写医疗卫生类稿件的记者应当掌握基本的医学知识和卫生法规,对医疗纠纷的报道必须严格审查。绝不能片面追求轰动效应,忽略了媒体的社会责任。

• 公安主动作为,打击涉医犯罪　医院是人命关天的特殊公共场所,公安机关维护其公共秩序和诊疗秩序是义不容辞的职责。国家行政机关1986年至今联合发布的6份《通告》无一例外地强调:在医疗机构焚烧纸钱、摆设灵堂、摆放花圈、违规停尸、寻衅滋事的,非法携带易燃、易爆危险物品和管制器具进入医疗机构的,侮辱、威胁、恐吓、故意伤害医务人员或者非法限制医务人员人身自由的,在医疗机构内故意损毁或者盗窃、抢夺公私财物的,由公安机关依据《中华人民共和国治安管理处罚法》予以处罚;构成犯罪的,依法追究刑事责任。公安部要求,各地公安机关要始终坚持"零容忍",依法严厉打击各种侵害医务人员的违法犯罪行为。呼吁公安机关会同相关部门及时出台打击涉医犯罪的办法;加强对医院安保工作的检查和指导,帮助医院维护好治安秩序;及时从严查处发生在医院的刑事、治安案件,打击各类违法犯罪活动。

• 健全法律法规,倡导理性维权　呼吁国家制修订相关法律法规,将卫生法规纳入普法教育内容,积极引导患者通过合法渠道理性维权。

● 普及医学知识,走出认识误区　医院和媒体加强医学科普宣传,提高全民健康意识。引导病人正确认识个体基因的差异性,疾病发展的未知性,医疗技术的滞后性,医生知识和经验的局限性,正确面对生老病死的自然规律。不重视健康投资、盲目崇拜医学技术、神化医生能力都是错误的。

【实操要素】

1. 将"保障医师合法权益"置于立法目的之首,并在总则中明确医师依法执业,受法律保护,医师的人格尊严、人身安全不受侵犯。

2. 进一步明确医师享有的权利,包括获取劳动报酬,享受国家规定的福利待遇,按照规定参加社会保险并享受相应待遇;获得符合国家规定标准的执业基本条件和职业防护装备;从事医学教育等。

3. 建立健全体现医师职业特点和技术劳动价值的人事、薪酬、职称、奖励制度。明确对从事传染病防治、放射医学和精神卫生工作以及其他特殊岗位工作的医师,按照国家有关规定给予适当的津贴。规定国家建立健全医师医学专业技术职称设置、评定和岗位聘任制度,将职业道德、专业实践能力和工作业绩作为重要条件,科学设置有关评定、聘任标准。明确对在医学研究、教育中开拓创新,在疾病预防控制、健康促进工作中作出突出贡献的医师给予表彰、奖励。

4. 加强医师执业安全,明确县级以上人民政府及其有关部门、医疗卫生机构的职责,禁止任何组织或者个人阻碍医师依法执业,干扰医师正常工作、生活;禁止通过侮辱、诽谤、威胁、殴打等方式,侵犯医师的人格尊严、人身安全。

5. 关心爱护医师,医疗卫生机构在保护医师权益方面扮演重要角色。《医师法》明确,要求医疗卫生机构为医师合理安排工作时间,落实带薪休假制度,定期开展健康检查。医疗卫生机构应当完善安全保卫措施,维护良好的医疗秩序,及时主动化解医疗纠纷,保障医师执业安全。

6. 完善医疗风险分担机制,明确医疗机构应当参加医疗责任保险或者建立、参加医疗风险基金;鼓励患者参加医疗意外保险。明确医师在公共场所因自愿实施急救造成受助人损害的,不承担民事责任。

当然,有权益就有义务,《医师法》在对医师合法权益保障作出一系列制度安排的同时,也对医师依法严格执业,切实维护患者权益作出规定。

一是完善医师职责和义务,明确医师应当遵循临床诊疗指南,遵守临床技术操作规范和医学伦理规范等,在提供医疗卫生服务、开展医学临床研究中,应当按照规定履行告知义务或者取得知情同意。明确医师在执业活动中发现有关情形应当及时报告。明确医师不得出具虚假医学证明文件,不得对患者实施不必要的检查、治疗。明确"超说明书用药"合法性问题。《医师法》规定,在尚无有效或者更好治疗手段等特殊情况下,医师取得患者明确知情同意后,可以采用药品说明书中未明确但具有循证医学证据的药品用法实施治疗。该规定在严格规范医师用药行为的同时赋予医师更多诊疗自主权,这有利于保障患者的生命健康权益。

二是规范医师多点执业,明确医师在两个以上医疗卫生机构定期执业的,应当以一个医疗卫生机构为主,并按照国家有关规定办理相关手续。国家鼓励医师定期定点到县级以下医疗卫生机构,包括乡镇卫生院、村卫生室、社区卫生服务中心等,提供医疗卫生服务,主执业机构应当支持并提供便利。要求卫生健康主管部门、医疗卫生机构加强对相关医师的监督管理,规范其执业行为,保证医疗卫生服务质量。

三是明确医师互联网诊疗规范,规定执业医师按照国家有关规定,经所在医疗卫生机构同意,可以通过互联网等信息技术提供部分常见病、慢性病复诊等适宜的医疗卫生服务。

四是明确"实习医生"参与临床诊疗活动有关要求,规定参加临床教学实践的医学生和尚未取得医师执业证书、在医疗卫生机构中参加医学专业工作实践的医学毕业生,应当在执业医师监督、指导下参与临床诊疗活动。医疗卫生机构应当为有关医学生、医学毕业生参与临床诊疗活动提供必要的条件。

五是加强对医师的管理,明确有关行业组织、医疗卫生机构、医学院校应当加强对医师的医德医风教育,医疗卫生机构应当建立健全医师岗位责任、内部监督、投诉处理等制度。完善违反本法规定的法律责任,加大对有关违法行为的处罚力度。

【案例展示】

2020年1月,某医院发生一起暴力伤医事件,导致1名医生受伤并救治中,生命体征平稳。另有1名医务人员、1名志愿者和1名患者家属见义勇为,在与歹徒搏斗过程中受伤,无生命危险。

此前,崔某某在该医院眼科实行眼部手术,出现严重并发症,最严重者可能会失明,属疑难杂症。被伤医生参与了后续的治疗,帮助其恢复部分视力。然而,患者仍认为未达到预期,心生不满,将情绪发泄到该医生身上。

2020年1月21日,当地公安局以涉嫌故意杀人罪,将犯罪嫌疑人崔某某移送至人民检察院审查逮捕。检察机关经提前介入、引导侦查并认真审查,于2020年1月22日依法以涉嫌故意杀人罪对崔某某批准逮捕。

二、医疗事故的处理

1. 当事人申请卫生健康行政部门处理的,应当提出书面申请。

2. 当事人自知道或应当知道其身体健康受到损害之日起一年内,可以向卫生健康行政部门提出医疗事故争议处理申请。

3. 发生医疗事故争议,当事人申请卫生健康行政部门处理的,由医疗机构所在县级人民政府卫生健康行政部门受理。

4. 卫生健康行政部门应当自收到医疗事故争议处理之日起 10 天内进行审查,作出是否受理的决定。对符合有关条例的,予以受理,需要进行医疗事故技术鉴定的,应当自作出受理决定之日起 5 日内将有关材料交由负责医疗事故技术鉴定工作的医学会组织鉴定并书面通知申请人;对不符合有关条例规定,不予受理的,应当书面通知申请人并说明理由。

三、医疗机构的免责事由

1. 患者或者其近亲属不配合医疗机构进行符合诊疗规范的诊疗。

2. 医务人员在抢救生命垂危的患者等紧急情况下已尽到合理诊疗义务。

3. 限于当时的医疗水平难以诊疗。

四、医疗机构及其医务人员的告知义务

患者知情同意权包括患者知情权和患者知情同意权两个方面,是指患者所享有的知悉自己的病情、医疗措施、医疗风险、医疗费用、技术水平等医疗信息,并可以对医务人员所采取的医疗措施决定取舍的权利。

患者知情同意权具体包括:①了解权;②被告知权;③选择权;④拒绝权;⑤同意权。

医疗机构及其医务人员告知义务是指在医疗活动中,医疗机构及其医务人员应当将患者的病情、医疗措施、医疗风险等如实告知患者,并及时解答患者的咨询。

医疗机构的告知义务具体包括以下内容:①告知患者医疗机构的医疗水平、设备技术状况等;②告知患者的病情;③告知医疗机构的诊断方案、治疗措施及可能产生的医疗风险;④告知患者所需支付的费用;⑤告知患者转医或者转诊等。

第四节　员工离职法律风险规避

签订劳动合同是员工正式成为用人单位一员的开始。员工离职即劳动合同关系或人事

关系的终止。员工的入职有许多需要用人单位注意的风险,同样,员工离职也需要用人单位防范有关风险,做到善始善终。员工离职情形如图 6-1 所示。

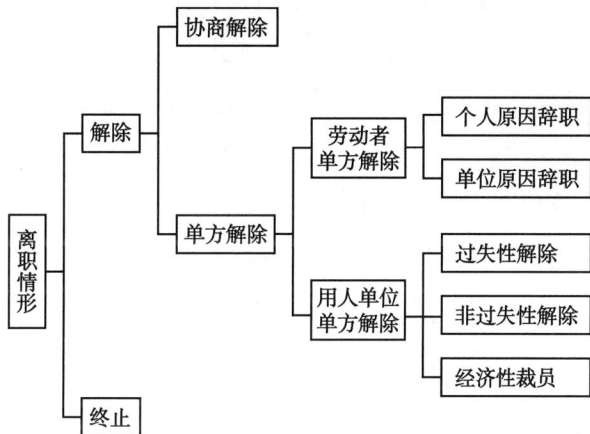

图 6-1 离职情形

一、员工离职的种类

一般来说,员工离职大致分为劳动合同解除、劳动合同期满终止两种类型,劳动合同解除包括劳动者单方解除、用人单位单方解除、协商解除等。协商解除劳动合同情形如下。

【目标要求】

通过协商的方式达到与劳动者解除劳动的目的,并降低用人单位的成本或损失。

【管理要点】

* 医疗机构应对人员离职意向、工作表现等进行动态掌握。

* 对于不能主动离职、用人单位单方解除等方式辞退员工的,考虑协商解除。

* 做好协商解除的程序把关,在签订协商解除协议时应明确双方权利义务。

【实操要素】

1. **明确协商提出的主体** 在协商解除劳动合同的案例中,大多是由用人单位提出,有些情况下也有由劳动者提出、协商解除。提出人不同,不会影响劳动合同解除的效果,但决定用人单位是否支付解除劳动合同经济补偿、支付金额以及劳动者能否领取失业金,因此该协商解除的提出方至关重要。在拟定解除协议时,也要充分考虑经济补偿的金额、员工取得失业金的意愿等因素,并结合实际情况进行约定。

2. **明确劳动合同解除的类型** 签订解除协议时,须明确解除劳动合同是经用人单位与员工在平等自愿、协商一致基础上解除的。避免将协议表述成是用人单位单方解除。

3. **明确双方的义务**　用人单位的义务主要是给员工办理好离职手续、与员工结清薪酬待遇和相关补偿金以及离职有关检查。用人单位支付的经济补偿中,除法定补偿外,还可能包括如未足额支付的加班费补偿、社保公积金缴费不足的补偿、未休年假补偿、当年度奖金发放等项目,用人单位应注意核算清楚并在协议中予以说明。员工方面的义务则包括工作交接、返还公司财物、保守商业秘密、履行竞业限制业务等。同时,双方应将纳税等情况进行约定。

4. **明确解除的具体日期**　双方可以约定劳动合同即时解除,也可约定在协议签署后的某个时间解除,但应明确解除具体时间,具体到年月日。

5. **权利义务终止**　明确双方权利义务终止,再无其他争议。如果用人单位对劳动者有竞业限制和保密要求,可单独进行约定。

二、劳动者单方解除劳动合同

(一) 劳动者单方预告解除

单方预告解除权的法律依据,系《劳动合同法》第三十七条规定:劳动者提前三十日以书面形式通知用人单位,可以解除劳动合同。劳动者在试用期内提前三日通知用人单位,可以解除劳动合同。也就是说劳动者提前 30 日(试用期内提前 3 日)通知用人单位解除劳动合同,自通知之日起经过 30 日(试用期经过 3 日),劳动合同即为解除,而无须用人单位同意。其中的 30 日与 3 日之规定,即为单方解除权行使的预告期,劳动者须遵守该预告期。所谓无过错,是指对被解除权人即用人单位而言,对于劳动合同的解除没有过错;否则,劳动者可依据《劳动合同法》第三十八条规定解除劳动合同,并要求用人单位承担经济补偿金之责任。

【目标要求】

对通过预告解除方式离职的劳动者,用人单位应留存相应书面文件,按程序办理离职手续。

【管理要点】

- 对于预告解除方式离职的劳动者,应要求其通过书面形式提出。
- 做好劳动者离职后的手续办理。

【实操要素】

1. **要求劳动者以书面形式提出离职**　当劳动者因个人原因需要离职时,只需提前三十日(试用期内提前三日)以书面形式通知用人单位,即可解除劳动合同,无须征得用人单位的同意。

2. **准确把握劳动合同解除时间**　劳动者提出书面辞职后,除非双方对劳动关系的解除时间协商一致并达成书面约定,用人单位一般不能要求劳动者立刻离职,往后的第三十天视为劳动者的最后工作期,在此期间双方应当继续履行劳动合同。如果用人单位要求劳动者立即离职,则转化为用人单位单方解除劳动合同,并可能承担相应的法律后果。对于确需配合用人单位进行工作交接、离职审查的劳动者,可以与劳动者协商一致延长辞职预告期,通过协商一致的方式确定最后工作日。对于重要岗位、替代性弱的岗位,严格要求预期解除的时间要求。一些重要岗位,人员离职后,用人单位需要一定的时间进行岗位补充,或通过重新招聘或通过内部培训补充,但这都需要一定时间成本。这些岗位的员工离岗时应当提前通知用人单位,并做好工作的交接延续。

3. **及时办理劳动者离职审批手续**　在劳动者提出离职后,用人单位应尽快办理离职手续。劳动关系消灭后,如果用人单位未能依法办理社会保险转移手续,导致劳动者再就业受到影响的,可能还涉及赔偿劳动者的再就业损失。

4. **控制特殊辞职的风险**　实践中,不少劳动者未向用人单位说明的情况下不辞而别,这种情况不应当视为辞职或旷工。用人单位对此情形应通过制度进行规制,明确旷工的定性,并在发生此种情况时书面通知劳动者在规定的时间内返岗工作,或通知其办理相关离职手续。如劳动者无回应或无法取得联系,在此基础上方可做定性认定,从而作出自动离职的认定,方具有行使管理权的合理性。

(二) 劳动者即时解除劳动合同

【目标要求】

用人单位应做好劳动关系管理,保障劳动者权益,避免出现劳动者即时解除劳动合同的情况。

【管理要点】

● 依法依规为劳动者提供劳动条件,保障劳动者待遇。

● 出现劳动者通过即时解除劳动合同离职的,对于其提出的要求在合法前提下进行协商,避免劳动仲裁或诉讼。

【实操要素】

1. **依法为劳动者提供劳动保护或者劳动条件**　用人单位应按劳动合同约定提供劳动保护或劳动条件。用人单位为劳动者提供劳动条件、劳动保护是用人单位的合同义务,也是法定义务,比如医疗机构放射科应当提供辐射防护措施、定期职业病体检等。用人单位应避免随意安排劳动者待岗、不为劳动者提供安全防护措施或劳动工具等。

2. **及时足额支付劳动报酬**　用人单位向劳动者及时、足额支付劳动报酬是一项法定义务。用人单位未及时足额支付劳动报酬指用人单位低于劳动合同约定标准或晚于劳动合同约定时间向劳动者支付劳动报酬,即用人单位有克扣或无故拖欠劳动者劳动报酬的情形。劳动报酬的标准是按照劳动者实际劳动报酬标准来认定,即可能高于劳动合同约定的标准,还包括用人单位按照本单位规定向劳动者支付的补贴、绩效考核工资、奖金等。

3. 依法为劳动者缴纳社会保险　缴纳社会保险费是用人单位和劳动者双方的法定义务。用人单位未依法为劳动者缴纳社会保险费是指用人单位不按《社会保险法》规定,为劳动者申报缴纳社会保险费。

4. 确保规章制度合法　制订规章制度是用人单位的法定权利,但用人单位制订的规章制度应当不违反法律法规规定的内容。只有在用人单位制订的规章制度违反法律、法规规定,并且损害劳动者权益两个条件同时满足时,劳动者才可据此解除双方劳动合同,比如用人单位规章制度规定劳动者每周工作六天或工作时间超过法定要求,等等。

三、用人单位单方解除劳动合同

依据《中华人民共和国劳动法》《劳动合同法》的规定,用人单位的解除(辞退)权利,主要包括过失性辞退、非过失性辞退和经济性裁减人员三种形式。我国传统劳动用工形式下,因劳动者具有违反劳动纪律等重大过失行为,用人单位一般采取开除、辞退、除名等方式强制性与劳动者解除劳动关系。劳动合同制度实施后,劳动者在劳动合同履行中发生违反规章制度等重大过失行为的,用人单位一般通过行使法律赋予的单方解除劳动合同来消灭劳动关系,以达到惩戒违纪劳动者的目的。由于劳动者自身存在着重大过失,用人单位基于维护用工自主权的需要,单方行使解除劳动合同的权利,既不需要提前通知劳动者,也不需要向劳动者支付经济补偿金。

(一) 过失性解除劳动合同

由于过失性解除劳动合同是对具有重大过失的劳动者的一种惩罚手段,对劳动者而言属于一种最严厉的制裁措施,事关其劳动权和生存权,故各国劳动立法对于过失性解除通过封闭式列举具体事由进行严格规定。我国劳动法律对用人单位单方解除劳动合同亦采取严格的法定主义,即用人单位必须符合法律规定的条件和程序,才能依据《劳动合同法》第三十九条规定的情形行使过失性劳动合同解除权。

【**目标要求**】

用人单位单方解除劳动合同应当符合《劳动合同法》的规定。同时,根据解除的法定主义,用人单位不能超越法律的规定创设其他的情形解除与劳动者的劳动合同。

【管理要点】

● 用人单位应当以入职须知、员工手册等形式制定完善的管理制度。

● 被解除劳动合同的劳动者应当符合法定的条件,用人单位才能行使单方解除权;我国劳动法律对用人单位单方解除劳动合同亦采取严格的法定主义,即用人单位必须符合法律规定的条件和程序,才能依据《劳动合同法》第三十九条规定的情形行使过失性劳动合同解除权。

● 实践中,用人单位以劳动者严重违反规章制度而解除的情况最为常见,但是严重违反仅仅是一个概括性的规定,用人单位据此单方解除劳动合同应做到制度合规、情节合理、程序合法。

【实操要素】

1. 完善用人单位的规章制度,确保制度符合法律规定的条件。用人单位规章制度,理论上又称为"用人单位内部劳动规则",是指用人单位依法制定并在本单位内部实施的组织劳动和进行劳动管理的行为规则。

用人单位以劳动者严重违反规章制度为由解除劳动合同的,必须严格审查用人单位的规章制度是否具备法律规定的条件,不合法的或者严重损害劳动者权益的规章制度不能作为用人单位解除劳动合同的条件。

(1)制定规章制度的主体和程序合法:一要广泛征求广大职工的意见的基础上,由用人单位的行政管理机关制定;二要经职工大会或职工代表大会或者其他民主程序通过,未设职工代表大会制度的用人单位,由股东大会、董事会等权力机构或者依相应的民主程序通过制定;三要报当地劳动行政部门审查。

(2)规章制度的内容不违反法律、法规及有关劳动政策规定:规章制度必须是劳动法律法规的正确延伸和具体化,其内容不得违背劳动基准法的基本规定,与劳动法律、法规的规定相抵触的,规章制度的内容是无效的,由此给劳动者造成损害的,还应当承担赔偿责任。

(3)规章制度的内容必须告知劳动者:让劳动者知晓其内容,即向劳动者公示。关于向劳动者公示的方式,司法解释未规定,可以在实践中灵活掌握,既可以在劳动合同、劳动手册中告知,也可以通过告示牌告知,告知的形式不限,只要明确告诉劳动者即可。

2. 用人单位依据规章制度解除劳动合同必须达到"严重违反"的程度。劳动者违反用人单位的规章制度势必给用人单位的正常生产经营活动产生消极影响,这种情况下用人单位有权即时与劳动者解除劳动合同,但劳动者违反规章制度的行为必须达到"严重"的程度,尚未达到严重程度的一般或者轻微的过失,用人单位不得随意解除劳动合同。实务中,人民法院认定劳动者的行为是否构成严重违反用人单位规章制度的认定并无明确的规定。

在实践中,对于劳动者违反规章制度是否严重的程度,既要注意审查用人单位规章制度的合法性、合理性,又要审查用人单位解除劳动合同的正当性,防止用人单位滥用过失性解雇权,本着保护劳动者权益的指导思想加以具体判断。

3. 规章制度与劳动合同或者集体合同的约定不一致的情况下,用人单位不得依据规章制度行使解除劳动合同的权利。用人单位规章制度与集体合同和劳动合同在效力问题的关系,主要表现为:①规章制度作为劳动合同的附件,具有补充劳动合同内容的效力;②劳动合同所规定的劳动条件和劳动待遇不得低于规章制度所规定的标准,否则无效,无效的劳动合同内容以规章制度规定的标准所代替;③劳动合同中可以特别约定当事人不受规章制度中特别条款的约束,但这种约定应当以劳动者更为有利为前提。《最高人民法院关于审理劳动争议案件适用法律问题的解释(一)》第五十条对劳动合同和集体合同与用人单位内部规章制度之间如何适用的关系问题作出明确规定,依法赋予了劳动合同或者集体合同比用人单位内部规章制度的优先适用的效力,即"用人单位制定的内部规章制度与集体合同或者劳动合同约定的内容不一致,劳动者请求优先适用合同约定的,人民法院应予支持。"司法解释这样规定的目的,不仅有利于保护广大劳动者的合法权益不受侵犯,还可维护和支持用人单位依法享有的劳动用工自主权,促进用人单位加强规范管理和民主管理,健全劳动用工的规章制度。

4. 解除程序必须合法。《劳动合同法》第四十三条规定,"用人单位单方解除劳动合同,应当事先将理由通知工会。用人单位违反法律、行政法规规定或者劳动合同约定的,工会有权要求用人单位纠正。用人单位应当研究工会的意见,并将处理结果书面通知工会"。《最高人民法院关于审理劳动争议案件适用法律问题的解释(一)》第四十七条规定:"建立了工会组织的用人单位解除劳动合同符合《劳动合同法》第三十九条、第四十条规定,但未按照《劳动合同法》第四十三条规定事先通知工会,劳动者以用人单位违法解除劳动合同为由请求用人单位支付赔偿金的,人民法院应予支持,但起诉前用人单位已经补正有关程序的除外。"根据以上规定可知,用人单位解除合同前通知工会是必经程序,立法者以此加强对劳动者权利的保护,用人单位违反此规定可能因程序不当被认定违法解除。

(二)非过失性解除

非过失性解除劳动关系,指劳动者本身不存在主观过错,但是基于客观原因致使劳动合同无法履行,用人单位可以提前通知或者额外支付劳动者一个月工资后,单方解除劳动合同的情形。属于合法解除劳动关系。

【目标要求】

医疗机构确保非过失解除的程序合法,员工应严格符合非过失解除的条件。

【管理要点】

• 严格按照法律规定的条件和步骤进行解除。

• 实施过程中保留相应证据,包括安排新工作劳动者仍不能从事、经过调岗后仍不能胜任、客观情况发生重大变化双方无法就变更劳动合同协商一致等。

• 与劳动者办理好工作交接事宜,并及时与劳动者结算工资、经济补偿等款项,保留相应凭据。

【实操要素】

1. 严格非过失性解除的条件 由于劳动者本身没有过失,非过失性解除必须符合《劳动合同法》第四十条的规定。非过失性解除劳动关系存在以下三种情形:①劳动者患病或者非因工负伤,在规定的医疗期满后不能从事原工作,也不能从事由用人单位另行安排的工作的;②劳动者不能胜任工作,经过培训或者调整工作岗位,仍不能胜任工作的;③劳动合同订立时所依据的客观情况发生重大变化,致使劳动合同无法履行,经用人单位与劳动者协商,未能就变更劳动合同内容达成协议的。如发生上述三种情形,用人单位提前三十日以书面形式通知劳动者本人或者额外支付劳动者一个月工资后,可以解除劳动合同。实践中如果用人单位只根据每种情形的前半部分解除或没有完全符合非过失解除条件,就变成了非法解除劳动关系。

2. 限制非过失解除的范围 《劳动合同法》第四十二条限定了非过失解除的范围,劳动者有下列情形之一的,用人单位不得依照第四十条的规定解除劳动合同:①从事接触职业病危害作业的劳动者未进行离岗前职业健康检查,或者疑似职业病病人在诊断或者医学观察期间的;②在本单位患职业病或者因工负伤并被确认丧失或者部分丧失劳动能力的;③患病或者非工伤事故,在规定的医疗期内的;④女职工在孕期、产期、哺乳期的;⑤在本单位连续工作满十五年,且距法定退休年龄不足五年的;⑥法律、行政法规规定的其他情形。上述规定对非过失解除适用的劳动者范围进行了限定,如劳动者存在特殊需要保护的情形(即第四十二条规定的),用人单位不能依据第四十条进行非过失解除。

3. 确保解除的程序合法 《最高人民法院关于审理劳动争议案件适用法律若干问题的解释(一)》第四十七条规定,建立了工会组织的用人单位解除劳动合同符合《劳动合同法》第三十九条、第四十条规定,但未按照《劳动合同法》第四十三条规定事先通知工会,劳动者以用人单位违法解除劳动合同为由请求用人单位支付赔偿金的,人民法院应予支持,但起诉前用人单位已经补正有关程序的除外。对于非过失性解除,除了要求解除符合客观事实与法律规定,还需要符合一定的程序,否则合法解除将变为违法解除。

4. 做好经济补偿 根据《中华人民共和国劳动合同法》第四十六条的规定,如用人单位依照第四十条解除劳动关系,应当依法支付经济补偿金。

【案例展示】

> 吴某于 2007 年 11 月 27 日进入某公司处从事财务工作,双方于 2011 年 11 月 27 日签订无固定期限劳动合同。某公司工作人员和吴某在 2017 年 5 月份进行过数次会谈,双方协商解除劳动合同不成;吴某称如果补偿不到位就按原劳动合同履行,并表示无法接受外文邮件;某公司表示可以对其进行培训,吴某称可以接受培训,但是无法确保学会;某公司称决定把吴某调换到其他部门,吴某表示不接受。2017 年 5 月 16 日,某公司向吴某发出解除劳动合同通知书,载明"因客观环境发生重大变化,您无法胜任目前工作,双方劳动合同已无法履行,且经多日协商,双方亦无法就变更劳动合同达成协议,您亦没有继续工作的意愿,故请您于 2017 年 5 月 16 日前办理工作交接和离职手续。公司将在三天内支付离职前未结算薪资 2 989.61 元、经济补偿 146 272.04 元、额外支付一个月工资。"
>
> 一审法院认为,本案的争议焦点在于某公司的解除行为是否违法。某公司发出的解除通知上载明的理由是"因客观环境发生重大变化,吴某无法胜任目前工作,双方劳动合同已无法履行,且经多日协商,双方亦无法就变更劳动合同达成协议"。首先,吴某主管的更换并不能构成"劳动合同订立时所依据的客观情况发生重大变化"。其次,该变化亦不足以导致劳动合同无法履行,某公司自述吴某平时工作需要翻译,吴某的工作系财务,财务知识才是其工作的必备条件,即便吴某无法看懂外文邮件,也不至于导致工作完全无法开展,故某公司认为吴某无法胜任工作没有依据。再者,某公司并无证据证明对吴某实际进行了培训或岗位调整。综上,本案的情形不符合《劳动合同法》第四十条第二项、第三项的规定,某公司的解除行为违法,应支付解除劳动合同赔偿金差额。某公司对仲裁裁决的差额的金额无异议,吴某亦未对仲裁裁决提起诉讼,一审法院予以确认。某公司不服提起上诉,二审法院驳回上诉维持原判。

(三) 经济性裁员

经济性裁员是指用人单位存在破产重整、生产经营发生严重困难、客观经济情况发生重大变化等经济问题时,一次性解雇多个劳动者的行为。

【目标要求】

用人单位应提供合规的裁员方案,并在《劳动合同法》规定范围内进行劳动合同解除和经济补偿。

【管理要点】

- 核实裁员的条件,确保裁员条件符合法律的规定。
- 制定裁员方案,确定裁员的范围、岗位、补充等具体内容。
- 进行裁员谈判,告知劳动者裁员决定,与被裁员员工达成最后协议,办理裁员手续,避免产生劳动纠纷。

【实操要素】

1. 明确裁员条件,确保裁员的启动合法　对照《劳动合同法》第四十一条审查是否符合裁员的法定条件,即是否满足以下情形之一:依照企业破产法规定进行重整的;生产经营发生严重困难的;企业转产、重大技术革新或者经营方式调整,经变更劳动合同后,仍需裁减人员的;其他因劳动合同订立时所依据的客观经济情况发生重大变化,致使劳动合同无法履行的。核实裁员人数要求:裁减人员二十人以上或者裁减不足二十人但占用人单位职工总数百分之十以上。

2. 确定裁员程序,确保程序合规　一是听取意见阶段,要求用人单位提前三十日向工会或者全体职工说明情况,听取工会或者职工的意见。二是报告阶段,向劳动行政部门报告裁减人员方案。三是实施阶段,根据劳动行政部门的意见与工会、职工的意见,由用人单位正式公布裁减人员方案,与被裁减人员办理解除劳动合同手续,并支付经济补偿金。

3. 明确优先留用下列人员　有下列情形的,裁员时应优先留用:与本单位订立较长期限的固定期限劳动合同的;与本单位订立无固定期限劳动合同的;家庭无其他就业人员,有需要扶养的老人或者未成年人的。

4. 确认不得裁减的人员　存在以下情形的,不得裁减:从事接触职业病危害作业的劳动者未进行离岗前职业健康检查,或者疑似职业病病人在诊断或者医学观察期间的;患职业病或者因工负伤并被确认丧失或者部分丧失劳动能力的;患病或者非工伤事故,在规定的医疗期内的;女职工在孕期、产期、哺乳期的;在本单位连续工作满15年的,且距法定退休年龄不足5年的;法律、行政法规规定的其他情形。

四、劳动合同期满或劳动者退休

【目标要求】

用人单位应妥善办理劳动合同期满劳动者的续签或不续签通知,对临近退休的劳动者应尽快办理退休手续,避免劳动者劳动合同到期终止或退休后滞留岗位。

【管理要点】

- 劳动合同期满的员工应提前就是否续签进行沟通。

- 对于劳动合同期满不续签的员工应尽快办理离职,避免滞留在岗位。
- 对于临近退休的劳动者应按时办理退休手续和退休待遇。

【实操要素】

1. 劳动合同期满,用人单位应提前通知劳动者,就是否续签向劳动者告知,并留取书面记录。

2. 劳动合同期满,用人单位决定不续签的,应尽快办理离职手续。《最高人民法院关于审理劳动争议案件适用法律问题的解释(一)》第三十四条,劳动合同期满后,劳动者仍在原用人单位工作,原用人单位未表示异议的,视为双方同意以原条件继续履行劳动合同。一方提出终止劳动关系的,人民法院应予支持。用人单位对于劳动合同期满需要续签的应即时续签,避免劳动者劳动合同期满后仍滞留在岗位工作,否则易产生事实劳动合同关系,如果滞留时间超过一年而又没有签订书面劳动合同,将有被认定为形成无固定期限劳动合同的风险。

3. 对于连续两次订立固定期限劳动合同的劳动者,用人单位同意继续续签的,应签订无固定期限劳动合同;若用人单位不同意续签,应提前告知,并做好相应补偿。根据《劳动合同法》第十四条规定,连续订立二次固定期限劳动合同,且劳动者没有本法第三十九条和第四十条第一项、第二项规定的情形,续订劳动合同的,若除劳动者提出签订固定期限劳动合同外,应当签订无固定期限劳动合同。

4. 对于劳动合同期满,但有《劳动合同法》第四十二条规定情形之一的,劳动合同应当续延至相应的情形消失时终止。但是,本法第四十二条第二项规定丧失或者部分丧失劳动能力劳动者的劳动合同的终止,按照国家有关工伤保险的规定执行。因此,对于劳动合同期满,但劳动者尚处于工伤医疗期,女性员工处于孕期、产期、哺乳期等情况,应当特殊对待。

【案例展示】

> 根据劳动法律、法规规定,用人单位支付劳动者工资,劳动者受用人单位的管理、约束或其工作是用人单位业务的组成部分等,可认定双方间存在劳动关系。2013 年 1 月 1 日至 2013 年 5 月 6 日,蒋某至某公司承建的某广场工地工作,蒋某于 2013 年 5 月 6 日受伤后,医疗机构建议蒋某休息三个月;蒋某与某公司项目副经理沈某签订"建筑劳务作业人员劳动合同",某公司虽否认沈某代表其与蒋某签订合同,认为其与沈某存在劳务承包关系,系沈某代表自己与蒋某签订合同,但某公司未提供其与沈某存在劳务承包关系等相关证据;同时,该合同明确合同权利义务的主体为某公司、蒋某,约定了双方之间的劳动权利义务;再者,某公司确认沈某

系其项目副经理,沈某负责工地的人力资源管理,签订合同系其职务行为;蒋某至某公司工作时虽已达法定退休年龄,但未享受养老保险待遇,没有养老保险待遇的生活保障,相关法律并没有规定劳动关系中劳动者一方的年龄不得高于法定退休年龄。因此,双方间于 2013 年 1 月 1 日至 2013 年 8 月 19 日存在劳动关系,故某公司要求判决确认其与蒋某于 2013 年 1 月 1 日至 2013 年 8 月 19 日不存在特殊劳动关系的请求,没有事实及法律依据,不予支持。据此判决:确认某建工集团有限公司与蒋某自 2013 年 1 月 1 日至 2013 年 8 月 19 日存在劳动关系。

判决后,某公司不服提起上诉。二审法院认为,某公司项目副经理沈某是该单位聘用的工程项目负责人,且沈某又从事人事管理工作,沈某与蒋某签订劳动合同即代表某公司与招用的员工确立劳动关系,并未超出沈某的职责范围。劳动合同上的签名虽不是蒋某人所为,但蒋某认可双方已签订的书面劳动合同,表明蒋某授权他人以其名义与某公司订立劳动合同,该劳动合同对蒋某与某公司均产生拘束力,是调整双方劳动权利义务的依据。蒋某已达到法定退休年龄,尚未享受退休养老待遇,需要通过劳动获取工资收入,从而保障自己的基本生活,故蒋某还是其他劳动者,可以成为与某公司签订劳动合同的一方签约主体。原审法院根据查明的事实,依法所作判决,并无不当。某公司的上诉请求,本院不予支持。

第五节 工 伤 保 险

一、工伤的认定法律依据

(一)《中华人民共和国社会保险法》

《中华人民共和国社会保险法》第三十六条规定,"职工因工作原因受到事故伤害或者患职业病,且经工伤认定的,享受工伤保险待遇;其中,经劳动能力鉴定丧失劳动能力的,享受伤残待遇。"第三十七条规定,"职工因下列情形之一导致本人在工作中伤亡的,不认定为工伤:(一)故意犯罪;(二)醉酒或者吸毒;(三)自残或者自杀;(四)法律、行政法规规定的其他情形。"该法规定了工伤需要认定和认定鉴定的原则,以及不应认定为工伤的排除情形,没有规定具体工伤认定情形。

《中华人民共和国传染病防治法》第十一条第二款规定,"对因参与传染病防治工作致病、致残、死亡的人员,按照有关规定给予补助、抚恤。"第六十四条规定,"对从事传染病预防、医疗、科研、教学、现场处理疫情的人员,以及在生产、工作中接触传染病病原体的其他人员,有关单位应当按照国家规定,采取有效的卫生防护措施和医疗保健措施,并给予适当的津贴。"从上述规定看,对因参与传染病防治工作致病、致残、死亡的人员,没有明确规定为工伤认定情形,只是规定为"按照有关规定给予补助、抚恤"。

(二) 行政法规性文件

《工伤保险条例》第十四条规定,"职工有下列情形之一的,应当认定为工伤:(一)在工作时间和工作场所内,因工作原因受到事故伤害的;(二)工作时间前后在工作场所内,从事与工作有关的预备性或者收尾性工作受到事故伤害的;(三)在工作时间和工作场所内,因履行工作职责受到暴力等意外伤害的;(四)患职业病的;(五)因工外出期间,由于工作原因受到伤害或者发生事故下落不明的;(六)在上下班途中,受到非本人主要责任的交通事故或者城市轨道交通、客运轮渡、火车事故伤害的;(七)法律、行政法规规定应当认定为工伤的其他情形。"

第十五条规定,"职工有下列情形之一的,视同工伤:(一)在工作时间和工作岗位,突发疾病死亡或者在 48 小时之内经抢救无效死亡的;(二)在抢险救灾等维护国家利益、公共利益活动中受到伤害的;(三)职工原在军队服役,因战、因公负伤致残,已取得革命伤残军人证,到用人单位后旧伤复发的。职工有前款第(一)项、第(二)项情形的,按照本条例的有关规定享受工伤保险待遇;职工有前款第(三)项情形的,按照本条例的有关规定享受除一次性伤残补助金以外的工伤保险待遇。"第十六条规定,"职工符合本条例第十四条、第十五条的规定,但是有下列情形之一的,不得认定为工伤或者视同工伤:(一)故意犯罪的;(二)醉酒或者吸毒的;(三)自残或者自杀的。"

上述规定是对《中华人民共和国社会保险法》的细化,明确了工伤包括工伤和视同工伤两类,具体包括九种具体情形和一种其他法律规定作为兜底条款。社会保险行政部门认定工伤,应当符合《工伤保险条例》第十四条、第十五条规定的具体情形,同时还需要不符合《工伤保险条例》第十六条和《社会保险法》第三十七条规定排除情形。

(三) 其他规定

2015 年 2 月 4 日《国务院办公厅关于加强传染病防治人员安全防护的意见》(国办发〔2015〕1 号)发布,其中"七、完善传染病感染保障政策"规定将诊断标准明确、因果关系明晰的职业行为导致的传染病,纳入职业病分类和目录。将重大传染病防治一线人员,纳入高危职业人群管理。对在重大传染病疫情中参与传染病防治工作致病、致残、死亡的人员,参照机关事业单位工伤抚恤或工伤保险等有关规定给予抚恤、保障。

《职业病防治法》第二条规定,"本法适用于中华人民共和国领域内的职业病防治活动。

本法所称职业病,是指企业、事业单位和个体经济组织等用人单位的劳动者在职业活动中,因接触粉尘、放射性物质和其他有毒、有害因素而引起的疾病。职业病的分类和目录由国务院卫生健康行政部门会同国务院安全生产监督管理部门、劳动保障行政部门制定、调整并公布。"《职业病分类和目录》(国卫疾控发〔2013〕48号)规定,职业病分为职业性尘肺病及其他呼吸系统疾病、职业性皮肤病、职业性眼病、职业性耳鼻喉口腔疾病、职业性化学中毒、物理因素所致职业病、职业性放射性疾病、职业性传染病、职业性肿瘤、其他职业病10类132种。职业性传染病包括炭疽、森林脑炎、布鲁氏菌病、艾滋病(限于医疗卫生人员及人民警察)、莱姆病。

(四) 司法解释

最高院先后出台涉及工伤认定的司法解释性文件,如《最高人民法院行政审判庭关于超过法定退休年龄的进城务工农民因工伤亡的,应否适用〈工伤保险条例〉请示的答复》《最高人民法院关于职工因公外出期间死因不明应否认定工伤的答复》《最高人民法院关于审理工伤保险行政案件若干问题的规定》等。特别是《最高人民法院关于审理工伤保险行政案件若干问题的规定》对于《工伤保险条例》第十四条第(六)项"本人主要责任"、第十六条第(二)项"醉酒或者吸毒"和第十六条第(三)项"自残或者自杀",《工伤保险条例》第十六条第(一)项"故意犯罪""因工外出期间""上下班途中"等进行解释和界定,同时,第四条还规定,社会保险行政部门认定下列情形为工伤的,人民法院应予支持:①职工在工作时间和工作场所内受到伤害,用人单位或者社会保险行政部门没有证据证明是非工作原因导致的;②职工参加用人单位组织或者受用人单位指派参加其他单位组织的活动受到伤害的;③在工作时间内,职工来往于多个与其工作职责相关的工作场所之间的合理区域因工受到伤害的;④其他与履行工作职责相关,在工作时间及合理区域内受到伤害的。

(五) 地方性法规规定

各地出台的地方性法规,对于工伤的具体情形的补充性规定。例如《广东省工伤保险条例》第十条规定"职工有下列情形之一的,视同工伤:(一)在工作时间和工作岗位,突发疾病死亡或者在四十八小时之内经抢救无效死亡的;(二)在抢险救灾等维护国家利益、公共利益活动中受到伤害的;(三)因工作环境存在有毒有害物质或者在用人单位食堂就餐造成急性中毒而住院抢救治疗,并经县级以上卫生防疫部门验证的;(四)由用人单位指派前往依法宣布为疫区的地方工作而感染疫病的;(五)职工原在军队服役,因战、因公负伤致残,已取得残疾军人证,到用人单位后旧伤复发的。职工有前款第一、二、三、四项情形的,按照本条例的有关规定享受工伤保险待遇;职工有前款第五项情形的,按照本条例的有关规定享受除一次性伤残补助金以外的工伤保险待遇。"地方性法规在地方适用,不能被其他地方援引作为认定工伤的依据,只能作为参考。

(六)其他政策文件规定的工伤情形

2003年5月23日,劳动和社会保障部、人事部、财政部、卫生部《关于因履行工作职责感染传染性非典型肺炎工作人员有关待遇问题的通知》(劳社部发电〔2003〕2号)规定,在传染性非典型肺炎预防和救治工作中,医护及相关工作人员因履行工作职责,感染传染性非典型肺炎或因感染传染性非典型肺炎死亡的,可视同工伤,比照工伤保险的有关规定享受有关待遇。

《人力资源社会保障部财政部国家卫生健康委关于因履行工作职责感染新型冠状病毒肺炎的医护及相关工作人员有关保障问题的通知》(人社部函〔2020〕11号)规定,在新型冠状病毒肺炎预防和救治工作中,医护及相关工作人员因履行工作职责,感染新型冠状病毒肺炎或因感染新型冠状病毒肺炎死亡的,应认定为工伤,依法享受工伤保险待遇。

各地对疫情相关纠纷也出台了意见,可以作为工伤认定的参考。严格意义上,政策性文件是不能够直接作为工伤认定的依据的。

二、医疗机构雇员工伤的常见类型

(一)意外伤害

医疗机构工作人员因工作受到伤害的,应当根据《工伤保险条例》等规定享受工伤待遇。

同时,部分特别法还对工伤做了具体规定。《中华人民共和国精神卫生法》第七十一条第二款明确规定,"县级以上人民政府及其有关部门、医疗机构、康复机构应当采取措施,加强对精神卫生工作人员的职业保护,提高精神卫生工作人员的待遇水平,并按照规定给予适当的津贴。精神卫生工作人员因工致伤、致残、死亡的,其工伤待遇以及抚恤按照国家有关规定执行。"《基本卫生和健康促进法》第五十条规定,"发生自然灾害、事故灾难、公共卫生事件和社会安全事件等严重威胁人民群众生命健康的突发事件时,医疗卫生机构、医疗卫生人员应当服从政府部门的调遣,参与卫生应急处置和医疗救治。对致病、致残、死亡的参与人员,按照规定给予工伤或者抚恤、烈士褒扬等相关待遇。"

虽然有关条款指向特定范围的医务人员,但医疗机构其他人员因工致伤、致残、死亡的,也应按同样原则对待。

(二)职业暴露

医务人员职业暴露,是指医务人员在从事诊疗、护理活动过程中接触有毒、有害物质,或传染病病原体,从而损害健康或危及生命的一类职业暴露。而医务人员职业暴露,又分感染性职业暴露、放射性职业暴露、化学性(如消毒剂、某些化学药品)职业暴露及其他职业暴露。

医务人员职业暴露符合《工伤保险条例》第十四条的规定,对此应按照规定给予工伤待遇。2009年9月,卫生部发布的《血源性病原体职业接触防护导则》(GBZ/T 213—2008)4.1.4项明确:"对因职业接触血源性病原体而感染乙型病毒性肝炎、丙型病毒性肝炎或艾滋病等的劳动者,应依法享受工伤待遇",提出将医疗人员针刺暴露损伤造成的疾病作为职业病来预防和治疗的建议,但GBZ/T 213—2008仅是推荐性标准和部门规章,并非法律性文件和强制性要求。

同时,为更好地保护医务人员的职业健康权益,2020年1月23日,人社部在《关于因履行工作职责感染新型冠状病毒肺炎的医护及相关工作人员有关保障问题的通知》中明确,在新型冠状病毒肺炎疫情防控和救治工作中,医护及相关工作人员因履行工作职责感染新型冠状病毒肺炎的,应认定为工伤,依法享受工伤保险待遇。

另外,根据《职业病防治法》医务人员因工受伤、致残、死亡的,按照规定享受工伤待遇。国家有关行政部门也在充分考虑医务人员的职业暴露,增加对创伤后应激障碍的考量。

(三) 其他认定属于工伤的情况

1. 依据《最高人民法院关于审理工伤保险行政案件若干问题的规定》第四条规定,以下四种情形可以认定为工伤:①职工在工作时间和工作场所内受到伤害,用人单位或者社会保险行政部门没有证据证明是非工作原因导致的;②职工参加用人单位组织或者受用人单位指派参加其他单位组织的活动受到伤害的;③在工作时间内,职工来往于多个与其工作职责相关的工作场所之间的合理区域因工受到伤害的;④其他与履行工作职责相关,在工作时间及合理区域内受到伤害的。

2. 国务院法制办公室对《关于职工参加单位组织的体育活动受到伤害能否认定为工伤的请示》的复函认为,作为单位的工作安排,职工参加体育训练活动而受到伤害的,应当依照《工伤保险条例》第十四条第(一)项中关于"因工作原因受到事故伤害的"的规定,认定为工伤。

3. 最高人民法院行政审判庭关于退休人员与现工作单位之间是否构成劳动关系以及工作时间内受伤是否适用《工伤保险条例》问题的答复认为,根据《工伤保险条例》第二条、第六十一条等有关规定,离退休人员受聘于现工作单位,现工作单位已经为其缴纳了工伤保险费,其在受聘期间因工作受到事故伤害的,应当适用《工伤保险条例》的有关规定处理。

4. 最高人民法院行政审判庭关于职工外出学习休息期间受到他人伤害应否认定为工伤问题的答复认为,职工受单位指派外出学习期间,在学习单位安排的休息场所休息时受到他人伤害的,应当认定为工伤。

5. 最高人民法院关于审理与低温雨雪冰冻灾害有关的行政案件若干问题座谈会纪要(法〔2008〕139号)认为,低温雨雪冰冻灾害期间,用人单位为维护国家利益和公共利益的需要,在恢复交通、通信、供电、供水、排水、供气、道路抢修、保障食品、饮用水、燃料等基本生活必需品的供应、组织营救和救治受害人员等过程中,临时雇用员工受到伤害的,可视为工伤,参照《工伤保险条例》的规定进行处理。

6. 最高人民法院行政审判庭关于职工因公外出期间死因不明应否认定工伤的答复认为,职工因公外出期间死因不明,用人单位或者社会保障部门提供的证据不能排除非工作原因导致死亡的,应当依据《工伤保险条例》第十四条第(五)项和第十九条第二款的规定,认定为工伤。

7. 人社部《关于执行〈工伤保险条例〉若干问题的意见(二)》第二条,规定了两种情形可以认定工伤:①达到或超过法定退休年龄,但未办理退休手续或者未依法享受城镇职工基本养老保险待遇,继续在原用人单位工作期间受到事故伤害或患职业病的,用人单位依法承担工伤保险责任;②用人单位招用已经达到、超过法定退休年龄或已经领取城镇职工基本养老保险待遇的人员,在用工期间因工作原因受到事故伤害或患职业病的,如招用单位已按项目参保等方式为其缴纳工伤保险费的,应适用《工伤保险条例》。

三、工伤处理

【目标要求】

对于需要认定工伤的员工,用人单位应主动提供支持和配合,以便工伤员工享受工伤待遇。

【管理要点】

• 发生工伤应积极治疗并收集留存病历等证据材料。

• 在职工工伤期应保障其报酬以及工伤待遇。

【实操要素】

1. 收集工伤有关的证据　对于工伤的事实,比如交通事故现场、意外伤害现场等,要第一时间留取影音资料,无法留取影音材料的留下现场目击证人的联系方式。后续就医过程中,留存就医的病历、收据等材料。

2. 申请工伤认定　劳动者发生工伤后,首先应该及时治疗并要求用人单位申报工伤。用人单位在工伤事故发生后30日内未申报工伤认定的,工伤员工可以自己或家属或委托律师申报;工伤认定申请必须在受伤之日起一年内提出。劳动者按照职业病防治法规定被诊断、鉴定为职业病,用人单位应当自事故伤害发生之日或者被诊断、鉴定为职业病之日起 30 日内,向统筹地区社会保险行政部门提出工伤认定申请。

3. 进行劳动能力鉴定

职工发生工伤,经治疗伤情相对稳定后存在残疾、影响劳动能力的,应当进行劳动能力鉴定。一般在医疗终结出院后,由用人单位、工伤职工或者其近亲属向设区的市级劳动能力鉴定委员会提出申请,并提供工伤认定决定和职工工伤医疗的有关资料。劳动能力鉴定是指劳动功能障碍程度和生活自理障碍程度的等级鉴定。

4. 落实工伤待遇

(1)停工留薪期待遇。职工因工作遭受事故伤害或者患职业病需要暂停工作接受工伤医疗的,在停工留薪期内,原工资福利待遇不变,由所在单位按月支付。停工留薪期一般不超过 12 个月。伤情严重或者情况特殊,经设区的市级劳动能力鉴定委员会确认,可以适当延长,但延长不得超过 12 个月。工伤职工在停工留薪期满后仍需治疗的,继续享受工伤医疗待遇。

(2)根据职工因工致残等级以及生活自理障碍等级,向职工支付一次性伤残补助金、伤残津贴、一次性工伤医疗补助金和一次性伤残就业补助金等待遇。

(3)工伤职工评定伤残等级后,停发原待遇,按照本章的有关规定享受伤残待遇。

(4)因工死亡的应支付一次性工亡补助金。

第六节　劳务派遣与服务外包

一、劳务派遣

劳务派遣,是指由劳务派遣公司与劳务派遣劳动者订立劳动合同,劳务派遣公司根据与实际用工单位之间签订的协议,将劳务派遣劳动者派至实际用工单位处工作的一种用工形式。劳务派遣关系中,劳务派遣公司与劳务派遣劳动者是法律上的劳动合同关系;劳务派遣公司与实际用工单位之间是民事关系,双方通过签订劳务派遣协议明确双方权利与义务;实际用工单位与劳务派遣劳动者之间是劳务用工关系,劳务派遣劳动者直接向实际用工单位提供劳务,实际用工单位对劳务派遣劳动者直接进行工作安排和指挥监督。劳务派遣最显著特征就是劳动力的雇用和使用相分离。

【目标要求】

医疗机构应确保适用劳务派遣的数量和岗位符合《劳动合同法》等规定要求。

【管理要点】

- 医疗机构应控制劳务派遣用工数量,使用的被派遣劳动者数量不得超过用工总量的10%。
- 医疗机构劳务派遣岗位应具备临时性、辅助性或者替代性特点。
- 做好劳务派遣人员的日常管理。

【实操要素】

1. 规范劳务派遣岗位的范围和用工程序　我国法律和制度层面已明确劳务派遣制度的补充性质。《劳动合同法》要求劳务派遣适用于"临时性、辅助性、替代性"工作。《劳务派遣暂行规定》明确,临时性工作岗位是指存续时间不超过6个月的岗位;辅助性工作岗位是指为主营业务岗位提供服务的非主营业务岗位;替代性工作岗位是指用工单位的劳动者因脱产学习、休假等原因无法工作的一定期间内,可以由其他劳动者替代工作的岗位。对于劳务派遣岗位的比例作出了不得超过10%的规定。

另外,在采用劳务派遣用工的程序上,用工单位决定使用被派遣劳动者的辅助性岗位,应当经职工代表大会或者全体职工讨论,提出方案和意见,与工会或者职工代表平等协商确定,并在用工单位内公示。

2. 保障劳务派遣用工的权益　虽然劳务派遣用工作为辅助性、临时性、替代性用工,但为防止用工单位变现以劳务派遣方式规避用工风险,《劳动合同法》第六十三条作出了明确规定,"被派遣劳动者享有与用工单位的劳动者同工同酬的权利。用工单位无同类岗位劳动者的,参照用工单位所在地相同或者相近岗位劳动者的劳动报酬确定。"因此,对于劳务派遣用工,医疗机构仍应同工同酬保障其劳动待遇。

3. 降低管理风险　《民法典》第一千一百九十一条第二款规定,"劳务派遣期间,被派遣的工作人员因执行工作任务造成他人损害的,由接受劳务派遣的用工单位承担侵权责任;劳务派遣单位有过错的,承担相应的责任。"根据《工资支付暂行规定》第十六条规定,"因劳动者本人原因给用人单位造成经济损失的,用人单位可按照劳动合同的约定要求其赔偿经济损失。经济损失的赔偿,可从劳动者本人的工资中扣除。但每月扣除的部分不得超过劳动者当月工资的20%。"由于被派遣劳动者与实际用人单位不存在劳动关系,双方的互相制约程度较低。追偿权很可能无法得到有效实现。对于劳务派遣用工的,有必要在劳务派遣协议中明确约定,若被派遣劳动者侵权导致实际用工单位承担侵权责任的,其可向劳务派遣企业追偿,以降低管理风险。

二、劳务外包

劳务外包是用人单位将非核心的业务,通过外包的方式交由第三方来完成,以此整合利用内部和外部两种专业化资源,达到降低成本、提高效率、最大限度地发挥核心优势的一种用工形式。劳务外包并非标准的法律概念,不属于《劳动合同法》调整项下的用工模式,类似于《民法典》中承揽合同、委托合同关系等与服务外包特征产生竞合的服务模式。

【目标要求】

医疗机构应避免通过劳务外包变形用工,做到劳务外包合法合规。

【管理要点】

- 医疗机构应控制劳务外包岗位的范围,避免核心业务劳务外包。
- 做好劳务外包合同的审查,做到以工作结果为导向。
- 做好劳务外包服务人员的日常管理,避免对其进行直接管理。

【实操要素】

1. **做好外包合同审查,避免劳务外包的用工风险** 严格审查医疗机构与外包服务商签订的业务外包合同或协议,确定服务用工与外包企业签订劳动合同,避免服务用工与医疗机构之间形成事实劳动关系。在劳务外包合同中,明确双方权利义务的分配,可以参照承揽合同、委托合同,列明双方的权利义务。合同中应避免使用"派遣"等相关规定中明确指向"劳务派遣"的表述,避免在合同中直接引用用人单位对员工的管理标准对服务外包人员进行管理,避免出现试用期、加班费、补调休乃至发放奖金等表述。在费用结算中,尽量使用"工作量""服务费用"等符合劳务外包服务方式性质、特点的结算方式进行外包服务费用的结算,并以"工作成果"为导向对承包方进行权利义务设置。

2. **明确对劳务外包业务的管理原则** 在对劳务外包业务的管理中,应遵循间接管理的原则,避免对承包方服务人员的直接的管理,尤其是具有人身属性的管理或人事管理,比如人员考核、考勤、处罚等等。避免医疗机构与服务人员个人签订任何协议,避免直接向其发放工资、交纳社保等行为。避免劳务外包被认定为《劳务派遣暂行规定》第二十七条的情况,即"用人单位以承揽、外包等名义,按劳务派遣用工形式使用劳动者的,按照本规定处理。"

3. **降低商业秘密泄漏风险** 外包员工与医疗机构之间不存在直接的法律关系,也无须受其规章制度约束,加之外包员工的不稳定性更强,极易导致医疗机构的商业秘密泄露。对于单位的核心关键业务岗位或可能接触到商业机密的岗位杜绝使用服务外包。对于将长期在本单位工作,表现优秀的外包员工考虑转为派遣或者正式的合同用工,更好地发挥人才的作用。同时,在外包协议中对于保密做出明确合适的约定,对于外包员工对发包企业造成的损失,保留对承包企业的追偿权。

【案例展示】

2010年至2018年,某物流公司与人力资源公司每年签订外包协议后,某物流公司根据原告等人的工作量支付报酬至人力资源公司账户,并支付相应的服务费用。2012年12月起,人力资源公司与原告郭某每年签订为期一年的劳动合同,合同签订后原告到某物流公司工作,从事司机业务,由人力资源公司根据原告的工作量向其发放工资至原告的银行卡内。2018年4月,原告离开某物流公司,不再向其提供劳务,人力资源公司为其发放工资至2018年4月。原告离开前12个月的月平均工资为4 800.6元。

原告于2019年1月17日诉至一审法院。一审法院认为,人力资源公司具有经营劳务派遣业务的资质,根据其与某物流公司签订的外包协议内容,外包协议具有劳务派遣的性质。某物流公司属于用工单位,人力资源公司属于用人单位。驳回原告郭某要求确认其与被告某物流公司存在事实劳动关系的请求。

原告上诉至二审法院。二审法院认为,根据某物流公司2010年11月26日收取郭某押金的收据,结合某物流公司2010年1月12日的"招聘启事"以及郭某的工资流水,可以认定郭某自2010年11月26日工作的事实。虽然某物流公司提出自2010年起就与人力资源公司签订了外包协议,但是在2012年12月人力资源公司与郭某签订劳动合同以前,某物流公司没有提交证据证明2010年11月26日至2012年11月30日之间人力资源公司与郭某存在劳动关系,因此某物流公司在此期间与郭某存在事实劳动关系。2012年12月起,郭某虽然还从事原工作,但是郭某与人力资源公司每年签订为期一年的劳动合同,且工资由人力资源公司负责发放,至2018年4月郭某自行离职,因此郭某提出2012年12月至2018年4月与某物流公司存在劳动关系没有事实和法律依据。

（杨家宏　潘睿　李屹同　占义军）

第七章
医疗机构合同管理

第一节　医疗机构合同管理概述

一、医疗机构合同管理的概念

医疗机构合同管理是指为尽可能地控制作为民事主体的医疗机构在参与市场经济活动中可能存在的法律风险,针对合同的订立、审查、履行、终止等各阶段的动态处理过程。本章所指医疗机构合同管理不包括医疗机构与患者之间形成的医疗服务合同关系的管理。

医疗机构合同管理作为医疗机构风险控制的关键环节,不仅涉及法律专业知识,还关系到医疗机构的管理实践,其对于医疗机构识别乃至防范法律风险,具有重要意义。要做好医疗机构合同管理工作,需要建立并逐步健全医疗机构合同的审查管理制度,这是展开高质量的合同审查、防范合同陷阱、减少合同纠纷、降低医疗机构法律风险、维护医疗机构合法权益的关键环节。

医疗机构作为为患者提供医疗服务的民事主体,为了维持其正常运转,必然将会产生对外交往。而在对外经济交往时,从订立到履行乃至争议的解决均将会产生较多风险,倘使不对这些风险加以控制,势必将会给医疗机构造成更大损失。

为控制对外交往时所将产生的风险,当事人通常会采取合同的形式控制风险,医疗服务机构也并不例外。通常情况下,医疗机构的运行将会涉及运行所需物资的买卖、运行所需资金的融通、大型或精密仪器的租赁与购置、医疗技术的转让与许可、涉医人员财物的保管以及涉医相关方的委托。与之相对应的是,医疗机构在日常事务中,将会签订并处理的多为买卖合同、租赁合同、融资租赁合同、技术合同、保管合同等。如何审查、修改、订立、管理这些合同,觉察这些合同中将会存在的法律风险、提供适当的解决方案以求平息纠纷将会是本章所讨论的重点。

二、医疗机构合同管理的现状

医疗机构对合同的管理涉及医院的日常运行,但目前,在我国却并未引起医疗机构及其管理人员的较多关注,体现在如下几个方面。

首先,一些医疗机构既未设置专门的法务部门,亦无专职的法律顾问团队,很多时候仅在法律风险爆发后聘请律师处理相关纠纷。说明一些医疗机构未能意识到法律风险防范的重要性,未能在合同风险领域实现"上医医无病",这也是近年来涉及医疗机构合同纠纷频发的重要原因之一。

其次,在医疗机构合同管理中,管理人员法律意识不强,法律专业人员的参与度并不高。医疗机构在进行重大决策时,即使设有专门的法务机构或聘请有法律顾问,也极少有法律专业人员参与重要管理事项的决策之中;而决策事项涉及法律专业问题,医院合同管理人员通常难以全面掌握合同可能产生的法律效果,或将因此带来一定的法律风险,严重的甚至将会使得决策者陷入刑事处罚的漩涡。

最后,医疗机构所聘请法律从业人员由于未融入医疗机构文化中,无法对医疗机构这种民事主体的合同管理进行深入研究。法律从业人员平时接触最多的是公司企业类的主体,而医院与公司企业并非属于同一类型,涉及很多医学专业术语,如医疗设备的参数等。另一方面,目前我国对于专门介绍医院合同管理的资料屈指可数且内容大多陈旧、也未对最新的医院合同管理的动态作出回应,难以在《民法典》施行后为相应的法律从业人员提供恰当的业务办理指引。

总之,尽管医疗机构合同的管理是医疗机构防范法律风险的关键环节,但现阶段其在我国的落实与实践现状不容乐观,医疗机构对于合同的管理意识仍待加强,专业法律人员对于医院合同的管理的参与度仍待提升。

三、医疗机构合同管理的特点

医疗机构合同管理相较于普通的合同管理,具有其自身的特点,据此,医疗机构在进行相关管理工作的时候,应结合其自身特点展开系列活动。

首先,医疗机构合同管理具有一定的专业壁垒。医疗机构所签订的合同中,将会涉及技术性极强的合同,例如为引进或开发某项新型的医疗技术,当事人可能将会签订技术合同以实现保障技术开发、转让、许可、咨询以及服务等活动的顺利进行,通常需要具备专业技能的从业人员参与管理方可实现恰当的管理目标。

其次,医疗机构合同管理具有突出的涉医属性,这使得相关合同具有了特殊性。医疗机构所签订的合同中,合同所涉及标的物均具有强烈的涉医色彩。例如,在医疗机构签订的买卖合同中,可能将会涉及药品买卖以及医疗器械的买卖,有时还需要获得相应的行政审批。

最后,医疗机构合同具有种类多、数量大、复杂程度高等特点(图 7-1),这使得医院合同管理更具挑战性。医疗机构合同将会分布在不同的科室以及不同的行政部门,在实践中,各个部门牵涉的合同类型各有不同且其所采用的文本并不一致。这些都为医疗机构合同的管理带来了一定的问题。

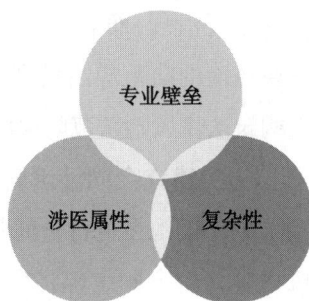

图 7-1 医院合同管理的特点

四、医疗机构合同管理的目标

医疗机构合同管理旨在识别医疗机构在日常运营中将会遇到的法律风险并针对性地作出预防性的措施,作为医疗机构管理的重要环节之一,其旨在实现以下目标。

(一)识别法律风险

医疗机构在日常管理与运营中存在诸多法律风险,但因法律风险具有一定的隐蔽性以及专业门槛,不具备法律专业知识能力的管理人员难以轻易地识别法律风险。而在进行医疗机构合同的管理时,首先便需要识别出医疗机构所签订的各类型的合同的法律风险,这既是合同管理的目标,也是相关人员开展后续合同管理事务的前提。

(二)分析与评估法律风险以供决策

法律从业人员在识别出医疗机构日常运营与管理中的法律风险后,并非需要立即对法律风险做出一定的处理,而是应对其进行一定的分析与评估。因为有的法律风险是原本的交易结构本身便具有的,完全化解法律风险并不现实。在法律实践中,应当允许一定法律风险的存在,而法律专业人员所要做的任务便是对于原本的交易设计可能存在的法律风险进行分析,对该风险作出评估,并将风险评估的结果汇报给决策者供其进行抉择。兼顾商业安排与法律风险,也是做好医院合同管理的重要目标。

(三)法律风险的治理

在识别出并对医疗机构日常运营与管理中的法律风险进行分析与评估后,有些风险须经决策者最终选择承担,而有些风险因为将会实质危害及医疗机构的正常运营,须着手进行治理,否则将会给医疗机构带来较大的损失。在对医疗机构的法律风险进行治理时,需要贯彻即时原则,做到风险出现即处理,绝不拖延以免扩大损失乃至引发系统性风险。

(四)法律风险的防范

古语有云:"上工治未病,不治已病。"在医院合同的管理中,同样遵循类似的规则,当法律风险爆发时,为时已晚。因此,对于将会实质危及医疗机构正常运营的法律风险便须立即着手进行治理,而对于未来或将危及医疗机构正常运营的法律风险则需要开展防范活动。法律风险的防范应当贯穿医疗机构日常运营的始终,其应建立起长效的风险管理运营机制以构筑法律风险防范防火墙。

(五)建立合同涉诉管理长效机制

医疗机构在进行合同管理时,需要建立起长效的合同涉诉管理机制。涉诉风险是医疗机构签订的合同中都将会遭遇到的风险,为了更好地应对该风险,医疗机构应当妥善保管所有交易环节的证据,包括最初的意向性谈判、正式合同、补充协议、交接手续资料、往来函件、邮件、通知,建立合同档案;合同档案应当由专人进行保管,并在人员变动时履行好交接手续;合同档案的保管期应在合同履行完毕后的三年乃至更长的时间。建立好对应的合同档案后,医疗机构可以准备一套以上的合同复印件供日常使用。医院合同管理的目标如图 7-2 所示。

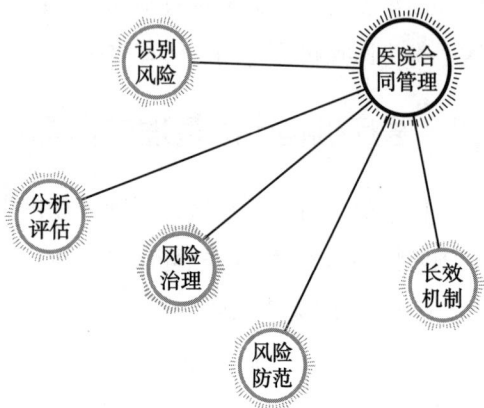

图 7-2　医院合同管理的目标

在合同中,医疗机构应当争取提前在合同中根据自身的情况合理地选择仲裁、诉讼等有利于自己的合同解决方式和管辖机关。其中,要注意的是不应既约定仲裁又约定可以向人民法院起诉,因为此时仲裁协议将无效(《仲裁法解释》第七条),在管辖地的选择上,应尽可能选择约定有利于自己的管辖地。

同时,在涉及诉讼时,应当在保存好相关证据的基础上重视诉讼时效的审查,并及时在诉讼时效期间届满前向对方主张权利。如债务人一方未能如期履行自己的债务时,债权人应当定期向对方发出要求履行义务的催告函,并保留相关凭证,必要时债权人可以委托律师发出律师函,并保留好函件复印件和邮寄凭证。

第二节　医疗机构合同管理的主要法律实务

诸如买卖合同、租赁合同、融资租赁合同、技术合同、保管合同等均关系到医院自身的正常运营活动与稳健发展,若无此类合同为医院必要的市场经济活动提供法律保障,医院的核心业务也必将受挫。合同管理全过程是由洽谈、草拟、签订、生效开始,直至合同履行完毕为止。医疗机构合同管理的法律实务主要体现在两大方面:其一,医疗机构合同流程管理法律实务操作;其二,医疗机构合同风险审查。如图 7-3 所示。

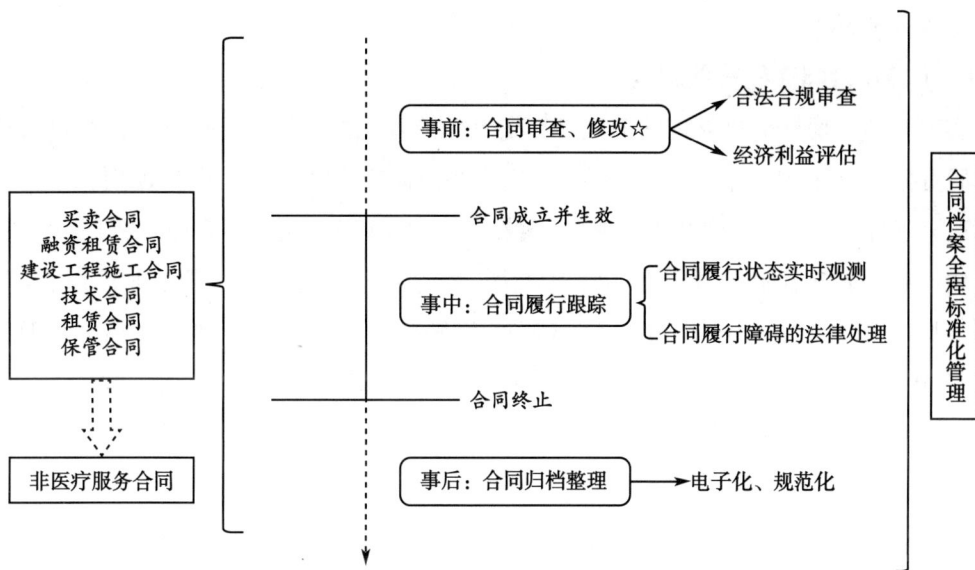

图 7-3　医疗机构合同管理法律实务概览

一、医疗机构合同流程管理法律实务操作

对于医院这类体量巨大、对外经济往来频繁的单位来说,合同流程管理工作意义重大。合同标准化流程管理系医院综合管理工作的重要构成部分,对于维护医院的合法权益、避免经济损失、促进医院长期稳健发展多有助益。但是,由于合同管理工作在医院工作中处于边缘位置,合同管理在很长的一段时间内以来并未受到应有的重视,合同管理松散、杂乱,欠缺规范性,为医院经营衍生负累。近年来,医院越来越重视合同流程管理工作,即通过可视化、集中式办公系统对合同进行标准化处理。合同管理是一项系统性、动态性工作,需要医院相关职能部门密切配合,相互沟通,共同参与,实现对医院所涉合同自签订、履行到终止、归档全流程的标准化、科学化管理。

【目标要求】

医院管理层重视合同流程管理工作,加强医院合同规范化管理,防范、控制合同风险,保障医院的核心利益。

【管理要点】

• 全面制定医院合同审批制度,明确合同管理流程,确定合同管理的具体部门及相关责任人。

• 落实合同进入履行阶段后的实时监测工作,重视合同最终执行完毕后的归档整理。

• 加强合同档案信息化管理。

【实操要素】

(一) 确立合同流程管理制度

实现合同流程标准化管理的前提是制定具体的管理办法,使管理工作有章可循,管理人员职责分明。每个医院的具体情况不尽相同,各医院应当结合自身的组织架构、经营情况确立适合于自身的合同管理办法。现在,越来越多的医院意识到合同管理的价值,纷纷制定医院内部相关的规章制度,如《合同管理办法》,着力促进医院内部合同管理工作的完善与优化。具体而言,涉及合同管理的办法或制度应当涵盖合同"从始至终"的全过程,即合同的起草、审查与修改、签订、履行与监测(包括履行障碍处理)、归档管理与开发利用。合法合规,专人专岗,节点控制,程序严谨,高效协作是合同管理制度制定的基本要求。

(二) 合同归口管理

归口管理即分工、系统管理。医院组织机构相对较为复杂,一份合同从起草到归档需要多个职能部门的共同参与,归口管理势在必行。现代数字化智能办公系统为合同归口管理提供了便捷的渠道,医院综合管理部门应当借此搭建完整的合同管理操作平台,实现合同统一、标准化管理。一般而言,流程可参考如下。

1. 合同承办科室提交合同草案或对方提交的合同版本,递予医院法务部门进行审核,同时应当附有详细的合同论证、起草说明。

2. 合同法务部门应对合同进行合法合规性、经济利益性审查,给出明确的修改意见。

3. 财务、审计部门审查、备案。

4. 有医院会在外聘请专家作为法律顾问,法律顾问亦应对合同进行审查。

5. 合同承办科室、法务部门或专家顾问三方参与,与相对方进行洽谈,修改合同,形成正式合同文本。

6. 先由合同对方当事人签字盖章,继而由医院方负责人(被授权人)签字盖章(医院公章或合同专用章)。需要注意的是,若医院对于某些合同(如金额巨大)有审批程序或者法律法规对此有特别规定,应履行相应审批程序。

7. 合同订立后材料收集,专人监测合同履行状况,待合同履行完毕,正式归档。

(三) 合同归档及档案的管理

合同档案收集是合同流程化管理的最终环节,意义重大,其旨在确立规范的工作程序,明确合同审批、签订的标准化流程。医院首先应在内部确立合同档案管理的具体办法,具体涉及合同管理的标准流程、节点控制以及相关负责人职责,为促进办法的高效实施,亦可在办法中明确奖惩条款。尤为重要的是,合同档案收集管理应坚持专人专岗负责的原则,对相关人员应进行专业培训。合同管理人员应在合同最终签字盖章环节后及时收集整理合同文本及相关材料,并在规定时间内将材料移交于医院综合档案室集中统一归档管理。在进行合同归档工作时,有关人员应注意如下要点:①材料齐全、完备、装订有序;②按照合同类别归档,明确存放规律,规范标识档案号;③合同档案电子化处理,建立检索路径。

加强合同档案管理工作的规范力度,也是为了能够为合同档案的开发利用工作提供前提。合同在履行完毕之后,仍有可待挖掘的价值,对履行完毕的合同进行科学、规范的归档处理,有利于医院建立自己的合同示范文本库,能够为后续合同的签订以及有关决策提供借鉴经验或教训,医院应当对此应当予以重视。在对合同进行开发利用时,应当注意以下要点:①防止泄密。某些合同或许涉及敏感信息,应当做好相关的保密工作,确保合同安全性,明确调阅权限与程序;②应注意经验总结;③充分利用现代化的档案管理方式,设立电子化查阅渠道,节省成本。

二、合同的风险审查

【目标要求】

合同的风险审查系合同的事前防御性管理,是运用专业的法律知识以及科学、精细化的审查方法对拟立合同内容进行全方位的风险评估,主要包括合同合法合规风险与利益风险。

【管理要点】

- 审查拟立合同的订立程序是否合法合规,是否符合医院内部的具体规范。
- 审查拟立合同的相关条款是否合法合规(合同及各条款的法律效力)。
- 审查拟立合同的相关条款是否符合医院的核心利益、最大利益以及合同是否存在陷阱。

【实操要素】

根据《民法典》第四百六十四条规定,合同是民事主体之间设立、变更、终止民事法律关系的协议。当事人出于己方利益需要而订立合同,基于该合同双(多)方产生受法律保护的权利义务关系。合同需要严守,故而合同中的每一条款都应被认真对待,保证合同(条款)规范性与利益性,防范合同陷阱,须知"没有永远的朋友,只有永远的利益"。合同审查的方法主要包括有法律分析法、利益分析法、范本比对法、征求意见法、专家确认法,结合全面审查与专项审查。借鉴上述方法,医院合同管理人员要根据具体情况灵活运用,切忌粗心大意、盲目自大。医院作为独立的民事主体,出于对外进行经济交往需要签订合同时,主要应从以下几个方面审查合同风险。

(一) 合同签订主体的审查

1. 医院在与第三方对外签订合同时,首先应确认对方的合法、真实身份。一般而言,医院对外缔结的合同相对方多为法人。此外，根据《民法典》第五十四条、一百零二条，个体工商户与非法人组织（如某慈善机构，红十字会）同样具备民事主体资格，亦可成为合同相对方。需要注意的是，合同相对方若仅是营业所、办事处、科研机构、某经营部门等分支机构或内部机构，其不能够独立承担法律责任，故并不具备主体资格，对此应当予以警惕。合同相对方的合法、真实身份可以通过查验营业执照（经营范围、是否存续等）原件、工商登记信息等方式进行确认，另要确认实际参与合同洽谈的自然人的授权证明（代表人、代理人相关信息），莫要轻信名片、介绍信、工作证等材料，防止无权代表与无权代理的合同风险。另外，主体信息应当在合同中尽可能详细载明，诸如名称以及统一社会信用代码、住所、联系方式、法定代表人或负责人（身份证号、联系方式等）等信息应完整、规范、准确。

2. 对于某些特殊领域的民事活动，法律规定只要具备特定资格的民事主体方能参与。对于涉及药品、医疗设备购买类型的合同，需要查看对方是否具备特殊资质，如是否具备药品经营许可证资质、医疗器械经营许可证，另外涉及委托设计的合同还要审查是否具备相应的版权等知识产权权属证明等等。再如，对于建设工程合同，要注意审核相对方的相应资质。

3. 合同相对人的履约能力。履约能力是指合同相对方的经营状况、财产状态是否为其履行合同提供保证。履约能力的调查可以通过官方信息渠道以及自身的信息渠道多方搜集信息，相互印证展开调查。一方面，合同审查人员可以通过全国企业信用公示系统、中国裁判文书网、政府部门网站等查验工商登记信息、年检信息、行政处罚信息、涉诉信息等，全面考量相对方的经营状况。另一方面，对于相对方财产状态（经济能力）的核查，应当进行实地调查企业的经营状况、生产能力，亦可通过询问该企业内部员工、其他与其有过交易的企业从侧面予以了解。需要注意的是，最终判断应当综合各方面反馈的信息，不能偏听偏信，更要防范相对方形式化的诱导，警惕"表面功夫"。

（二）合同基本条款的审查

合同当事人的权利义务经由合同具体条款确定，合同条款的规范性、有效性与利益性是合同审查的主要内容。根据《民法典》第四百七十条规定："合同的内容由当事人约定，一般包括下列条款：（一）当事人的姓名或者名称和住所；（二）标的；（三）数量；（四）质量；（五）价款或者报酬；（六）履行期限、地点和方式；（七）违约责任；（八）解决争议的方法。"这为合同当事人提供了框架性的参考点，但也要注意到各类合同特殊之处。第四百七十条亦有建议当事人可以参照各类合同的示范文本拟定合同。合同条款虽由当事人约定，但其效力也可能受到法律的否定评价，除去《民法典》规定的一般性法律行为无效情形外，另应注意合同格式条款无效情形（第四百九十七条）、免责条款无效情形的审查（第五百零六条）。合同中体现了当事人的利益追求，除了要求合同条款规范、有效之外，亦要审视合同条款的利益性（经济性),即所订条款是否符合医院的核心利益、最大利益,防范合同条款陷阱。

(三) 合同的生效与终止

1. **合同生效的时间** 根据《民法典》第五百零二条规定,依法成立的合同,自成立时生效,但是法律另有规定或者当事人另有约定的除外。实务中,主要涉及两方面问题:一方面,依照法律、行政法规的规定,合同应当办理批准等手续的,依照其规定。当事人应当在合同中明确相关报批义务,确保合同生效。另一方面,实践中常常因签字、盖章引发合同生效的争议。合同究竟是依签字生效,还是盖章生效,抑或签字并盖章生效,应以当事人约定为准。但若合同中约定签字并盖章生效,但实际仅有盖章或签字,此时合同是否生效? 自理论而言,应认为尚未符合当事人约定的合同生效时间,合同此时未生效,但若医院已向相对方支付了合同约定的款项,而相对方亦提供了合同约定的服务,此时认为合同已生效(履行治愈)。另外,在实务中,若合同签订的时间不一致,应何如认定合同生效时间? 首先,应看合同中是否有具体约定。若无约定或约定不明,应以最后签订的时间为合同生效时间,此时亦存在日期倒签的风险,应当予以防范。

2. **合同终止** 合同生效后,当事人对于合同的期待是顺利履行完毕,各取所需,利益满足。但是,合同履行完毕并非意味着权利义务的绝对消灭,理论实务中存在"后合同义务"。根据《民法典》第五百五十八条,债权债务终止后,当事人应当遵循诚信等原则,根据交易习惯履行通知、协助、保密、旧物回收等义务。故而,当事人应在合同中对各类义务先行约定,防止日后出现纠纷。另一种情况是,合同经审查修改、签订之后,正式进入到合同的履行阶段。合同订立后未按照当事人预期的那样顺利履行,其间出现始料未及的风险,可能会使当事人陷于慌乱之中。对此,建议医院方在合同签订之后,应当对合同的履行状况实时跟踪,防范可能出现的履行风险,并及时作出反应,及时止损。合同的履行跟踪应当由合同相关的各具体科室负责,最佳的选择是有专业的人专职该事,将合同约定的履行条款进行可视化处理,知悉合同的履行重要节点,以便于及时跟踪评估。若发现有履行障碍风险,应当及时反馈,组织相关人员结合合同目前履行的状况作出风险评估,果断采取措施,或选择与对方当事人协商处理,或选择继续履行,或选择解除合同,甚至在某些情况下选择违约(为求更大的利益)。

实务中还会出现一种特殊情况,医院在履行合同的过程中,由于所涉合同项目是一个持续性行为,未能注意到合同履行时间已经到期的事实,双方仍旧依原合同履行各自义务,待到结算发现合同早已到期,进而引发纠纷(是否存在有效的合同)。对此,应当认为事实上(主要义务已经履行且相对方已接受)已经存在有效的合同,当事人不得以合同不存在、不成立为由拒绝支付款项。

以上是在对医院对外所涉合同进行风险审查时应当注意的共通性内容,但需要强调的是,发现拟定合同中的问题、陷阱并不是合同审查的终点,通过合同修改来消除问题与陷阱才是风险审查的目的所在。医院仅是合同的一方当事人,不可能任由自己意愿对合同进行修改,对自己利益的争取往往意味着擅动对方的利益,故而需要在对对方的谈判中达到目的。对于医院方来说,谈判之前需要明确己方的谈判目标,内部需要事先明确"可以进行何种程度上的利益让步",亦需要在合同相关的领导人员之间建立高效的反馈、决策机制,保证谈判中游刃有余。另一方面,医院方应当对合同当事人进行必要的尽职调查,尽可能掌握其信息(优势与劣势),增加己方的谈判主动性,达到合同修改的目的。

【案例展示】

> 2015年10月9日,原告段某与被告某医院基建科工作人员钟某签订书面协议一份,协议的甲方为某医院基建科,乙方为段某。协议约定,甲方给予乙方临建及剩余物质一次性补偿费用共计70 000元;自交接之日起十五日内付清所有款项;自交接完成之日起,该房产的所有物资归甲方所有,乙方不得干涉。协议由钟某和段某分别签名按手印。协议内容约定的乙方义务,乙方于合同签订后履行完毕。被告某医院辩称,涉案合同系医院基建科职工钟某与段某所签订,合同中没有医院的公章,也无法定代表人或分管领导签字,不具备合同的基本要件,主张涉案合同不对医院产生法律效力,不应承担履约责任。
>
> 一审法院认为,原告与钟某所签协议虽没有被告单位公章,但钟某签订协议的行为符合表见代理相关规定,原告有充分的理由相信钟某代表的是被告的行为,应认定该协议对被告产生权利义务。二审法院对此再予确认,认为钟某是某医院基建科的工作人员,且一直在涉案拆迁现场与被上诉人就补偿等事宜接洽联系,段某有理由相信钟某有权代理某医院就与拆迁补偿有关事宜订立合同。钟某以上诉人基建科的名义与被上诉人签订涉案协议,上诉人基建科是上诉人的内设部门,由此产生的相应法律责任应当由上诉人承担。

第三节　主要医疗机构合同的法律风险及应对

一、医疗机构买卖合同管理

(一)概述

除提供医疗服务需要签订的医疗服务合同外,在医疗机构的日常运营过程中,买卖合同是较为常见的合同类型,例如在不涉及诊疗情况下医院可能将签订药品购销合同、为维持医院的正常活动医院将会购买相对应的医疗器械乃至是办公用品的购买都将签订合同,这些合同的实质均为买卖合同。与一般买卖合同的管理不同,医疗机构的买卖合同管理具有特殊性,而本书将以医疗机构作为一方当事人的买卖合同为中心,重点介绍医疗机构的买卖合同管理的特殊性。

(二)医疗机构买卖合同管理法律风险及其应对

【目标要求】

买卖合同的交易目的便在于转移标的物的所有权给需要的一方,因此买卖合同的核心风险便是围绕着标的物而所产生的风险。围绕着买卖合同的标的物,可能将会产生货物确认风险、交付风险、验收风险以及争议处理等风险,医院买卖合同管理的目标便在于这些风险予以防控。

【管理要点】

• 医疗机构在管理买卖合同时,应当根据不同的买卖合同标的针对性地选用合同模板,必要时应适当采购新的合同模板以备不时之需。

• 为达成不同的交易目的,还需根据具体情形对合同模板进行适当调整。合同签订完成后,应当予以备份存档,原件视情况统一交由合同管理部门或业务不同保存。

【实操要素】

1. 买卖合同的货物确认风险及其应对 医疗机构在签订买卖合同时所将遭遇的货物风险主要是指因货物名称、货物规格而产生争议所将产生的风险,在实践中,这些风险可能会导致买卖合同的不成立。

相关司法解释规定:当事人对合同是否成立存在争议,人民法院能够确定当事人名称或者姓名、标的和数量的,一般应当认定合同成立。但法律另有规定或者当事人另有约定的除外。依据该条,我国司法实践通常将当事人名称或者姓名、标的和数量作为合同成立必须具备的条款,如果合同经解释后仍然无法就必备条款达成一致,合同将无法成立,而双方当事人则将承担对应的缔约过失责任。医疗机构签订买卖合同时,可能会出现货物名称难以确认、货物数量无法确定、这些均将会导致买卖合同的不成立。

因此,在进行买卖合同管理时医疗机构必须明确所交易标的物的名称以及规格。其中,标的物的名称必须适用医疗行业公认的名称,除非明确约定外绝不适用简称、代称、俗称、俚语乃至化名。如果买卖的货物为药品,应以国家药品监督管理局所发布的名称为准。

此外,必须明确地指明交易标的物的数量或者质量,应注意审查其后的计量单位。此外,为进一步确定标的物,有必要注明标的物的型号、品种等信息。对于特定物,应当注明足以识别其身份的识别特征,如独有的识别码、出厂时间等。对于种类物,需要标明其特征性要素。当交易标的不止一种时,可以通过列出表格的方式逐一列出涉及交易的标的物的名称、单价、数量、规格等。

2. **买卖合同的主体风险及其应对** 医疗机构在签订买卖合同后,买卖合同将会对双方当事人产生拘束力。但即使具有法律上之拘束力,倘使对方当事人履约能力不足,合同同样难以履行,因此在合同签订时应对当事人作出履约能力或信用做出妥善的评估。除此之外,在买卖合同中,交易对象的身份确认也极为重要,交易对象可能冒用身份或越权行使权力而致使债权人难以得到救济。

3. **买卖合同的交付、验收风险及其应对** 买卖合同的核心在于转移标的物的所有权。而依据我国学理通说,对于动产,所有权变动的要件是买卖合同有效并交付标的物;对于不动产,所有权变动的要件则是买卖合同有效并交付标的物并进行登记。通常情况下,医疗机构所签订的买卖合同多为动产买卖合同,因此下文将以动产买卖为中心展开介绍。

(1)交付风险及其应对:在商事实践中,买卖合同双方常常因为交付问题而发生争议。交付时,双方当事人可能对交付时间产生争议,因为交付时间的变动将会改变买卖双方原有的商业安排,例如卖方提前交货,买方可能并无仓库存储货物。双方还可能就货物的履行地点发生争议,交货地点将会涉及运输风险与运输费用的承担,交货方式则与之同理。

因此,在合同管理实践中,医疗机构应当针对性地重点审查交付时间、交付地点、交付方式、风险移转等相关条款。交付时间上,在买卖合同中当事人应当明确约定交货时间;交付地点上,双方应当在合同汇总明确自身的交付地点并将其至少具体到某街道某号,不应当以某个笼统的地方做出约定,例如某市;在交付方式上,双方应当在合同中明确约定由哪一方以何种(海运、陆运)方式进行运输,由哪一方承担对应的运费、保险费用乃至是装卸货物的费用。此外,运输的起点与终点也必须要明确。风险转移的问题上,通常情况下《民法典》第六百零四条规定:标的物毁损、灭失的风险,在标的物交付之前由出卖人承担,交付之后由买受人承担,但是法律另有规定或者当事人另有约定的除外。该条为买卖合同中标的物的风险负担创造了原则上应该以交付作为风险负担的移转标准。

因此,如果无其他特殊安排也可以按照法律所规定的风险负担规则,如果有不同于一般规则的交易安排,应由合同进行特别约定。通常情况下,交易中的优势方可以选择何时进行风险转移方式以便于将风险转嫁给交易弱势方。除此之外,交货时需要注意审核是否将货物交付给了具有接收货物权利的人,如合同约定的收货人等;必要的话,除出示收据外还可以在交货时对现场进行拍照乃至录像作为证明交货的证据。

处理买卖合同的交付问题时,如果交易相对人超过交付时间方才进行交付,应当通过录音、录像、公证等方式及时记录其实际交付的时间以便于后续索赔工作的开展;如果逾期交易相对人仍未交付,医疗机构应当及时催告对方交货,如果对方经催告后仍不交货可以采取通知解除合同的救济措施以免损害进一步扩大,其后再请求违约损害赔偿。此外,在通知解除之后,医疗机构便可以及时寻求替代交易以免影响其原来的交易安排。

(2)验收风险及其应对:在买卖合同履行完交付义务后,由于买卖合同标的物的特殊性,当事人并非立马能够发现标的物的瑕疵,因此在买卖合同中,买受人需要经过验收程序方可确认货物质量。在检验合格后,出卖人也将会被免除质量担保责任。在商事实践中,交易中所产生的标的物质量问题常常成为购买方逾期不付货款或拒付货款的抗辩理由,因为货物内在的质量问题以及表面难察觉到的瑕疵而产生的争议较多。因此,在通常情况下,买卖双方将会约定合理的验收条款以避免交付后发生争议。其中,验收条款的核心在于检验方法以及货物质量的确认。

在验收时,首先需要明确验收的时间,如果验收逾期则应当承担验收逾期的相关责任。商事实践中,货款支付作为验收时间的做法较多。验收分为表面验收与质量验收,二者具有不同的法律构造。表面验收通常情况下多指对于货物的外观、数量、品种、型号或规格的验收。检验时应当注意数量是否准确,货物的外观是否具有划痕、外包装是否存在瑕疵。根据《民法典》第六百二十三条之规定,如果当事人对检验期限未作约定,买受人签收的送货单、确认单等载明标的物数量、型号、规格的,推定买受人已经对数量和外观瑕疵进行检验,但是有相关证据足以推翻的除外。由此可知,对于表面验收《民法典》已经作出推定,在收货时表面检验已经完成,因为在商事实践中通常情况下卖方都将会签订相应的确认单。因此,为避免因表面检验发生争议,医疗机构在签订合同时应当在合同中约定足够充分的检验期限为宜。质量验收则指的是标的物质量的确认,其核心在于是否存在内在瑕疵,也即标的物的内在的质量或者性能是否符合合同约定或经过填补后的标准。为避免因货物质量检验发生争议,医疗机构应当提前约定好货物质量的标准(例如医疗行业的国家标准)以及质量的验收方式(例如医疗设备在完成安装后调试、运行多长时间方为验收合格)。此外,医疗机构在约定质量检验期的时候,应尽可能使其不少于两年。因为依据《民法典》第六百二十一条规定,当事人没有约定检验期限的,买受人应当在发现或者应当发现标的物的数量或者质量不符合约定的合理期限内通知出卖人。买受人在合理期限内未通知或者自收到标的物之日起二年内未通知出卖人的,视为标的物的数量或者质量符合约定;当然,对标的物有质量保证期的,适用质量保证期,不适用该二年的规定。如果当时当事人约定了低于两年的检验期限,反而不如由《民法典》第六百二十一条径直进行合同的填补。如果发现买卖合同的标的物的质量不符合约定,应当及时通知出卖人,因为法律规定应在合理期限内进行通知,否则将会视为合格,此时应以发现瑕疵后尽快通知为宜以免发生争议。为了在因买卖合同而发生的纠纷中更好地维护医疗机构的利益,应当在合同中约定,如果双方对于买卖合同的质量难以达成一致意见,需要委托第三方权威机构质量鉴定,鉴定费用则由责任方最终承担。

另外,在进行交易的时候,还需要审查该买卖是否属于正常的经营活动,最高人民法院认为正常经营的判断应当符合商业惯例,需与其主业相匹配。例如拍卖行拍卖文物属于正常经营,百货公司卖汽车就不属于正常经营。因此,如果交易事项不属于对方主要经营范围就应注意针对性地在此进行核查,在签订合同时应当让出卖方保证货物不存在侵犯第三方合法知识产权的情况。

4. 买卖合同的违约风险及其应对 商事实践中,双方当事人均可能因为不履行债务或者履行债务不符合约定而致使其承担违约责任,上文提及的逾期交付、货物质量验收不合格等均有可能引发违约风险。特殊情况下,买卖双方为了在违约时合理地划分责任,通常将会设置一定的免责条款将一方不承担违约责任的范围列明。倘使医疗机构为出卖人,应尽可能多地详细列明免责条款;倘使医疗机构为买受人,则需要对于免责条款进行谨慎地审核并争取删除不合理的免责条款。

在商事实践中,医疗机构应当注意在合同中约定具体的违约情形和违约责任以实现违约责任的具体化,也即将债务人不履行某项债务的违约责任约定清楚,以免发生争议并督促其履行合同义务。《民法典》第五百八十四条规定了违约责任的赔偿范围并为其设定了可预见性规则,但是该规定过于抽象,在司法实践中常常致使非违约方的利益难以实现周全之维护。因此,在合同中,应当尽可能地将损失的计算方法约定下来,尽可能地扩大损害赔偿的范围以取代《民法典》第五百八十四条所规定的赔偿范围。在司法实践中,合同常常会约定由违约方赔偿"包括但不限于律师费、差旅费、鉴定费、公证费、诉讼费、保全费、担保费等费用"的损害。除约定具体的违约损害赔偿计算方法外,交易双方当事人还可以约定违约金数额或者违约金计算方法以实现损害的填补。当事人约定的违约金不仅可以免除守约方的举证责任,还能够高于可能产生的实际损失(但不能超过损失的30%),这更有利于督促债权人实现债务权利。

二、医院融资租赁合同管理

(一) 概述

随着现代医疗技术的发展,医疗服务对于医疗设备的依赖程度愈发增强。为了提升服务质量,医院对于大型医疗设备的需求也愈发增长,但是随之而来的困境是大型医疗设备所需资金较多,医疗机构购买过多大型医疗设备将会对其资金的流动性造成极大压力。为解决这一问题,在实践中,越来越多的医疗机构选择通过借助融资租赁的交易形式化解融资难问题。

融资租赁是指出租人根据承租人对出卖人、租赁物的选择,向出卖人购买租赁物,提供给承租人使用,承租人支付租金的典型合同。在实践中,融资租赁的主要业务模式达十余种之多,而医疗机构大多采取直接融资租赁模式以及售后回租的业务模式进行交易。直接融资租赁模式下,由出租人(通常为融资租赁公司)根据承租人(医疗机构)的选择直接向机械设备的供应商购买已被选定的医疗设备,融资租赁公司在对租赁项目进行评估之后将会将租赁物出租给医疗机构使用,在此期间医疗机构并不享有医疗设备的所有权但享有其使用权,且其应当负责对该医疗设备进行维修与保养。在售后回租模式下,承租人(医疗机构)将自己所具备的医疗设备出卖给出租人(通常为融资租赁公司),同时医疗机构将会与融资租赁公司签订融资租赁合同以将原医疗设备从融资租赁公司中租回。在此期间医疗设备的财产所有权归融资租赁公司以实现担保的功能,医疗机构则仅仅享有医疗设备的使用权。此种交易模式适合购买大型医疗设备后资金流动性受到影响的医疗机构,因为这有助于其利用自有资产迅速变现。

在法律层面,《民法典》编纂完成后,合同编典型合同分编新增设了融资租赁这一典型合同,补足了融资租赁并无明确法律规范的旧有体系残缺,《最高人民法院关于适用〈中华人民共和国民法典〉有关担保制度的解释》与《最高人民法院关于审理融资租赁合同纠纷案件适用法律问题的解释》则进一步对融资租赁的相关制度进行解释,为规制融资租赁活动提供了充分的规范依据。

(二) 医院融资租赁合同管理法律风险及其应对

【目标要求】

融资租赁交易的关键在于借助"融物"实现融资目的,因此在进行融资租赁合同管理时医疗机构的专业法律人员应当围绕着医疗设备的管理以及资金的管理展开审查,医院进行融资租赁合同管理的目标便在于防控租赁物与租金风险。

【管理要点】

• 融资租赁合同的内容一般包括租赁物的名称、数量、规格、技术性能、检验方法,租赁期限,租金构成及其支付期限和方式、币种,租赁期限届满租赁物的归属等条款,医院在进行合同管理时应对这些条款展开细致审查。

• 由于融资租赁中融资租赁公司的义务仅仅在于提供资金进行融资租赁交易,而医疗机构则还需对医疗设备进行日常的维护、管理,此时将会使得医疗机构的违约风险远高于融资租赁公司。

• 由于融资租赁涉及大额资金的流动,融资租赁合同一旦发生风险会对医疗机构的资金流动性支持造成较大影响,因此在进行交易时必须谨慎进行审核。

【实操要素】

1. 融资租赁合同中的租赁物风险及其应对 在实务中一般认为,并非所有标的物均可用于融资租赁交易,其应当满足以下几个要件:首先,租赁物依法可以在市场上流通,这是构造担保交易结构的前提;其次,租赁物属于可以实现特定化的有形物;最后,租赁物应为非消耗物,且其权利归属以及所有权应当明确。如果租赁物难以满足这些要件,即使双方签订了融资租赁合同也并不会产生融资租赁关系,取而代之的是法院可能将其认定为单纯的借款关系。为避免融资租赁关系难以成立,法律从业人员应当提前对标的物进行必要审核。

并非所有的融资租赁公司均能够从事医疗器械的融资租赁,根据国家食品药品监督管理局 2005 年发布的《关于融资租赁医疗器械监管问题的答复意见》(国食药监市〔2005〕250号),租赁公司开展融资租赁医疗器械是经营行为,应当按照规定办理"医疗器械经营企业许可证"。在司法实践中,亦有观点认为融资租赁公司未取得"医疗器械经营企业许可证"并不会影响合同效力。因此,在医疗机构进行融资租赁交易时,应当首先查验融资租赁公司是否同时具备相关的行政许可以免事后发生争议。

融资租赁交易中,融资租赁公司大多仅仅是为取得形式上的所有权而购买的医疗器械,其获得受领标的物的权利并无意义,因此法律赋予了医疗机构享有与受领标的有关的买受人的权利。只要与受领标的物有关,融资租赁公司在买卖合同中所享有的作为买受人的权利,作为承租人的医疗机构都享有,其中主要包含检验租赁物的权利以及拒绝接受严重不符合要求的租赁物的权利。开展融资租赁业务时,通常需要由医疗机构来选定相应的医疗设备,且选择设备错误的后果也将由作为承租人的医疗机构承担。在进行设备的选择时,应当由专业的法律人士与了解对应医疗设备的人员一同选定,在选定时,应当对标的物的名称、数量、规格、技术性能等作出明确的约定。通常医疗设备的选任标准较为复杂,并不适于规定在融资租赁合同正文中而应将其规定在附录之中,但应在合同正文中对附录的效力予以确定。此外,在合同中还应当约定清是由供货商还是融资租赁公司交付相应的医疗设备。在交付时,医疗机构应当首先查验医疗设备是否符合合同约定,其次还需进一步查验对应医疗设备的准入证明、合格证明以及许可证明。如果标的物严重不符合约定,医疗机构可以拒绝受领该医疗设备(《民法典》第七百四十条)。为维护自身权益,医疗机构还应当设定合理的检验期间,以避免陷入支付了大额费用却无法使用设备的窘境。

在使用医疗设备时,为了保护融资租赁公司的利益,医疗机构应当告知使用该医疗设备的人员妥善地保管、合理使用租赁物。其中,妥善保管的标准为需要尽到善良管理人的标准,此种标准比当事人处理自身的事务更为严格。而合理使用则是指医疗机构应当依据医疗设备的性质和通常的方法使用以维护医疗机构的合法利益。除此之外,与一般的租赁由出租人承担维修义务不同,融资租赁中作为承租人的医疗机构反而将承担维修租赁物的义务。在医疗设备存有故障时,使用该医疗设备的人员应当及时通知维修以免扩大损失。融资租赁的风险负担规则同样具有特殊性,在医疗机构占有医疗设备期间,如果作为租赁物的医疗设备毁损、灭失,融资租赁公司依旧有权请求医疗机构继续支付租金。为尽可能维护医疗机构的利益,应当尽可能地争取在合同中对租赁物毁损、灭失的风险负担另行明确规定。

租赁期间届满时,如果融资租赁公司和医疗机构对涉案医疗设备的最终归属没有约定或者约定不明确,并最终不能确认的,涉案医疗设备的所有权将归属于融资租赁公司;如果当事人约定租赁期限届满,作为承租人的医疗机构仅仅需要向融资租赁公司支付象征性价款的,视为约定的租金义务履行完毕后租赁物的所有权归承租人。在融资租赁交易实践中,医疗机构为周转资金大多已经通过多年期支付的形式支付了足够购买涉案医疗设备的价款,因此为充分维护医疗机构的核心利益,应当争取在融资租赁合同中明确约定融资租赁期间届满由医疗机构取得医疗设备的所有权。

为解决实践中"一物多融"的难题,融资租赁作为具有担保功能的交易构造,依据《民法典》第三百八十八条的规定,其可以类推适用担保的一般规则,第七百四十五条也规定了登记具有对抗善意第三人的效力。因此在实务中办理融资租赁业务时,医疗机构应及时地在"动产融资统一登记系统"办理融资租赁交易的登记已完成公示。在登记时,应充分地对涉案医疗设备进行具体描述以便于实现特定化,例如应在其中填写上医疗器械独有的识别码等。

2. 医院融资租赁合同中的租金风险及其应对　租金风险是融资租赁司法实践中最易引发诉讼的风险,这也是医疗机构的法律从业人员进行融资租赁合同管理时的关键一环。

防范租金风险,要从源头抓起。医院应对融资租赁项目作出一定的分析、调研与评估以便于选择合适的融资租赁模式。流动性支持不同的各个医疗机构可以选择直租型融资租赁、售后回租型融资租赁等不同的交易构造。在进行决策时,需要考虑到医疗机构自身的经济实力以及融资租赁的政策和市场变化,通过衡量收益与风险以制定当下合理的融资方式,避免因难以实现预期的收益目标而陷入债务危机的窘境。

由于融资租赁具有资金融通的属性,在司法实践中常常发生关于融资租赁租金的司法保护上限的问题,各地法院对此意见不一,最高人民法院对此也出现过态度的反复。为避免发生争议,医疗机构的法律从业人员应当谨慎审查其实际支付的租金,涉及诉讼必要时向人民法院可以主张超出 24% 或 4 倍贷款市场报价利率（LPR）的部分不应被支持。

在商事实践中，由于融资租赁涉及金额较大，租金的起算日期将会对交易双方当事人产生切实的影响。实务中，由于作为出租人的融资租赁公司常常居于优势地位，其通常会选择由融资租赁支付租赁物价款之日作为售后回租型融资租赁的起租日，最大程度地实现其收益的最大化。直接融资租赁模式下，通常会以出卖人交付或者医疗机构受领医疗设备作为起租日，但此时医疗设备实际交付前融资租赁所支付的款项的利息，也将由医疗机构承担。此时，在进行融资租赁合同磋商时，医疗机构的法律从业人员应当尽可能地将出租日约定在较晚节点，同时期间的利息计算方法应当明确约定。

在租金的支付上，通常会有按月份、季度、半年以及年度支付等几种支付期限可供选择，实务中，融资租赁双方通常将会对此达成约定。在签订合同时，一般将会附有明确的载明租金偿还日期以及金额的租金支付表。融资租赁公司为充分保障其权益，通常将会设定严格的违约条款约束医疗机构，与此同时《民法典》第七百五十二条也规定了"加速到期"条款约束承租人。医疗机构如欲妥善维护自身利益，需要在合同中明确对出租人的权利加以限制。法律从业人员在合同审查时，应该就在何种情况下构成违约（例如未支付租金的比例、是否有宽限期）、合理的催告期限、对于加速到期条款的限制等问题展开谈判。必要时，医疗机构的法律从业人员可以参照分期付款买卖之规定约定医疗机构支付一定份额的价款便可取得对应医疗设备的所有权以维护自身权益。

【案例展示】

最高人民法院认为，根据某融资公司（甲方）与某医院（乙方）及案外人某医院管理公司（丙方）签订的委托购买协议以及某融资公司与某医院签订的融资租赁合同约定，某医院负有受领设备并验收确认的义务，某融资公司不负有交付设备并验收确认的义务；当发生供货方并未按照约定交付设备情形时，某医院就此应当直接向供货方某医院管理公司而非某融资公司主张相应权利，并负有及时通知某融资公司的义务；某融资公司在某医院向其出具验收报告及收货确认书后即具备支付合同约定的设备价款的条件。案中某医院向某融资公司出具了收货确认书及验收报告，对委托购买协议约定的货物交付及验收情况予以确认。某融资公司在收到收货确认书及验收报告后，依约向供货方支付涉案设备全部价款，供货方向某融资公司出具了收款收据，某医院主张的设备序列号等唯一标识码未予注明并不足以否认验收报告的真实性与法律效力。某融资公司向某医院发出起租通知书、支付明细表，向某医院明确起租日期及付款明细。综上，二审判决认定某融资公司依约履行主要合同义务，并无不当。

三、医院技术合同管理

（一）概述

技术合同是当事人就技术的开发、转让、许可、咨询或者服务而订立的,确立相互之间权利和义务的典型合同,其主要类型分为技术开发合同、技术转让合同、技术许可合同、技术咨询合同以及技术服务合同。在司法实践中,技术合同的定性将会对案件的走向具有较大影响,这将会影响到双方当事人权利义务的确定、当事人在何种情况下构成违约的判断,有时还将影响案件的管辖等问题。

医疗机构作为医药技术行业人才的聚集地,是医疗技术成果的研发、转化、应用乃至推广的"重镇"。在日常的经营管理中,医疗机构常常会涉及技术合同的签订。例如,医疗机构可能与其他医药公司共同开发某项专利或医疗机构将自己所开发出的专利许可给他人使用。

医疗机构涉及的技术合同相较于其他典型合同更具专业性。首先,技术合同的标的具有无形性的特征,其并无特定的物质载体;其次,通常情况下技术合同会涉及技术相关的权利归属,既受到《民法典》合同编的规制,又受到《专利法》等知识产权法律法规的约束。

（二）医院技术合同管理法律风险及其应对

【目标要求】

技术合同是技术研发与技术转化、应用的关键纽带,它能够促进技术在市场的流动,使其流向最需要的地方。实践中,随着经济发展与对知识产权保护的落实,近年来医疗机构关于技术合同的纠纷也在不断地增长,医院在进行技术合同管理时应着眼于在技术合同的权属与违约风险方面展开防控。

【管理要点】

• 医疗机构签订的技术合同中,其内容一般需要包括项目的名称,标的的内容、范围和要求,履行的计划、地点和方式,技术信息和资料的保密,技术成果的归属和收益的分配办法,验收标准和方法,名词和术语的解释等条款。

• 与履行合同有关的技术背景资料、可行性论证和技术评价报告、项目任务书和计划书、技术标准、技术规范、原始设计和工艺文件,以及其他技术文档,如果双方当事人具有约定则可以按照其约定作为合同的组成部分。

• 如果技术合同涉及专利的,则应当注明该发明创造的名称、专利申请人和专利权人、申请日期、申请号、专利号以及专利权的有效期限。

【实操要素】

1. 技术合同的权属风险及其应对方案　医疗机构签订的技术合同的权属风险根据其

形成来源可以分为内部风险与外部风险。医疗机构作为民事主体,通常并不具备科研能力,实际进行研发应为医疗机构的工作人员。此时,如果医疗机构与实际负责研发的工作人员未能就科研成果的归属达成一致,将会因此产生争议,此为医疗机构签订的技术合同的内部权属风险。此外,医疗机构还可能与外界合作进行医疗技术的合作开发抑或委托开发,此时如果没有明确约定对应知识产权的权属,亦会产生争议,此为医疗机构签订的技术合同的外部权属风险。

根据《专利法》与《民法典》之规定,执行医疗机构的任务或者主要是利用医疗机构的物质技术条件所完成的发明创造为职务发明创造。职务发明创造申请专利的权利属于该医疗机构,申请被批准后,该医疗机构为专利权人。医疗机构在订立技术合同转让职务技术成果时,职务技术成果的完成人享有以同等条件优先受让的权利。司法实践中,常常因为职务技术成果的认定发生纠纷。在没有约定的情况下,职务技术成果的认定需要符合职务标准或资源标准。职务标准指的是履行医疗机构的岗位职责或者承担其交付的其他技术开发任务或者离职后一段时间内,继续从事与其原医疗机构的岗位职责或者交付的任务有关的技术开发工作。资源标准则是指利用了医疗机构的资金、设备、器材、原材料、未公开的技术信息和资料等物质技术条件。值得注意的是,实践中所发生的权属纠纷通常是因为医疗机构并未对于技术成果提前作出明确约定,然而对于是否属于职务技术的认定应当首先按照双方当事人的约定确定。因此,在法律从业人员审查技术合同乃至是劳务合同时,应当就在职期间发明创造的归属列明具体情况并明确作出约定。

根据《民法典》之规定,对于委托开发的技术成果,原则上研究开发人员享有申请专利的权利。此时,委托人可以无偿使用或实施该专利技术,且当研究开发人转让该专利技术时委托人享有同等条件下的优先受让权。对于合作开发完成的发明创造,申请专利的权利将属于合作开发的当事人共有;如果当事人一方转让其共有的专利申请权,其他各方将会享有以同等条件优先受让的权利。如果合作开发的当事人一方声明放弃其共有的专利申请权,除当事人另有约定外,可以由另一方单独申请或者由其他各方共同申请。如果申请人取得了专利权,放弃专利申请权的一方可以免费实施该专利。在合作开发的当事人一方不同意申请专利的情况下,另一方或者其他各方不得申请专利。委托开发或者合作开发完成的技术秘密成果的使用权、转让权以及收益的分配办法,需要由当事人约定;不能确定的情况下,在没有相同技术方案被授予专利权前,当事人将均具有使用和转让的权利。此时需要注意的是,委托开发的研究开发人不得在向委托人交付研究开发成果之前,将研究开发成果转让给第三人。

以上规则均为当事人并无明确约定时所需遵循的规则,实务中,常常存在因未明确约定而发生纠纷,例如医疗机构签订委托开发合同本欲取得申请专利的权利但并未作出详细约定。为避免争议,法律从业人员应当先同业务部门沟通,确定签订合同的诉求,并在合同中约定明确排除《民法典》相关条款的适用并适用约定的规则。

2. 技术合同的违约风险及其应对方案　司法实践中,因技术合同而引发的纠纷中涉及违约的案件占据较大比重,技术合同的违约风险是由其自身的特殊性质决定的。首先,技术开发本身就具有较明显的风险性以及不稳定性,当事人在主观上肯定希望技术合同得到完全履行,但这在客观上并不现实;其次,技术合同违约行为的判断并无确切标准,当事人之间通常也难以对应履行的内容、方法、行为。质量、方式等做出明确约定;最后,技术合同中可能还会存在技术风险,也即可能存在难以克服的技术困难,导致技术合同无法履行。

为应对因此类难以避免的违约风险而发生的纠纷,作为医疗机构的法律从业人员应当做好事前防范,事中审查、事后监管。医院在技术合同签订之前应当与具备相应专业知识的技术人员一同做好事前的尽职调查,明确签订技术合同可能遭受的技术风险并做好分析评估工作以供决策。在签订合同时,法律从业人员应当根据具体的技术合同类型同技术人员商定技术合同具体的履行内容、方法以及质量等方式以确定违约的具体标准。最后,在技术合同履行时,应时刻与负责对接业务的人员保持联系,一旦对方有违约行为及时采取措施以免扩大损失。

【案例展示】

2018年,整形美容医院(甲方)与某信息公司(乙方)签订项目合同,约定由某信息公司向整形美容医院提供客户关系管理(CRM)系统平台实施服务并签订了技术合同,后二者对技术合同的履行等问题产生争议并诉至法院。最高人民法院认为本案的焦点问题为医院对CRM软件的用户验收(UAT)测试是否能视为涉案软件质量符合合同约定。

最高人民法院认为UAT测试作为多个付款节点之一并不意味着合同最终履行完毕,其可成为判断软件质量的初步证据,是但并非唯一。本案中,不能直接推定整形美容医院已认可某信息公司开发CRM软件符合合同约定。按照合同约定,某信息公司应保证其开发的CRM软件系统能够在商业应用环境中正常使用,而本案证据表明该软件存在一定使用缺陷。某信息公司作为软件开发者对于缺陷有相应技术能力作出预判。但其并未施以充分的注意,尽到了符合其专业能力的提醒义务,或主动对整形美容医院上游数据进行梳理。因此,某信息公司对因CRM系统与医院信息系统数据冲突导致软件无法达到正常的使用效果,具有一定的过错。整形美容医院擅自停止履行合同,没有尽力减小损失,未尽到上述义务,亦存在过错。

四、医院建设工程合同管理

（一）概述

通常而言,建设工程具有资金投入量大、程序复杂、技术含量高、专业性强等特点,建设工程合同争议特点在于涉案金额大,社会影响大,对合同当事人来说,一旦发生争议,将会产生不小的经济负累与信誉风险。医院本身又具有更多的社会面,承载着社会福利和公益事业等多重身份,兼具社会效益与经济效益。医疗行业与建筑行业几无技术知识关联,院方人员对于建筑工程领域的法律规范、专业技能等往往比较陌生,更容易产生冲突。建设工程合同是承包人进行工程建设,发包人支付价款的合同,其包括工程勘察、设计、施工合同。建设工程合同不仅关系到当事人双方权利义务指向之私人利益,而且往往还涉及社会公共利益,故而在建设工程合同领域体现了较为浓重的国家干预色彩。建设工程合同与承揽合同本属同质,依据《民法典》第八百零八条规定:本章(即《民法典》第十八章"建设工程合同")没有规定的,适用承揽合同的有关规定。故而,在实务中亦应关注到两者之间规范适用上的联系。

（二）医院建设工程合同管理法律风险及其应对

【目标要求】

建设施工合同通常体量庞大,条款复杂,专业性较强,医院方应选择建设施工领域精专法务人员(律师)、建造师等参与此类合同的管理工作,科学拟定合同条款,谨慎甄别合同风险,小心防范合同陷阱,全力维护合法权益。

【管理要点】

• 熟悉建设工程领域相关法律法规、部门规章等规定,善用政府部门公布的建设工程示范合同文本,保证建设工程合同合法、规范、科学、合理。

• 注意规避建设工程合同中常见的法律风险,比如对方当事人的资质、招投标程序、工期、质量以及结算条款等。

【实操要素】

1. **建设工程合同主要条款、示范文本** 根据《民法典》第七百九十四、七百九十五条,勘察、设计合同的内容一般包括提交有关基础资料和概预算等文件的期限、质量要求、费用以及其他协作条件等条款。施工合同的内容一般包括工程范围、建设工期、之间交工工程的开工和竣工时间、工程质量、工程造价、技术资料交付时间、材料和设备供应责任、拨款和结算、竣工验收、质量保修范围和质量保证期、相互协作等条款。

为了指导建设工程合同当事人的签约行为,规范建设工程市场秩序,维护当事人的合法权益,住房和城乡建设部、国家市场监督管理总局分别印发建设工程设计合同示范文本,包括《房屋建筑工程》(GF—2015—0209)、《专业建筑工程》(GF—2015—0210)、《建设工程勘察合同(示范文本)》(GF—2016—0203)以及《建设工程施工合同(示范文本)》(GF—2017—0201)。此外,各地方政府部门亦有地方性示范文本。政府示范文本的存在对于医院等本职工作无涉于建设行业的需求方而言,意义重大。示范文本由合同协议书、通用合同条款和专用合同条款三部分组成,条款设置精细,涉及建设工程合同的方方面面,具有极为重要的指引作用。但示范文本终究不是强制性使用文本,当事人仍对合同的签订具有灵活的自主约定性,根据《民法典》第七百八十九条,建设工程合同应当采用书面形式以示严肃,另也有证据留存与便于监管的作用,进行合同审查的律师、法务工作人员不能过于依赖示范文本,亦应恪尽审慎之责,善用专业知识,维护当事人的合同利益。

2. 医院建设工程招投标过程中法律风险提示

(1)招标人、投标人资格的合法性:根据《中华人民共和国招标投标法》规定,具备合法资格的招标人应当符合以下要求:①招标人为依法设立的法人或其他组织(第八条);②招标项目按照国家有关规定需要履行项目审批手续的,应当先履行审批手续,取得批准(第九条第二款),如工程项目立项审批、规划审批、建设用地审批等均要符合相关法律法规;③招标人应当有进行招标项目的相应资金或者资金来源已经落实,并应当在招标文件中如实载明(第九条第二款);④对于医院来说,由于建筑工程非为专业领域相关内容,多会自主选择委托招标代理机构代其进行招标事宜,此时医院方应注意核查代理机构的相应资质。

根据《中华人民共和国招标投标法》《中华人民共和国建筑法》规定,对投标人资格审查应关注以下几点:投标人(依法设立的建筑施工企业或其他组织)应当具备承担招标项目的能力;国家有关规定对投标人资格条件或招标文件对投标人资格条件有规定的,投标人应当具备规定的资格条件(《招投标法》第二十六条);投标人具备相应资质等级。尤为值得注意的是,招标人可在招标文件中规定投标人特殊条件,投标人亦应满足,但对这种特殊条件,医院方应谨慎拟定,避免构成无理限制、排斥与歧视。

(2)招投标程序合法性

1)医院订立建设工程合同必须进行招投标程序:根据《中华人民共和国招标投标法》第三条第一款规定,必须进行招投标程序的工程建设项目涉及三类。在此基础上,国家发展计划委员会2000年颁布《工程建设项目招标范围和规模标准规定》(已失效)明确将"卫生、社会福利等项目"纳为"关系社会公共利益、公众安全的公用事业项目",由此医院建设工程项目须得进行招投标程序,司法实践中亦采此观点。但2018年6月1日,《必须招标的工程项目规定》经批准颁布实施,《工程建设项目招标范围和规模标准规定》随之失效。相对而言,《必须招标的工程项目规定》及《必须招标的基础设施和公用事业项目范围规定》缩小了必须进行招投标的建设工程项目范围,确立项目性质、资金来源、资金规模三个判断标准。

《必须招标的工程项目规定》(摘录)

第二条 全部或者部分使用国有资金投资或者国家融资的项目包括:(一)使用预算资金200万元人民币以上,并且该资金占投资额10%以上的项目;(二)使用国有企业事业单位资金,并且该资金占控股或者主导地位的项目。

第三条 使用国际组织或者外国政府贷款、援助资金的项目包括:(一)使用世界银行、亚洲开发银行等国际组织贷款、援助资金的项目;(二)使用外国政府及其机构贷款、援助资金的项目。

第四条 不属于本规定第二条、第三条规定情形的大型基础设施、公用事业等关系社会公共利益、公众安全的项目,必须招标的具体范围由国务院发展改革部门会同国务院有关部门按照确有必要、严格限定的原则制订,报国务院批准。

第五条 本规定第二条至第四条规定范围内的项目,其勘察、设计、施工、监理以及与工程建设有关的重要设备、材料等的采购达到下列标准之一的,必须招标:(一)施工单项合同估算价在400万元人民币以上;(二)重要设备、材料等货物的采购,单项合同估算价在200万元人民币以上;(三)勘察、设计、监理等服务的采购,单项合同估算价在100万元人民币以上。

同一项目中可以合并进行的勘察、设计、施工、监理以及与工程建设有关的重要设备、材料等的采购,合同估算价合计达到前款规定标准的,必须招标。

《必须招标的基础设施和公用事业项目范围规定》(摘录)

第二条 不属于《必须招标的工程项目规定》第二条、第三条规定情形的大型基础设施、公用事业等关系社会公共利益、公众安全的项目,必须招标的具体范围包括:(一)煤炭、石油、天然气、电力、新能源等能源基础设施项目;(二)铁路、公路、管道、水运,以及公共航空和A1级通用机场等交通运输基础设施项目;(三)电信枢纽、通信信息网络等通信基础设施项目;(四)防洪、灌溉、排涝、引(供)水等水利基础设施项目;(五)城市轨道交通等城建项目。

一般来说,市政工程属于必须招标的项目,但是对于医院而言,其所涉建设工程项目也不再必然属于必须招标的项目,而仍需结合三个标准具体判断。对于属于必须进行招标的医院建设工程项目,若未经招标合同可能被认定为无效,相关责任人可能面临行政处罚。

2)建设工程合同实质性内容应当与招标投标文件内容一致:根据《中华人民共和国招标投标法实施条例》第五十七条规定,招标人和中标人应当依照招标投标法和本条例的规定签订书面合同,合同的标的、价款、质量、履行期限等主要条款应当与招标文件和中标人的投标文件的内容一致。招标人和中标人不得再行订立背离合同实质性内容的其他协议。若当事人之间并未按照招投标文件订立建设工程合同,或者所订内容偏离于招投标文件,争议发生时,应当中标合同内容为根据,所订立的其他合同无效。除此之外,相关责任人同样会面临行政处罚。根据《中华人民共和国招标投标法实施条例》第七十五条规定,招标人和中标人不按照招标文件和中标人的投标文件订立合同,合同的主要条款与招标文件、中标人的投标文件的内容不一致,或者招标人、中标人订立背离合同实质性内容的协议的,由有关行政监督部门责令改正,可以处中标项目金额 5‰以上 10‰以下的罚款。

从某种程度上讲,社会信誉也是医院"命脉"之一,医院是以医疗服务为主业,患者对医院形象的评价至关重要,信誉期望也极高,即便医院存在的负面评价不在医疗领域,也会对其存续造成毁灭性打击。

3)招投标简要流程:投标邀请—投标人资格预审—招标文件澄清—编制投标文件及提交—开标、评标(投标书澄清)及中标。

3. 医院建设工程合同中当事人资质风险　建设工程项目往往程序复杂,技术要求含量高,专业性强,故而从事该行业需具备一定资质,资质是建筑工程领域的"入场券"。医院方首先应当确定自己的需求层次,划定资质范围要求。相关审查工作人员应以相关法律法规为依据,以相关政府部门背书、公示的资质书证为根据,谨慎甄别,小心核实。

(1)承包人资质的"业务范围限制"与"自用性",即承包建筑工程的单位应在其资质等级许可的业务范围内承揽工程,严禁超越资质等级许可的业务范围或者以任何形式用其他建筑施工企业的名义承揽工程。

(2)资质证书的有效期。特别需要注意的是,在合同约定的工期内,承包人的资质是否持续有效,若发现工期内资质或有到期的情况,应在合同中订明相关处理措施,如是否构成解除事由,承包人所负责任等。

(3)特殊情形:联合承包。大型建筑工程或者结构复杂的建筑工程,可以由两个以上的承包单位联合共同承包。共同承包的各方对承包合同的履行承担连带责任。两个以上不同资质等级的单位实行联合共同承包的,应当按照资质等级低的单位的业务许可范围承揽工程。

（4）若承包人未取得建筑业企业资质或者超越资质等级的，抑或没有资质的实际施工人借用有资质的建筑施工企业名义的，建筑施工合同无效。发包方或承包方等相关责任人或面临行政处罚。

4. 建设工程施工合同主要条款的审查要点

（1）合同效力

1）未取得"四证"（建设用地规划许可证、建设工程规划许可证、建设用地使用权证和建设工程施工许可证）：原则无效，但可补正。

根据《最高人民法院关于审理建设工程施工合同纠纷案件适用法律问题的解释（一）》第三条规定，当事人以发包人未取得建设工程规划许可证等规划审批手续为由，请求确认建设工程施工合同无效的，人民法院应予支持，但发包人在起诉前取得建设工程规划许可证等规划审批手续的除外。发包人能够办理审批手续而未办理，并以未办理审批手续为由请求确认建设工程施工合同无效的，人民法院不予支持。

2）未取得建筑业企业资质或超越资质等级承包工程：合同无效，但有例外。

根据《中华人民共和国建筑法》相关规定，建筑业企业应当在相应的资质等级范围内承包施工，此为效力性强制性规定（涉及市场准入），若有违反，合同归于无效。但同时应当注意的是，根据《最高人民法院关于审理建设工程施工合同纠纷案件适用法律问题的解释（一）》第四条规定，若在建设工程竣工前取得相应资质等级的，合同有效。

3）没有资质的实际施工人借用有资质的建筑施工企业名义：合同无效。

4）必须招标而未招标或中标无效：合同无效。

5）违法发包和违法承包：合同无效。

6）转包：合同无效。

7）违法分包：合同无效。

（2）工程范围、工期、质量条款

建设工程施工合同当事人应当准确、清晰地描述建设项目的名称、地点、范围及内容。除此之外，亦应审查是否与招投标文件工程量清单等文件内容一致。对于医院而言，因存在专业知识方面的壁垒，应聘由建设工程领域专业人员（如工程师、造价师等）对以上信息予以核准。其中，工程量纠纷在实践中较为常见，当事人应当注意在工程建设过程中出现的签证等文件。

与合同"工期"相关的争议往往出现于"开工日期"与"竣工日期"的确定方面。合同签订时间与正式开工时间存在先后，而在订立合同之际又无法确定开工日期，为了避免陷于违约，可在合同中同时约定"计划开工日期"与"实际开工日期"。在实践中，另有诸如承包人提交的开工报告、施工许可证载明的日期等作为确定开工的方式,法院相关裁判分歧较为严重。《最高人民法院关于审理建设工程施工合同纠纷案件适用法律问题的解释(一)》第八条对该问题予以明确,是以客观真实的开工情况为确定依据。故而"实际开工日期"可约定以开工通知(示范文本)或其他文件确认的时间为准(合法、弹性,避免违约),医院方也应当对相关文件留档备查、规范管理。竣工日期关涉的法律要点更多,诸如工程风险转移、工程款支付时间及利息起算、工程逾期违约等,《最高人民法院关于审理建设工程施工合同纠纷案件适用法律问题的解释(一)》第九条对此予以明确。此外,在进行审查时,亦应注意"工期延误"与"工期顺延"条款,需要尤为注意的是相关情形的具体约定,注意法定情形如《民法典》第七百九十八条、第八百零三条,此处可参考示范文本中的条款。

有关于工程质量条款的审查,要点在于"标准与规范"。合同中应当对工程质量等级标准清晰、规范地加以约定。所谓的标准、规范,包括有国家标准、规范,行业标准、规范或地方标准、规范。另外需要明确的是因质量问题产生的违约责任,包括责任范围(如工程质量检测费用等)与责任承担方式(如违约金、修理、返工等)。

(3)工程价款结算条款:对于建设工程而言,价款的计算很难事先确定,通常要根据建设工程的实际施工情况,进行必要的价款结算阶段,主要的法规依据有《民法典》《建设工程价款结算暂行办法》《建筑工程施工发包与承包计价管理办法》以及《最高人民法院关于审理建设工程施工合同纠纷案件适用法律问题的解释(一)》。在合同中,当事人应当明确工程的计价方式(单价合同、总价合同或其他价格形式)、计价方法(定额计价、工程量清单计价)、价款的支付安排(一般采分期付款,根据工程建造流程依次支付预付款、进度款、竣工后支付款以及质量保证金留存等。其中需要注意的是预付款的比例要求,即原则上不低于10%,不高于30%,进度款支付的节点也应综合各因素科学合理地界定)以及竣工决算、结算约定。对于医院方而言,建设工程不是其运行涉及的专业内容,而以上内容细节颇多,要求具备相应的专业能力,故而最佳的方式是聘请相关专业领域的工程师、造价师或代理方对上述细节进行审核与把关。

【案例展示】

　　某公司某医院于2012年6月26日签订建设工程施工合同,约定由某公司承包某医院医疗综合大楼施工工程。2012年6月27日,某医院向某公司发出中标通知书,通知书中载明内容与双方签订的建设工程施工合同基本一致。6月28日,某公司与某医院另又签订一份建设工程施工合同。之后,双方因工程质量等问题产生纠纷。本案争议焦点之一涉及招投标程序与合同效力问题。

一审法院认为,某医院医疗综合大楼工程属于关系社会公共利益、公众安全的公共事业项目,按照《中华人民共和国招标投标法》第三条的规定,为必须进行招标的项目。某公司与某医院 2012 年 6 月 28 日签订的建设工程施工合同,与招标结果、备案合同存在实质性差异,为无效合同。双方根据中标结果签订的 2012 年 6 月 26 日建设工程施工合同,虽经备案,由于双方在中标人确定之前,已经就案涉工程的投标价格、计价依据、合同工期、投标方案等实质性内容进行了谈判,依照《中华人民共和国招标投标法》第四十三、第五十五条规定,某公司的中标应当认定无效,2012 年 6 月 26 日建设工程施工合同也为无效合同。

二审法院认为,法律、行政法规及规章并未将医院所涉项目建设纳入强制招投标的范围,虽然《必须招标的工程项目规定》《必须招标的基础设施和公用事业项目范围规定》分别自 2018 年 6 月 1 日和 2018 年 6 月 6 日起施行,双方实际履行的建设工程施工合同签订时间为 2012 年 6 月 28 日,但将该原则适用于既往签订的合同,有利于尊重当事人的真实意思,且并无证据证明适用的结果将损害社会公共利益和公共安全。据此,2012 年 6 月 28 日建设工程施工合同没有关于违反招投标相关法律强制性规定的效力阻却事由,故该合同应当认定合法有效。

第四节　医院合同纠纷的预防与处理

医院作为独立的民事主体,主要经营业务在于为患者提供医疗服务,但除此之外,其为维持正常运行,亦需要同第三方进行经济交往,存在着如上诸多类型的非医疗服务合同。合同是信誉的体现,是一个企业、单位的社会形象,直接关联于该企业、单位的核心利益。而合同一旦出现纠纷,即是信誉危机,且一般耗时较长,对社会大众而言,其并不会耐心等待对错的结果,而是最先产生"纠纷=风险=不值得信赖"的直观感知。对于医院来说,经济效益与社会效益本就是两大目的,医院的合同纠纷可能转化为重大经营风险或社会负面事件,故而医院合同纠纷的预防与处理意义重大。

【目标要求】

医院应重视合同纠纷预防与处理机制建立工作,灵活采取合同纠纷解决的方法,做到事先全面、科学预防,事后积极、冷静应对,争取以最小的代价消除合同纠纷带来的利益损害。

【管理要点】

• 重视合同风险预防工作,专业的事交由专业的人负责,要善用国家合同示范文本库,设计高质量合同条款,做好尽职调查工作,防范合同陷阱,同时注意证据留存以备应对可能的纠纷。

- 熟悉合同纠纷处理的方法(协商、调解、仲裁或诉讼),根据具体情况选择最合适的方法维护自身的合法权益,注意方式策略。

【实操要素】

一、医院合同纠纷的预防

预防,即防患于未然。合同纠纷发生的原因在于合同本身出现不正常的情况,当事人之间产生利益矛盾,合同履行面临危机。若当事人在合同订立之前对于合同进行了全方位的审查,尽可能将一些可能的风险事先消除,防微杜渐,之后合同的履行则有更大的保障。

(一)专业的事交给专业的人

医院对外交往产生的非医疗服务合同类型多样,且各种类型的合同内容具有相对的独特性,很多并非处于医院工作人员的专业涉猎范围之内,故而对于该类合同的事先风险审查,应当交由专业的律师、法务工作人员甚或是其他领域专业人员,而更好的选择应是医院方与法律专业人员相互配合。例如,对于一份医疗设备买卖合同,医院方是设备的需求方,其需要确定设备的技术参数与质量,这直接关涉到买卖合同中有关设备验收、质量检验等内容,而律师可以提供法律上的判断与建议,如相关条款的规范性表达等。再如,对于建设工程合同而言,医院对此可能仅存在建筑构造上的要求,即建筑工程的使用目的以及具体空间构造,而建筑工程合同往往内容繁杂且要点众多,体量巨大,其间涉及的法律政策问题以及工程建造问题专业性较强,对于医院方而言力有不逮,该部分则必然要寻求专业律师或工程师、造价师等的参与。

(二)用好示范文本工具,设计高质量合同条款

对于某些常见的合同,国家、地方政府、行业或在交易习惯中总结出一些范本,以备审查,避免风险。对于此类示范性的工具,相关审查人员应当予以重视,灵活使用。比如在建设工程领域,建设工程合同示范文本对有关建设工程合同具体事宜提出示范性规定,借由当事人参考,避免纠纷。特别是近来,国家市场监督管理总局建立"全国合同示范文本库",囊括了各类常见的合同示范文本,既有全国通用示范文本型,也有地方性示范文本,无疑是为进行合同审查、拟定工作的法律从业人员提供了便利工具。在利用示范文本时,切忌生硬地直接照搬,而应当结合当事人具体需求和实际情况对比思考后作出选择,或直接援用,或作变通后使用,或是弃用。合同审查的对象即是拟立合同的各个条款,从专业眼光审查合同条款的规范性(合法合规)与经济性(符合当事人利益),识别条款中存在的风险并加以纠正。在审查过程中,相关人员既要眼观当下,又要看向未来,根据经验对未来可能遇到的非常态

情形作出预防与应对措施。

（三）充分了解相关法律法规，做好尽职调查工作

熟知法律法规，是对法律从业人员的基本要求。对于合同审查而言，《民法典》是基本法律，其对合同的一些共性内容以及典型合同的具体内容进行了详细规定。但合格的合同审查又不能仅依靠《民法典》，除此之外，国家或地方政府或对某一具体合同内容存在大量法规、部门规章等规制，比如建设工程合同，政府相关市场准入性规定（当事人资质）、建造质量以及计价质标准等规章，纷繁复杂，合同审查人员对此亦应熟练掌握。另外，优秀的合同审查工作者，不应仅局限于合同本文之上，在白纸黑字之间权衡利弊，亦应落实行动，善用各类渠道（如官方的全国企业信用信息公示系统以及一些付费网站）对当事人的具体情况（如对方当事人的履约能力、经营情况、涉诉情况等）作尽职调查。

（四）合同规范化管理，重视文件资料的留存、归档工作

当合同纠纷发生时，决定纠纷结果的是证据。证据不仅仅是合同本身，还包括争议事实的支撑证据。经过审查之后，当事人之间签订合同，在履行合同的过程中产生的相关文件、资料应当被规范化管理，及时归档保存，以备不时之需。实践中，很多合同纠纷的败诉不是因为合同条款设计得不完美，而恰恰是忽视了对文件资料等证据的留存工作，导致诉无实据。在涉及经济利益的合同交往中，不存在纯粹的、毫无保留的信任，永远不应该将事情的结果寄托在他人的善良之上，要时刻保持防范意识。

二、医院合同纠纷的处理

当事人对于合同的期望是，合同顺利履行，各方所求利益皆得圆满。即便在订立合同之前，对合同进行了风险审查预防工作，但在合同履行的过程中，总会出现当事人始料未及争议，进而搅乱当事人之间的利益平衡状态，产生合同纠纷。实务中，有观点指出合同纠纷处理的原则是依法处理，协商优先，尊重事实以及内部联动。需要强调的是，纠纷并不一定非要见诉，当事人对簿公堂并不是解决纠纷的唯一方式，法庭之外尚有诸多纠纷处理的渠道。至于选择何种方式解决纠纷，则需要全面考量事实、证据与利益诉求。

（一）双方协商与第三方调解

当合同发生纠纷，当事人双方首先可以自行协商，即在自愿互谅的基础上，按照国家法律法规、政策以及合同自身的约定，通过摆事实、讲道理，以达成和解协议，自行解决合同纠纷。首先，协商的前提在于当事人双方自愿，任何一方不得使用不法手段（如借用政府施压等方式）迫使对方强行"协商"。当事人协商的目的在于解决目前出现的纠纷，故而不应损害于第三人的利益。协商，实际上合同履行新情况下的又一次谈判，利益的拉扯在所难免，

故而当事人需要全面衡量利益状态,作出合理取舍。对于医院而言,合同纠纷影响自身的社会形象,甚至在处理不得当时可能会引发社会事件,在某些情况下,经济利益或要适当让位于社会效益。协商的优势在于程序简单且节省费用,但在选择协商时要注意考量是否有协商的可能性与必要性,否则也是徒增费用,浪费精力。

"在当事人的自我判断和抉择能力较差,难以形成合理的协商结果时,只要不违反自愿原则,中立的第三方可以进行适当的调解以解决纠纷,也就是第三者促成的协商。"双方若协商未果,引入第三方进行居中调解也是通常的纠纷解决方式。根据第三方的不同,调解可分为民间调解、行政调解、仲裁调解与诉讼调解。医院在面对合同纠纷时,对于调解人的选择应当作充分的考量,既要能够为对方当事人所接受,又要力求经过调解解决纠纷的目的。自实践观察而言,若医院所涉合同社会影响较大,以建设施工合同为主要表现,政府机关往往会选择介入调解,以求纠纷尽早解决,避免产生恶劣的社会影响。

不论是当事人双方协商或是第三方调解解决纠纷,最重要的是协商或调解结果的书面化落实,即要达成协商协议(有可能达成变更原合同的结果)或调解书,防止对方反悔,使努力白费。

(二) 仲裁与诉讼

实践中,当事人往往会在合同中约定争议解决的方式,即当争议发生时选择仲裁或诉讼来解决争议。故而,在合同谈判之时,争议解决条款通常也是"必争之地"。仲裁与诉讼各有利弊,具体选择何种方式还是要具体情况具体分析,一般会考虑争议解决的时效性、经济性、地方性、保密性等因素,同时要审查争议解决条款的有效性。当事人之间存在仲裁协议是争议仲裁解决的前提,仲裁协议包括合同中订立的仲裁条款和以其他书面方式在纠纷发生前或者纠纷发生后达成的请求仲裁的协议书,口头约定无效。仲裁协议应当具备以下内容:明确的请求仲裁的意思表示、明确的仲裁事项、选定的仲裁委员会。若当事人之间的仲裁协议中仲裁事项、仲裁机构无约定或约定不明确,可另行达成补充协议,若无法达成补充协议,仲裁协议无效。若当事人既约定诉讼又约定仲裁的情况,仲裁协议无效。

不论是仲裁或是诉讼,都是对簿公堂,均要求以证据说明事实,以法律判断对错(仲裁和诉讼在适用实体规范和程序方面存在差异)。在进行仲裁或诉讼之前,要进行充分的证据准备,前述文件资料证据留存价值在此体现。出庭代表人员要通过一切可能的方式将自己的观点陈述于法官,如制作证据清单、诉讼可视化操作等,类案检索整理是极为必要的存在。精专的法律工作人员也能巧妙地使用诉讼技巧,常见如管辖权异议、提请回避等,但必须是在法律允许的范围之内,不可违背职业道德。经过仲裁或诉讼的程序,获得胜诉裁判,并不是目的所在,需要经由执行程序实现胜诉利益,要注意执行期限及执行策略。

【案例展示】

　　某医院 A（原告）与某医院 B（被告）因企业承包租赁经营合同产生纠纷，在法院一审提交答辩状期间，某医院 B 提出管辖权异议，认为当事人间签订的医院合作协议中已约定双方争议由仲裁机构处理，故请求依法驳回某医院 A 的起诉。一审法院认为，仲裁协议对仲裁事项或者仲裁委员会没有约定或者约定不明确的，当事人可以补充协议，达不成补充协议的，仲裁协议无效。本案所涉医疗合作协议第七条约定：双方在履行本协议过程中发生争执，经协商解决无效时，可申请仲裁机构进行仲裁或某医院 A 所在地人民法院解决争议。双方显然并未约定具体的仲裁机构，故仲裁协议应属无效，遂裁定驳回了某医院 B 提出的管辖权异议。

　　原审裁定作出后，某医院 B 不服，向上级人民法院提出上诉。上级人民法院经审查认为，上诉人（某医院 B）与被上诉人（某医院 A）间达成的医院合作协议第七条中对于争议的解决既约定可以提交仲裁，又约定可由诉讼方式解决，且对仲裁机构并未作明确，故该条款中关于仲裁管辖的约定无效。虽关于仲裁管辖的约定无效，但该否定性评价并不及于诉讼管辖的约定。对于双方关于"某医院 A 所在地人民法院解决争议"的约定，因约定享有管辖权的原审法院是某医院 B 所在地法院，与本案具有实际联系，由该院管辖本案亦不违反级别管辖和专属管辖之规定，应确定为合法有效。故而驳回上诉，维持原裁定。

（李　锟　杜金凤　洪清勇）

第八章
医疗机构民事诉讼应对与管理

第一节　医疗机构民事诉讼管理概述

在依法治国的大背景下,随着我国医疗卫生事业规模不断扩大,医疗卫生领域发生民事纠纷的概率也在不断增加。近年来,人民的法治意识不断增强,以医疗纠纷为主的医疗机构民事诉讼案件数量也在不断增加,相应的医疗机构管理过程中的诉讼风险不断增加,诉讼管理工作逐渐成为医疗机构管理的重点内容之一。

目前,医患关系已经成为社会中较为敏感的话题。不良的医患关系,不仅会降低社会公众对医疗卫生事业的信心,还会增加医疗机构工作人员的心理压力,甚至有可能发生冲突,对社会稳定产生不利影响。因此,从医疗机构的角度出发,应当妥善处理好医疗机构所涉的医疗纠纷和民事诉讼问题。

医疗机构民事诉讼是指民事诉讼参与人一方为医疗机构的民事诉讼。医疗机构民事诉讼管理,即对医疗机构所参与民事诉讼程序的全过程进行管理、控制,尽可能规避诉讼风险。一般情况下,医疗机构民事诉讼主要为医疗纠纷。

医疗纠纷是指基于医疗服务、医疗诊断、医疗保健、医疗美容等诊疗活动,在医疗机构与患者或者患者近亲属之间产生的因对治疗方案或治疗结果有不同的认知而导致的纠纷等。

对于医疗纠纷,在实践中通常有广义和狭义两种解释:狭义的医疗纠纷是指医患双方对医疗后果及其原因认识不一致而发生医患纠葛,并向医疗机构、卫生健康行政部门或司法机关提出追究责任或赔偿损失的纠纷。广义的医疗纠纷是指病人或家属对患者诊疗护理过程不满意,认为医务人员在诊疗护理过程中有失误,或者医疗机构存在其他违反医疗服务合同的行为,对病人造成不良后果、伤残或死亡,以及诊疗过程中,加重了病人痛苦等情况,要求医疗机构、卫生健康行政部门或司法机关追究责任或赔偿损失的纠纷,包括医患双方发生的民事纠纷(民事诉讼等)、行政纠纷(行政处罚等)、刑事责任(医疗事故罪等)。

党中央、国务院高度重视医疗纠纷预防和处理工作。为了将医疗纠纷预防和处理工作全面纳入法治化轨道,预防和妥善处理医疗纠纷,保护医患双方合法权益,维护医疗秩序,保障医疗安全,国务院制定《医疗纠纷预防和处理条例》,从制度层面推进医疗纠纷的依法预防和妥善处理,着力构建和谐医患关系,促进我国医疗卫生事业持续健康发展。2018 年 7月 31 日,国务院总理李克强签署国务院令,公布《医疗纠纷预防和处理条例》,自 2018 年 10月 1 日起施行。该条例明确提出开展诊疗活动应当以患者为中心,加强人文关怀,严格遵守相关法律、规范,恪守职业道德。通过加强医疗质量安全的日常管理,强化医疗服务关键环节和领域的风险防控,突出医疗服务中医患沟通的重要性,从源头预防医疗纠纷。该条例明确了医疗纠纷处理的原则、途径和程序,重点强调发挥人民调解途径在化解医疗纠纷上的作用,并从鉴定标准、程序和专家库等方面统一规范了诉讼前的医疗损害鉴定活动。该条例对不遵守医疗质量安全管理要求、出具虚假鉴定结论和尸检报告、编造散布虚假医疗纠纷信息等违法行为,设定了严格的法律责任。

医疗侵权纠纷,也称医疗损害责任纠纷,是指患者以在诊疗活动中受到人身或者财产损害为由请求医疗机构,医疗产品的生产者、销售者、药品上市许可持有人或者血液提供机构承担侵权责任的案件。患者以在美容医疗机构或者开设医疗美容科室的医疗机构实施的医疗美容活动中受到人身或者财产损害为由提起的侵权纠纷案件,也属于医疗损害责任纠纷。

医疗事故是指医疗机构的主要医务工作人员因违反医疗卫生管理法律、行政法规、部门规章和诊疗护理规范、常规,在接诊运输、登记检查、护理治疗诊疗等活动程序中,未尽到应有的措施和治疗水平或措施不当、治疗态度消极、延误时机,告知错误,误诊漏诊、弄虚作假错误干预等不良行为,以致病员智力、身体发生了不应有的损害或延误了治疗时机造成了病情加重或死亡所产生的生命财产有额外损失的情况。

医疗事故必须在治疗结束后,经医疗事故鉴定委员会根据病员受损害的程度和《民法典》《医疗事故处理条例》等法律法规,进行医疗过错参与责任度鉴定和因果关系等级评定。

医疗事故鉴定是指由医学会组织有关临床医学专家和法医学专家组成的专家组,运用医学、法医学等科学知识和技术,对涉及医疗事故行政处理的有关专门性问题进行检验、鉴别和判断并提供鉴定结论的活动。医疗事故鉴定意见可作为医患双方协商解决医疗纠纷的依据,是卫生健康行政部门处理医疗纠纷案件的法定依据,是卫生健康行政部门作出行政处罚的法定依据,在民事诉讼中可以作为证据使用。

司法鉴定是指在诉讼活动中,鉴定人运用科学技术或者专门知识对诉讼涉及的专门性问题进行鉴别和判断并提供鉴定意见的活动。或者说,司法鉴定是指在诉讼过程中,对案件中的专门性问题,由司法机关或当事人委托法定鉴定单位,运用专业知识和技术,依照法定程序作出鉴别和判断的一种活动。由于司法鉴定的公正性,目前市场上的司法鉴定权威机构大多为公检法部门设立,部分为面向社会的服务机构。司法鉴定广泛应用于医疗纠纷、交通事故、刑事案件、亲子鉴定、书画鉴定等领域。

做好医疗机构民事诉讼应对与管理工作,有助于医疗机构明确诉讼中所可能面临的民事诉讼风险,采取适当的诉讼行为以控制风险,减少不必要的损失,保护自身的合法权益,进而维护良好的医患关系。

第二节　医疗机构民事诉讼管理内容

一、医疗机构民事诉讼法律关系的性质

在我国,医疗机构(公立医院)承担社会公共卫生事业责任,属于事业单位,具有一定的行政特征。在医疗纠纷诉讼中,医生是提供医疗服务的具有专业能力的人员,患者是接受医疗服务的接收方,医疗机构是医生的管理机构,对医生具有管理责任。但是,患者和医疗机构之间不具有隶属关系,属于平等主体。因此,患者对医疗机构提起的医疗纠纷诉讼不具有行政特征,并非行政诉讼,而属于民事诉讼法律关系。

二、医疗机构民事诉讼法律关系的特殊性

医疗机构民事诉讼法律关系与一般民事诉讼法律关系有所不同。

一方面是医疗机构与患者之间的专业不对等的问题。医疗机构的医生,在医学方面具有专业优势。虽然医疗事故的发生具有多重因素,但患者一般不具有医学方面的专业知识,无法判断并左右诊疗活动的发展方向,甚至在诊疗结果不理想时,亦无法分辨导致该结果的原因是医生的过失还是其他因素。因此,双方在医疗纠纷中,实质上处于专业上的不平等地位。

另一方面是医疗机构与患者之间的责任划分的问题。医疗纠纷具有复杂性,不可能像一般的交通事故一样,对事故主要责任、次要责任进行明确的划分和确定。除了医生的过失以外,患者自身体质、病理因素、心理因素等,都有可能诱发医疗事故,引起纠纷。因此,医疗纠纷中的责任认定是实践中的难点所在。

三、医疗机构民事诉讼管理工作的主要内容

民事诉讼,是指民事争议的当事人向人民法院提出诉讼请求,人民法院在双方当事人和其他诉讼参与人的参加下,依法审理和裁判民事争议的程序。

民事诉讼的主要流程包括起诉、立案、证据交换、一审开庭审理、作出裁判、上诉、二审开

庭审理、作出终审裁判、执行裁判等。对民事诉讼中的每一个环节,都应当予以重视,避免因程序上的操作失误造成无法挽回的损失。

【目标要求】

医疗机构应确保本机构内法务管理人员具有相关法律、民事诉讼的专业知识,依法依规对医疗机构民事诉讼开展管理工作。

【管理要点】

• 对重大决策进行法律论证　医疗机构法务管理人员应当从诉讼防御角度进行重大法律论证,并建立和完善相应的制度。明确应当进行法律论证的决策事项、法律论证的形式及程序、法律论证人员的职责权限,在充分调查的基础上对医疗机构民事诉讼中存在的法律风险提出具体意见,并制订有效的防范措施,尽量减小诉讼风险。

• 对管理漏洞提出整改建议　医疗机构法务管理人员针对案件处理过程中发现的管理漏洞,应以书面形式及时提出整改建议,提示相关部门和单位予以重视,避免同类案件反复发生;对已发生的典型案例进行收集、整理,将案件的事实情况、法律依据、过错成因、经验教训和整改措施编成案例分析,在医疗机构内定期进行法治宣传教育,增强全体医疗机构人员的法律风险防范意识。

• 对重大案件组织集体讨论　医疗机构法务管理人员对于重大疑难案件,应及时组织有关部门和外聘律师共同分析研究案情,在集思广益的基础上制定出妥善的应诉方案,保证案件的处理思路更加明晰。

• 加强诉讼风险预测及控制能力　医疗机构法务管理人员对于未发生的诉讼风险,应当加强预测及控制能力,对已发生的诉讼风险,应当及时上报,妥善处理。

• 与人民法院加强沟通协调　与具体案件的管辖法院,尤其是医疗机构所在地人民法院建立密切联系,积极、主动沟通协调,就案件处理及时交换意见,有理有据地阐明我方合法主张,掌握案件处理的主动权。

【实操要素】

1. 学习并熟悉医疗领域的法律、法规　医疗机构法务管理人员应当学习《民法典》《民事诉讼法》等法律法规,熟悉民事诉讼流程,掌握民事诉讼中可能存在的风险点。

2. 理解和把握对方诉求　在收到人民法院依法送达的起诉状和证据后,应仔细研读,明确对方的诉讼请求以及提起该项诉讼请求的事实和理由,结合法律规定,初步研判对方诉求是否符合法律规定。

3. 准确把握诉讼时间节点　在收到人民法院依法送达的应诉通知书、举证通知书、传票等程序文件后,应仔细研读,记录举证期限、开庭时间、地点等重要信息,避免延期举证导致证据不被人民法院采信,或记错开庭时间、地点导致人民法院缺席判决。

4. 寻求调解可能 医疗机构在充分研判案情后,如认为我方确实应承担相应责任,可以与患者在合理范围内寻求调解的可能,以避免讼累:既可以减少诉讼费用及人力成本的支出,又可以减少因法院作出的民事判决书公开上网后对医疗机构产生的不利影响。

5. 注意上诉期限 我国《民事诉讼法》规定,当事人不服地方人民法院第一审判决的,有权在判决书送达之日起十五日内向上一级人民法院提起上诉。当事人不服地方人民法院第一审裁定的,有权在裁定书送达之日起十日内向上一级人民法院提起上诉。

我国法律保障民事诉讼当事人的上诉权。医疗机构在收到人民法院作出的判决、裁定后,如认为需要上诉,应当在判决、裁定中规定的期限内向上一级人民法院提起上诉并预交案件受理费。

【案例展示】

> 吉某因其丈夫荣某在某医院治疗头疼死亡,诉请某医院赔偿各项损失 128 万余元。一审人民法院在审理过程中,酌定某医院承担 45% 的赔偿责任,判决某医院支付吉某等赔偿金 54 万余元。
>
> 某医院不服一审判决,提起上诉。但是,某医院未预交二审案件受理费,且收到原审法院催交上诉费通知后,仍未按通知要求在规定的期限内交纳上诉费用并提供相应的票据。
>
> 因此,二审法院依照《最高人民法院关于适用〈中华人民共和国民事诉讼法〉的解释》第三百一十八条之规定,裁定本案按上诉人某医院自动撤回上诉处理。
>
> 在这个案件中,医疗机构在民事诉讼一审判决后提出上诉,但未在规定期限内交纳上诉费用,视为医疗机构自动撤回上诉。《最高人民法院关于适用〈中华人民共和国民事诉讼法〉的解释》第三百一十八条规定,一审宣判时或者判决书、裁定书送达时,当事人口头表示上诉的,人民法院应告知其必须在法定上诉期间内递交上诉状。未在法定上诉期间内递交上诉状的,视为未提起上诉。虽递交上诉状,但未在指定的期限内交纳上诉费的,按自动撤回上诉处理。

四、民事诉讼流程与执行管理

(一)立案前的准备工作

固定证据和准备证据情况如下。

(1)身份证明:能够证明原告、被告的身份信息,不同的案件提供的信息不一样,个人一般包括身份证、暂住证或居住证、户口本、出生证明、亲属关系证明和居住证明等；企业或其他组织一般包括营业执照复印件加盖公章、组织机构代码复印件加盖公章、税务登记证或其他资质证书、法定代表人身份证明，企业基本信息（工商局网站打印版）已经三张合一的只需提供营业执照副本复印件加盖公章即可。

（2）证明法律关系的证据：一般包括合同书、协议书、欠条、借条、结婚证、离婚证、结算单、送货单和其他电子证据等。

（3）辅助证据：包括转款凭证、货物清单、房屋所有权证书、各种证书等。

需要注意的是，所有的证据都是按照起诉状的份数准备，录音录像的证据需要刻印光盘并节录成文字版。所有的证据都按照时间的先后顺序、分门别类地整理，并注明页码，制作证据名录。

（二）书写起诉状

1. 起诉状的提交　起诉要向法院递交起诉状，并按照"被告人数+法院"，即"被告人数+1"的原则，提供副本。

2. 起诉状的起草

（1）原告的身份信息：姓名、性别、年龄、民族、职业、工作单位、住所、联系方式，法人或者其他组织的名称、住所和法定代表人或者主要负责人的姓名、职务、联系方式。

（2）被告的身份信息：姓名、性别、工作单位、住所等信息（通常还要写明身份证号码），法人或者其他组织的名称、住所等信息（还需要在所属省市的企业信用网打印企业的基本信息一份）。

（3）诉讼请求：起诉要达到的目的，要求被告做什么，怎样做等，写明被告承担责任的基本方式。

（4）事实与理由：就是为什么要求被告履行某种行为或者要求其履行该种行为的原因，一切服务于诉讼请求。

（5）证据清单：通常法院要求提供证据清单，并对清单中的每一项证据注明是原件还是复印件。

（三）在管辖法院起诉

在没有约定管辖法院的情况下，一般被告所在地的法院都有管辖权，被告所在地包括户籍所在地（身份证上的地址）和经常居住满一年的地方即经常居住地（就医看病除外）。但司法解释规定：买卖和借款等合同纠纷案件既可以在原告所在地起诉也可以在被告所在地起诉。一般案件，掌握上述情况都能解决。法院专属管辖的案件应按照相关法律规定去有专属管辖权的法院立案。

（四）法院受理

根据立案登记制的规定,凡是能够当场立案的当场受理,不能当场立案的则先登记并一次性告知需要补充的材料。符合法定条件的,7 日内予以立案。不符合法定条件的,7 日内裁定不予受理。案件受理后,七日内缴纳诉讼费,否则视为自动撤诉。若案件需要做财产保全,可立案时一并提交财产保全申请书,担保申请书,并缴纳保全费。

一般类型的案件,法院都会要求先行调解,调解不成才转为诉讼流程。调解日期 30 日。

不进行调解的案件,一般立案后 15 日到两个月左右发起诉讼安排送达,送达一般采用电话联系,告知被告去法院取传票,如果被告电话联系不上或者拒绝去取,则采用邮寄送达、留置送达、电子送达等。

如果以上方式都无法送达则公告送达。另外受送达人下落不明,或者用其他方式无法送达的,公告送达。自发出公告之日起,经过三十日,即视为送达。给被告送达的同时开庭时间也就确定了。

（五）通知原告开庭时间

原告接到开庭时间通知后,一定要按时参加应诉,否则有可能按照撤诉处理,被告收到不参加诉讼的,则缺席审理,意味着放弃了答辩等权利。

开庭 3 日前用传票通知当事人,用通知书通知其他诉讼参与人。开庭前 3 日发布公告,公告当事人的姓名、案由以及开庭的时间、地点。

在 5 日内送达起诉状副本给被告,被告 15 日内提出答辩,5 日内将答辩状副本送达原告。答辩状的内容,必须针对起诉状提出的事实和理由及证据展开,抓住关键点进行答辩和反驳,并提交有关的证据。

（六）开庭审理

1. 核对当事人身份信息　原告、被告分别在原告席、被告席就座,书记员核实双方当事人的身份信息,包括工作单位、职务、现住住址等信息,核实完信息无误一般书记员会示意法官可以开庭。

2. 法庭调查

（1）一般让原告明确陈述诉讼请求,简述事实与理由。此时,如果想改变诉讼请求,应及时变更诉讼请求。

（2）被告针对原告的诉讼请求发表意见,陈述事实与理由。

（3）法庭根据案件情况询问原告、被告或第三人案件事实问题。

3. 证据质证

（1）原告针对自己的诉讼请求,一一列举证据证明,被告针对原告出示的证据发表质证意见、第三人进行质证。质证时一般围绕证据的"三性",即真实性、合法性、关联性发表质证意见。

（2）被告出示证据,原告发表质证意见、第三人进行质证。

（3）第三人出示证据,原告发表质证意见、被告发表质证意见。

在过程中需要注意以下几点。

第一,法庭调查按原告、被告、第三人的顺序进行;证人出庭作证(证人如果不能出庭,经法庭许可可以提交书面证言,由法庭宣读;受诉法院委托外地法院代为询问证人的笔录应当在法庭上宣读)经审判长许可,当事人和诉讼代理人有权向证人发问,证人应当如实作答。

第二,法庭调查结束前,审判长或独任审判员应当就法庭调查认定的事实和当事人争议的问题进行归纳总结,分别询问当事人、第三人、诉讼代理人是否还有意见,作最后陈述。

第三,合议之后认为需要继续举证或者进行鉴定、勘验工作的,可以在下次开庭质证后认定;如果认为此次法庭调查,未能查清案件有关情况,法庭可以决定第二次开庭。

第四,法庭决定再次开庭的,审判长或独任审判员对本次开庭情况进行小结,指出庭审已经确认的证据,并指明下次开庭调查的重点。如果认为案件事实已经查清,必要的证据已经齐备,即可宣布终结法庭调查,进入法庭辩论阶段。

（七）法庭辩论

双方当事人及其诉讼代理人进行辩论,最后是互相辩论。判决前能够调解的,还可以进行调解,调解不成的,应当及时判决。审判长按原告、被告、第三人的顺序征求各方最后意见。

（八）法庭评议

法庭辩论结束后,审判长宣布休庭,双方当事人签笔录,看笔录时,须看清己方表达的意思与记录是否一致,庭上口述的内容有没有被记录。双方当事人或者代理人需要在每一页笔录上签名,并在最后一页签名签日期。

（九）发判决书

人民法院对公开审理或者不公开审理的案件,一律公开宣告判决。当庭宣判的,应当在十日内发送判决书;定期宣判的,宣判后立即发给判决书。宣告判决时,必须告知当事人上诉权利、上诉期限和上诉的法院。

1. 简易程序的案件一般审限三个月,如果三个月内解决不了转为普通程序,则审限为6个月。

2. 人民法院适用普通程序审理的案件,应当在立案之日起六个月内审结。有特殊情况需要延长的,由本院院长批准,可以延长六个月;还需要延长的,报请上级人民法院批准。

3. 如果双方都不上诉,则一审判决生效,如果被告不履行生效的判决,可以申请法院强制执行。

(十)上诉

1. 上诉按照一审被告的人数提交上诉状(上诉状内容,应当包括当事人的姓名,法人的名称及其法定代表人的姓名或者其他组织的名称及其主要负责人的姓名;原审人民法院名称、案件的编号和案由;上诉的请求和理由)和判决书或裁定书复印件,缴纳诉讼费用。

2. 当事人可以直接向二审法院上诉,也可通过原审人民法院上诉,现实生活中大都是通过原审法院上诉的。

3. 人民法院审理对判决的上诉案件,应当在第二审立案之日起三个月内审结。有特殊情况需要延长的,由本院院长批准。

人民法院审理对裁定的上诉案件,应当在第二审立案之日起三十日内作出终审裁定。

(十一)申请强制执行

1. 被告不履行生效的判决,则原告可以申请人民法院强制执行,申请强制执行需要提交强制执行申请书、判决书,有二审的则要提交二审判决书。并提供一审时的身份证明信息。

2. 一般立案后,15日左右可以查询执行法官是谁,然后与其沟通执行情况。

3. 人民法院自收到申请执行书之日起超过六个月未执行的,申请执行人可以向上一级人民法院申请执行。上一级人民法院经审查,可以责令原人民法院在一定期限内执行,也可以决定由本院执行或者指令其他人民法院执行。

4. 执行终结本次执行,必须同时满足五大条件,否则不能启动终结程序。

第一,已向被执行人发出执行通知、责令被执行人报告财产。"责令被执行人报告财产",是指应当完成下列事项:①向被执行人发出报告财产令;②对被执行人报告的财产情况予以核查;③对逾期报告、拒绝报告或者虚假报告的被执行人或者相关人员,依法采取罚款、拘留等强制措施,构成犯罪的,依法启动刑事责任追究程序。

第二,已向被执行人发出限制消费令,并将符合条件的被执行人纳入失信被执行人名单:①禁止乘坐交通工具时,选择飞机、列车软卧、轮船二等以上舱位;②禁止在星级以上宾馆、酒店、夜总会、高尔夫球场等场所进行高消费;③禁止购买不动产或者新建、扩建、高档装修房屋;④禁止租赁高档写字楼、宾馆、公寓等场所办公;⑤禁止购买非经营必需车辆;⑥禁止旅游、度假;⑦禁止子女就读高收费私立学校;⑧禁止支付高额保费购买保险理财产品;⑨禁止乘坐G字头动车组列车全部座位、其他动车组列车一等以上座位等其他非生活和工作必需的消费行为;⑩被执行人为单位的,被采取限制消费措施后,被执行人及其法定代表人、主要负责人、影响债务履行的直接责任人员、实际控制人不得实施前款规定的行为。因私消费以个人财产实施前款规定行为的,可以向执行法院提出申请。执行法院审查属实的,应予准许。

第三,已穷尽财产调查措施,未发现被执行人有可供执行的财产或者发现的财产不能处置。

第三节 医疗机构民事诉讼管理风险控制

一、医疗机构民事诉讼风险的概念

按照《辞海》的解释,"风险"含义为:人们在生产建设和日常生活中遭遇能导致人身伤亡、财产受损及其他经济损失的自然灾害、意外事故和其他不测事件的可能性。风险源自西方国家,起初多应用于经济学领域。美国学者海恩斯在1895年就指出"风险一词在经济学中和其他学术领域中并无任何技术上的内容,它意味着损害的可能性。"1901年,美国风险管理学家 A·H·威雷特指出"风险是关于不愿发生的某种事件的不确定性之客体体现。"1921年,美国经济学家富兰克·H·奈特提出"风险是从事后角度来看的由于不确定因素而造成的损失。"1964年,美国明尼苏达大学教授威廉和汉斯认为,风险是一种客观的状态,对任何人都是同样存在、同等程度的,但不确定性却是认识者的主观判断,不同的人对同一风险可能存在着不同的看法。1983年,日本学者武井勋提出了关于风险的新定义:"风险是在特定环境中和特定期间内自然存在的导致经济损失的变化"。

医疗机构民事诉讼风险,即指医疗机构在参与民事诉讼的过程中,因可能遇到的一些争议事实以外的因素,所可能面临的致使其合法权益无法实现的损失的不确定性。医疗机构民事诉讼风险的发生,将可能使医疗机构承受不必要的损失。因此,医疗机构为了尽可能地获取程序正义与实体正义,有必要将诉讼风险降低到最低。

二、医疗机构民事诉讼风险管理的意义

风险的概念随着我国社会主义市场经济的飞速发展而逐渐从经济学领域渗透进社会生活的各个方面。医疗机构对民事诉讼风险进行管理,一方面是维护自身合法权益的需要,另一方面也是中国特色社会主义法治建设的客观要求。通过对医疗机构民事诉讼风险进行管理,从短期看,有助于引导个案中医疗机构正确进行诉讼,避免无谓的损失。民

事诉讼是程序正义与实体正义的统一。医疗机构的合法权益能否得到维护,取决于医疗机构在民事诉讼过程中是否符合法定的实体要件以及是否完成必需的程序要件。任何一方面的缺失,都有可能导致医疗机构的损失。从长远看,有助于医疗机构法治意识的提高和司法资源的合理配置。民事诉讼风险的存在,促使医疗机构工作人员自觉或不自觉地对于相关的法律知识进行学习与了解,对于公民整体法治意识的提高起到了推动作用。同时,法治意识的普遍提高,能够减少盲目起诉、滥用诉权的现象,实现司法资源的优化配置。

医疗机构民事诉讼风险的产生,从表面上看,是因医疗机构自身主观因素所引起的;从根源上追究,则是由诉讼活动的复杂性、专业性以及法律的局限性和不确定性造成的。因此正视医疗机构民事诉讼风险的存在及其原因,关注影响医疗机构民事诉讼风险的各种重要因素,既有助于医疗机构正确进行诉讼,避免无谓的损失,又有助于维护社会的公平正义,实现司法资源的优化配置。

此外,法律所追求的公平与正义是以全体社会成员为价值主体,以全体社会成员共同具有的最基本的需要为出发点来研究和解决实际问题的,不能因为诉讼风险的存在而因噎废食。我国正处于社会转型的关键时期,对医疗机构民事诉讼风险进行管理控制,不仅能最大限度地还原客观事实、保证医疗机构的合法权益,更有利于早日实现习近平总书记提出的"要努力让人民群众在每一个司法案件中感受到公平正义"这一重大目标。

三、医疗机构民事诉讼风险的主要特点

(一) 医疗机构民事诉讼风险的客观性

医疗机构民事诉讼风险是一种客观存在,不以医疗机构的意志为转移,这是由风险自身性质决定的。风险只能通过各种措施降低其发生的可能,尽量避免损失发生,而无法去完全回避和消除。任何一个民事诉讼中都存在风险,医疗机构虽然能够积极地采取各种防范措施以此来减少诉讼风险发生的概率、避免损失的发生,但在事实上并不可能从根本上完全消除诉讼风险。

(二) 医疗机构民事诉讼风险的不确定性

民事诉讼的过程是一个双方当事人相互博弈,由法官居中裁判的过程,绝非任何一方能够单独左右。因此,诉讼的成败往往并不完全能够与预期相符。诉讼风险会在何时发生,如何发生,所造成的损失有多大,具有很大的偶然性,往往在事前难以确定。

(三) 医疗机构民事诉讼风险的可预测性

虽然就医疗机构个体而言,民事诉讼风险的发生具有偶然性、不确定性,但从民事诉讼

整体出发,所可能面临的民事诉讼风险又具有其规律。正视民事诉讼风险,通过总结、研究、管理,从民事诉讼风险发生的偶然性之中发现其必然性,有助于医疗机构明确民事诉讼中所可能面临的风险,采取适当的诉讼行为以控制风险,减少不必要的损失,保护自身的合法权益。

四、医疗机构民事诉讼风险产生的原因

(一) 对诉讼缺乏正确认识

诉讼观念陈旧。经过我国司法制度多年的改革创新,现行的诉讼体制相比过去,已经发生了巨大的变化。就证据方面而言,"谁主张谁举证"是一般情况下民事诉讼通行的举证规则,当事人在法定的期限内不能向法院举证或举证不完整,就应当承担举证不能的责任,相比过去的当事人只要将诉状提交给法院,包括调查取证在内的其余事务均由法院"作主"已经有了很大的不同。如果不能认识到这种区别,诉讼活动就难免会有风险。

以常识判断代替专业判断。民事诉讼活动是一项法律工作,涉及各种各样的法律关系,有的案件看起来很简单,但实际上其中的法律关系却十分复杂。如果以常识判断来代替专业判断,无疑是十分危险的。

缺乏足够的风险意识,不了解诉讼中有哪些风险,不懂得如何防范风险。

诉讼之前没有充分准备,对诉讼的结果抱有侥幸心理。

(二) 诉讼活动本身的复杂性、专业性也使诉讼难以操控

首先,民事诉讼活动具有复杂性。一个完整的民事诉讼活动中,既会涉及民事实体法律,如《民法典》等,也会涉及民事程序法律,如《民事诉讼法》等。所以,案件事实是否清楚,向人民法院提交的证据是否充分,适用法律、陈述观点是否恰当,均会影响诉讼的胜负;民事诉讼程序是否符合法律规定,同样也会影响诉讼的结果。

其次,民事诉讼活动具有专业性。随着民事诉讼法律制度的逐步发展和完善,民事诉讼活动专业化的特征越来越明显。在过去,普通人自己到法院参加诉讼也不会特别困难,而现在,不但普通人已经很难去适应民事诉讼纷繁复杂的要求,就算是具有执业资格的律师,如果发生的案件不是自己较为熟悉的专业,不在自己经常研究的领域,也会感到力不从心。

五、医疗机构常见民事诉讼风险类型及控制要素

【目标要求】

医疗机构法务工作人员应熟练掌握民事诉讼程序中的常见风险点,在实务操作中尽可能避免因程序操作失误导致不必要的民事诉讼风险的发生。

【管理要点】

• 医疗机构参与民事诉讼过程中常见的民事诉讼风险分为事实风险及程序风险。

• 事实风险主要取决于个案已经发生的事实,具有特定性,无法详细列举。因此,本节结合有关法律规定及案例分析,仅针对医疗机构在参与民事诉讼中常见的程序风险类型及控制要素进行阐述。

【实操要素】

医疗机构民事诉讼中常见的程序风险主要有以下几点。

(一) 起诉不符合条件

1. 起诉必须符合以下条件

(1)原告是与本案有直接利害关系的公民、法人和其他组织。

(2)有明确的被告。

(3)有具体的诉讼请求和事实、理由。

(4)属于人民法院受理民事诉讼的范围和受诉人民法院管辖。

当事人起诉不符合法律规定条件的,人民法院不会受理,即使受理也会驳回起诉。

2. 起诉必须符合人民法院管辖规定

(1)级别管辖:一般情况下,基层人民法院管辖第一审民事案件。

中级人民法院管辖重大涉外案件、在本辖区有重大影响的案件以及最高人民法院确定由中级人民法院管辖的案件。

高级人民法院管辖在本辖区有重大影响的第一审民事案件。

最高人民法院管辖在全国有重大影响的案件以及认为应由其审理的案件。

(2)地域管辖:对公民提起的民事诉讼,由被告住所地人民法院管辖;被告住所地与经常居住地不一致的,由经常居住地人民法院管辖。对法人或者其他组织提起的民事诉讼,由被告住所地人民法院管辖。

同一诉讼的几个被告住所地、经常居住地在两个以上人民法院辖区的,各该人民法院都有管辖权。

因合同纠纷提起的诉讼,由被告住所地或者合同履行地人民法院管辖。

因侵权行为提起的诉讼,由侵权行为地或者被告住所地人民法院管辖。

当事人起诉不符合管辖规定的,案件将会被移送到有权管辖的人民法院审理。

(二) 诉讼请求不适当

诉讼请求作为诉讼标的的具体表现,是指当事人在诉讼过程中根据诉讼标的向法院提出的具体权益请求。诉讼请求是当事人根据自身对于法律的理解或者评价,认为自己依法享有某种权利,于是由这种权利出发向法院要求的一些具体权益请求。

当事人提出的诉讼请求应明确、具体、完整,对未提出的诉讼请求人民法院不会进行审理。

当事人提出诉讼请求,应当结合案件的具体情况,尽可能合理恰当,不要随意扩大诉讼请求范围,漫天要价,否则不但得不到人民法院支持,当事人还要负担相应的诉讼费用,以致出现"赢了官司赔了钱"的尴尬结果。

(三)逾期改变诉讼请求、提出反诉

当事人增加、变更诉讼请求或者提出反诉,应在案件受理后、法庭辩论终结前提出。超过人民法院许可或者指定期限的,可能不被审理。

(四)超过诉讼时效

1. **诉讼时效期间**　当事人请求人民法院保护民事权利的期间一般为三年,自权利人知道或者应当知道权利受到损害以及义务人之日起计算。法律另有规定的,依照其规定。但是,自权利受到损害之日起超过二十年的,人民法院不予保护,有特殊情况的,人民法院可以根据权利人的申请决定延长。原告向人民法院起诉后,被告抗辩原告的起诉已超过法律保护期间的,如果原告没有对超过法律保护期间的事实提供证据证明,其诉讼请求不会得到人民法院的支持。

如作为被告一方,发现原告的起诉超过诉讼时效,应当在一审辩论终结前及时向法院提出诉讼时效抗辩。

2. **诉讼时效可因下列事由中断**

(1)权利人向义务人提出履行请求。

(2)义务人同意履行义务。

(3)权利人提起诉讼或者申请仲裁。

(4)与提起诉讼或者申请仲裁具有同等效力的其他情形。

(五)代理人身份不符合规定或授权不明

1. 代理人身份要求

(1)律师、基层法律服务工作者。

(2)当事人的近亲属或者工作人员。

(3)当事人所在社区、单位以及有关社会团体推荐的公民。

2. **代理人委托授权要求**　当事人委托诉讼代理人代为承认、放弃、变更诉讼请求,进行和解,提起反诉或者上诉等事项的,属于特别授权,应在授权委托书中特别注明。没有在授权委托书中明确、具体记明特别授权事项的,或仅仅注明"全权委托"等字样的,视为一般授

权,诉讼代理人就上述特别授权事项发表的意见不具有法律效力。

(六) 不按时交纳诉讼费用

当事人起诉或者上诉,不按时预交诉讼费用,或者提出缓交、减交、免交诉讼费用申请未获批准仍不交纳诉讼费用的,人民法院将会裁定按自动撤回起诉、上诉处理。

当事人提出反诉,不按规定预交相应的案件受理费的,人民法院将不会进行审理。

(七) 申请财产保全不符合规定

人民法院对于可能因当事人一方的行为或者其他原因,使判决难以执行或者造成当事人其他损害的案件,根据对方当事人的申请,可以裁定对其财产进行保全、责令其作出一定行为或者禁止其作出一定行为;当事人没有提出申请的,人民法院在必要时也可以裁定采取保全措施。

当事人申请财产保全,应当按规定交纳保全费用而没有交纳的,人民法院不会对申请保全的财产采取保全措施。

当事人提出财产保全申请,未按人民法院要求提供相应财产担保的,人民法院将依法驳回其申请。

保全限于请求的范围,或者与本案有关的财物。

申请人申请财产保全有错误的,将要赔偿被申请人因财产保全所受到的损失。

(八) 不提供或者不充分提供证据

除法律和司法解释规定不需要提供证据证明外,当事人提出诉讼请求或者反驳对方的诉讼请求,有责任提供证据。

当事人及其诉讼代理人因客观原因不能自行收集的证据,或者人民法院认为审理案件需要的证据,人民法院应当自行调查收集或开具律师调查令进行调查收集。

在作出判决前,当事人未能提供证据或者证据不足以证明其事实主张的,由负有举证证明责任的当事人承担不利的后果。

(九) 超过举证时限提供证据

当事人向人民法院提交的证据,应当在当事人协商一致并经人民法院认可或者人民法院指定的期限内完成。

当事人在该期限内提供证据确有困难的,可以向人民法院申请延长期限,人民法院根据当事人的申请适当延长。

当事人逾期提供证据的,人民法院应当责令其说明理由;拒不说明理由或者理由不成立的,人民法院根据不同情形可以不予采纳该证据,或者采纳该证据但予以训诫、罚款。

(十) 不提供原始证据

当事人向人民法院提供证据,应当提供原件或者原物,特殊情况下也可以提供经人民法院核对无异的复制件或者复制品。提供的证据不符合上述条件的,可能影响证据的证明力,甚至可能不被采信。

提交原件确有困难,包括以下情形:①原件遗失、灭失或者毁损的;②原件在对方当事人控制之下,经合法通知提交而拒不提交的;③原件在他人控制之下,而其有权不提交的;④原件因篇幅或者体积过大而不便提交的;⑤承担举证证明责任的当事人通过申请人民法院调查收集或者其他方式无法获得原件的。

(十一) 证人不出庭作证

当事人申请证人出庭作证的,应当在举证期限届满前提出。

除属于法律和司法解释规定的证人确有困难不能出庭的特殊情况外,当事人提供证人证言的,证人应当出庭作证并接受质询。如果证人无法定情形不出庭作证,可能影响该证人证言的证据效力,甚至不被采信。

有下列情形之一的,经人民法院许可,可以通过书面证言、视听传输技术或者视听资料等方式作证:①因健康原因不能出庭的;②因路途遥远,交通不便不能出庭的;③因自然灾害等不可抗力不能出庭的;④其他有正当理由不能出庭的。

(十二) 不按规定申请审计、评估、鉴定

当事人可以就查明事实的专门性问题向人民法院申请鉴定。当事人申请鉴定的,由双方当事人协商确定具备资格的鉴定人;协商不成的,由人民法院指定。

当事人申请审计、评估、鉴定,未在人民法院指定期限内提出申请或者不预交审计、评估、鉴定费用,或者不提供相关材料,致使争议的事实无法通过审计、评估、鉴定结论予以认定的,可能对申请人产生不利的裁判后果。

(十三) 不按时出庭或者中途退出法庭

人民法院开庭前,应将传票送达各方当事人。传票上应载明审理法院名称、审判组织人员姓名、开庭时间、地点、事项等。

原告经传票传唤,无正当理由拒不到庭,或者未经法庭许可中途退出法庭的,人民法院将按自动撤回起诉处理;被告反诉的,人民法院将对反诉的内容缺席审判。

被告经传票传唤,无正当理由拒不到庭,或者未经法庭许可中途退出法庭的,人民法院将缺席判决。

人民法院对必须到庭的被告,经两次传票传唤,无正当理由拒不到庭的,可以拘传。

(十四) 不准确提供送达地址

适用简易程序审理的案件,人民法院按照当事人自己提供的送达地址送达诉讼文书时,因当事人提供的己方送达地址不准确,或者送达地址变更未及时告知人民法院,致使人民法

院无法送达,造成诉讼文书被退回的,诉讼文书也视为送达。

(十五) 超过期限申请强制执行

向人民法院申请强制执行的期限,双方或者一方当事人是公民的为一年,双方是法人或者其他组织的为六个月。期限自生效法律文书确定的履行义务期限届满之日起算。超过上述期限申请的,人民法院不予受理。

(十六) 无财产或者无足够财产可供执行

被执行人没有财产或者没有足够财产履行生效法律文书确定义务的,人民法院可能对未履行的部分裁定中止执行,申请执行人的财产权益将可能暂时无法实现或者不能完全实现。

(十七) 不履行生效法律文书确定义务

被执行人未按生效法律文书指定期间履行给付金钱义务的,将要支付迟延履行期间的双倍债务利息。

被执行人未按生效法律文书指定期间履行其他义务的,将要支付迟延履行金。

【案例展示】

2021 年 1 月 21 日,原告马某以"颈椎间盘突出症急性期"入住某医院。诊疗过程中,医方未能高度重视病情变化,及时、积极予以抗生素应用抗感染治疗,从而延误病情的治疗,后期继发形成脑膜炎、脊膜炎。某司法鉴定所鉴定意见为:某医院在对被鉴定人马某的诊疗过程中存在过错;某医院诊疗行为过错与被鉴定人马某的损害后果之间存在因果关系。法院依法确认原告马某个人承担 20% 的民事责任,被告某医院承担 80% 的民事责任。

但因原告未提供其在该院住院发生的医疗费发票,其提供的部分预交单均系复印件却未提供原件且印章不清晰,无法辨认其在何家医院发生,提供的某医院住院费用清单亦未有医院印章,另根据《医疗事故处理条例》第五十条第一款:"医疗费,按照医疗事故对患者造成的人身损害进行治疗发生的医疗费用计算,凭据支付,但不包括原发病医疗费用"的规定,原告亦未有证据证明其主张的 8 000 元费用不系治疗原发病而系治疗医疗事故导致的人身损害发生的费用,故对原告主张的在该院发生的费用,法院不予支持。

《最高人民法院关于适用〈中华人民共和国民事诉讼法〉的解释》第九十条规定,当事人对自己提出的诉讼请求所依据的事实或者反驳对方诉讼请求所依据的事实,应当提供证据加以证明,但法律另有规定的除外。在作出判决前,当事人未能提供证据或者证据不足以证明其事实主张的,由负有举证证明责任的当事人承担不利的后果。由此可见,医疗损害责任纠纷的原告在诉讼过程中就其主张的费用无法提供发票或预缴单原件的,亦不能提供其他证据证明该部分费用实际发生的,对该部分费用不予支持。

第四节 医疗侵权诉讼管理

一、医疗侵权的定义

医疗侵权是指医疗机构及其医务人员在医疗活动中,违反医疗卫生管理法律、行政法规、部门规章和诊疗护理规范、常规,造成患者人身损害的侵权行为。

二、医疗侵权的具体表现

(一)医疗侵权的表现

绝大多数为故意,少数为无意的"习惯性侵权"。

何为故意,不主动地履行医疗义务、为了金钱利益而对患者实施诸多不必要的医疗行为、利用患者的无知进行欺骗、故意隐瞒医疗风险、对患者提出的疑问采取隐晦回答等的行为则为故意。

何为"习惯性侵权",根源在于对工作的不负责任,对应该让患者了解的医疗内容采取"患者不问,我也想不起来说"的态度等。

(二)医疗侵权的具体手段

1. **不必要的检查** 如给轻微感冒患者开具核磁检查。

2. **不必要的手术** 一些疾病不到手术指征可以保守治疗,如阑尾炎、一些良性肿瘤等。

3. **手术侵权** 在进行手术之前故意隐瞒手术风险、手术措施、手术后果,诱骗患者签署手术同意书。有很多医生在介绍医疗风险等情况时会采取一句话概括的方法,并不是将手术风险明确地写在手术同意书上供患者斟酌,随后便急切地要求患者签字。医生的这种行为违反了《医师法》中规定的"如实告知医疗风险"。再有,医生不将可选择的医疗方法、措施告知患者而擅自选择,这很可能造成患者不必要的身体损害和精神损害。

4. **麻醉侵权** 麻醉风险有时远远大于手术风险,而且麻醉同意要单独签字,但很多麻醉师不履行义务,不对患者本人进行麻醉风险阐述而是在患者进入手术室后直接让其家属签字,患者家属如果不明就里的话,就被麻醉师钻了空子。

特别说明:麻醉同意书上一般都明确地写明了麻醉风险,但是鉴于医疗术语的专业性,患者对麻醉的风险还是不能完全理解;同理,即使手术风险明确地印制出来,患者也不能完全理解。这就需要医生进行主动地讲解,不主动讲解即是不履行义务,而患者的知情选择权是依赖于医生主动地履行义务的,所以医生不履行义务即为侵权。

患者首先由于对医疗知识的不了解,不能主动有效地了解医疗风险;其次对医生有忌惮心理,因为大多数医生对患者的询问多会不耐烦,所以患者顾虑到医生的不耐烦会影响医疗服务质量,对一些敏感问题也不方便询问,但这不能说患者不问医生就没有侵权,因为法律首先规定了医生的义务。

(三) 医疗侵权危害

对于一般的不必要的医疗检查来说,基本对人身没有什么危害,只是一些不必要的财产支出而已;不必要的手术则会给人身带来不必要的痛苦,也有可能危害人身的健康和生命;其次会给患者带来精神损害。

另外一些高新的实验性医疗项目,在危险不确定的情况下,如果医生不切实负责任的话将会给患者带来巨大的伤害。

(四) 医疗损害责任构成要件

1. 有错误的医疗行为。

2. 造成患者损害后果　损害后果是指错误的医疗行为给患者造成的不利益事实。

3. 错误的医疗行为与损害后果之间存在必然因果关系。

4. 加害人的主观过错　医疗损害不以加害人主观过错表现形态是否属于过失为其要件,故意造成患者损害后果的同样可以构成医疗损害,如医务人员出于报复、泄私愤、牟取非法利益等心态,对患者造成损害后果的情形。

由此可见,医疗损害的构成要件,完全符合侵权行为构成的四要件说,即侵权行为、损害后果、因果关系、主观过错。但两者所不同的,一是前者的侵权行为方式具有医疗行为的特定性。二是受害人须是患者身份的特定性。实质上,医疗损害就是侵权行为的一种类型。

三、医疗侵权防范与管理

为了提高医院医疗水平,防止医疗侵权事件的发生,要从加强医院行政管理、严格执行医疗制度、严格监督医疗行为、建立医患沟通平台等方面着手,尽量减少医疗侵权事件的发生和提高医院形象。减少和避免医疗侵权,重在防范和管理,主要采取以下几项措施。

1. **狠抓医疗管理,提高医疗质量**　坚持实行医疗质量管理目标责任管理。每年年初医院与各科室签订医疗质量管理责任书,每月进行检查考核,凡发生一起医疗侵权事件,按其责任大小,分直接责任人、间接责任人和管理责任人,进行内部经济追偿。

2. 狠抓规章制度的落实,建立医疗侵权的长效防范机制 即用"三严"来规范医疗质量的管理。

一是严格制定制度。针对医疗质量管理的每一个环节,特别是容易出现医疗安全隐患的重点环节,如妇产科、产房、手术室、供应室、急救室,逐一排查医疗安全隐患,逐条落实到人进行整改。

二是严格考核制度。每月由医务科、护理部、院感等职能科室人员组成的质控小组对各科室进行检查考核。

三是对考核结果、严格按制度兑现,决不姑息迁就。同时,经常组织医护人员对近年来单位或外单位发生过的医疗纠纷进行分析讨论,找准主、客观原因,并从中总结出带有普遍性的经验教训,有针对性地对相关制度进行修改和完善,形成长期有效的医疗质量管理防范制度,确保在医疗质量管理和医疗纠纷的处理中做到有章可循。

3. 建立医患沟通平台,建立诚信沟通环境 加强医患沟通是确保医疗质量,加强行政监督,减少医疗侵权的重要环节,良好的医患沟通,不仅能增加患者对医疗技术局限性和高风险性的了解,加深对医生的信任,还可以疏导患者的社会心理问题,促进疾病的转归。

如何做到有效沟通? 一是对职工强化以人为本,优质服务的宗旨教育,在全院推行"微笑相迎、主动问候、首诊(问)负责、出院相送"的服务模式,从病人需求入手,主动送服务,通过召开病人座谈会、进行满意度调查等形式,及时听取病人的意见,了解病人需求、改进工作,维护患者的消费权。二是尊重患者的知情同意权。建立与病人"五谈话"制度,即入院时,手术前,发生危、重急症时或创伤性损伤时,使用毒、副作用较大或贵重药品前,出院时谈话,规范谈话签字内容、完善病情同意书、医患道德责任书,同时教育医务人员戒除"以医为尊"的思想观念,坚持"以病人为中心",认真履行告知义务,为改善医患关系,减少医患纠纷提供了有力的保证。

第五节 医疗事故鉴定与司法鉴定

一、医疗事故鉴定与司法鉴定概述

(一) 医疗事故鉴定

医疗事故鉴定,是指由医学会组织有关临床医学专家和法医学专家组成的专家组,运用医学、法医学等科学知识和技术,对涉及医疗事故行政处理的有关专门性问题进行检验、鉴别和判断并提供鉴定结论的活动。负责组织医疗事故技术鉴定工作的医学会应当自受理医疗事故技术鉴定之日起 5 日内通知医疗事故争议双方当事人提交进行医疗事故技术鉴定所需的材料。

1. **医疗事故鉴定的作用**　可作为医患双方协商解决医疗纠纷的依据、卫生健康行政部门处理医疗纠纷案件的法定依据、卫生健康行政部门作出行政处罚的法定依据、诉讼中的证据作用(不是必然的定案依据)。

2. **受理条件**　对不符合受理条件的,医学会不予受理。不予受理的,医学会应说明理由。有下列情形之一的,医学会不予受理医疗事故技术鉴定:①当事人一方直接向医学会提出鉴定申请的;②医疗事故争议涉及多个医疗机构,其中一所医疗机构所在地的医学会已经受理的;③医疗事故争议已经人民法院调解达成协议或判决的;④当事人已向人民法院提起民事诉讼的(司法机关委托的除外);⑤非法行医造成患者身体健康损害的;⑥卫生健康行政部门规定的其他情形。

3. **鉴定费用**　委托医学会进行医疗事故技术鉴定,应当按规定缴纳鉴定费。若双方当事人共同委托医疗事故技术鉴定的,由双方当事人协商预先缴纳鉴定费。卫生健康行政部门移交进行医疗事故技术鉴定的,由提出医疗事故争议处理的当事人预先缴纳鉴定费。经鉴定属于医疗事故的,鉴定费由医疗机构支付;经鉴定不属于医疗事故的,鉴定费由提出医疗事故争议处理申请的当事人支付。县级以上地方卫生健康行政部门接到医疗机构关于重大医疗过失行为的报告后,对需要移交医学会进行医疗事故技术鉴定的,鉴定费由医疗机构支付。重新鉴定时不得收取鉴定费。

4. **时间期限**　当事人应当自收到医学会的通知之日起 10 日内提交有关医疗事故技术鉴定的材料、书面陈述及答辩。负责组织医疗事故技术鉴定工作的医学会应当自接到当事人提交的有关医疗事故技术鉴定的材料、书面陈述及答辩之日起 45 日内组织鉴定并出具医疗事故技术鉴定书。也就是说如果是现在申请鉴定,医学会正式受理后 60 日内应该拿到鉴定书。

5. **鉴定部门**　卫生健康行政部门接到医疗机构关于重大医疗过失行为的报告或者医疗事故争议当事人要求处理医疗事故争议的申请后,对需要进行医疗事故技术鉴定的,应当交由负责医疗事故技术鉴定工作的医学会组织鉴定;医患双方协商解决医疗事故争议,需要进行医疗事故技术鉴定的,由双方当事人共同委托负责医疗事故技术鉴定工作的医学会组织鉴定。

设区的市级地方医学会和省、自治区、直辖市直接管辖的县(市)地方医学会负责组织首次医疗事故技术鉴定工作。省、自治区、直辖市地方医学会负责组织再次鉴定工作。

6. **鉴定人员**　参加医疗事故技术鉴定的相关专业的专家,由医患双方在医学会主持下从专家库中随机抽取。在特殊情况下,医学会根据医疗事故技术鉴定工作的需要,可以组织医患双方在其他医学会建立的专家库中随机抽取相关专业的专家参加鉴定或者函件咨询。涉及死因、伤残等级鉴定的,并应当从专家库中随机抽取法医参加专家鉴定组。专家鉴定组人数为单数,涉及的主要学科的专家一般不得少于鉴定组成员的二分之一;负责首次医疗事故技术鉴定工作的医学会原则上聘请本行政区域内的专家建立专家库;当本行政区域内的专家不能满足建立专家库需要时,可以聘请本省、自治区、直辖市范围内的专家进入本专家库。

负责再次医疗事故技术鉴定工作的医学会原则上聘请本省、自治区、直辖市范围内的专家建立专家库;当本省、自治区、直辖市范围内的专家不能满足建立专家库需要时,可以聘请其他省、自治区、直辖市的专家进入本专家库。

7. **所需材料**　负责组织医疗事故技术鉴定工作的医学会应当自受理医疗事故技术鉴定之日起5日内通知医疗事故争议双方当事人提交进行医疗事故技术鉴定所需的材料。

当事人应当自收到医学会的通知之日起10日内提交有关医疗事故技术鉴定的材料、书面陈述及答辩。医疗机构提交的有关医疗事故技术鉴定的材料应当包括下列内容:①住院患者的病程记录、死亡病例讨论记录、疑难病例讨论记录、会诊意见、上级医师查房记录等病历资料原件;②住院患者的住院志、体温单、医嘱单、化验单(检验报告)、医学影像检查资料、特殊检查同意书、手术同意书、手术及麻醉记录单、病理资料、护理记录等病历资料原件;③抢救急危患者,在规定时间内补记的病历资料原件;④封存保留的输液、注射用物品和血液、药物等实物,或者依法具有检验资格的检验机构对这些物品、实物作出的检验报告;⑤与医疗事故技术鉴定有关的其他材料。在医疗机构建有病历档案的门诊、急诊患者,其病历资料由医疗机构提供;没有在医疗机构建立病历档案的,由患者提供。医疗机构无正当理由未依照本条例的规定如实提供相关材料,导致医疗事故技术鉴定不能进行的,应当承担责任。

8. **鉴定过程**　鉴定由专家鉴定组组长主持,并按照以下程序进行:①双方当事人在规定的时间内分别陈述意见和理由。陈述顺序先患方,后医疗机构;②专家鉴定组成员根据需要可以提问,当事人应当如实回答。必要时,可以对患者进行现场医学检查;③双方当事人退场;④专家鉴定组对双方当事人提供的书面材料、陈述及答辩等进行讨论;⑤经合议,根据半数以上专家鉴定组成员的一致意见形成鉴定结论。专家鉴定组成员在鉴定结论上签名。专家鉴定组成员对鉴定结论的不同意见,应当予以注明。

9. **鉴定要求**　专家鉴定组应当在事实清楚、证据确凿的基础上,综合分析患者的病情和个体差异,作出鉴定结论,并制作医疗事故技术鉴定书。鉴定结论以专家鉴定组成员的过半数通过。鉴定过程应当如实记载。医疗事故技术鉴定书应有如下内容:双方当事人的基本情况及要求;当事人提交的材料和负责组织医疗事故技术鉴定工作的医学会的调查材料;对鉴定过程的说明;医疗行为是否违反医疗卫生管理法律、行政法规、部门规章和诊疗护理规范、常规;医疗过失行为与人身损害后果之间是否存在因果关系;医疗过失行为在医疗事故损害后果中的责任程度;医疗事故等级;对医疗事故患者的医疗护理医学建议。

经鉴定不属于医疗事故的,应当在鉴定结论中说明理由。

(二) 医疗事故鉴定与司法鉴定的区别

1. **两者之间构成逻辑上的包容关系** 按照《医疗事故处理条例》第二条的规定:"医疗事故,是指医疗机构及其医护人员在医疗活动中,违反医疗卫生管理法律、行政法规、部门章和诊疗护理规范、常规,过失造成患者人身损害的事故。" 同时规定造成患者死亡或残疾的,分别构成一至三级医疗事故,如果造成患者明显人身损害的其他后果的则构成四级医疗事故。有些医疗过错很难达到事故的定性标准,但却给患者造成了损害,实践中就出现了医疗过错司法鉴定。这一实践扩大了医疗过错鉴定的范围,使两者间构成包容关系。

2. **两者的鉴定主体不一** 现行医疗事故鉴定主体是各级医学会,而鉴定专家多是各级医院的任职医师,容易使患方产生不公正的怀疑。而司法鉴定主体等直接受司法局领导,经司法鉴定工作委员会授权,承担各类司法鉴定委员会的鉴定组织工作,是一个面向社会的鉴定机构。

3. **两者的庭审质证程序明显不同** 按照《医疗事故处理条例》,只有卫生健康行政部门才能对医疗事故鉴定结论进行审查。在《人民法院对外委托司法鉴定管理规定》及《人民法院司法鉴定工作暂行规定》中,对鉴定结论的审查都规定了详细的程序及标准,特别规定鉴定人有依法出庭宣读鉴定结论并回答与鉴定相关提问的义务。在司法鉴定中,如果当事人对鉴定结论不服均可申请鉴定人员出庭接受质证。

二、医疗损害责任的基本特征

1. 医疗损害责任的责任主体是医疗机构,且必须是合法的医疗机构。

2. 医疗损害责任的行为主体是医务人员,医务人员包括了医师和其他医务人员。按《职业医师法》的规定,医师包括了执业医师和执业助理医师,是指依法取得执业医师或执业助理医师资格,经注册在医疗、预防、保健机构中执业的专业医务人员。尚未取得执业医师或执业助理医师资格,经注册在村医疗卫生机构从事预防、保健和一般医疗服务的乡村医生也视为医务人员。执业助理医师如果独立从事临床诊断活动,发生了人身事故,构成医疗损害责任,以及未取得医师资格的医学毕业生,在上级医师的指导下从事相应的医疗活动,是可以构成法律规定的医务人员,成为医疗损害责任的行为主体。而关于护士是否可以成为医疗损害责任的主体,只有经注册登记的护理人员在护理活动中造成病人人身损害,才构成医疗损害责任。

3. 医疗损害责任发生在医疗活动中。病人在医院进行的身体检查、医疗器械的植入、对病人的诊断、护理、康复和观察都属于医疗活动。但对于没有通过手术、药物、医疗器械和其他具有创伤性医学技术的美容活动不认为是医疗活动。

4. 医疗损害责任是因患者人身权益受损害而发生的责任。医疗损害责任是指因病人身体、健康、生命权被医疗机构损害而产生的责任,损害原因是过失。其中造成病人健康权损害是指造成病人的人身损害;造成病人生命权损害是指造成病人死亡;造成病人身体权损害是指病人的身体组成部分的实质完整性以及形式完整性的损害,即造成了病人人体组成部分的残缺,或是未经病人同意非法损害了病人身体。

5. 医疗损害责任的责任形态是替代责任和不真正连带责任。替代责任又称为间接责任、转承责任、延伸责任,是指责任人为他人的行为和自己管理的物件所致损害承担赔偿责任的侵权责任形态。替代责任的最基本特征是责任人和行为人分离,行为人实施侵权行为,责任人承担侵权责任。医疗损害责任就是典型的替代责任,实施医疗损害行为的是医务人员,但承担赔偿责任的是医疗机构。而且只有医疗机构在自己承担了赔偿责任后,对于有过失的医务人员才能对其行使追偿权。医疗产品损害责任的责任形态是不真正连带责任。

《民法典》第一百八十八条规定,向人民法院请求保护民事权利的诉讼时效期间为三年。法律另有规定的,依照其规定。

三、医疗侵权诉讼医方应该提交哪些证据

1. 医疗机构执业许可证书复印件(盖章)、法定代表人证书复印件(盖章)、法定代表人身份证复印件、委托授权书(盖章)、受委托人身份证复印件、当事医护人员执业证书复印件、当事医护人员从业资格证书复印件等。

2. 病历资料复印件,包括患者门诊病历、住院志(入院记录)、体温单、医嘱单、化验单(检验报告)、医学影像检查资料、特殊检查同意书、手术同意书、手术及麻醉记录单、病理资料、护理记录、出院(死亡)小结等。

3. 相关费用单据和清单。患者住院期间产生医疗费用的发票复印件、费用清单、欠费证明等。

4. 医疗事故鉴定报告或医疗损害司法鉴定报告或相关的医学文献资料、医疗专家意见。

5. 因医疗行为引起的侵权诉讼,由医疗机构就医疗行为与损害结果之间是否存在因果

关系承担举证责任。

四、医疗损害的责任等级划分

1. 医疗事故责任分级 根据《医疗事故技术鉴定暂行办法》第三十六条规定,医疗事故中医疗过失行为责任程度分为以下几种情形。

（1）完全责任:指医疗事故损害后果完全由医疗过失行为造成。赔偿全部损失的100%。

（2）主要责任:指医疗事故损害后果主要由医疗过失行为造成,其他因素起次要作用。赔偿全部损失的60%~90%。

（3）次要责任:指医疗事故损害后果主要由其他因素造成,医疗过失行为起次要作用。赔偿全部损失的20%~40%。

（4）轻微责任:指医疗事故损害后果绝大部分由其他因素造成,医疗过失行为起轻微作用。赔偿全部损失不超过10%。

实践中还存在对等责任:即医、患双方各负担50%。

2. 医疗事故分级标准

（1）一级医疗事故:造成患者死亡、重度残疾的情况。分为:一级甲等医疗事故（死亡）、一级乙等医疗事故（重要器官缺失或功能完全丧失,其他器官不能代偿,存在特殊医疗依赖,生活完全不能自理）。

（2）二级医疗事故:造成患者中度残疾、器官组织损伤导致严重功能障碍的情况。分为:二级甲等医疗事故、二级乙等医疗事故、二级丙等医疗事故和二级丁级医疗事故。

（3）三级医疗事故:造成患者轻度残疾、器官组织损伤导致一般功能障碍的情况。分为:三级甲等医疗事故、三级乙等医疗事故、三级丙等医疗事故、三级丁级医疗事故和三级戊等医疗事故。

（4）四级医疗事故:造成患者明显人身损害的其他后果的情况。

（罗 强 张凌杰 戴 蕾 杨家伟）

第九章

医疗机构行政法相关法务管理

第一节　医疗机构行政法相关法务概述

卫生健康行政部门包括国家卫生健康委和各省、自治区、直辖市卫生健康委,各市县卫生健康委(局)。地方卫生健康行政部门的主要职能是:贯彻执行有关卫生健康工作的法律、法规、规章和方针、政策;负责统筹规划本地卫生健康服务的资源配置;推进本地卫生健康标准化工作;负责疾病预防控制工作;负责妇幼保健、生殖健康、出生缺陷筛查和干预等工作;负责本地区医疗卫生机构、卫生专业技术人员、医疗技术临床应用、大型医用设备实施资质管理和许可准入;组织实施国家基本药物制度;负责本地卫生应急工作;负责突发公共卫生事件监测预警和风险评估;制订本地中医药事业发展规划和政策;负责本地基层卫生保健、社区卫生、农村卫生工作等。

医疗机构是指依据国务院《医疗机构管理条例》及其实施细则的规定进行设置和登记,取得了医疗机构执业许可证,从事疾病诊断、治疗活动的卫生机构。医院、卫生院是我国医疗机构的主要形式,此外还有疗养院、门诊部、诊所、卫生所(室)以及急救站等。2022 年 5月 1 日开始实施的《医疗机构管理条例》第三十九条规定:"县级以上人民政府卫生健康行政部门行使下列监督管理职权:(一)负责医疗机构的设置审批、执业登记、备案和校验;(二)对医疗机构的执业活动进行检查指导;(三)负责组织对医疗机构的评审;(四)对违反本条例的行为给予处罚。"

卫生健康行政部门(一般为地方卫生健康行政部门)为实现其职能会依据相关法律规定对医疗机构进行监督管理并实施一系列的法律活动,一般表现为对医疗卫生机构及卫生专业技术人员的执业活动进行许可、监督、检查、指导、调查、取证、评审,提出处罚意见和实施职权内的处罚活动等,其主要表现形式为卫生健康行政部门对医疗卫生机构及卫生专业技术人员的行政审批、行政检查及行政处罚等。

本章将主要从法律概念、设定依据、监督对象及程序规范等方面,结合相关典型案例对以上三种医疗行政管理行为进行阐述。

第二节　医疗行政审批法务管理

一、行政审批概念及医疗行政审批流程

(一) 行政审批的概念

行政审批是指行政机关(包括有行政审批权的其他组织)根据自然人、法人或者其他组织提出的申请,经过依法审查,采取批准、同意、年检、发放证照等方式,准予其从事特定活动、认可其资格资质、确认特定民事关系或者特定民事权利能力和行为能力的行为。

行政审批是行政审核和行政批准的合称。行政审核又称行政认可,其实质是行政机关对申请人行为合法性、真实性进行审查、认可,实践中经常表现为"盖公章";行政批准又称行政许可,是行政机关依据法定职权,应申请人的申请,通过颁发许可证、执业资格证书、执业证书等形式,依法赋予特定申请人从事某种活动的法律资格或实施某种行为的法律权利的具体行政行为。行政审核与行政批准经常联系起来使用,只有符合有关条件才能获得许可证,而且还需定期检验,如果没有违反规定的情况出现,就由有关机关在许可证上盖章,表示对行政管理对象状态合法性的认可。因此,医疗行政审批就是卫生健康行政部门根据法律规定的条件,来审核医疗机构及卫生技术人员是否符合条件的行为。

(二) 医疗行政审批流程

医疗机构涉及的卫生健康行政部门的行政审批主要是卫生行政许可,通常包括对医疗机构、医务人员的执业许可,母婴保健、放射诊疗服务、医用设备、特殊药品以及医疗广告等相关事项的许可。卫生健康行政部门在实施卫生行政许可过程中,应当依据相关卫生法律、法规、规章的规定,特别是遵循《卫生行政许可管理办法》的要求,具体程序包括:申请与受理、审查与决定、听证(法律规定应当听证的)、变更与延续等。

(三) 医疗行政审批项目分类

1. **医疗机构类**　包括医疗机构名称核定,医疗机构执业许可证注销,医疗机构执业许可证到期申请换证,医疗机构申请歇业(停业)审批,实体医疗机构增加互联网医院名称的申请,医疗机构执业许可证遗失补办,器官移植医疗机构执业资格申请,医疗机构校验,医疗机构变更(门牌号变更),医疗机构变更(变更机构名称),医疗机构变更[变更诊疗科目(输血科除外)],医疗机构变更(床位变更),医疗机构变更(变更机构性质),医疗机构变更(变更法定代表人、负责人),医疗机构变更(增设输血科),医疗机构变更(变更服务对象和服务方式),互

联网医院执业登记,诊所备案,诊所变更备案,诊所取消备案,职业健康检查机构备案(或新办),职业病诊断机构备案,医疗机构开展人类辅助生殖技术许可,人类辅助生殖技术许可校验、许可变更。

2. **医师类** 包括医师首次执业注册(人体器官移植除外)、执业助理医师升级注册执业医师、已注册医师变更执业范围(原类别变更执业范围)、医师注销注册、已注册医师变更执业地点、医师执业证遗失补发、医师重新执业注册、医师执业注册(军队医师变更到地方)、医师执业注册(地方医师变更到军队)、医疗美容主诊医师备案、医师多机构备案(取消多机构执业备案)、医师执业注册[已注册医师变更执业范围(跨类别变更执业范围)]、台湾地区医师在大陆短期执业许可、香港、澳门特别行政区医师在内地短期执业许可、对中医(专长)医师的资格认定、传统医学师承出师证书核发、器官移植医师执业资格申请、外籍医师来华短期执业许可。

3. **护士类** 包括参加护士执业资格考试人员报名资格审定。

4. **母婴类** 包括母婴保健技术服务许可、母婴保健技术服务许可校验、《母婴保健技术服务执业许可证》变更、《母婴保健技术服务执业许可证》注销、《母婴保健技术服务执业许可证》遗失补办、母婴保健服务人员资格认定(新办)、母婴保健服务人员资格认定(补办)、母婴保健服务人员资格认定(注销)。

5. **放射类** 包括放射诊疗许可申请、放射诊疗许可校验、放射诊疗许可证遗失补办、放射诊疗许可注销、放射医疗工作人员证核发、放射诊疗许可变更(增加或减少诊疗设备)、放射诊疗许可变更(除新增或减少诊疗设备外)、医疗机构放射性职业病危害建设项目预评价报告审核、医疗机构放射性职业病危害建设工程竣工验收。

6. **大型医用设备、特殊药品类** 包括乙类大型医用设备配置许可证核发,麻醉药品、第一类精神药品购用印鉴卡申请,麻醉药品和第一类精神药品执业医师处方资格。

7. **医疗广告类** 包括医疗广告审查。

二、医疗行政许可法务管理

(一)卫生行政许可概念及医疗行政许可

卫生行政许可是卫生健康行政部门根据公民、法人或者其他组织的申请,按照卫生法律、法规、规章和卫生标准、规范进行审查,准予其从事与卫生管理有关的特定活动的行为。规范这种行为的法律主要是《行政许可法》和《卫生行政许可管理办法》。

而医疗行政许可是卫生行政许可的主要组成部分,主要是卫生健康行政部门依照法定权限和程序准予医疗机构及卫生技术人员从事与医疗有关的特定活动的行为。

（二）医疗行政许可总体要求

医疗行政许可是国家运用公共权力,通过事前监督的管理方式,对社会医疗资源进行合理配置,避免医疗资源配置不公、资源浪费、效率低下、形成垄断等。而且通过对可能发生的危险进行提前预防,降低医疗管理成本,如达不到一定的标准就不予颁发许可证,从而防止不具备相应条件的机构、人员或技术进入医疗领域,可以防止医疗领域的危险发生。医疗行政许可还可以为被管理对象提供某种医疗行为、事实的公示力和公信力,如通过颁发许可证、执业证等,很好地向社会表明了某个机构或人员具有某种医疗资格或能力,既使人知道(公示),又使人相信(公信),从而赋予其提供相应医疗服务的资格。

【目标要求】

各医疗机构应当保证机构设置、执业、变更及某类技术资质获得许可,以及医生、护士执业(含特殊资质证书,如放射工作人员证书、母婴保健技术人员证书,器官移植执业医师资格等)合乎规定,以及大型医用设备配置、特殊药品使用、广告投放、科研及临床试验等获得相关许可。

【管理要点】

医疗机构可从以下几点管理入手,确保执业活动始终符合卫生行政许可的要求。

• 在省、自治区、直辖市卫生健康行政部门网站查询办理卫生行政许可事项的信息,按公示的要求办理相关行政许可或者按法律规定办理备案登记。

• 对需要办理行政许可或备案的事项明确分管的职能部门,注意相关行政许可事项及备案登记办理程序及时限要求。

• 学习卫生行政审批相关法律法规,了解法律法规对行政审批部门及其工作人员以及申请人、被许可人的相关要求及责任规定。

• 规范相关档案管理,接受卫生健康行政部门监督检查。

【实操要素】

1. 卫生行政许可的处理

（1）申请与受理:卫生健康行政部门一般在其网站公示下列与办理卫生行政许可事项相关的内容。包括:①卫生行政许可事项、依据、条件、程序、期限、数量;②需要提交的全部材料目录;③申请书示范文本;④办理卫生行政许可的操作流程、通信地址、联系电话、监督电话。

卫生健康行政部门受理申请后根据下列情况分别作出处理:①申请事项依法不需要取得卫生行政许可的,应当即时告知申请人不受理;②申请事项依法不属于卫生健康行政部门职权范围的,应当即时作出不予受理的决定,并告知申请人向有关行政机关申请;

③申请材料存在可以当场更正的错误,应当允许申请人当场更正,但申请材料中涉及技术性的实质内容除外。申请人应当对更正内容予以书面确认;④申请材料不齐全或者不符合法定形式的,应当当场或者在 5 日内出具申请材料补正通知书,一次告知申请人需要补正的全部内容,逾期不告知的,自收到申请材料之日起即为受理;补正的申请材料仍然不符合有关要求的,卫生健康行政部门可以要求继续补正;⑤申请材料齐全、符合法定形式,或者申请人按照要求提交全部补正申请材料的,卫生健康行政部门应当受理其卫生行政许可申请。

(2)审查与决定:卫生健康行政部门受理申请后,应当及时对申请人提交的材料进行审查;需要对申请人进行现场审查的,应当指派两名以上工作人员进行现场审查,并根据现场审查结论在规定期限内作出许可决定;需要对申请行政许可事项进行检验、检测、检疫的,由依法认定的具有法定资格的技术服务机构承担;需要鉴定、专家评审的,根据鉴定、专家评审结论作出卫生行政许可决定;需要考试、考核的,根据考试、考核结果向卫生健康行政部门提出申请;依法应当逐级审批的卫生行政许可,下级卫生健康行政部门出具初审意见,报送上级卫生健康行政部门审批。

(3)听证:法律、法规、规章规定实施卫生行政许可应当听证的事项,或者卫生健康行政部门认为需要听证的涉及重大公共利益的卫生行政许可事项,以及卫生行政许可直接涉及申请人与他人之间重大利益关系的,作出卫生行政许可前应当告知申请人、利害关系人有要求听证的权利,并向社会公告,举行听证。听证公告应当明确听证事项、听证举行的时间、地点、参加人员要求及提出申请的时间和方式等。

听证应当制作听证笔录:①卫生行政许可事项;②听证参加人姓名、年龄、身份;③听证主持人、听证员、书记员姓名;④举行听证的时间、地点、方式;⑤卫生行政许可审查人提出的许可审查意见;⑥申请人、利害关系人陈述、申辩和质证的内容,由申请人、利害关系人审核,并签名或盖章(申请人、利害关系人拒绝签名的,由听证主持人在听证笔录上说明情况)。

(4)变更与延续:分为变更申请与延续申请。

变更申请:予以变更,并换发行政许可证件或者在原许可证件上予以注明;不予变更,并说明理由。

延续申请:受理或者不予受理的决定;受理延续申请:是否准予延续决定;不受理延续申请、不准予延续,应当书面告知理由,由卫生健康行政部门注销并公布。

2. 卫生行政许可涉及的法律责任

(1)卫生健康行政部门及其工作人员违法行为及责任:《卫生行政许可管理办法》第六十条、第六十一条、第六十二条规定了卫生健康行政部门及其工作人员在受理、审查、决定卫生行政许可过程中违反该法的行为表现及相应的法律责任。如不按规定受理、公示、履行告知说明义务,以及不按期作出准予卫生行政许可,不履行监督职责等。对上述违法行为可以责令其改正,给予行政处分,涉嫌构成犯罪的,移交司法机关追究刑事责任。

(2)申请人的违法行为及责任:《卫生行政许可管理办法》第六十三条规定了申请人提供虚假材料或者隐瞒真实情况的,卫生健康行政部门不予受理或者不予许可,并给予警告,申请人在一年内不得再次申请该许可事项。

(3)被许可人的违法行为及责任:《卫生行政许可管理办法》第六十四条、第六十五条规定了被许可人有非法使用许可证,超越许可范围,未依法接受检查及办理变更等违法行为,应给予行政处罚,涉嫌构成犯罪的,移交司法机关追究刑事责任。

(4)公民、法人及其他组织的违法行为及责任:《卫生行政许可管理办法》第六十五条规定公民、法人及其他组织未经行政许可,擅自从事依法应当取得卫生行政许可的活动的,卫生健康行政部门应予以制止,并给予行政处罚,涉嫌构成犯罪的,移交司法机关追究刑事责任。

3. 卫生行政许可文书名称　包括:①行政许可申请材料接收凭证;②申请材料补正通知书;③行政许可申请受理通知书;④行政许可申请不予受理决定书;⑤行政许可技术审查延期通知书;⑥行政许可决定延期通知书;⑦不予行政许可决定书;⑧不予变更/延续行政许可决定书;⑨行政许可证件撤销决定书。

【案例展示】

代某为某制药总厂职工医院职工,该制药总厂门诊部成立后,代某在该门诊部工作过,但其1992年调离到制药总厂某公司销售部工作至2002年8月。代某参加2003年度全国执业医师资格考试,在报名时提交了2003年4月门诊部出具的医师资格考试报名试用期考试合格证明,载明代某2001年4月至2003年4月21日期间在该门诊部工作。代某参加了2003年度全国执业医师资格考试并取得了执业医师资格证书。2004年9月,当地卫生局接到关于代某涉嫌违规参加执业医师考试取得执业医师资格的情况报告,经调查查明代某参加考试时提供的报名材料,即医师资格考试报名试用期考试合格证明与事实不符。当地卫生局依据《行政许可法》第六十九条第二款关于"以欺骗手段取得行政许可的,应当予以撤销"的规定,撤销代某执业医师资格证书。

范本:撤销行政许可告知书(医药类)

撤销行政许可告知书

____药监( )许撤告字〔200 〕 号

被许可的事项＿＿＿＿＿＿＿＿＿＿＿＿＿＿＿＿＿

被许可人(单位)＿＿＿＿＿＿＿＿＿＿＿＿＿

身份证号码(组织机构代码)＿＿＿＿＿＿＿

营业执照编号＿＿＿＿＿＿＿＿＿＿＿＿＿＿

颁发的许可证编号＿＿＿＿＿＿＿＿＿＿＿＿

你于＿＿年＿＿月＿＿日,取得的行政许可事项,在本机关组织的监督检查中,发现并确认已不符合该行政许可事项法定的条件、标准。现依据《行政许可法》第六十九条的规定,拟撤销该行政许可事项。拟撤销的理由是:

1. ＿＿＿＿＿＿＿＿＿＿＿＿＿＿＿＿＿＿＿＿＿＿＿

2. ＿＿＿＿＿＿＿＿＿＿＿＿＿＿＿＿＿＿＿＿＿＿＿

对拟撤销的行政许可事项,你有陈述、申辩或要求公开听证的权利。如果要求陈述、申辩或公开听证,应于收到本告知书之日起五日内,向本机关提出。逾期未提出的,视为放弃该权利。

(印章)

＿＿＿＿＿年＿＿＿＿＿月＿＿＿＿＿日

被告知人(签名) 机关告知人(签名)

送达人(签名) 被送达人(签名)

送达时间:＿＿＿＿＿年＿＿＿＿＿月＿＿＿＿＿日

第三节 医疗行政检查法务管理

一、医疗行政检查的概念和法律依据

(一) 医疗行政检查的概念及特征

行政检查是指行政部门依法定职权,对行政管理对象遵守法律、法规、规章,执行行政命令、决定的情况进行检查、了解、监督的行政行为,大都是对行政许可的被许可人是否依照法律规定的权利、义务从事行政许可事项的活动进行监督检查,以发现违法行为并予以及时纠正,这对发挥行政许可设立的作用与功能有重要意义。

医疗行政检查就是各级卫生健康行政部门通过查阅资料、谈话、现场核查等方式对医疗机构及医务人员的执业相关活动进行的检查、指导,一般是由卫生健康监督机构实施。"检查"是个模糊的概念,是否可以对行政机关实施的检查行为提起行政诉讼,关键看该检查行为是否侵犯当事人的合法权益,以及该检查行为的法律界定,如查封、扣押、行政控制等。

医疗行政检查作为一种依职权的医疗行政行为,它的特征是法定性即依法性、强制性和主动性等。依法性表明医疗行政检查不得任意而为之,必须具有法定的理由或依据;主动性则是指这种监督检查无须和管理对象商量即可进行,又具有强制性。这说明卫生健康行政部门在法律规定的权限范围和内容下,自主地对医疗机构及医务人员的医疗执业活动进行合法、合规性检查。

(二) 医疗行政检查相关法律依据

1.《医疗机构管理条例》(2022 年版)相关规定 第三十九条:"县级以上人民政府卫生健康行政部门行使下列监督管理职权:(一)负责医疗机构的设置审批、执业登记、备案和校验;(二)对医疗机构的执业活动进行检查指导;(三)负责组织对医疗机构的评审;(四)对违反本条例的行为给予处罚。"

2.《医疗机构管理条例实施细则》相关规定 第七十条:"县级以上卫生健康行政部门设医疗机构监督员,履行规定的监督管理职责。医疗机构监督员由同级卫生健康行政部门聘任。医疗机构监督员应当严格执行国家有关法律、法规和规章,其主要职责是:(一)对医疗机构执行有关法律、法规、规章和标准的情况进行监督、检查、指导;(二)对医疗机构执业活动进行监督、检查、指导;(三)对医疗机构违反条例和本细则的案件进行调查、取证;(四)对经查证属实的案件向卫生健康行政部门提出处理或者处罚意见;(五)实施职权范围内的处罚;(六)完成卫生健康行政部门交付的其他监督管理工作。"第七十一条:"医疗机构监督员有权对医疗机构进行现场检查,无偿索取有关资料,医疗机构不得拒绝、隐匿或者隐瞒。医疗机构监督员在履行职责时应当佩戴证章、出示证件。医疗机构监督员证章、证件由国家卫生健康委监制。"第七十二条:"各级卫生健康行政部门对医疗机构的执业活动检查、指导主要包括:(一)执行国家有关法律、法规、规章和标准情况;(二)执行医疗机构内部各项规章制度和各级各类人员岗位责任制情况;(三)医德医风情况;(四)服务质量和服务水平情况;(五)执行医疗收费标准情况;(六)组织管理情况;(七)人员任用情况;(八)省、自治区、直辖市卫生健康行政部门规定的其他检查、指导项目。"

3. 原卫生部《关于卫生监督体系建设的若干规定》相关规定　第二十二条第(三)款规定设区的市、县级卫生监督机构进行医疗卫生监督的主要职责有以下几点。一是对医疗机构的执业资格、执业范围及其医务人员的执业资格、执业注册进行监督检查,规范医疗服务行为,打击非法行医。对医疗机构的传染病疫情报告、疫情控制措施、消毒隔离制度执行情况和医疗废物处置情况进行监督检查,查处违法行为。二是对采供血机构的执业资格、执业范围及其从业人员的资格进行监督检查,打击非法采供血行为。对采供血机构的采供血活动、传染病疫情报告和医疗废物处置情况进行监督检查,查处违法行为。三是对疾病预防控制机构的传染病疫情报告、预防控制措施和菌(毒)种管理情况进行监督检查,查处违法行为。

4.《卫生行政许可管理办法》相关规定　第五十条规定:"卫生健康行政部门应当加强对被许可人从事卫生行政许可事项活动情况的监督检查,并按照规定记录监督检查情况和处理结果,监督检查记录应当按照要求归档。"

二、医疗行政检查的一般形式和程序

(一) 医疗行政检查的形式及规范要求

1. 医疗行政检查的形式　主要有检查:如根据卫生健康主管部门(多为卫生健康监督机构)对医疗机构执业相关活动的现场检查;检测、检验、检疫或技术鉴定:如对医疗纠纷病例进行医疗事故鉴定,或对相关样品进行鉴定检验;行政控制:如对已经或可能危害人体健康的物品、场所采取控制措施;其他非行政许可的登记等。

2. 医疗行政检查的规范要求　卫生健康监督检查作为卫生行政执法的内容之一,是卫生健康行政部门(多为卫生健康监督机构)依据相关法律、法规、规章作出的行政行为,需要遵守相关行政法律法规的规定,特别是要遵循《卫生行政执法责任制若干规定》《卫生行政执法文书规范》的要求。

(二) 行政检查流程图(图 9-1)

三、医疗行政检查总体要求

医疗行政检查主要是对医疗机构的执业资格、执业范围、执业行为及其医务人员的执业资格、执业注册、执业行为进行监督检查,规范医疗服务行为,打击非法行医;对医疗机构的传染病疫情报告、疫情控制措施、消毒隔离制度执行情况和医疗废物处置情况进行监督检查,查处违法行为。按照我国卫生监督体系建设,具体实施医疗行政检查的人员是各级卫生监督所的卫生监督员。依据《卫生行政处罚程序》规定,卫生监督员是依照卫生法律、法规、规章聘任的卫生行政执法人员。

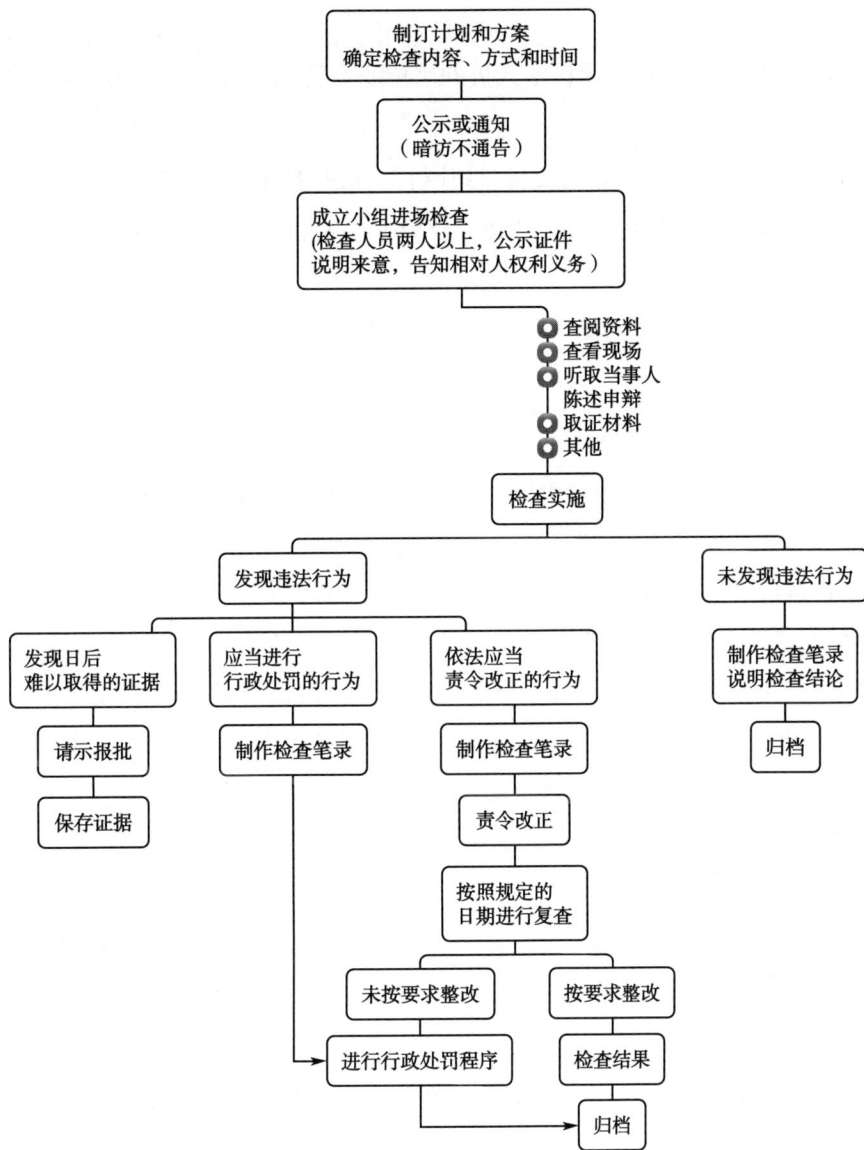

图 9-1　医疗行政检查流程图

【目标要求】

医疗机构在取得医疗行政许可后,即负有始终保持法律规定的取得医疗行政许可的条件、义务和法律法规以及行政许可决定中规定的其他义务,即保证自己的执业行为始终处于符合法律规定的状态。医疗行政监督检查的目的就是查看、督促医疗机构遵守卫生行政法律规范,从而使卫生行政法律规范所确定的社会秩序得到实现。

【管理要点】

• 加强医疗卫生法律规范的学习,了解相关法律规范的规定要求,并注意相应法律规范的内容更新。

• 加强医院各职能部门、临床科室人员的岗位职责管理,把相关法律规定要求的内容落实到具体的岗位职责管理中。

• 从医院资质、人员资质、药品设备、诊疗行为、医疗技术、人员培训、医疗废物、医保基金、临床试验及科研等方面加强管理,做到符合相应法律规定的要求。

【实操要素】

1. 卫生应急及传染病防治类 医疗机构对突然发生造成或者可能造成社会公众健康严重损害的重大传染病疫情、群体性不明原因疾病、重大食物和职业中毒以及其他严重影响公众健康的突发公共卫生事件,应当按照《突发公共卫生事件应急条例》《传染病防治法》的规定,履行报告职责,及时采取隔离、控制措施,履行突发事件监测职责,积极接诊病人,并服从突发事件应急处理指挥部的调度。

卫生监督机构对医疗机构的疫情报告,隔离、消毒、防护和医疗废物处理等进行监督检查。

2. 医政管理类

(1)医疗机构管理:医疗机构应当依法做好设置报批或备案、执业登记和校验,在登记范围内开展诊疗活动,依法使用卫生技术人员,依法出具证明文件,执行国家有关法律、法规、规章和标准,制定院内各项规章制度和各级各类人员岗位责任,进行医德医风考核,提升服务质量和服务水平,严格执行国家有关医疗收费标准,接受卫生健康行政部门的检查、指导以及对医院进行的评审。

医疗机构应当执行国家有关工资福利待遇的规定,足额缴纳社会保险费用,为医务人员提供卫生防护用品,采取有效的卫生防护、医疗保健措施,对在艰苦边远地区工作或者从事直接接触有害有毒物质、有感染传染病危险工作的医务人员,按照有关规定给予津贴。

(2)医师与护士管理:医师应当依法取得执业许可。医师实施医疗、预防、保健措施,签署有关医学证明文件,必须亲自诊查、调查,并按照规定及时填写医学文书,不得隐匿、伪造或者销毁医学文书及有关资料。医师应当使用经国家有关部门批准使用的药品、消毒药剂和医疗器械;除正当诊断、治疗外,不得使用麻醉药品、医疗用毒性药品、精神药品和放射性药品。医师不得利用职务之便,索取、非法收受患者财物或者牟取其他不正当利益。

医师应当如实向患者或者其近亲属介绍病情,但应注意避免对患者产生不利后果;医师进行实验性临床医疗,应当经医院批准并征得患者本人或者其监护人同意,进行临床试验,有行政审批要求的还应当获得审批。遇有自然灾害、传染病流行、突发重大伤亡事故或者其他严重威胁人民生命健康的紧急情况时,医师应当服从县级以上卫生健康行政部门的调遣。对危重病人,医师应当采取紧急措施进行处理,不得拒绝。发生医疗质量安全事件或者发现传染病疫情时,应当按照有关规定及时向所在医疗机构或者卫生健康行政部门报告。发现涉嫌伤害事件或者非正常死亡时,应当按照有关规定向有关部门报告。执业助理医师应当在执业医师的指导下,在医疗、预防、保健机构中按照其执业类别执业。县级以上的医疗机构中执业的助理医师,没有处方权,不能独立从事职业活动,在乡、民族乡、镇的医疗、预防、保健机构中工作的执业助理医师,可以根据医疗诊治的需要,独立从事一般的执业活动。医师还应当按照《中华人民共和国医师法》的规定进行定期考核和继续教育培训。

护士应当依法取得执业许可,在执业中应当正确执行医嘱,观察病人的身心状态,对病人进行科学的护理。遇紧急情况应及时通知医生并配合抢救,医生不在场时,护士应当采取力所能及的急救措施。护士有承担预防保健工作,宣传防病治病知识、进行康复指导、开展健康教育、提供卫生咨询的义务。护士执业必须遵守职业道德和医疗护理工作的规章制度及技术规范。护士在执业中得悉就医者的隐私,不得泄露,但法律另有规定的除外。遇有自然灾害、传染病流行、突发重大伤亡事故及其他严重威胁人群生命健康的紧急情况,护士必须服从卫生健康行政部门的调遣,参加医疗救护和预防保健工作。医疗机构应当制定、实施本机构护士在职培训计划并保证护士接受培训,履行护士管理职责。

（3）血液管理:医疗机构应当设立临床用血管理委员会或者工作组;拟定临床用血计划,并在一年内对计划实施情况进行评估和考核;建立血液发放和输血核对制度;建立临床用血申请管理制度;建立医务人员临床用血和无偿献血知识培训制度;建立科室和医师临床用血评价及公示制度,并不得将经济收入作为对输血科或者血库工作的考核指标。医疗机构应当使用经卫生健康行政部门指定的血站供应的血液,按照《临床输血技术规范》的要求对患者使用符合国家规定标准的血液,应急用血采血符合《医疗机构临床用血管理办法》的规定。

（4）医疗器械管理:食品药品监督管理部门和卫生行政主管部门依据各自职责,分别对使用环节的医疗器械质量和医疗器械使用行为进行监督管理。医疗机构应当加强对工作人员的技术培训,按照产品说明书、技术操作规范等要求使用医疗器械,对重复使用的医疗器械。应当按照国务院卫生健康行政部门制定的消毒和管理的规定进行处理。一次性使用的医疗器械,不得重复使用。对使用过的医疗器械应当按照国家有关规定销毁并记录。对需要定期检查、检验、校准、保养、维护的医疗器械,应当按照产品说明书的要求进行检查、检验、校准、保养、维护并予以记录,及时进行分析、评估,确保医疗器械处于良好状态,保障使用质量;对使用期限长的大型医疗器械,应当逐台建立使用档案,记录其使用、维护、转让、实际使用时间等事项。记录保存期限不得少于医疗器械规定使用期限终止后五年。医疗器械使用单位应当妥善保存购入第三类医疗器械的原始资料,并确保信息具有可追溯性。

医疗机构进行医疗器械临床试验,应当在药物与医疗器械临床试验机构备案管理信息系统登记备案,依照《医疗器械监督管理条例》的规定开展,并保证临床试验报告的客观、真实。

(5)医疗废物管理:医疗废物应当实行分类管理。根据医疗废物的类别,将医疗废物分置于符合《医疗废物专用包装物、容器的标准和警示标识的规定》的包装物或者容器里。在盛装医疗废物前,应当对医疗包装物或者容器进行认真检查,确保无破损、渗漏和其他缺陷。感染性废物、病理性废物、损伤性废物、药物性废物及化学性废物不能混合收集,少量的药物性废物可以混入感染性废物,但应当在标签上注明。废弃的麻醉、精神、放射性、毒性等药品及其相关废物的管理,依照有关法律、行政法规和国家有关规定、标准执行。化学性废物中批量的废化学试剂、废消毒剂,应当交由专门机构处置。批量的含有汞的体温计、血压计等医疗器具报废时,应当交由专门机构处置。医疗废物中病原体的培养基、标本和菌种、毒种保存液等高危险废物,应当首先在产生地点进行压力蒸汽灭菌或者化学消毒处理,然后按感染性废物收集处理。隔离的传染病人或者疑似传染病人产生的具有传染性的排泄物,应当按照国家规定严格消毒,达到国家规定的排放标准后方可排入污水处理系统。隔离的传染病人或者疑似传染病人产生的医疗废物应当使用双层包装物,并及时密封。放入包装物或者容器内的感染性废物、病理性废物、损伤性废物不得取出。

县级以上地方人民政府卫生健康行政部门应当依据《医疗废物管理条例》和《医疗卫生机构医疗废物管理办法》的规定,对所辖的医疗卫生机构进行定期监督检查和不定期抽查,发现隐患,应当责令立即消除;发现违规行为,依法进行查处。

(6)医疗纠纷处理:医疗纠纷的处理包括医疗纠纷的预防及处置、医疗纠纷的技术鉴定、医疗纠纷的行政处理与监督、医疗纠纷的赔偿与处罚等。其中《医疗质量安全事件报告暂行规定》对医疗机构及其医务人员在医疗活动中由于诊疗过错、医药产品缺陷等原因造成患者死亡、残疾、器官组织损伤导致功能障碍等明显人身损害事件的,详细规定了事件报告要求、事故调查处理、监督管理等内容,对于严格规范医疗质量安全事件的报告程序,规范医疗机构及其工作人员的事件处理行为,明晰事件状况责任,准确认定医疗损害责任并保护医患双方的权益有重要的意义。

(7)医疗广告管理:根据《医疗广告管理办法》第六条的规定,医疗广告内容仅限于以下项目:①医疗机构第一名称;②医疗机构地址;③所有制形式;④医疗机构类别;⑤诊疗科目;⑥床位数;⑦接诊时间;⑧联系电话。①至⑥项发布的内容必须与卫生健康行政部门、中医药管理部门核发的医疗机构执业许可证或其副本载明的内容一致。

医疗机构发布医疗广告,应当向省级卫生健康行政部门、中医药管理部门申请医疗广告审查,并取得医疗广告审查证明。工商行政管理机关负责医疗广告的监督管理。

3. 药政管理

（1）药剂管理：对医疗机构的药剂管理，主要是加强对医疗机构在采购药品、自制制剂、储存药品、分发药品方面的质量管理和经济管理，并对处方药和非处方药进行分类管理。其中，《药品管理法》内容上涉及药品的研制、生产直至临床使用的全过程，另对麻醉药品、精神药品、医疗用毒性药品、放射性药品等进行特殊管理，保障有效用药和安全用药。

药物临床试验质量管理规范，对医疗机构进行药物临床试验做出了具体的规定。为构建备案制下的药物临床试验机构监管体系，提高药物临床试验机构质量管理水平，各省药监局陆续出台药物临床试验机构监督检查管理办法及配套文件加强对药物临床试验机构的监督管理。

（2）药物政策：医疗机构应当执行《关于建立医药购销领域商业贿赂不良记录的规定》，遵守《药品集中采购监督管理办法》《医疗机构药品集中采购工作规范》及合理用药、抗菌药物临床应用的有关规定，并接受行政主管部门对药品采购、使用的监督检查。

4. 中医管理

相关的法律法规有《中医药法》《中药品种保护条例》《中医病历书写规范》以及中药材生产质量管理规范等。在《中医药法》中明确了中医医师、中医诊所和中药等方面的管理制度，同时规范中医药从业行为，明确中医诊所、医疗机构、中医医师违法执业及违法使用中药饮片、制剂、药材，违法发布中医医疗广告的法律责任。

5. 妇幼保健

从事助产技术服务、结扎手术和终止妊娠手术的医疗、保健机构和人员以及从事家庭接生的人员，须经县级人民政府卫生健康行政部门许可，并取得相应的合格证书；从事婚前医学检查的医疗、保健机构和人员，须经设区的市级人民政府卫生健康行政部门许可；从事遗传病诊断，产前诊断的医疗保健机构和人员，须经省、自治区、直辖市人民政府卫生健康行政部门许可。

国家建立孕产妇死亡、婴儿死亡和新生儿出生缺陷监测报告制度。卫生监督人员可以向医疗、保健机构了解情况，索取必要的资料，对母婴保健工作进行监督检查，医疗、保健机构不得拒绝和隐瞒。卫生监督人员对医疗、保健机构提供的技术资料负有保密的义务。

6. 社会医疗保险

在社会医疗保险制度中，对于参保人来说，因为医疗费用可以报销，所以可能会出现过度医疗的行为，采取不正当手段（甚至违法手段）骗取医疗保险基金，如冒用他人的医保卡进行就诊配药，然后将药品非法出售，从中获利；伪造医院处方单，到医院药房领取药品，再低价卖给药贩套取现金。

医院常见医保违规行为有以下几种：违反诊疗规范过度医疗、过度检查的行为；违反物价规定重复收费、超标准收费、分解项目收费行为；串换药品、药用耗材、诊疗项目和服务设施行为；将不属于医保基金支付范围的医药费用纳入医疗保障基金结算；诱导、协助他人冒名或者虚假就医、购药、提供虚假证明材料、虚构医药服务项目等。

对医疗机构的监管,一般是在医疗保险服务合同中明确对定点医院的要求,包括定点医院的权利和职责,用药、诊疗和设备使用规范、费用支付方式、考核和奖惩办法等,并建立医疗保险服务信息系统,对医疗机构和患者的医疗行为进行实时监督,动态管理。

【案例展示】

2019年12月30日,某医院曾因新建放射诊疗建设项目未按规定验收合格就投入使用的违法行为,受到当地卫生健康委警告的行政处罚。2020年8月14日,总队执法人员对该医院进行放射卫生监督执法发现:该医院新建放射诊疗建设项目按规定开展了职业病危害评价和行政审批,但放射治疗项目因医用加速器防护性能不合格未被竣工验收,验收批复中明确指出待加速器性能符合相关标准后,需重新申请竣工验收。

第四节　行政处罚与救济

一、行政处罚

【目标要求】

医疗机构在日常的行政事务中,会遇到不同部门的执法机构,根据依法执业的要求,做到知法懂法用法。

【管理要点】

- 了解常规行政处罚的流程。
- 正确配合执法部门的执法。
- 不同的执法机构对行政违法行为依据的法条不同。
- 做好日常的普法宣传。

【实操要素】

行政处罚是指行政机关依法对违反行政管理秩序的公民、法人或者其他组织,以减损权益或者增加义务的方式予以惩戒的行为。

行政处罚的种类包括:①警告、通报批评;②罚款、没收违法所得、没收非法财物;③暂扣许可证件、降低资质等级、吊销许可证件;④限制开展生产经营活动、责令停产停业、责令关闭、限制从业;⑤行政拘留;⑥法律、行政法规规定的其他行政处罚。

与医疗机构密切相关的行政处罚的执法机构包括以下几点。

(一) 卫生类执法机构

国家疾控局综合监督一司职能:承担医疗机构疾病预防控制监督工作,组织对医疗机构开展疾病预防控制工作的督导、检查和考核,依法组织查处传染病防治重大违法行为,指导建立疾病预防控制监督员制度。

国家疾控局综合监督二司职能:承担公共卫生监督工作,组织指导地方开展职业卫生、放射卫生、环境卫生、学校卫生、公共场所卫生、饮用水卫生监督检查工作,依法组织查处公共卫生重大违法行为,完善卫生健康综合监督体系。

(二) 医保类执法机构

国家医保局基金监管司主要职能为:拟订医疗保障基金监督管理办法并组织实施;建立健全医疗保障基金安全防控机制,建立健全医疗保障信用评价体系和信息披露制度;监督管理纳入医保支付范围的医疗服务行为和医疗费用,规范医保经办业务,依法查处医疗保障领域违法违规行为;承担局党组、局领导交办的其他事项。目前各省市根据国家医保局的设置,各地基本上以监管处为单位进行执法。国家医保局会根据工作需要对各地进行飞行检查,也是发现问题的一种常规方法。

(三) 市场监督类执法机构

国家市场监督管理总局执法稽查局:拟订市场监管综合执法及稽查办案的制度措施并组织实施。指导查处市场主体准入、生产、经营、交易中的有关违法行为和案件查办工作。承担组织查办、督查督办有全国性影响或跨省、自治区、直辖市的大案要案和典型案件工作。负责市场监管执法办案信息系统建设和管理工作。指导地方市场监管综合执法工作。组织协调全国打击侵犯知识产权和制售假冒伪劣商品工作。根据总局各个部门的分工及隶属关系,各地建立起了执法稽查处等机构进行执法。医疗机构的相关医疗活动处在市场监管下,例如药品、医疗器械的销售等。

(四) 其他执法机构(消防、环境、城管等)

医院作为独立的法人机构,在后勤物业方面,医疗废物方面,既要根据医院的实际情况进行人员成本控制,又要在法律法规的要求下进行合法处理医疗废物。近年来,疫情常态化的要求下,医疗机构都需要储备一些负压病房、负压手术间。在设计负压病房与手术间时,既要符合院感要求,又要符合消防法相关的技术指标,这就要求我们在改造病房投入更大的技术成本。在医院的正常运行中医疗机构会与消防、环境、城管等相关部门就相关的执法进行沟通。

(五) 行政处罚的强制执行

根据《行政处罚法》,违法行为在 2 年内未被发现的,不再给予行政处罚;但涉及公民生命健康安全、金融安全且有危害后果的,上述期限延长至 5 年。

【案例展示】

2021年8月5日,某地市场监督局接举报,反映某医院销售给患者的某药业股份有限公司生产的维生素C片已经超过了保质期。

经查:2020年5月8日,某医院从某医药有限公司购进50瓶某药业股份有限公司生产的维生素C片(有国药准字号,生产日期为2020年1月4日,有效期至2021年6月),进价2.7元/瓶。某医院购进上述维生素C片后,即放置于医院的西药房内,凭本院医生所开的处方进行销售、使用。2021年8月4日,患者在该医院就诊后,凭医生处方在该医院的西药房内领取到了一瓶维生素C片。患者确认发现该维生素C片的生产日期为2020年1月4日,有效期至2021年6月,遂于2021年8月5日前往该地市场监督管理局进行举报,市场监督管理部门现场对上述维生素C片予以扣押。

《药品管理法》第九十八条第一款规定"禁止生产(包括配制,下同)、销售、使用假药、劣药",第九十八条第三款第(五)项"有下列情形之一的,为劣药:(五)超过有效期的药品"。该医院在其西药房使用、销售的维生素C片为药品,在2021年8月4日销售给患者的药物已经超过了药品标注的有效期,且在2021年8月5日市场监督管理部门检查时该批次维生素C片仍在药品架上。当事人的行为违反了《药品管理法》第九十八条第一款的、第九十八条第三款第(五)项规定。

市场监督局认为,该医院作为一所拥有执业许可的合法的医疗机构,其内设的药剂科以及药房的管理人员均是经过培训并拥有执业资质的人员,在其药房使用的药品中出现了超过保质期的情况主观上应属于间接故意。该医院药房和药剂科均有相应的药品管理系统,也建立了相关的药品管理制度,但其药品管理系统确不能如实地反映其使用药品的真实的生产批号和日期,是导致其违法行为产生的直接原因。该医院虽然制定了相关的药品管理和使用制度,但在实际操作中并未能严格执行,本案所涉及的违法行为是经患者举报而发现,并不是当事人自我发现,并且涉案的药品已经销售给患者,如无人举报,涉案药品将继续流入市场。其整改行为也是在违法行为发生后在监管部门的监督下完成的。故该医院的违法行为并不能适用《行政处罚法》第三十二条和三十三条的规定。综上所述:根据《药品管理法》第一百一十九条"药品使用单位使用假药、劣药的,按照销售假药、劣药的规定处罚,情节严重的,法定代表人、主要负责人、直接负责的主管人员和其他责任人员有医疗卫生人员执业证书的,还应当吊销执业证书。"《药品管理法》第一百一十七条"生产、销售劣药的,没收违法生产、销售的药品和违法所得,并处违法生产、销售的药品货值金额十倍以上二十倍以下的罚款,违法生产、批发的药品货值金额不足十万的,按十万元计算,违法零售的药品货值金额不足一万元的,按一万元计算、情节严重的,责令停产停业整顿直至吊销药品批准证明文件、药品生产许可证、药品经营许可证或者医疗机构制剂许可证。"的规定。决定对当事人处罚如下:①没收扣押的维生素C片13瓶;②没收违法所得2.7元;③罚款100 000元。

二、行政处罚的救济

【目标要求】

正确合理地利用法律赋予的权利,合理地进行维权,通过本节,了解合法维权的程序,根据案件的实际情况,选择恰当合理的维权途径。

【管理要点】

- 了解行政复议与行政诉讼的启动条件。
- 正确理解行政复议和行政诉讼。
- 根据遇到的不同行政处罚,选择合理的维权程序。

【实操要素】

(一) 行政复议

行政复议是指行政相对人认为行政主体的具体行政行为侵犯其合法权益,依法向行政复议机关提出复查该具体行政行为的申请,行政复议机关依照法定程序对被申请的具体行政行为进行合法性、适当性审查,并作出行政复议决定的一种法律制度。

1. **行政复议的范围** 有下列情形之一的,公民、法人或者其他组织可以依照本法申请行政复议:①对行政机关作出的警告、罚款、没收违法所得、没收非法财物、责令停产停业、暂扣或者吊销许可证、暂扣或者吊销执照、行政拘留等行政处罚决定不服的;②对行政机关作出的限制人身自由或者查封、扣押、冻结财产等行政强制措施决定不服的;③对行政机关作出的有关许可证、执照、资质证、资格证等证书变更、中止、撤销的决定不服的;④认为行政机关侵犯合法的经营自主权的;⑤认为符合法定条件,申请行政机关颁发许可证、执照、资质证、资格证等证书,或者申请行政机关审批、登记有关事项,行政机关没有依法办理的;⑥申请行政机关履行保护人身权利、财产权利、受教育权利的法定职责,行政机关没有依法履行的;⑦认为行政机关的其他具体行政行为侵犯其合法权益的。

2. **行政复议申请人和行政复议机关** 行政复议的申请人只能是认为自己合法权益受到侵害的公民、法人或者其他合法组织。行使国家权力的机关作为当事一方,不能提起行政复议。行政复议机关一般行政部门的行政复议为本级人民政府或上一级人民政府的主管部门,提起行政复议的当事人可以选择管辖。医疗机构一般属于驻地管辖,由所在区(县)卫生健康委进行业务管辖,所以行政复议一般选择区(县)政府或者市(自治州)卫生健康委。但是,对于国家垂直领导行政机关的行政复议需要向上一级主管部门申请,例如税务、海关(进口医疗器械)等。

3. 行政复议的申请与受理 行政复议法规定在 60 天内(其他法律规定超过 60 天的,按照其法律规定执行)行政复议的申请人可以书面或者口头申请行政复议。申请期限从申请人知道作出该具体行政行为之日算起。

行政复议机关负责法制工作的机构收到复议申请后即为受理,但是对于不符合法律规定的申请决定不予受理,并书面告知申请人。

特殊情况有:根据行政法复议法规定:政府复议机关收到行政复议申请后,应当在五日内进行审查,对不符合本法规定的行政复议申请,决定不予受理,并书面告知申请人;对符合本法规定,不属于本机关受理的行政复议申请,应当告知申请人向其有关行政复议机关提出。

4. 行政复议的审理、决定和执行 行政复议机关在审查行政复议案件时,应当有两名以上符合法定资格的行政复议人员参加,原则上实行书面审查的办法,但是申请人提出要求或者行政复议机关负责法制工作的机构认为有必要时,可以向有关组织和人员调查情况,听取申请人、被申请人和第三人的意见。

行政复议的举证原则:由行政复议被申请人对被申请行政行为的合法性与适当性承担举证责任。被申请人应当自收到申请书副本或者申请笔录复印件之日起 10 日内,提出书面答复,并提交当初作出行政行为的证据、依据和其他有关材料。在行政复议过程中,被申请人不得自行向申请人和其他有关组织或者个人收集证据。对于申请人而言,举证是一项权利,但在例外的情况下,申请人须承担举证责任,具体而言:①认为被申请人不履行法定职责的,提供曾经要求被申请人履行法定职责而被申请人未履行的证明材料,例如发生医疗纠纷时,医疗机构工作人员拨打了报警电话后,警察未及时出现或者出现后未及时平息冲突而导致的不作为;②申请行政复议时一并提出行政赔偿请求的,提供受行政行为侵害而造成损害的证明材料,例如被处罚暂停执业六个月后,其六个月的实际损失额。需要强调的是,被申请人在行政复议期间禁止收集证据,而申请人和第三人在行政复议过程中允许收集证据。

行政复议的决定程序:负责行政机关复议的法制机构,对具体的行政行为进行审查,提出法律意见后,复议行政机关的行政负责人作出行政复议的决定。复议机关应在 30 日内依法处理,如果一并对相关规定提出复议的,复议机关无权处理的,复议机关应当在 7 日内按照法定程序转送至有权处理的机关,有权处理的机关应在 60 日内依法作出相应的处理。

相应的复议机构在合法作出复议决议后,行政复议决定书依据《民事诉讼法》的相关规定进行送达。

对不履行行政复议决定的申请人采取的执行措施由原机关或者复议机关依法强制执行或者申请人民法院强制执行。

【案例展示】

　　2020 年 7 月 14 日,某患者到某医院就诊;2020 年 7 月 29 日,该患者取得医学影像检查报告并再次到该医院就诊。经诊查,该医院医师根据患者病情开具了诊断证明书,建议休息 1 个月,并加盖门诊休假专用章。其后,申请人(患者)就该诊断证明书的相关问题向该地卫生健康行政部门进行举报反映。2020 年 10 月 15 日,被申请人(某医院)针对申请人的举报予以受理。调查期间,被申请人组织该地骨科专家对该诊疗问题进行分析研判,认为开具一个月的休假证明符合医疗常规及特定疾病的发展规律。2020 年 11 月 13 日,被申请人作出涉案答复并送达申请人。被申请人向复议机关提供了相关的证据材料。

　　相关部门认为:根据《执业医师法》第二十三条及《医疗机构管理条例》第三十二条的规定,医疗机构出具相应证明文件须经过医师亲自诊查。当地卫生行政部门印发的《医学诊断证明书管理规定》第四条规定,医师开具的诊断证明书、休假证明,日期应填写就诊当日,当日盖章有效。原则上,急诊开具病休假时间一般不超过 3 天,门诊不超过 1 周,慢性病不超过 2 周,特殊情况不超过 1 个月。门诊病休证明书仅供病人单位参考。关于建休天数,被申请人组织当地骨科专家对该诊疗问题进行分析研判,未发现存在违反上述《医学诊断证明书管理规定》的情形,并且申请人也未就此问题向复议机关进行举证以佐证自身主张。据此,被申请人作出的涉案答复符合法律规定,且无明显不当之处。根据《中华人民共和国行政复议法》第二十八条第一款第一项之规定,决定维持被申请人作出的答复。

(二) 行政诉讼

《行政诉讼法》是为保证人民法院公正、及时审理行政案件,解决行政争议,保护公民、法人和其他组织的合法权益,监督行政机关依法行使职权而制定的法律。法院是通过审判方式解决行政争议的唯一机关。

1. 行政诉讼的受理范围

(1)对行政拘留、暂扣或者吊销许可证和执照、责令停产停业、没收违法所得、没收非法财物、罚款、警告等行政处罚不服的。

(2)对限制人身自由或者对财产的查封、扣押、冻结等行政强制措施和行政强制执行不服的。

（3）申请行政许可，行政机关拒绝或者在法定期限内不予答复，或者对行政机关作出的有关行政许可的其他决定不服的。

（4）对行政机关作出的关于确认土地等自然资源的所有权或者使用权的决定不服的。

（5）对征收、征用决定及其补偿决定不服的。

（6）申请行政机关履行保护人身权、财产权等合法权益的法定职责，行政机关拒绝履行或者不予答复的。

（7）认为行政机关不依法履行、未按照约定履行或者违法变更、解除政府特许经营协议、土地房屋征收补偿协议等协议的。

（8）认为行政机关侵犯其他人身权、财产权等合法权益的。

以及其人民法院受理法律、法规规定可以提起诉讼的其他行政案件。

2. 行政诉讼的受理与当事人　行政诉讼原告是认为行政机关的具体行政行为侵犯其合法权益，依法以自己的名义向人民法院提起的法人、公民或者其他合法组织。行政诉讼的被告可以是作出决定的行政机关，也可以是行政复议的机关，具体情况依据行政复议的结果而定。

公民、法人或者其他组织不服复议决定的，可以在收到复议决定书之日起十五日内向人民法院提起诉讼。复议机关逾期不作决定的，申请人可以在复议期满之日起十五日内向人民法院提起诉讼。

3. 行政诉讼管辖与审判程序　行政案件由最初作出行政行为的行政机关所在地人民法院管辖。经复议的案件，也可以由复议机关所在地人民法院管辖。

行政诉讼管辖分为级别管辖、地域管辖和裁定管辖三类。级别管辖是划分上下级人民法院之间受理第一审行政案件的分工和权限。基层人民法院是我国审判机关的最基层单位，除法律另有特殊规定外，一般医疗机构的行政案件都由基层人民法院管辖。中级人民法院管辖的第一审行政案件为：①确认发明专利权的案件、海关处理的案件；②对国务院各部门或者省、自治区、直辖市政府所作的具体行政行为提起诉讼的案件；③本辖区内重大、复杂的案件。

诉讼程序分一审和二审。

一审：①起诉行政诉讼适用"不告不来"原则，即当事人不起诉，人民法院不能主动受理。②受理人民法院经审查认为符合起诉条件的，应当在7日内立案受理。经审查不符合起诉条件的，在法定期限内裁定不予受理。③人民法院审理的主要内容是对具体行政行为的合法性进行审查。人民法院审理行政案件，不适用调解。④裁判（裁定和判决的合称）：裁定是法院在案件审理判决执行中，就程序问题或部分实体问题所作的决定；判决是法院就解决案件的实体问题所作的决定。

二审：指上级人民法院根据当事人的上诉，对下一级人民法院未发生法律效力的判决、裁定进行审理。我国行政案件的审理采取两审终审制度。

4. 行政诉讼调解与行政诉讼举证责任 行政诉讼中行政行为合法性审查部分禁止使用调解；但是行政赔偿、补偿以及行政机关行使法律、法规规定的自由裁量权的案件可以调解。

5. 行政诉讼的特殊制度与规则 被告行政机关负举证责任，《行政诉讼法》规定，被告行政机关对具体行政行为负举证责任是行政诉讼举证责任分担的基本原则，被告应当提供据以作出被诉具体行政行为的全部证据和所依据的规范性文件。具体行政行为合法与否是行政案件的核心问题，当被告不能证明具体行政行为合法时，将承担败诉后果。

原告的举证行政诉讼中，被告对具体行政行为承担举证责任，但不能将此理解为严格、绝对的责任，因为并不排除在某些情况下原告亦应提供证据：①原告向法院起诉时，应当提供证明起诉符合法定条件的相应的证据材料；②在起诉被告不作为的案件中，原告应当提供其在行政程序中曾经提出申请的证据材料；③在行政赔偿诉讼中，原告应当对被诉具体行政行为造成损害的事实提供证据等；④其他情况等。

但是，原告可以提供证明被诉具体行政行为违法的证据，其提供的证据不成立的，不免除被告对被诉具体行政行为合法性的举证责任。对被告行政机关收集证据的限制在行政诉讼中，被告行政机关对具体行政行为承担举证责任。

证据必须当庭质证才能作为定案证据是行政诉讼证据的基本采信规则。复议机关在复议过程中收集和补充的证据，不能作为人民法院维持原具体行政行为的根据。被告在二审过程中向法庭提交在一审过程中没有提交的证据，不能作为二审法院撤销或者变更一审裁判的根据。因为一审裁判是否正确只能以作出该裁判时被告提交的证据为准。这条规定主要是针对行政机关在一审中不提供证据，而在二审中提供证据的情形。这些证据即使是行政机关在作出具体行政行为的过程中收集的合法真实的证据，法院也不能将其作为定案的根据。

6. 行政案件的裁判与执行 行政案件裁定、判决的执行，是指人民法院作出的裁定、判决发生法律效力以后，一方当事人拒不履行人民法院的裁判，人民法院根据另一方当事人的申请，实施强制执行，或者由行政机关依照职权采取强制措施，以执行人民法院裁判的法律制度。

三、行政复议与行政诉讼的关系

作为对行政行为的救济方式，在法律应用上既有相同点也有不同点，其目的都是解决行政争议，维护相对人的合法权益，都是依申请启动相关程序，主要注意其不同点：例如行政诉讼两审终审，而行政复议只有一级；行政复议的范围更广；行政诉讼的程序更严格等。多数情况下，当事人可以在两者之间进行自由选择；特殊情况下，复议为诉讼的必经程序或者复议为终局。

（万 玲 张 清 蔡 威 张 浩 李晓艳 陈灏珠）

第十章
医疗机构法务部与外聘律师管理 ▮▮

党的十八届四中全会出台《中共中央关于全面推进依法治国若干重大问题的决定》,确立了建设中国特色社会主义法治体系、建设社会主义法治国家的总目标。对于卫生健康领域而言,医疗机构处于基本医疗服务体系运作的核心位置,医疗机构法治建设的推进既关系到医药卫生体制改革的成效,同时也是医疗卫生领域治理体系与治理能力现代化的体现。当前医疗机构法务部的设置与管理成为考量医疗机构法治建设的核心关键。

第一节 医疗机构法务部的管理

一、医疗机构法务部管理的目标

目前,依法管理已经深入各行各业,医疗机构法律事务与日俱增。如果医疗机构在依法管理、规范经营等方面有所欠缺,势必会带来医疗资源和医疗资金的浪费,甚至会有损医疗机构自身的利益,最终损害患者的利益。因此完善医疗机构法律事务工作,发挥法律的保障作用,在日常运营中防患于未然,是现代医院管理体系不可或缺的重要环节,具有重要的理论与现实意义。

而医疗机构法务部的设立,将促进医院依法治院、合规运营的先河,开创医院管理运营的新模式。医疗机构法务部作为独立部门,除了履行对医疗机构法律事务进行决策与执行的职能外,还需对自身组织人事等事项进行管理。因此可以说医疗机构法务管理既是一种专业管理又是一种部门管理。总的来说,医疗机构法务管理的目标主要涉及两方面内容:一是满足医疗机构自身法律事务解决的需求,主要包括专业的法律支持、事前的风险防范、事中的行为监督以及满意的纠纷处理;二是提高法务部自身组织结构设计及人员绩效管理,主要包括合理的组织结构设计、有效的绩效考核以及积极的激励机制建立。

(一)专业的医疗法律支持

医疗机构法务管理是对医疗事务的专业管理,故首要目标应是能在医疗机构内部提供有效的法律专业支持。随着社会的进步、医疗机构的改革、医学技术的发展、互联网的兴起等，医疗机构需要解决的法律事务数量增多、种类增加、情况复杂。医疗机构面临的传统法律事务主要包括：医疗纠纷、合作经营、合同审核、人事劳动纠纷、知识产权保护、成果转化、医疗广告发布、行政处罚等。随着社会的进步，人们的权利意识逐渐增强，隐私权、知情同意等法律问题不断涌现。同时医学技术以及互联网的发展带来了一系列新兴的法律问题。疫情发生后，医疗机构如何依法接受社会捐赠也成为重要法律问题之一。因此医疗机构法务部管理的首要目标便是通过法务部的有效运作为医疗机构的运行提供专业的医疗法律支持，保障医疗机构的合法合规运行。

（二）事前的医疗风险防范

医疗机构在运行过程中，必然会发生合同、医疗纠纷、投融资、知识产权、劳动用工等事项，医疗机构法务部应当满足医疗机构内部各部门对相应事项的法律需求。医疗机构处于一个不断变化的外部环境中，内部环境也在不断发展变化。这些变化和发展，给医疗机构带来发展机遇的同时也带来了风险。因此，医疗机构法务管理的另一核心目标即在该风险发生，也即风险出现之前，运用专业技能和经验，提出防范措施。而风险的防范主要通过制度的建立和流程优化，因为制度和流程都是人来执行的，故风险防范还须对人进行挑选、教育、培训。医疗机构法务部可通过在医疗机构内部进行风险防范意识宣讲，推行风险防范政策。把风险防范的措施，通过岗位职责固化到每个相关责任人的身上。唯有如此，才能将拟定的风险控制制度落到实处。在执行风险防范流程时，也才能确保有效。

（三）事中的行为监督管理

事前虽然能对医疗风险进行防范，但医疗行为过程中仍存在着各种不确定性风险因素，因此事中的行为监督也是法务部业务管理的核心内容。事中的行为监督是指法务部对医疗机构和医务人员在实施具体行为过程中可能发生的法律风险进行防范和控制。如可通过联合各科室制订具有针对性的诊疗规范和技术操作规范法律要点手册，在诊疗行为过程中注意各事项的告知，通过签订和履行合同来确定各方权利义务。只有将法律风险防范融入具体的医疗业务过程当中，才能切实做好事中的行为监督管理。

（四）满意的医疗纠纷处理

医疗行业是一个高风险行业，随着人民群众对医疗需求的逐渐增长，人们对医学技术的要求也越来越高。众所周知，人类对生命科学的认识还在不断发展中，对生命的整体性仍存在很多未知因素，即便是在医学技术迅速发展的当下，医疗手段的相对有限性也使得医疗工作不可避免地存在一些风险，例如医疗意外、并发症、误诊、漏诊等。与此同时，在深化医疗体制改革的当下，医疗机构要实现绝对的"科学规范、有效管理"也是一件相当困难的事情，这在一定程度上也增加了医疗纠纷发生的概率。另外,受疾病观念的影响,部分患者和家属对医疗机构和医生有着过高的道德和技术要求,一定程度上忽视了作为医生的个体差异性和个体价值权利,从而加剧了医患间的不信任,增加了医疗风险。

医疗纠纷涉及刑事、民事、行政等方方面面的法律问题,而且往往是涉及身体和生命的大事。因此,医疗机构的法律事务往往需要通过司法诉讼途径才能解决。其中医疗纠纷的处理,是医疗机构法务部的核心和重要事务之一。与企业法务部不同,企业法务管理的目标之一是使企业法务人员的案件处理结果达到或超越管理者或老板的期望。然而因医疗纠纷往往涉及身体和生命的重大问题,因此医疗机构法务部除了要通过专业的法律途径保障医疗机构及医务人员的合法权益外,也应尽量平衡医患之间的关系,医疗纠纷的解决不应是一方赢另一方输,理想的状态应是通过法律的理性途径达到"定分止争"的目的。

医疗纠纷的处理主要通过起诉、应诉的方式解决。医疗纠纷应诉,要求医疗机构法务部组织法务人员或外聘律师,应对医疗机构面临的医疗诉讼。医疗纠纷起诉,则要求医疗机构法务部组织法务人员或外聘律师,通过专业法律手段保障医护人员及医疗机构的合法权益。

诉讼并非医疗纠纷解决的唯一途径,双方自行和解、行政调解和人民调解都不失为解决此类纠纷的优选方式。

医患双方和解是指各方当事人在没有第三方参与的情况下,就争议事项相互让步,或一方通过解释说明取得对方谅解,最终未经第三方介入,自行达成一致意见,平息纷争,化解矛盾的活动。一般在下述两种情况下适用。

一是患方投诉医护人员态度问题,反映挂号难、流程烦琐、等候及排期时间长等没有给患者造成实质性损害的问题时,一般通过医疗机构法务部向患方进行解释说明或者协调。

二是患者虽有损害,但并不严重,不涉及金钱赔偿或涉及的金钱赔偿数额较低,且医方认可自身应承担一定责任的,医疗机构法务部通过与患方沟通、谈判,往往最终也能与患方达成一致意见,此种情况下,最好签和解协议。

医疗纠纷行政调解是指国家卫生健康行政管理部门,在双方当事人自愿的前提下,根据法律规定,对属于本机关职权范围内平等主体之间的民事纠纷,通过说服劝导,使纠纷双方相互谅解,在平等协商的基础上达成一致协议,从而合理、彻底地解决纠纷的活动。医疗行政调解一般由医疗机构属地基层卫生健康行政管理部门负责主持调解,死亡患者、二级以上医疗事故或法律规定的其他情形须由基层卫生行政管理部门处理。行政调解属于诉讼外调解,达成的协议本质上属于合同,该协议虽不具有法律上强制执行的效力,但如果不存在法定的无效和可撤销的情形,对双方当事人是具有法律约束力的。

医疗纠纷人民调解是指在人民调解委员会主持下,以国家法律、法规、规章和社会公德规范为依据,对产生纠纷的医患双方进行调解、疏导,促使当事人在平等协商基础上自愿达成调解协议,解决医疗纠纷的活动。调解的主体是依法设立的调解民间纠纷的群众性组织。医疗纠纷人民调解基于当事人申请或者人民法院委托启动。人民调解与行政调解一样,也属于诉讼外调解,医患双方达成的协议虽不具有法律上强制执行的效力,但如果不存在无效和可撤销的情形,对双方当事人具有法律约束。

(五)合理的组织结构设计

医疗机构法务管理不仅是专业管理,同时还是部门管理。近几年,医疗机构面临的法律事务日趋增多且内容日趋复杂,而法律事务的解决则需要相应的组织系统来支撑。因此医疗机构是否需要设置独立的法制部门以及如何设置法务部门成为医疗机构决策层面需要考虑的重要问题。

当前我国医疗机构法治运行主要有五种模式:法制部门模式;法制部门+外聘法律顾问模式;其他行政部门+外聘法律顾问模式;长期外聘法律顾问模式;临时外聘法律顾问模式。目前主流观点认为可在三级医疗机构设立专门的法务部门,二级及以下医疗机构根据自身实际情况而定。法务部的主要法律事务分类如图 10-1 所示。

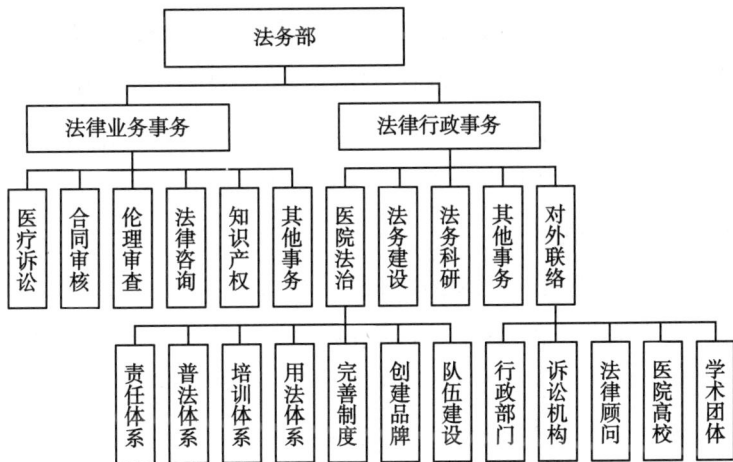

图 10-1　法务部法律事务分类

根据医疗机构法治建设的现实需求以及医疗机构法律事务内容属性,医疗机构法务部的职责包括处理法律业务和承担法律行政事务两大方面,其中行政事务在医院法治建设方面起着举足轻重的作用,是要建立体制机制、拟定工作制度、规范工作流程、协调部门合作等。医疗机构法务部的法律业务事务主要包括:医疗诉讼、合同审核、伦理审查、法律咨询、知识产权和其他事务。医疗机构法务部的法律行政事务主要包括:医院法治、法务建设、法务科研、对外联络、其他事务。

(六) 有效的人员绩效考核

医疗机构法务管理不仅是专业管理,同时还是部门管理。部门管理是医疗机构管理的一部分。医疗机构的管理离不开有效的绩效考核。医疗机构法务部通过有效的绩效考核帮助法务部达成相应的管理目标。

绩效考核,是将被考核人员的工作结果,与事先制订好的工作目标进行对比,来对被考核人员的工作进行打分,并将结果反馈至被考核人员的过程。如何制订和布置合理的工作目标并对其进行管理,是绩效考核的关键所在。工作目标制订的核心原则是:Specific(明确性)、Measurable(可衡量性)、Attainable(可达成性)、Relevant(相关性)和 Time-bound(时限性)。医疗机构法务工作有其自身的特点,一方面医疗机构法务工作涉及与医疗相关的方方面面的法律知识;另一方面医疗机构法律风险的控制与管理无法仅依靠书本理论来达成,还需要从实践经验中总结和归纳。

因此对医疗机构法务人员的绩效考核可分为两部分。一是对其法律专业性业务提供的考核:对于法律专业知识的考核,在实际情况中并不容易实现,特别值得注意的是,医疗法律事务因涉及身体、生命的重大问题,对其法律专业性业务的提供不能仅从"诉讼输赢"的角度来判断,而应综合考虑法律事务最终达成的秩序效果,是否有利于医疗机构发展和医患和谐。二是对其经验性工作成果提供的考核:医疗机构法务部需要对医疗风险进行防控,而医疗行为又是极具个体性、情境性的行动,因此对医疗机构法务部经验性工作成果的考核在一定模式化、标准化的考核机制之下还需结合实际情况灵活考察。

(七) 积极的人员激励机制

医疗机构作为专业性极强的一个机构,非医学专业的法务人员很容易受到忽视,处于医院体系的边缘地位是可以想见的,其发展的天花板也触手可及。在当下的环境中,医院法务人员很难进入医院的领导层,至多成为法务部门的负责人。这给医院法务人员的稳定性以及由此而来的专业性带来了极大的障碍,从而影响法务体系应有作用的发挥,进一步导致医院法务体系的边缘化,形成恶性循环。为打破这一恶性循环,如何提升其职业前景,提高医院法务的上升空间是医院法务体系建设中的重要一环。医院的法务管理要"避免和防止游离于医疗机构决策层之外,避免只是充当临时消防队和咨询顾问的被动角色",而应当"在制度上保证法务部门对重大经营活动的知情权和法律审核权",提升法务部门法务人员的职业前景,培养自身专业的法律人才,构建健康、可持续的医疗机构。

医疗机构法务管理要求法务部门管理者在法务人员中创建一种有效的激励机制。法务人员属于典型的知识型员工,对其进行激励,首先要符合对知识型员工的激励。知识型员工具有自主性、独立性、自我价值感强等特点。据此,对知识型员工的激励,一般包括尊重理解、及时反馈、个性对待等原则。法务管理,要建立有效激励机制,同样要遵守这些原则。要尊重法务人员的工作,激发其工作热情,创造条件让法务人员独立地、创造性地对工作负责,对不同的法务人员采取不同的激励策略等。

二、医疗机构法务部的业务管理

医疗机构法务部的业务管理涉及医疗机构事务的方方面面,纷繁复杂。针对医疗机构的不同具体业务,法务部的业务管理大致可从三阶段进行:事前的风险管理、事中的行为监管和事后的纠纷应对。

(一)医疗机构常规诊疗行为的法务管理

1. 医师依法执业资质的法务管理

【目标要求】

根据《医师法》,为了加强对执业医师的管理,保障其执业活动的合法性,根据医院的实际情况,首先需要对医师执业资质予以管理。执业医师是指具有医师执业证及其"级别"为"执业医师"且实际从事医疗、预防保健工作的人员。医师执业必须取得医师资格证书和医师执业证书,方可从事医师工作,独立开展诊疗活动。未取得医师资格证书和医师执业证书或未办理变更注册手续的人员必须在上级执业医师的指导下开展诊疗活动,不得单独从事医师执业活动,包括不能出具任何形式的医学证明文件和医学文书。未进行执业注册的医师书写的有关诊疗活动的记录,必须由上级执业医师签字确认。

【实操要素】

(1)医师依法执业资质的具体细则规定

1)临床研究生(包括长学制学生、硕士研究生、博士研究生),根据各医院相关情况安排参加国家医师资格考试,通过考试考取医师资格证书后,注册医师执业证书后方可在注册机构单独从事医师执业活动。

2)医院调入、借调或聘用的医师以及在医院进修学习、在职攻读临床研究生学位的医师,如需独立从事医师执业活动,必须进行执业医师注册或变更注册,确保依法行医,如未在医院进行执业注册,则不可独立从事医师执业活动。

3)具有医师资格证书和医师执业证书的医师,必须按注册的地点、机构、类别和范围执业,但下列情况除外:对患者实施紧急医疗救护;临床医师依据《住院医师规范化培训规定》和《全科医师规范化培训试行办法》等,进行临床专科的;依据国家有关规定,经医疗、预防、保健机构批准的卫生支农、会诊、进修、学术交流、承担政府交办的任务和卫生健康行政部门批准的义诊等;省级以上卫生健康行政部门规定的其他情形。

4）从事医学影像、病理、超声、心电图等专业技术工作,其诊断报告必须由具有执业医师资格的人员出具。

5）医院聘用岗位不属于独立开展诊疗活动者,不予进行医师执业注册。

6）医师因退休、辞职或工作调动等原因不在本医院从事医疗活动的,应按照相关规定办理执业事宜。

7）未取得医师资格的医学专业毕业生,违反规定擅自在医疗机构中独立从事临床工作的;取得医师资格但未经医师注册取得执业证书而从事医师执业活动;以及不按执业注册地点、机构、类别和范围执业的人员,按相关规定处理或承担相关的法律责任。

（2）非法行医可能涉及的法律责任

1）刑事责任:《刑法》第三百三十六条规定,未取得医生执业资格的人以营利为目的的非法行医,为他人治病,情节严重的行为,构成非法行医罪。

2）行政责任:《医疗机构管理条例》第二十八条规定,医疗机构不得使用非卫生技术人员从事医疗卫生技术工作。《医疗机构管理条例》第二十四条规定,任何单位或者个人,未取得医疗执业许可证。不得展开诊疗活动;第四十四条规定,违反本条例第二十四条规定,未取得医疗机构执业许可证擅自执业的,由县级人民政府卫生健康行政部门责令其停止执业活动,没收非法所得和药品、器械,并可以根据情节处以1万元以下罚款;第四十八条规定:违反本条例第二十八条规定,使用非卫生技术人员从事医疗卫生技术工作的,由县级以上人民政府卫生健康行政部门责令其限期改正,并可以处以5 000元以下的罚款;情节严重的,吊销其医疗机构执业许可证。

3）民事责任:就诊者因非法行医起诉民事赔偿的,应当按照《民法典》及相关司法解释关于一般侵权的规定予以处理,不宜适用医疗侵权的相关规范。

（3）医师依法执业资质的法务管理:医师依法执业资质的取得涉及医师自身的职业生涯以及医疗机构的合法运营,如未能对医师依法执业资质进行严格管理,严重者甚至涉及刑事责任。因此医疗机构法务部首当其冲。

应对医师执业资质进行管理,也即要做好医师准入工作。医师准入工作包括对为指导和协助有医师资格的医师进行执业医师注册、变更,组织和监督医师定期考核,使用有资质的卫生技术人员。

医疗机构法务部门,配合医院人事管理部门、教育部门组织相关人员参加国家执业医师资格考试工作,并协助进行医院医师执业注册工作的办理和管理。并应特别关注上文有关医师依法执业资质具体细则规定中所涉及的几类特殊情况。

1）事前的风险预防：法务部应联合医政处、人事处、医保处以及信息处建立医师执业资质管理系统。医师需向科主任提出门诊申请，而后经医保处、医务处和信息中心等相关部门审核同意后开通医师执业资质系统，医师获得在医疗机构开处方、记录病情等诊疗行为的资质。法务部负责定期审核医师的执业资格和执业地点的获得及变动情况。

法务部联合各临床科室对医师依法执业进行相关法律培训和法律宣传。对医师执业资格和执业地点审核有异常或发生变动的及时予以告知和监督。

2）事中的风险控制：医务人员每年都要参加继续医学教育，每年需要获得至少 25 学分，其中 I 类学分 5~10 学分，II 类学分 15~20 学分。省、自治区、直辖市级医疗卫生单位的继续医学教育对象五年内通过参加国家级继续医学教育项目获得的学分数不得低于 10 学分。I 类、II 类学分不可互相替代。法务部要在继续医学教育中起到告知和监督作用。

定期对医师进行考核，考核结果由卫生健康行政部门记入《考核管理办法》中要求工作成绩、职业道德评定应当与医师年度考核情况相衔接，医德考评论作为对医师进行职业道德评定的依据。考核结果由卫生健康行政部门记入医师执业证书的"执业记录"栏，并录入医师执业注册信息库。对考核不合格的医师，卫生健康行政部门可以责令其暂停执业活动 3 个月至 6 个月，并接受培训和继续教育；暂停执业活动期满，由考核机构再次进行考核。对考核合格者，允许其继续执业，但该医师在本考核周内不得评优和晋升；对考核不合格的，由卫生健康行政部门注销注册，收回医师执业证书。

3）事后的风险应对：事后纠纷应对主要是指医疗机构面临的法律风险成为事实。法务部主要通过行政救济和司法救济的途径对纠纷进行解决。主要方式包括：和解、调解（人民调解、行政调解和司法调解）和诉讼。

【案例展示】

> 患者陈某（男，56 岁）凌晨 1 时许因突发身体不适到某医院就诊，接诊医生为实习医生王某，初步诊断为：右丘脑出血破入脑室伴铸型，高血压 III 级，多发性脑梗死。该医院建议对患者进行手术治疗，但患者要求保守治疗，遂对其予以止血，营养脑细胞，控制血压。40 分钟后患者病情加重，意识不清，经家属同意，该医院对患者进行手术治疗，术后效果不佳于当日 21 时死亡，死亡原因为脑干功能衰竭。患者死亡后其亲属发现，在患者病历中一直以医生李某的名字进行治疗，病历中医师签字也是李某，但实际该签字系由他人代签；确诊医师签字为董某，但是接诊时医生董某并未在现场。
>
> 患者亲属遂向卫生主管部门投诉，主管部门经调查认定该医院神经外科使用非卫生技术人员从事医疗卫生技术工作，并出具虚假医疗文书，对该医院做出警

告,责令立即改正违法行为,合并罚款的行政处罚。患者亲属认为该医院的过错系造成患者死亡的直接原因,起诉至法院要求赔偿各项损失共计 79 万余元。

诉讼中,因患方对病历不认可,导致不能进行鉴定。患方向法院申请对病历中标注为董某、李某的手写体进行笔迹鉴定,该医院承认病例中签字不是医生本人所签。法院另查明,实习医生王某为该医院神经外科医生,并无医师执业资格证;李某为该医院执业医师,副主任医师,一直在外地进修;董某为该医院执业医师,主治医师。一审法院认为,某医院出具虚假病历,由此可以推定某医院有过错,对于患者的死亡应当承担赔偿责任。被告实习医生王某系该医院的工作人员,王某因执行工作任务造成他人损害,应由用人单位即该医院承担侵权责任。法院判决该医院赔偿患方各项损失共计 35 万余元。该医院不服提起上诉,二审法院判决驳回上诉,维持原判。

2. 医师依法执业权限的法务管理

【目标要求】

我国当前各地区经济发展水平还很不平衡,与之相对应的是各地区医疗发展水平差异也很大。在一定程度上优质医疗资源无法满足广大人民群众的就医需求。在此背景之下,医疗机构相应发展出会诊、转诊等制度以解决医疗资源分配不均的问题。但受卫生法律、法规及政策有关医师执业地点和范围的限制,医师跨范围、跨地区执业存在一定的风险。为保障医疗质量和医疗安全,避免医疗纠纷,医疗机构法务部应对医师依法执业权限进行管理,主要涉及对医师执业地点和执业范围的法律风险管理。

【实操要素】

(1)《医师法》中医师执业地点和范围作的规定:医师经注册后,可以在医疗卫生机构中按照注册的执业地点、执业类别、执业范围执业,从事相应的医疗卫生服务;中医、中西医结合医师可以在医疗机构中的中医科、中西医结合科或者其他临床科室按照注册的执业类别、执业范围执业;医师经相关专业培训和考核合格,可以增加执业范围。法律、行政法规对医师从事特定范围执业活动的资质条件有规定的,从其规定经考试取得医师资格的中医医师按照国家有关规定,经培训和考核合格,在执业活动中可以采用与其专业相关的西医药技术方法。西医医师按照国家有关规定,经培训和考核合格,在执业活动中可以采用与其专业相关的中医药技术方法。

根据现行 2017 年 4 月 1 日实施的《医师执业注册管理办法》,目前实行的是区域注册,在同一个省、自治区、直辖市范围内的多个机构执业的医师,应当将其中一个机构确定为其主要执业机构,并向相关行政部门申请注册;对于拟执业的其他机构,应向相关行政部门申请注册;对于拟执业的其他机构,应向相关行政部门申请备案。助理医师只能注册一个执业地点。

根据卫生部、国家中医药管理局 2001 年颁发的《关于医师执业注册中执业范围的暂行规定》第 5 条规定,医师注册后有下列情况之一的,不属于超范围执业:①对病人实施紧急医疗救护的;②临床医师依据《住院医师规范化培训规定》和《全科医师规范化培训试行办法》等,进行临床转科的;③依据国家有关规定,经医疗、预防、保健机构批准的卫生支农、会诊、进修、学术交流、承担政府交办的任务和卫生健康行政部门批准的义诊等;④省级以上卫生健康行政部门规定的其他情形。

(2)司法实践中针对医师异地执业引发纠纷的处理思路:通常情况下,医务人员应当在注册地点、按照注册的执业类别执业,否则属于违法执业。但普遍认为,这种违反行政规范的非法执业与根本不具备行医资格的人员从事"诊疗行为"构成的"非法行医",有着本质上的区别。

但是,医师违反执业注册地点、类别的,当事医师及相关医疗机构不仅要承担行政责任,一定情况下可能要承担加重的民事责任,造成严重后果的甚至可能承担刑事责任。

(3)法务部对医师在执业权限内合法执业的管理

1)事前的风险预防:法务部应联合医政处、人事处、信息处以及各科室主任医师共同建立和完善医疗机构医师执业地点、执业权限的时时反馈系统;通过法律意见、法律宣传等方式对医师执业地点和执业范围的相关法律法规政策进行讲解,让医师了解医疗执业的相关法律风险;鼓励和支持多点执业医生购买以本人为被保险人的医疗责任保险来分担其法律风险。

2)事中的行为监督:明确医师在不同执业地点执业中的各方权利义务范围;细化在不同地点执业的医师与医疗机构之间的合同条款,包括必要条款和任意性条款。

3)事后的纠纷应对:实行院内不良事件上报机制,将不及时会诊、会诊指征把握不严、会诊不到场查看患者、会诊意见无指导意义通过平台上报,管理部门定期汇总分析并结合双向会诊评价意见予以通报反馈,对情节严重进行通报批评、诫勉谈话等处罚;通过调解、诉讼等多元方式积极应对因医师多点执业引发的纠纷。

【案例展示】

患者因"鞍区占位 垂体细胞瘤"待查,在甲医院接受手术治疗。因肿瘤巨大且位置特殊,甲医院实施的手术未能将肿瘤全部切除。患者病情持续恶化,再次至甲医院住院治疗。甲医院认为其现有医师不能完成再次手术,遂征得患者家属同意,从乙医院聘请某专家来甲医院为患者实施手术。术后,患者出现尿崩、电解质紊乱(高钠血症)及精神症状等手术并发症,经相关治疗后,症状好转出院。

患者以医疗损害责任纠纷为案由,将甲医院起诉至法院,要求甲医院赔偿各项经济损失及精神抚慰金共计200余万元。其理由之一就是甲医院提供的邀请外院专家会诊的手续是虚假的,某专家为其实施手术系"走穴",对由此给其造成的损失,应加大甲医院的赔偿责任。甲医院抗辩其聘请外院专家为患者实施手术的行为符合相关规范要求,并无过错。患者损害后果系其本身疾病所致,不应由其承担赔偿责任。

法院审理中,委托鉴定机构进行了司法鉴定。鉴定意见书中分析意见认为,医方在对患者的诊疗过程中存在术后告知不到位(第一次手术后未告知肿瘤切除的真实情况、第二次手术后出院时未针对并发症随诊进行详细告知)、病历书写不规范、请外聘专家来院手术的手续不符合规定(系后补)的过错,其中第二次手术后在出院时未针对已出现的手术并发症的随诊进行告知,与患者出院后未能规范系统康复治疗具有一定的因果关系,在患者目前损害后果中属轻微参与因素。鉴定意见为:①患者双眼伤残程度三级;②患者目前属部分护理依赖;③甲医院在对患者的诊疗过程中存在过错,其过错行为在患者损害后果中的原因力大小属轻微因素,参与度拟为1%~20%(仅供参考)。一审法院参照上述鉴定意见,判令甲医院赔偿患者各项损失合计30余万元。判决后,双方当事人均不服上诉。患者坚持认为甲医院未履行聘请外院专家会诊手续,医师"走穴"行为与其损害后果有关,应加重甲医院的赔偿责任。甲医院认为其已经提交了邀请外院专家所需手续,并未违规;患者目前状况系其自身疾病发展转归所致,不应由其承担赔偿责任,且鉴定机构评定伤残等级没有考虑患者此前的损伤程度。二审法院最终判决:驳回上诉、维持原判。

3. 护士、护工依法执业的法务管理

【目标要求】

根据《护士条例》和《综合医院分级护理指导原则(试行)》和《综合医院分级护理原则(试行)》等法律法规,护士的执业行为可概括为护理评估、护理诊断、正确执行医嘱、实施护理技术操作、生活护理、健康指导以及书写护理文书等。目前在医疗机构诊疗活动中,医疗技术操作与护理技术操作之间仍存在职责不清的情况,极易产生医疗风险。因此,在医疗实践当中,对于医护执业行为范畴的划定,既是对患者安全的保护,也能使医护人员避免相关

的法律风险,是医疗机构法务管理的重要依据。另外,伴随老龄化等社会发展现状,越来越多的家庭在生病住院时面临着"人手"缺少的困难,在这样的背景之下,医院护工应运而生,但因医疗机构对护工缺乏有效管理,在护工护理过程中极易产生医疗隐患。

【实操要素】

(1)护士执业的法务管理

1)事前的风险预防:根据国家相关法律法规,结合医疗机构诊疗实践活动,针对医护执业行为范畴作出职责划分,做好事前的法律风险预防。对于职责明确的执业行为内容与技术操作项目,应由相应的专业人员进行执业。根据目的不同对技术操作进行职责认定,根据主导和辅助来区分医师和护士执业行为:对于难度较大、复杂程度较高,已符合手术标准的操作,应由医师执行;对于基础护理范畴内的护理技术操作,应认定为护士执业行为;对于急诊急救状况下护士采取常用的急救技术,如心肺复苏、环甲膜穿刺、膈下腹部冲击法、电除颤和止血等,不应被认定为超范围执业。

2)事中的风险控制:借助医疗机构内部信息系统,开发护理法律风险信息网络系统,实现护理法律风险上报的网络化管理,以便于对护理法律风险信息进行衡量分析,为风险预警提供数据支持。

3)事后的风险处置:对不符合护理规范的风险应及时进行通报和干预;组织积极有效的救治,尽量减少风险给病人带来的损害。

(2)护工执业的法务管理

1)事前的风险预防

规范护工从业准入。设置科学合理的护工上岗门槛,满足年龄和健康要求、经过医疗护理知识及职业道德等培训方可取得从业资格,陪护服务公司和医院负责对护工实行上岗前规范培训及上岗后的继续再教育培训,人力资源和社会保障部门对考核合格者发放"上岗证"。

明确护工使用管理规范,细化管理措施、工作制度、工作职责以及权益保障,责任到人,以预防医疗纠纷。

2)事中的风险控制:完善护工管理制度,培养护工责任感,提升服务质量;在院内护工考核制度、考核内容中增加法律风险防范的内容,以增加护工的法律意识。

3)事后的风险处置:建立相关惩罚机制,对不符合医疗服务质量要求的护工予以相应处罚或不允许其在院内从事相应工作;面对因护工产生的法律风险应积极开展调查,厘清相关法律责任,运用诉讼、调解、协商等多元方式进行风险应对。

【案例展示】

被告人郑某系甲医院的护士,未取得麻醉师和医师执业资格。妇产科医生李某安排助理医师杨某给被害人做人工流产手术,被告人郑某给患者静脉推注丙泊酚,手术结束后患者昏迷,经抢救无效死亡。经法医鉴定,被害人系因在手术过程中静脉推注麻醉药丙泊酚导致呼吸抑制而死亡。本案被告人郑某具有护士执业资格,未取得医师执业证书,无麻醉医师执业资格。二审法院认为,被告人郑某给被害人推注丙泊酚,明显违反法律、法规、规章和诊疗护理规范、常规。郑某严重违规推注丙泊酚的行为与被害人的死亡之间具有直接的因果关系,医院在诊疗活动中存在明显过错,且不具有无法预知无法避免的免责情形。被害人的死亡系医疗机构和医务人员在诊疗活动中过失造成的一起医疗事故。被告人郑某在诊疗活动中严重不负责任,造成就诊人死亡,其行为符合医疗事故罪的构成要件,认定事实清楚,审判程序合法,最终判决郑某犯医疗事故罪,判处有期徒刑二年。

(二)医疗损害责任的法务管理

【目标要求】

随着社会的发展,人们对身心健康问题的重视度越来越高,维权意识、质量意识不断提升,在医院就医过程中,人们不仅希望获得疾病的救治,还希望受到医护人员的人文关怀,享受高质量的就医服务。正因如此,医疗机构中一旦发生医疗损害极易产生医疗纠纷,当前因医疗损害产生的医患纠纷已成为引发医疗机构法律风险的重要因素。因此对医疗损害进行法务管理有助于对医疗机构的法律风险进行预防、控制和应对。

【实操要素】

1. 事前的风险预防

(1)建立医疗损害风险预防机制:有效管理医疗纠纷,医疗机构自身要建立科学化、规范化、高效化的管理体系。

(2)加强医疗质量是防范医疗纠纷的关键措施:建立体制,应当摒弃传统的管理观念,以质量管理为基础,以危机管理为核心环节,并以责任保险为后盾。

2. 事中的风险控制

(1)制订科学全面的质量保障规章制度:要专门规定责任追究、监督等机制,确保制度执行到位;为有效避免医疗纠纷的发生,要从高层管理者到普通医务人员,各个科室和职能部门都要严格依照法律法规行事,以规章制度为操作规范,杜绝"人治"优先于规章制度的情形。

（2）拓宽医疗责任保险制度的覆盖范围：医疗责任保险的建立成为医院管理中的一种常态化机制，在一定程度上避免突发的医疗纠纷和高额的医疗纠纷赔偿给医院造成严重影响。

3. 事后的风险处置　定期对医务人员在医疗纠纷预防、处理方面的工作进行考核评估，对不能通过合格考核的医务人员进行相应的处罚。

（三）医疗文件的法务管理

1. 医疗合同的法务管理

【目标要求】

医疗机构无论是对内还是对外，都离不开合同这一重要的交流形式。医疗机构涉及的合同种类繁多，对外包括对外经济往来、技术交流等事项涉及的各类合同；对内包括后勤管理、科研以及人事等各类合同等。与此同时，随着社会的发展、医疗机构的不断发展，医疗机构也面临着越来越多新兴事物，在相关法律法规还未完善之时，合同成为相关事项规范的承载。因此作为承载双方意思表达的重要承载物，加强合同管理的质量，防范日后可能发生的风险，是医疗机构法务管理的重要内容。

【实操要素】

（1）事前的风险预防

1）完善合同管理制度：遵循"统一授权、归口管理、分级负责、责任到人"的原则，医院院长作为法人代表，统一授权行政职能部门负责人，管理职责范围内的合同；行政职能部门依据行政管理的职责范围，按照业务归口的原则，对不同的合同进行分类管理；职能部门的负责人作为合同管理责任人，具体从事合同的协商、拟定、报批和履行等事项的合同承办人，是合同的直接管理责任人。涉及多部门的合同，按照权责对等的原则，负主要责任的部门为牵头部门，各部门应加强协同与配合，对合同实行统一管理。

2）制作医院的范本合同：①在范本合同使用过程中，医院委托外聘专业律师对各行政职能部门的负责人、合同直接负责人等进行培训，就合同签订的注意事项予以提示，并定期组织人员根据实务中发生的问题，对范本合同进行修订，不断完善合同内容。通过范本合同的制作与使用，一方面能减少院方的法律风险，最大限度维护医院利益，另一方面能大幅度加快合同流转的速度，最终提高合同管理的质量与效率，提高医院的管理效率。②统一合同模板，以规避法律风险，争取合同主动地位。固定联络人，以方便工作交流，提高了合同审核效率。统一合同编号，以分类管理，便于调阅查询。

（2）事中的风险防控

制定合同审批流程：①承办部门拟订合同并提交事务相关部门审核。②相关部门就合同所涉及内容进行审核,审核完成后将合同提交法务部。③法务部就合同合法性、合规性进行审核。法务部接收到需要审核的合同后,针对合同中具体修改部分的法律风险进行评估和审核,及时反馈给承办部门和事项涉及相关部门,由承办部门和事项涉及相关部门进行合同修改后再次提交,法务部门审核成功后,提交院长办公室。④院长办公室审核签字后方可执行。

2. 医疗病历的法务管理

【目标要求】

病历是指医务人员在医疗活动过程中形成的文字、符号、图像、影像、切片等资料的总和,包括门(急)诊病历和住院病历。因病历记载的内容反映了整个医疗活动的全过程。因此病历往往成为医疗纠纷中的重要证据,因此为保障医疗机构和医务人员的合法权益,有必要对病历文书的书写、质控、保存、使用等环节进行法务管理以预防控制法律风险,保障医疗机构的安全运行。

【实操要素】

(1)建立住院及门急诊病历管理和质量控制制度,严格落实国家病历书写、管理和应用相关规定,建立病历质量检查、评估与反馈机制。

(2)规范病历书写的格式、内容和时限。

(3)保障病历资料安全,病历内容记录与修改信息可追溯。

(4)制定病历借阅与复制制度。

3. 医学证明文书的法务管理

【目标要求】

临床工作中,医师会根据患者需要开具医学证明文件,例如病休证明、诊断证明、病情证明单等。医师开具的医学证明文件具有法律属性,受法律约束。特别是病休证明、诊断证明、病情证明单等往往涉及职工休假、保险理赔、司法案件等事项,如不能谨慎对待极易陷入法律风险当中。因此医疗机构法务部需对医学证明文书进行谨慎管理,以避免医疗法律风险,促进医患和谐。

【实操要素】

(1)明确开具各类医学证明文书所需的资质要求:出具医学诊断证明书的人员应为本医疗机构注册的具有主治医师及以上职称的医师,研究生、进修生或无处方权的本院医师均不得开具。医师不得出具与自己执业范围无关或者与执业类别不相符的医学证明文件,仅限于出具本专业范围内疾病证明文书。出生医学证明仅产科出具并由专人负责管理,死亡医学证明仅能由死者经治医生开具,病房做好存根归档。

（2）根据实践需要制定相应常规医学证明文书模板。

（3）制定开具医学证明文书的规范流程。

【案例展示】

刘某向某地卫生计生监督部门举报某医院内科医生开具一张"重度抑郁症"的诊断证明书，干扰刘某与其丈夫法律诉讼离婚案件审理。后该地卫生计生监督部门通报该医院的医疗机构执业许可证核准的诊疗科目中无精神登记，不具备从事精神疾病诊治和出具相关诊断证明的资质。该诊断证明书违规出具，该医院及当事医生被立案查处。

【案例展示】

××医院医疗风险防范管理制度（样例）

一、医疗风险识别与监测范围

（一）临床

1. 推诿、延误救治；

2. 未按规定知情告知，谈话签字不规范；

3. 重点病人管理不到位；

4. 入院一周内仍诊断不清，病情疑难由外院转入的病人；

5. 院内急会诊未按时到达；

6. 超权限、开展诊疗或擅自改变集体讨论诊疗方案；

7. 各种医疗意外；

8. 非计划再次手术；

9. 重大、疑难、复杂、危重等手术未经术前讨论和审批；

10. 病人身份识别错误或手术部位、方式错误；

11. 麻醉、护理、手术和各种有创诊疗的严重并发症；

12. 使用药品、剂量、剂型、浓度错误；

13. 急救药品、设备不能及时到位或失效；

14. 无执业资格人员独立从事诊疗活动。

（二）医院感染

1. 重大、特殊的医院感染（传染病院内扩散）；

2. 多重或泛耐药菌株感染；

3. 消毒、隔离、预防违规。

（三）医技部门

1. "危急值（像）范围"检查结果；

2. 医学标本错误、缺失，不能正常检测；

3. 医用试剂或材料不合格，保管不当。

（四）药剂

1. 处方、医嘱（剂量、剂型、浓度、用法、禁忌证等）错误，调剂差错；

2. 严重的药物不良反应；

3. 药物存放不当，效期已过。

（五）仪器、设备、器械

1. 医疗仪器、设备运转异常；

2. 医用器械使用不正确；

3. 医用耗材、内置物不合格。

（六）医患矛盾

1. 医疗损害争议；

2. 医疗质量投诉、医疗纠纷；

3. 患者满意度明显下降；

4. 患者占床不出院，高额医疗费拖欠。

（七）后勤保障

1. 供电、供气、供水故障；

2. 防滑跌倒警示或未采取措施；

3. 应急逃生通道不畅或设施失效；

4. 其他不良事件。

二、医疗风险报告与分析评估

（一）风险报告

医疗风险信息来源于医务人员在诊疗过程中自我查找、同事提醒、科室自查和医院各职能部门对医疗风险因素检查、院领导查房等方面。各科室、各岗位对发现存在的医疗风险情况，应通过局域网"医疗不良事件报告"系统或电话，及时报告相关职能部门和/或分管领导，夜间、节假日先报告医院总值班，总值班根据情况与相应部门联系。有关部门酌情深入科室或现场调查、核实或应急处置，并做好信息记录整理，必要时上报主管领导。

（二）风险分析评估

各科室、各职能部门应按照有关的规章制度、规范、标准和规定进行医疗风险信息综合分析，对上报或检查掌握的医疗风险资料进行评估，首先调查核实其真实性或者了解出新的事实，再根据事实分析出现医疗风险的性质和根源，严重的或带有共性问题，提交相关医院质量与安全管理委员会或院务会讨论、分析和定性。

三、风险处理

及时适当的干预与处理是医疗风险防范管理的重要环节，直接影响风险控制的作用和成效，发生风险的当事人、科室和职能部门应根据岗位职责，有关规章制度和规定，确定处理方式，并及时作出有效的干预和防范措施，具体处理程序如下。

（一）临床类风险

涉及门诊和临床各科室，科主任、护士长及时掌握情况，当事人或科室要及时向医务科、护理部上报，并采取积极的干预措施；按首诊负责制等相关制度和规定调处；组织积极有效救治，尽量减少风险给病人带来的损害；加强病人管理，尽可能弥补相应手续和告知；及时调整补充药、械，并按要求正确使用等。职能部门按"医疗质量与安全管理实施方案"标准予以考核处理。

（二）医院感染风险

各临床科室及消毒供应室，将发生的院感风险，立即上报院感科，院感科迅速查明原因，采取消毒、隔离、防护等措施，督促临床科室及时调整抗菌药物使用，全力救治病人，纠正、改进消毒、隔离、灭菌等不符合情况。

（三）医技部门风险

各医技科室检出危急值（像）立即通知有关医师或科室，并进行必要的复检核实，相关临床科室即刻采取或调整治疗措施。医务科按危急值报告制度考核。

（四）药剂风险

临床医生、护士或科室发现严重药物不良反应，马上予以相应处置、封存残药或包装瓶盒，上报药剂科，并按《药物不良反应报告与处置规定》处理；药房调剂人员，发现处方、医嘱错误，先不发药，并通知医生核对、纠正；药品逾期或保存不当，药剂科立即撤柜、清理，按"质控"标准考核。

（五）仪器、设备、耗材

医技、临床各科仪器、设备、耗材不能正常使用或不合要求，向采购科及设备维修科报告，造成医疗影响同时报告医务科或护理部，采购科及设备维修科立即查明原因,安排检修或更换,根据不同后果按质量考核标准处理。

（六）医患矛盾

全院各科出现医疗投诉、医疗纠纷,当事人应马上向科主任或护士长报告,科室设法安抚患方情绪,通过电话上报医患沟通办公室,医患沟通办公室根据事态及时到达科室,了解缘由,分析,尽量控制事态发展,做好投诉接待处理工作,对当事人和科室按相关规定考核处理。

（七）后勤保障风险

各科室发生后勤保障问题,及时通知总务科值班人员到场,检修排除故障,如造成不良后果报告总务科,并采取措施,制止事态发展,减少损失。

四、医疗风险预防

医疗风险重在预防,全院职工必须树立医疗风险防范意识,自觉参与风险监测和报告,且出现及时采取有效的控制措施,平时工作中应严格执行相关卫生管理法规和制度,总体要求如下。

（一）临床、医技科室及有关部门围绕保障病人的医疗质量与安全,防范医疗风险建立各项规章制度。

（二）切实做好"重点病人"管理与沟通。

（三）严格执行首诊负责制,严禁推诿病人,做好严重创伤、急性心肌梗死、脑卒中等重点病种的抢救"绿色通道"。

（四）严格医务人员资格准入,特殊岗位持证上岗。

（五）加强围手术期管理,认真落实手术资格准入、手术分级管理、手术安全核查制度。

（六）实施临床路径和单病种质控,执行临床诊疗常规和技术准备,规范医务人员诊疗行为。

（七）严格把握高风险诊疗操作的资格认定和管理。

（八）切实保障患者的权益,做好知情同意告知工作。

（九）遵循药物使用原则,安全、合理用药。

（十）各诊疗环节认真做好核查。

（十一）各种救治设备、设施和器械要处于完好备用状态,随时可投入使用,特殊抢救设备,需要时服从医务科、护理部统一调配。

（十二）全院各科室及医务人员应竭尽全力相互配合、共同协作,积极应对医疗风险,保障病人安全。

三、医疗机构法务部的组织管理

【目标要求】

当前我国医疗机构并没有一个统一的管理模式,然而随着医疗机构的规范化和现代化发展的需要,医疗机构内部法务的设置成为当务之急,如何在不同医疗机构管理模式下设立法制部门则成为亟待解决的问题。目前我国医疗机构面对的法律事务日益增多且日渐复杂。对内医疗机构不仅要面对传统的与医疗事务相关的法律事项,还需面对因医学技术发展、社会进步带来的新兴法律问题;对外则须面临与医疗机构发展相关的新兴业务。这些事务的解决都需要强有力的法律服务支持,而良好的法律服务支持离不开一个好的组织建设。本节将对不同医疗机构法务部门设置的制度经验进行分析并提出相应的建设建议,以期为医疗机构法务部门建设提供相应的经验借鉴。

【实操要素】

我国当前医疗机构法务部设置的理想工作模式是,医疗机构内部设立法务部门、专职人员与外聘法律顾问共同承担医疗机构的各项法律事务。但值得注意的是,医疗机构法务部的设置模式并不是固定不变的,应坚持分类实施原则,综合考虑医疗机构等级、类别、规模、发展阶段等不同实际情况和现实工作需求,选择适宜的符合医疗机构自身特点的法务部组织建设模式。

1. **明确法务部的职权归属** 医疗机构法律事务可以说涉及医疗机构运营的方方面面,正因如此,医疗机构法务部的法律业务职能往往需要融入不同的医疗业务科室中才能实现。而这一职能特性也决定了医疗机构法务部职权归属的困难。这里的职权归属主要包含两方面的内容。一是在哪一级的、什么类型的医疗机构需要设立专门的法务部门。目前多数观点认为,应在三级医疗机构设立专门的法务部门,二级及以下医疗机构根据自身实际情况而定。二是在医疗机构内部如何定位医务部的职权归属。针对设置专门法务部的三级医疗机构,可将法务部门设置为独立的一级科室,隶属院长办公室,并可将公立医院内部相关职能部门,整合到新成立的法务部门,为医疗机构及全体员工提供法律服务,解决法律问题。二级医疗机构由于法律事务相对较少,可将法务部门设立为二级科室,具体可隶属于院长办公室或医务处等一级科室;一级医疗机构根据具体情况,可设立专兼职法务人员,由其具体负责医疗机构的法务工作。

2. **协调法务部的人员配置** 医疗机构法务部的业务涉及医疗法律事项管理和医疗行政事务管理两部分。因此根据医疗机构法务部的具体职责,其人员配置应具备三方面的业务专业背景。一是具有法律专业背景的人员,主要承担提供法律咨询、出具专业文件、参与涉诉问题等法律专业性事务;二是具有医药背景专业的人员,与法律专业人员相互配合共同完成相关法律服务的提供;三是具有管理专业背景的人员,完成法务部涉及的医院法治建设、法务科研以及对外联络等法律行政事务。当然未来随着医疗机构的发展,医疗机构法务部的人员配置也不仅限于上述三类背景,可能会朝向更复合的人员配置发展。不同专业的工作人员与法学专业的工作人员可以相互配合,专业互补,更好地处理医疗机构法律事务,维护医疗机构及其员工的合法权益。

3. **建立法律顾问合作模式** 根据《国家卫生健康委办公厅关于进一步加强医疗卫生事业单位法治建设的通知(试行)》的规定医疗机构应全面推行法律顾问制度。医疗卫生事业单位应当按照全面推行法律顾问制度的要求,结合实际工作需要,选择适宜的法律顾问的组织形式、工作模式和管理方式。医疗卫生事业单位可以由内设的法治工作部门承担法律顾问的职责,也可以聘请执业律师或律师事务所作为本单位的法律顾问。医联体、医共体及规模较小的医疗卫生事业单位,也可以多家机构联合聘请执业律师或律师事务所作为法律顾问。法律顾问应当熟悉卫生健康法律法规、实践经验丰富、理论基础扎实,遵纪守法,并具有相应资质,按照约定或合同明确的职责和范围提供法律服务。医疗卫生事业单位要建立法律顾问工作机制,畅通法律顾问履职渠道,为法律顾问发挥作用提供便利、创造条件。

4. **规范法务部的工作流程** 为完善医疗机构法治工作制度,应对医疗机构法务部工作流程进行规范,建立法治工作机制。当前医疗机构法务部工作职责已从传统的以医疗纠纷业务解决为核心,转向以多元的咨询、培训、应诉等服务为主。医疗机构法治工作逐渐从事后减损转向事中止损、事前防损,做到事前防范、事中控制、事后改进。法务部工作流程的规范主要可从以下六个方面入手:①制定医疗机构法务部工作制度;②制订医疗机构诉讼案件管理制度;③制订法务部审核合同流程;④建立法律咨询、纠纷调解制度;⑤组织法治培训;⑥规范外聘律师管理制度。

5. **细化法务部的绩效考核** 医疗机构法务人员的绩效考核应分为两部分。一是对其法律专业性业务提供的考核。具体来说可包括医疗机构法务部对医疗机构法律需求的反馈时间、提供内部法律服务的质量等内容。可根据医疗机构法律服务需求的现实情况制订相应的法律服务反馈机制。另外还可包括有效的应诉操作、标准的维权流程等。二是对其经验性工作成果提供的考核。除了提供法律咨询,应对法律纠纷,医疗机构法务部还应对医疗机构法律风险进行评估,有效预防法律风险等。具体来说可通过考核风险预防机制的建立、风险评估的管理过程、风险应对的有效性等方面来对医疗机构法务部的经验性工作进行考核。但总体来说,因医疗机构法律事务涉及身体及生命这一重大事项,也应注重绩效考核的灵活性,不能一味以案件"输赢""数量"为唯一考核指标,也应综合考虑和谐医患关系、有序医疗秩序构建等人文因素。

【案例展示】

　　为提升医院卫生健康法治建设水平,构建和谐医患关系,某中医院法务科正式成立。法务科主要负责医院法治建设、依法执业管理、法治监督、院内法律咨询等,是该地区首家设立法务科的医疗机构,标志着医院法律服务工作进入管理运营新模式。法务科的设立,带动了医院依法治院、健康运行管理运营新模式,解决了医院管理者在合同、经营运营、劳动争议、科研等方面的法律困惑。

　　法务科依法构建医院法律事务管理体系,通过对法律事务进行严格把关,依法依规处理医疗纠纷,构建和谐医患关系、促进医院发展。

　　该中医院法务科工作职责如下。

- 参与本单位重大事项决策。
- 对本单位涉法事项进行合法性审核。
- 落实本单位年度法治建设工作计划,定期向法治建设领导小组汇报。
- 办理本单位诉讼和仲裁案件,为处理涉法纠纷和谈判提供法律意见。
- 制订本单位普法教育培训计划,并组织实施。
- 定期开展案件评析,梳理法律风险点。
- 联系法律顾问,并加强协调和管理。
- 根据工作安排,为本单位各部门和职工提供法律服务。
- 配合完成卫生健康行政部门交办的其他法治工作。

第二节　医疗机构法务部的工具

一、医疗法律意见

(一) 医疗法律意见的目的

　　医疗法律意见,是指医疗机构法务人员对医疗机构医疗法律事项提出的专业性看法,包括书面意见和口头意见。在医疗实践过程中,无论是内容还是形式法律意见都是多种多样的。只要是法务人员对医疗机构相关人员或事项出具的相关专业意见或建议,都统称为"法律意见"。医疗机构法务人员,在一定的流程规范下,运用法律思维,通过出具法律意见以满足医疗机构各方面的法律服务需求。

（二）医疗法律意见的形式

医疗法律意见的形式主要可分为书面法律意见和口头法律意见。

口头法律意见,主要是通过咨询的方式进行的,因医疗法律事务的专业性极强,因此医疗法律服务往往需要融入具体的医疗业务当中才能真正发挥出事前预防、事中监督、事后应对的作用。在这一过程中医疗机构其他业务部门的人员在遇到相关法律问题时可进行口头咨询。除此之外,法务部法务人员还可通过参与医疗机构相关会议、政策决议讨论等方式提出口头法律意见。

书面法律意见,主要是通过书面的方式进行的,主要体现为以下几种形式:对合同进行审查与修改;对法律风险或相关法律事项进行风险尽职调查并出具风险评估报告;对法律纠纷进行起诉、应诉等。

（三）医疗法律意见的内容

【目标要求】

医疗法律意见因涉及医疗法律事务的专业性看法,直接关涉相关医疗机构或医务人员的直接经济或人身利益。因此医疗法律意见的提供应遵循严谨规范的原则,医疗机构应对医疗法律意见的出具制定相应的流程,规定一定的结构模式,同时医疗法律意见的出具还具备一定的技巧。通过对医疗法律意见的内容进行规范的管理,使得法律意见防范风险的作用通过清晰有效的途径得以实现。

【实操要素】

1. 出具医疗法律意见的流程

（1）对相关医疗法律事实进行调查并进行事实总结:以事实为依据,以法律为准绳是法律工作者处理法律事务的准则。医疗机构法务部无论是在处理对内法律事务,还是对外法律事务时,都要做到先了解全部事实,在了解了全部事实的基础上再根据法律法规政策提出相应的法律意见。

（2）明确法律意见的目标和方向:在了解了全部法律事实的基础上,需要明确法律意见提出的目标和方向,也即要明确目的和立场。

（3）检索相关法律法规政策:随着法律法规政策的越来越多,加之医疗领域新兴法律事务的层出不穷。医疗机构法务人员遇到疑难或未遇见过的情况要善于通过检索和查找相关法律法规政策予以解决。

（4）综合各方面因素:法律意见的出具很多情况下不仅仅是单纯的法律问题,很多时候还涉及个人情感因素、组织的人际关系等,这些也是法务人员在出具法律意见之时需要考虑的因素。

（5）给出法律意见：在历经上述流程之后，通过掌握法律事实和适用法律法规政策，了解相关综合因素，征求相关领域专家意见，最终给出专业的法律意见。这样的意见才能真正符合医疗机构发展以及风险防控的现实需要。

2. 医疗法律意见的结构　医疗法律意见的出具是一件严谨规范的事情，因此医疗法律意见的书写应具备一定的结构以保障医疗法律意见的清晰准确。医疗法律意见大致由三部分构成：首部、正文和结尾。

（1）医疗法律意见的首部内容：包括法律意见缘由、法律争议疑难点等，主要目的是让法律意见接收者对法律意见出具的缘由、背景、争议点有所认知，帮助法律意见接收者快速把握法律意见所针对的核心问题。

（2）医疗法律意见的正文内容：正文是法律意见的核心部分，一般来说正文部分基本事实、法律分析、法律意见等应叙述清楚。其中事实澄清和法律适用分析是核心。对法律事实的叙述可以通过法律要素模式、时间模式、故事模式进行。法律要素模式是根据法律事实所涉及的法律要素进行叙述的一种方式。时间模式是根据发生事实情况的一种连续描述来进行，通常可借助时间表来列举事实。故事模式则是通过故事的形式叙述事实，往往对事实赋予一定的价值意义。在对事实部分进行陈述后，要求根据相关法律法规政策对事实情况进行严格的法律逻辑论证与分析。论证的方法包括：演绎法、归纳法、类比法等。论证的结构可采用总—分—总或分—总（综合）的方法。进行了事实总结与法律论证后，就是要提出相应的解决方案和建议意见。

（3）医疗法律意见的结尾内容：包括法律意见出具人、日期等事项。

【案例展示】

医疗法律意见（样例）

一、工作困惑

医务人员，尤其是门、急诊医务人员，常常会由于为患者开具病假证明的时限而感到困惑。

2015年3月，某医院门诊办公室接到了一位患者的投诉。该患者因腰椎间盘突出而需要开具假条1个月，但该院门诊开具假条单次最长时间为2周，因此，患者感到极为不满。那么病假条究竟能开多久？门诊、急诊、住院的病假条时限是否有区别？

二、调查结果

对此问题，患者对某市不同等级和不同专科的医院进行了调查，得出了不同结果。

A 医院(某市属三甲综合医院):医师根据病情掌握,急诊假条单次不超过1周,门诊假条一般不超过2周。

B 医院(某三甲综合医院):具体情况由医师掌握,急诊假条最长3天,门诊最长一般不超过2周。

C 医院(某市属三甲综合医院):医师根据病情掌握,急诊假条单次不超过3天,门诊假条一般不超过2周,特殊情况1个月。出院假条最长2周。

D 医院(某部队三甲综合医院):没有明确规定,门诊假条一次最长1周。

E 医院(某市属三甲儿科医院):没有明确规定,急诊最长3天,门诊最长1周。出院只开诊断证明,不开假条。

F 医院(某市属三甲中医医院):没有明确规定,对一般疾病,要求假条天数和处方天数一样。出院仅开诊断证明,注明建议休息多久,不开假条。

G 医院(某区属二甲综合医院):医师根据病情掌握,急诊假条单次不超过3天,门诊假条一般不超过2周,特殊情况1个月。出院假条最长2周。到期后如需要继续休息,可复查并延长假条时间。

H 医院(某区属三甲中医医院):医师根据病情掌握,门诊一般最长不超过1周,某些特殊疾病最长延至半个月(15天)。出院假条最长半个月。

I 医院(某区属二甲精神专科医院):医师根据病情决定,急诊假条最长3天,门诊假条一般不超过2周,特殊情况1个月,出院假条最长2周。

由上可见,各家医院对于假条的管理不同。患者在不同的医疗机构之间得到不同的处理意见,容易会对医疗机构的管理产生质疑。而且,假条不仅仅是患者由于病情需要休息的依据,也是与单位人事管理和民事赔偿等息息相关的重要依据,因而具备了更多的法律内涵。

三、建议与指导

为了解决这样的问题,建议卫生健康行政部门出台明确的规定,对开具休假证明的行为进行规范。

天津市卫生局在2008年印发了《医学诊断证明书管理规定》,对开具诊断证明书和休假证明的医师资质、规范、时限和流程等均进行了明确规定。

(四)出具医疗法律意见的技巧

医疗机构法律意见的出具在于帮助医疗机构及相关医务人员理解其所遇到的法律事项,并通过法律意见帮助其解决相关法律问题。因此,要想通过法律意见影响医疗机构决策层或相关医务人员,以期被他们接受,还须注意一些技巧。

1. 使用法律意见使用对象能听懂的语言　医疗机构法务人员往往具有法学专业学科背景,在法学专业学习过程中,很重要的一项训练便是运用法律思维和法言法语进行表达。但是医疗机构相关业务部门人员绝大多数并不具备法学专业背景,并不能很好地理解专业法律术语所表达的准确意涵。因此,法律意见的出具务必使用法律意见使用对象能听懂的语言,对相关专业术语要进行必要的解释。

2. 换位思考,理解业务部门的难处　当前我国医疗机构正处在不断发展和改革的双重背景当中。因此医疗机构及医务人员往往面临极大的工作压力,并且不少情况下医学思维模式往往会与法律思维模式相冲突。这个时候法务人员要能够理解医务工作者的难处,不能一味按照法律思维要求医务人员,应做好沟通,通过法律意见来为医疗机构及医务人员保驾护航,保障医疗行为的同时,守好法律底线。

3. 不存偏见,保持谦逊　医疗机构法务人员不能因为自己的法律专业性而抱持优越感,医疗机构法务人员应理解医疗法律事务的不确定性、复杂性和学科交叉性。医疗法律意见的出具不仅依赖于对法律的认知,还需综合考虑医学、伦理、社会、心理、经济等各方面的因素。因此,医疗机构法务人员在出具法律意见之前也应广泛咨询业务部门医务人员的实践经验,最终综合各方意见提出相关法律解决方案。

4. 重视反馈,灵活机动　医疗机构法务部在出具法律意见后应积极吸收业务部门的意见反馈,保持一定的灵活机动性,以便及时修改完善之前提出的法律意见。

二、医疗法律培训

(一) 医疗法律培训的目的

随着经济社会不断发展,医疗改革不断深入,法律对医疗机构行为的规范和约束越来越严格,法律事务已经全面渗入到医疗机构管理的各个层面。因此,为了加强医疗机构医务人员的法律素养,对医疗机构进行规范管理,防范化解医疗机构的法律风险,有必要对医疗机构相关人员进行医疗法律培训。

医疗机构法律培训的目标可体现为以下三个方面。

1. 法律培训应有助于医疗机构法务部门业务能力的提升　当前医疗领域的法律事务日趋复杂和多样化,因此医疗机构法律培训应首先满足法务部自身业务能力的提升。医疗机构法务人员都需要重新在医疗实践当中学习法律事务处理的能力。组织医疗机构法务人员进行法律培训,将有助于医疗机构法务人员业务能力的提升,最终有助于为医疗机构提供更专业的法律服务。

2. 法律培训应有助于医疗机构各项诊疗行为的合法合规完成 医疗机构无论是在对内事务还是对外事务的处理上,越来越多地涉及法律问题,法律培训的目的有助于让医疗机构在法律法规的保驾护航之下合法合规地完成各项诊疗行为。要实现这个目标,一要靠全体法务人员的专业努力,二要靠业务部门人员的积极配合与协作。

3. 法律培训应有助于医疗机构法治文化的构建 医疗机构的发展需要医疗机构员工具备法律与合规意识,只有医疗机构全员养成知法、守法的习惯,在医疗机构内部形成良好的法治氛围才能更好地保障医疗机构的运行。法律培训的手段则有助于医疗机构法治文化的构建。

(二)医疗法律培训的类型与内容

围绕医疗法律培训的目的,以医疗法律培训的对象为标准,法律培训可分为两种:一是对法务人员的专业培训;二是对医疗机构其他人员的法律培训。培训的内容主要包括:卫生法律法规、法律纠纷典型案例、组织参与法庭旁听、纠纷调处、专家讨论、鉴定评估、数据分析。参与人员主要包括:医护技人员、管理人员、进修人员、研究生、新入职人员、纠纷联络员、科主任与护士长等。

(三)医疗法律培训的技巧

医疗法律培训应结合医疗法律事务以及培训对象的特点,遵循一定的培训技巧。

1. 医疗法律培训可考虑纳入医疗机构内部人员绩效考核。一定的绩效考核要求能更好地促进医务人员和法务人员自身更加积极地投入医疗法律培训当中。

2. 制订符合医疗法律事务特征的培训内容和形式。医疗法律事务和医务人员都有其自身的特点,在进行医疗法律培训的时候要注意结合医疗法律事务的特点设计培训内容,激发医务人员的参与度。

3. 积极寻求有效的资源支持。医疗法律培训的进行需要寻求物资、经济、专业等三方面的支持。只有在得到充足的经费、足够的物资、强有力的专业支持的情况下,才能更好地开展医疗法律培训。

三、医疗法律谈判

(一)医疗法律谈判的目的

近年来,各医疗单位偶有医疗纠纷情况,有些地方还出现了患者及家属打砸医院公共财产、伤害医务人员的恶性事件,严重影响了医院的正常工作秩序和医务人员的工作积极性。处理医疗纠纷现已成为医院医疗管理部门的一项重要工作,牵扯了大量的人力和精力。纠纷处理得好坏,对医院的社会效益和经济效益有着直接的影响。要做好这项工作,除了从提高医疗技术、医务人员素质和服务态度等日常性工作中做好预防工作外,机关人员在接待和处理中必须掌握一些谈判艺术。

(二) 医疗法律谈判的技巧

1. **设法取信于患方** 一要树立自信心。医疗纠纷产生后,患者及家属的心理一般是希望能找到一个权威的部门、解决一些具体的事项,或宣泄心中的不满情绪,或讨一个说法,或追究责任、索取赔偿等。对一些只涉及服务态度、错收费、多收费等未造成不良后果的投诉,只要接待人员热情周到、认真负责地处理,一般都会得到较好的结果。但一些涉及医疗差错、误诊误治,或对治疗结果不满意的医疗纠纷,病人和家属情绪较激动,为争取下一步处理的空间和主动权,设法取得对方信任是一个关键。当然,自信心必须是建立在具有丰富的医疗专业知识,对有关法律、法规和管理规定了然于胸的基础上。如果接待时畏畏缩缩、放不开,讲话时底气不足,语无伦次,难以自圆其说,就不可能得到别人的信任。二是着装举止得体,无论是在办公室还是在纠纷现场,接待者的着装会直接影响到他的精神状态,让对方产生深刻的印象和感觉。正式、庄重的服装会让人表现出严肃认真的姿态;艳丽、轻佻的服饰会使人心存疑虑。接待者坐、站、行等姿态都注意要符合当时的气氛和环境,要有耐心和同情心。既要自信,又不要咄咄逼人;既要热情,又不能盲目迁就。说话的速度要保持平稳、中速,音调及声量不宜过高,以免刺激对方。

2. **做好充分准备** 医疗纠纷的产生一般具有突发性,不可能预先准备材料,这就要求接待者平时认真学习各方面知识,积累经验。事件发生后,一方面要及时安抚家属及患者,避免矛盾激化;另一方面,要迅速召集有关医务人员对医疗纠纷发生的起因、经过、治疗效果,科室及经治医生对家属曾作出的解释,经费情况,患者及家属的文化素质,经济状况进行调查。弄清楚纠纷是服务态度的问题还是误诊误治的结果,或者是家属及患者对医疗自然转归的不良后果缺乏了解和理解引起的误解。哪些问题是重点,哪些问题不是关键,处理该事件所涉及的有关规定及法律法规等情况都应了解清楚。只有这样,在处理中才能做到有的放矢,容易抓住主动权,减少恶意索赔者的纠缠。

3. **谈话的艺术** 患者及家属由于对医疗行为不了解、不理解或出于故意刁难,往往会提出很多问题,接待者回答时要充分运用自己的全部知识、经验、智谋,在认真分析对方目的及可能影响事态发展的各项潜在因素的基础上,随机应变,及时作出正确的解答。留心自己的语言,不要给对方造成误解,或给对方留下把柄作为将来攻击院方的依据。对一些自己没把握的问题,可利用倒茶水、做笔录等机会争取时间多进行思考,或找机会及时向上级请示,不要随便作出解释和承诺。对一些刁难的问题可采用分解法,只回答其中一小部分问题;也可以先肯定和赞扬对方问题的重要性、正确性和适时性;然后,再合情合理地强调问题的复杂性、现场回答的困难程度,以取得对方的理解。为避免发生不必要的正面冲突,还可采用转移话题的方法,讲一些与此问题似有关又无关的答案,转移对方注意力。因为在某些场合中,正确的答案不一定是最好的答案。

4. 选择合适的时间和地点 在纠纷现场和在事件刚刚发生时患者和家属的情绪最激动,接待者一方面要维护医院的正常工作秩序和经济利益,必须对他们宣传各级部门有关规定;另一方面要对家属提出的各种问题进行解答。当涉案患者死亡时,若在现场与家属讨论医疗欠费追讨、尸体停放、解剖规定等问题,极易发生恶性事件。接待者应及时将家属带离现场,选定合适的地点,不仅有利于做好安全保卫工作,避免出现让家属触景生情或接待者受到多人围攻、寡不敌众的状况;而且,利用转移谈话地点的这一段时间可使一些情绪过激的患者和家属冷静下来,有利于处理。处理中既要做到以理服人、以情感人,又要态度坚决地拒绝无理索赔。这一段时间是对接待者素质和心理承受力的最大考验。若经过处理仍不能解决,但接待者对患方情况及要求已有了一定的了解,此时可请出部门领导参与谈判和处理,若仍不能解决,最后才由院领导出面。正确时机的把握,为妥善地处理纠纷赢取了宝贵的时间和空间。

(三)医疗法律谈判的态度

1. 医院对待各种医疗纠纷应该一视同仁 当前,不少医院在处理医疗事故和医疗纠纷时都有消极、逃避的行为,如果医院不积极处理,矛盾不能及时解决,患方无可奈何,可能会采取言语威胁、恶意报复等过激行为,以促使医院尽早解决或答应其赔偿要求。原本简单、轻微的纠纷和矛盾就可能被激发成大的矛盾,使事情的处理难度和成本均增加。所以,医院要尽快对医疗事故进行调查,初步判别责任,给予患方解答,让患方切实感到医院处理纠纷和事故的诚心,从而预防患方可能出现的过激言行。

2. 建议患方聘请有医疗纠纷谈判经验的律师 进行医疗谈判时,院方有必要提醒患方聘请律师所需的基本要求。如果患方聘请的律师对医疗纠纷和医疗行业陌生,不利于纠纷的及早解决。一个胜任医疗纠纷谈判的律师必须懂得医疗行业的法规、制度及容易引发医疗纠纷疾病的知识,这样才能在谈判中合理、有效地维护医院或者患方的权益。医院一般会聘用长期和医疗纠纷打交道的律师为法律顾问,这些律师多是站在医院角度维护医院权益,经验丰富,一旦医院出现医疗纠纷,他们就会及时出现,维护医院利益。但对于患方而言,只有临时聘请律师,对于聘请什么样的律师不是很清楚。实际上,在以往的一些医疗纠纷谈判中,患方所聘的律师恰恰是其他医院的法律顾问,他们对医院律师如何维护医院利益很熟悉,自己也"身经百战",一旦被聘为患方律师,医患双方律师实力差距大大降低,有利于谈判高效、尽早地解决。

3. 医疗纠纷谈判场合应保持严肃的气氛　患方处于亲友伤亡病故的悲痛中,院方的严肃在患方看来是具有一些同情意味的,便于患方接纳,有助于缓解其敌对情绪。谈判场合中,医患矛盾其实已变得尖锐,彼此之间存有戒备心理,难以友好相待,患方虽在某些角度看来处于弱势地位,但院方已难以做出同情的表情,也不容易有人道主义关怀的举动。一旦矛盾激化,采取过激行为的往往是患方,所以在谈判中院方人员应更有理智地保持严肃。此外,严肃容易使双方认真、理智地对待问题和矛盾,严肃也能体现双方解决矛盾的诚意,有助于纠纷的顺利解决。在谈判最终达成一致时,双方再握手言欢,则不失为美谈。

【案例展示】

> 某患者于 2006 年 3—4 月在某院骨科住院,因医疗事故导致该患者在手术中死亡。患者家属及时问明情况,医院给予适当的医学解释,并认为院方应该负一定责任,医疗事故相关处理部门也口头承诺给予公正处理。由于该医院在当地拥有一定口碑,患者家属出于对医院的信任,当时的表现比较理智,妥善安排了亲属的后事就回家等待医院的处理。2006 年 11 月,患者家属再次来到该医院询问事故处理情况,医院却未进行任何调查处理,院方深感抱歉,于是答应立即处理。在处理过程中,院方始终礼貌地接待患方的来访,患方也表示理解和配合,未出现任何不良情绪。此次医疗纠纷的责任虽然明确,但在具体赔偿金额上双方仍存在分歧,最终因赔偿金额意见不一而使谈判陷入僵局。为保证谈判顺利进行,院方建议患方聘请律师依照相关法规进行协商,患方出于对医院的继续信任,聘请律师加入谈判。谈判会上双方律师出席,院方律师长期从事医疗纠纷谈判工作,经验丰富,但患方律师显得经验不足,在与院方律师交谈中多次说"我们也不懂医"。双方律师的交谈一直处于一种融洽氛围中,患者偶尔纠正己方律师观点或表达自己的观点。谈判中,双方律师渐渐进入一种友好交谈的气氛中,院方律师采用幽默的语言表达一些医学和赔偿观点,在医学的是非问题上患方律师仍旧持谦虚语气,气氛渐趋友好,随后,两个律师开始笑谈起来,话题几次偏离谈判正题。此时,患方突然拍案而起,谈判气氛骤然变得紧张起来,患方开始采取过激的行为并威胁医院,后经过院方表达歉意及委婉劝告,患方才暂时平息怒气,谈判改日举行。

四、医疗法律公关

(一) 医疗法律公关的目的

医院危机公关是指医院在面临危机事件时,为了达到控制局势,解决纠纷,维护矫正形象,变被动为主动,减少损失,帮助医院走出危机的目的而开展的一系列具有针对性的、科学的公共关系活动。医院危机公关体系是医院面对突发性危机事件时为控制局势、减少损失、降低对医院负面影响而采取的有效应对公关策略。对于医疗纠纷的防范处置,尤其是重大、恶性医疗纠纷处置具有很好的现实应用价值。

(二) 医疗法律公关的原则

危机发生时,医院公关人员要做到临危不乱、训练有素地帮助医院化解危机、协各种关系、转危为"安"甚至化危为"机",必须要遵循以下原则。

1. 公众至上原则　这是危机公关的核心原则。因为"公众"是社会组织赖以生存和发展的基础,组织的一切行为都必须以公众的利益为出发点,才能获得长久的信任与支持,不坚持这条原则,有可能导致危机进一步蔓延恶化。因此,在处理医疗纠纷时要本着诚意和病人利益至上的原则,对事实清楚、责任明确、确实因院方原因给病人及家属造成不便和损失的,应向他们诚恳致歉,满足其正当要求,维护其合法利益。院方要及时迅速采取补救措施,必要时给予经济补偿,避免病人损失进一步扩大。在危机公关中,公众至上原则还体现在组织必须执行人道主义原则。因为危机在不少情况下会带来生命财产的损失,这时不论责任是否在己,都要首先把受害的公众放在第一位。只有这样才能安抚受众,尽快地化解危机。因此在医疗纠纷的处理中,当遇到责任不明或者责任在患者的情况,医院同样应本着人道主义的精神,给予患者以安慰和适当的医疗救助。这样既缓和了双方的情绪,又获得了公众的好感,为控制事态、解决危机奠定了基础。

2. 主动性原则　以"我"(组织)为主提供情况。即强调危机处理时组织应牢牢掌握信息发布的主动权,其信息的发布地、发布人都要从"我"出发,以此来增加信息的保真度,从而主导舆论,避免发生信息真空的情况。危机事件的初期往往是传言四起消息混乱,为了保证对外宣传的高度一致性,主动引导舆论,危机的处理必须坚持"一个声音,一个观点",以掌握危机处理的主动权。医疗纠纷发生后,医院应以最快速度派出得力人员查明事件起因,安抚病人及家属,尽力缩小事态范围;如果纠纷已被媒体曝光,应主动与政府部门和新闻媒体,尤其是与具有公正性和权威性的媒体联系,让社会了解事件的真相、医院的态度,通过媒体,树立医院在处理危机事件中的良好形象。特别是对一些不利于医院形象的医疗纠纷,在新闻媒体介入后,医院应与新闻媒介保持密切联系和沟通,指派专门发言人,对外统一认识和口径,向他们通报危机事件的调查情况和处理方面的动态信息,在公众面前树立起负责任、不逃避、知错必改的形象,通过媒体的作用来引导公众,为医院处理危机事件创造一个有利的舆论环境。

3. 及时性原则　这是指组织能及时控制发生的危机事件,在危机尚未失控的时候,迅速采取明确的行动,阻止它的进一步发展。在处理病人残、亡等严重医疗纠纷时,应由院领导牵头,医务科、医德医风管理部门及纠纷发生科室的科领导组成医疗纠纷处理小组,迅速明确问题,在最短的时间内作出反应,提出纠纷处理预案,绝不能回避或拖延,以防止损失扩大和事态的进一步恶化。如遇到患者死亡的情况,院方一定要排除一切阻力,在第一时间动员死者家属同意进行尸体解剖以明确死亡原因,病人家属不同意的,由医院主动申请。这对于医疗纠纷最终的妥善解决是至关重要的。

4. **真实性原则** 强调信息发布应全面、真实,对公众实言相告。只有这样,才能获得公众的理解和支持。当组织在危机发生过程中有意哄骗或不诚实时,将造成严重后果,甚至会影响到公众对组织一直以来的正直、真诚、信誉等重要无形资产的评判。"以诚相待"的公关才是医院取信于民、转危为安的最佳公关。医疗纠纷发生后,医院应主动与社会沟通,向公众公开事实真相。如果医院确实在管理中存在问题,应争取社会的同情谅解,以及社会舆论的支持。尽力取得政府机构、传媒及病员的谅解,坦诚陈述失误,以诚恳感动病员和社会,有特定对象的事件还应登门慰问和道歉。从而树立医院勇于承认错误,敢于承担责任的社会形象,以诚信取信于民。

5. **维护声誉原则** 这是危机公关的出发点和归宿点。组织的声誉是组织的生命,而危机的发生必然会对组织的声誉带来影响,有时甚至是致命的。在危机公关的过程中,必须时刻牢记挽救、改善、促进或重塑组织的形象。医方责任的医疗纠纷,特别是造成了病人伤、残、亡等严重后果的医疗事故将会给人们的心理和医院形象的造成较大的负面影响,要消除这种影响需要进行一系列的善后工作。一方面,医院要积极应对危机,制订落实有关规章制度,主动整改,规范医院工作,完善医院管理;另一方面,医院可以通过做广告、发布新闻稿、开展有关义诊活动、请有关有影响的人物发表讲话等方式挽回影响;请记者及人大代表、政协委员到医院参观访问或召开病员代表座谈会,接受舆论监督。还可适时适度巧用公关效应,利用医院在危机处理中的坦诚态度、客观的做法正面宣传医院,为医院重新树立良好形象,重新赢得社会的信任。

(三) 医疗法律公关的对象及技巧

医疗事故的危机公关,通常要与政府部门、上级主管部门、受害者、医院客户和新闻媒体等利益相关主体进行沟通合作,以协调企业自身利益、公共利益、媒体和政府机构的公信力,最终达到维护企业形象的目的。下面分别对各主体的公关策略进行分析。

1. **政府部门公关** 详细客观地向政府部门汇报事件的经过及原因,并积极配合政府人员现场调查和事件协调,落实好政府部门提出的相关要求,形成书面汇报,还原危机事件全过程,针对危机事件进行自我认识与总结,缓和政府部门对危机事件的紧张情绪。事件处理完毕后,及时向政府相关部门进行汇报,展现公司的处事能力,博得政府部门的信任与支持。

2. 上级主管部门公关 危机事件发生后,医疗机构应以最快的速度向直属上级主管部门实事求是地报告,争取他们的援助、支持与关注。在危机事件的处理过程中,医疗机构应定期汇报事态发展的状况,并寻求上级领导部门的指导。危机事件处理完毕后,医疗机构应向上级主管部门详细地报告处理的经过、解决方法、事件发生的原因等情况,并提出今后的预防计划和措施。

3. 受害者、医院客户公关 当重大责任事故导致受害者或者医院客户利益受损时,危机公关领导小组在认真了解具体情况后,应诚恳地向他们道歉,并实事求是地承担相应的责任,并配合采取有效处理措施消除后续损害或隐患,制订和确认赔偿方案,并尽快实施,争取达成和解,树立企业诚信负责的良好社会形象。同时,在危机处理过程中,应耐心、冷静地听取意见,避免发生争辩和纠纷,即使对方有一定责任,也不能在现场追究。在处理危机事件的过程中,无特殊情况,不可随便更换负责处理工作的人员,以免配合不畅,造成不必要的延误。

4. 新闻媒体公关 新闻媒体是舆论的工具,也是企业和公众沟通的桥梁,是解决危机的重要外部力量。因此,要做好危机发生后的传播沟通工作。企业应对媒体坦诚相待,积极让媒体了解真相,争取媒体的理解与合作,引导媒体客观公正地报道和评价事件,避免报道失实,不断向公众提供他们关心的信息,并向公众表示道歉并承担责任。此外,当新闻媒体发表了与事实不符的报道时,也应尽快向该媒体提出更正要求并指明失实之处,向该媒体提供与事实有关的资料,避免因信息不足造成误解。

(四)实施医疗法律公关策略的措施

1. 培养公关意识 对全体员工进行公关知识教育,使其充分认识公关工作的重要性和必要性,明确公关工作具有塑造医院形象、增进医患沟通、提高医院知名度等重要功能,与医院的生存发展息息相关,要求全体员工人人参与公关工作。

2. 建立公关机构 医院对外公关工作不是权宜之计必须长期坚持不懈。因此专门的工作机构是必要的。

3. 收集公关信息 要积极了解社会公众的医疗保健需求及其对医院的评价并进行市场预测为医院决策提供依据。同时注意收集医院的公关资源为开展公关活动打好基础。

4. 制订公关方案 根据医院阶段性目标和可利用的公关资源、公关事件等,制订可行的公关方案。

5. 实施传播 通过多种传播沟通渠道与外部公关对象(包括患者、媒体、政府、社会公众等)进行沟通交流信息争取社会公众对医院的理解、信任和支持,增进互相了解,同时扩大医院知名度,塑造医院形象。

6. 效果评估 公关方案经传播实施后,公关机构要通过向公关目标对象了解情况、征求意见确认公关效果,对方案效果进行评估,为下一步开展工作提供反馈意见和建议。

7. 建立危机公关机制 危机随时可能发生,因此医院应制订应对危机的计划,建立危机应对核心小组,以便危机来临时能够快捷反应,并做到总结经验,注重后效。危机事件发生后,要及时启动"发言人"制度,指派专门发言人来传递信息,以保证一个声音说话、一个观点传播。

第三节　医疗机构法务部对外聘律师的管理

在医院管理的诸多法律问题中,仅凭借医疗机构法务部并不能全面解决诸多法律问题,很多情况下都需要外聘律师的介入。医疗机构法务部是医院内部专职从事法律事务的部门,是医疗机构的组织部门之一。而外聘律师是指通过国家司法考试,获得律师执业资格经注册的执业律师,不属于医院内部职工,实行委托聘用制。二者受不同的管理制度约束,医疗机构法务部受医院管理制度约束,处理事务时要受医疗机构管理目的约束。而外聘律师受医疗机构聘用合同的约束,同时还受其所在律师事务所管理秩序约束,在职权范围内维护医院的合法权益。而医疗机构对外聘律师的管理主要由医疗机构法务部负责,其内容主要包括外聘律师聘用和外聘律师考核两方面。

一、医疗机构法务部对外聘律师管理的目标

医疗机构法务部对外聘律师进行管理主要是为了达到以下四个目标。

一是对外聘律师的专业能力进行把控。对外聘律师的专业能力进行把控是法务部进行外聘律师管理的核心,只有切实把好质量关,才能帮助医疗机构获得优质的法律服务。

二是对外聘律师的相关费用进行把控。法务部门除了对医疗机构外聘律师的费用进行把控外,也要严格把控外聘律师的聘请费用,为医疗机构节约成本。

三是对外聘律师的服务内容进行把控。医疗机构法务部应对医疗机构哪些法律事项交予外聘律师进行管理予以把控。

四是促进与外聘律师的合作共同达到防范企业法律风险的目的。医疗机构法务部对外聘律师进行管理的最终目的是要促进法务部与外聘律师的合作,共同对医疗机构面临的法律风险进行预防、控制和应对。

二、医疗机构外聘律师的聘用

【管理要点】

● 医疗机构法务部对外聘律师首要进行的管理就是了解外聘律师及其所处的环境,后面就要进一步思考如何启动外聘律师的聘用程序。聘用程序的启动是一个对内与对外相互结合、沟通和协调的过程。对内,医疗机构法务部需要考虑医疗机构的管理流程,诊疗行为的法律业务需要等。对外,医疗机构法务部需要考虑外聘律师的核心竞争力以及如何建立通道来获取有竞争力的法律服务。

【实操要素】

1. 医疗机构外聘律师的聘用权 当前医疗机构外聘律师的聘用形式主要采用集中管理的模式,即法务部对外聘律师进行集中管理。未来伴随医疗机构发展规模不断扩大,医疗机构出现分院时,医疗机构对外聘律师的聘用可出现集中管理式和授权式。集中管理式是指法务部位于总院,对总院、分院所有外聘律师进行统一把关。授权式是指总院有自己的外聘律师,分院也有自己的外聘律师,两者相对独立。

2. 医疗机构聘请外聘律师的时机 为满足医疗机构的全部法律事务需求,特别是当前伴随医疗法律事务不断多样化、复杂化的现实境况,医疗机构法务部既需要内部法务人员,也需要外聘律师。而何时使用法务部法务人员处理,何时又需要聘请外聘律师则需要视具体情况而定。一是根据医疗机构发展阶段决定聘请外聘律师。当医疗机构自身面临发展阶段时,将面临诸多新事务以及对外事务,面对不断变化的外部情况,医疗机构聘请外聘律师还是很有必要的。二是在一些例外紧急情况下需要聘请外聘律师。例外紧急情况是指面对一些新问题或疑难重大问题时需要寻求有相关经验的外聘律师来协助完成。三是因医疗机构法务部更多时候面对的是医疗机构的内部事务,当需要相应的外部资源时可考虑聘请外聘律师。四是法律、法规、政策或第三方要求的医疗机构必须聘请外聘律师的情况。

3. 医疗机构聘请外聘律师的考虑因素

(1)对外聘律师专业经验与业务能力的考虑:医疗机构在选择外聘律师的时候首先需要考虑的就是外聘律师的专业技能和技巧能否满足医疗机构的现实需要,是否有解决医疗法律问题的能力。

(2)对外聘律师收费标准的考虑:医疗机构在聘请外聘律师时要在预算范围内聘请到最有价值的律师。

(3)对外聘律师聘请数量的考虑:医疗机构在聘请外聘律师时,要根据医疗机构法律服务需求的具体情况决定对外聘请律师的数量。

4. **医疗机构聘请外聘律师的途径选择**　在选择外聘律师时往往可通过如下几种途径：①熟人的推荐或介绍；②专业团体的推荐；③律师的自我推荐等。

5. **医疗机构外聘律师管理的制度建构**

（1）选择有实力、信誉好、专业能力强的律师（律师事务所）签订《专项服务委托协议》，充分发挥外聘律师作为专业人员的作用，更好地对医疗机构法律风险进行预防、控制和应对。

（2）医疗机构根据不同需要，适时安排外聘专业人员，采用合适的评估模式了解情况，建立初始信息库，进行法律风险评估。

（3）受聘的外聘律师（律师事务所）应在《专项服务委托协议》约定的时限内完成法律风险评估，制订风险管理策略，与医疗机构法务部门一同保障医疗机构的合法合规运行。

三、医疗机构外聘律师的考核

【管理要点】

• 医疗机构法务部通过制订相应的规章制度对外聘律师的工作质量进行考核。主要可通过在《服务委托合同》中签订相关考核条款的方式予以施行。通过对外聘律师的考核管理能更好地促进医疗机构法务部门与外聘律师的协作，共同促进医疗机构的法治建设，对医疗机构运行中的风险进行预防、控制和应对。有关内容可参照《国家卫生健康委办公厅关于进一步加强医疗卫生事业单位法治建设的通知（试行）》。

第四节　医疗机构法务部的沟通与协作

一、医疗机构法务部与业务部门的沟通与协作

【管理要点】

• 医疗法律风险与医疗业务工作息息相关，可以说没有医疗业务自然就没有医疗风险。因此无论是事前的风险防范、事中的行为监督还是事后的纠纷应对，医疗机构法务管理都必须紧贴医疗业务、融入医疗业务。另外，其实医疗机构法务人员与医疗机构部门医务人员还是具有共同价值追求的，那就是确保医疗行为在合法合规的轨道上进行，共同营造良好的医疗环境和医疗秩序，构建和谐的医患关系。为了营造良好的医疗环境和医疗秩序，医疗机构法务人员应当积极融入业务，与医疗机构其他业务部门进行良好的沟通与协作，为业务部门提供更好的法律服务。因此一方面医疗机构法务部需要通过合理的组织结构设计达成与业

务部门的融合、沟通与协作。另一方面医疗机构法务部法务人员应在专业上端正心态,为了营造良好的医疗环境和医疗秩序,为了医疗机构风险的防范,需要积极主动地拥抱医疗业务、融入医疗业务,在服务医疗业务发展中实现法务管理的价值。

【实操要素】

掌握医疗行业的法律法规政策。对于涉及医疗业务相关的法律法规,医疗机构法务人员要十分熟悉并能正确应用,这是医疗机构法务人员的基本职业素养。同时,医疗机构法务人员还需掌握医疗行业最新的政策规定,特别是对医疗业务影响很大的一些监管规定。弄懂弄通医疗法律法规和政策规定,才能为医疗机构业务健康发展保驾护航。

坚持以医疗业务人员为服务对象。坚持换位思考,理解医务人员在诊疗行动中的艰辛,认同医疗机构法务工作的本质就是一种沟通与合作。因此医疗机构法务人员要与各业务部门医务人员保持密切的沟通与联系,经常深入医疗业务一线,了解医疗业务一线最真实的情况。让医务人员了解诊疗行为可能存在的各种风险,在医疗业务实际开展前,医疗业务开展过程中,就通过法律咨询、法律意见和法律宣传等方式达到比较好的事前风险防控、事中行为监督以及事后纠纷应对的效果。

弄懂医疗机构的运行逻辑。医疗机构法务人员要积极培养医疗管理思维,懂得医疗机构能够正常运转的内在本质,熟悉医疗机构的人、财、物是如何流动运转。熟悉医疗机构的诊疗业务是如何开展的,各业务部门的职能是什么以及相互之间的权责关系是什么。比如,弄清楚再找客户、筹资金、拉项目、搞开发、管运营等环节。每个环节的重要性是什么、重点工作是什么、盈利点在哪里等。

优化法务组织架构。能够体会到业务部门的重要性以及工作的艰辛,方能更好从工作上积极主动提供法律服务。法务部可以根据需要优化部门组织架构,更好服务业务工作。比如,设置专门岗位,在人员编制上予以倾斜保障,在招聘法务人员时重点考查配合业务能力。还可以直接派法务人员在一线驻点坐班服务,甚至争取领导支持在业务部门设立法务岗,等等。

全面嵌入业务流程。只有融入业务形成的全过程,才是真正地融入业务。在业务工作的各个具体流程,嵌入法律服务的环节,不仅仅是通过法审防范法律风险,更是从法律角度提供解决问题的方案。还可以与业务部门联合出台一些重点业务的操作指引,将法律服务、风控措施等嵌入其中。

二、医疗机构法务部与外聘律师的沟通与协作

【管理要点】

• 法务部对外聘律师的管理与考核,其实并不是最终目的,而是构建双方之间良好沟通

手段。法务部只有和外部律师齐心协力,共同推进医疗机构法律事务的完成,并从法治角度促进医疗机构的安全、合规、效益运行,才能显现其价值。良好的沟通与协作,离不开双方的相互理解、相互认知。

医疗机构法务部主要承担以下法律业务:①医疗诉讼;②合同审核;③伦理审查;④法律咨询;⑤知识产权;⑥其他。

外聘法律顾问主要承担以下法律业务:①应邀参与医疗机构重大决策讨论、重大合同修订、重大突发事件处理、重大涉诉案件讨论和重大制度修订等,并提供法律意见;②接受委托,代表医院处理重大诉讼、仲裁等案件;③协助做好法治宣传、教育、培训等工作;④其他。

【实操要素】

(一) 法务部对外聘律师的期望

1. **了解医疗机构的行业及运行模式** 医疗法律事务有其自身的特殊性和专业性,医疗机构的运行亦有其自身的特殊性,因此法务部在聘请外聘律师时,希望能找到了解医疗机构运行管理,熟悉医疗法律事务的外聘律师,如此法务部才能联合外聘律师共同对医疗机构的法律风险进行预防、控制和应对。

2. **理解委托事项的医疗目标,立足解决具体问题** 外聘律师应能积极主动对医疗机构法务部委托的法律事项进行了解,只有在事前做了充足的准备,在具体的合作过程中才能针对具体问题进行协调合作。

3. **快速出具工作成果并及时进行更新** 当医疗机构法务部将相关法律事项委托给外聘律师进行处理时,一般希望外聘律师能就相关专业、疑难问题及时给出反馈。

4. **在一些没有明确定论的场合,外聘律师管理能出具独立的专业判断** 外聘律师在面对医疗机构委托的相关法律事项时,应该有独立进行法律专业判断的能力。如此才能真正发挥出外聘律师的作用,达到与医疗机构法务部协同处理法律事务的作用。

5. **律师事务所指派一名主要律师协调总体的法律事务** 因为医疗法律事务往往比较复杂,且一旦涉及诉讼还要面临长时间的诉讼周期,因此在法务部与外聘律师或律师事务所协同处理相关法律事务时,最好能有一名主要律师进行总体对接协调工作,以促进合作进程的顺利进行,最终以保障法律服务的质量。

6. **基于长期合作关系的考虑合作** 医疗机构法律风险不是一朝一夕形成的,且风险类型也不是恒久不变的,因此医疗机构法务部希望能有长久合作的外聘律师,如此外聘律师才能对医疗机构更了解,才能更好地参与到医疗机构法律风险的防范、控制和应对当中。

(二) 外聘律师对医疗机构法务部的期望

1. **告知医疗机构委托的真实目的** 医疗机构法务部在委托相关法律事务时,应将相关法律事务涉及的前期和内部相关信息予以告知,如此外聘律师才能快速了解案情开展相应的法律服务工作。

2. 完成基础工作和辅助工作后进行咨询　医疗机构法务人员应对委托的法律事项进行一些前期的辅助工作,以避免后期不必要的报告和会议。

3. 利用医疗机构资源提供支持　一般来说外聘律师比法务人员能更多地获得医疗机构以外的资源和信息,法务人员比外聘律师能更好地获得医疗机构内部的相关信息和资源,因此法务人员应帮助外聘律师获得医疗机构内部的资源和支持。

4. 对法律服务进展进行反馈　外聘律师通过自己的经验和专业对医疗机构委托的法律事务提出了法律意见或解决方案之后,法务部门在规定时间内应当予以及时的反馈。

(三) 法务与律师的沟通模式

明白了各自的期望,理解了各自的需求,法务与律师之间的沟通也就具备了通畅的条件。可以说,法务人员作为医疗机构内部法律人士,律师作为企业外部法律人士,两者之间的沟通,是在目标一致的情况下进行的专业上的对话、经验上交流、技巧上的补充。

法务与律师的沟通,是法律专业人士之间的一种交流。共同的知识基础、共同的事业目标是他们之间沟通的有利条件;不同的工作地位、不同的事业特点,是他们之间沟通的障碍根源。一般来说,法务人员与律师之间的日常沟通,可能有如下三种模式。

第一种,法务人员占主导的模式。在法务人员占主导的沟通模式当中,法务部门比外聘律师更了解相关法律事务的内容。此时,当法务部门与外聘律师共同协调合作之时法务人员占主导地位。

第二种,外聘律师占主导的模式。当前我国并不是所有医疗机构都具备设立专门法务部门的实力,因此在这样的医疗机构当中,往往是由相关部门行政人员兼管医疗机构的法律事务,由于相关人员缺乏专业的法学训练,因此在疑难复杂案件中往往要考虑外聘律师的意见,因此在这种沟通模式当中,外聘律师占主导地位。

第三种,以任务为中心,法务人员与外聘律师平行合作的模式。在这样的沟通模式之下,法务部门和外聘律师处于平等协商合作的地位,双方均以法律事务的解决为核心。

(沈 波　彭 博　秦紫嫣)